Richtig Auswandern
und besser leben

Wenn Sie nicht gerade ein hartgesottener Deutschlehrer sind, werden Sie schätzen, dass ich die vielfach kritisierte Rechtschreibreform von 1996 eher sportlich auslege. Ich schreibe lieber für Leser als für den Duden: Öfter mal einen Bindestrich zwischen ewig lange Wörter, und gern auch mal ein Wort großgeschrieben, wo es passt. Wie im Titel: Da steht Auswandern mit A einfach besser da, so meine ich jedenfalls. Was zählt, sind wertvolle neue Erkenntnisse für eine bessere Zukunft – und gute Unterhaltung!

1. Auflage Oktober 2021
2. Auflage November 2021
3. Auflage Januar 2022
4. Auflage November 2022

Copyright © 2021, 2022 bei
Kopp Verlag, Bertha-Benz-Straße 10, D-72108 Rottenburg

Alle Rechte vorbehalten

Satz: Coin SL Corporation
Umschlaggestaltung: Nicole Lechner

ISBN: 978-3-86445-847-7

Gerne senden wir Ihnen unser Verlagsverzeichnis:
Kopp Verlag
Bertha-Benz-Straße 10
D-72108 Rottenburg
E-Mail: info@kopp-verlag.de
Tel. (0 74 72) 98 06-10
Fax (0 74 72) 98 06-11

Unser Buchprogramm finden Sie im Internet unter:
www.kopp-verlag.de

Norbert Bartl

Richtig Auswandern und besser leben

Wie Sie sich nie mehr über gierige Politiker und hohe Steuern ärgern

Die besten Länder ... die pfiffigste Strategie ... die schlimmsten Fallen und wie Sie nicht hineintappen

KOPP VERLAG

Wer sich den Gesetzen nicht fügen will,
muss die Gegend verlassen,
in denen diese Gesetze gelten.
Johann Wolfgang von Goethe

Auswandern heißt erleben, dass fast
nichts stimmt, was du über andere
Länder gehört hast.
Aldous Huxley

Lerne aus den Fehlern anderer.
Dein Leben ist zu kurz,
um alle selbst zu machen.
Groucho Marx

Was hilft es dir, dass alles
nach Plan läuft – wenn der Plan Mist ist.
Gescheiterter Auswanderer

Inhalt

Vorwort: Auswandern ist auch nicht mehr,
was es einmal war 9

Richtig planen: Sind Sie einer von denen,
die sofort abreisen können? 21

Wandern Sie niemals nur wegen der Steuer aus!
Aber mehr zahlen als nötig wollen Sie auch nicht, oder? 35

Einkommen 38
Wohnen 40
Gesundheit 45
Sprache 49
Kontakte 51
Familie und Kinder 52
  Einstellung 53

Niemehr über Steuern und Bürokratie ärgern!
Für jeden Zweck das beste Land: Wie ein Leben im
Ausland wirklich sinnvoll ist 55

Ihr Abschied vom Finanzamt 63
Ihr neues Leben: der offizielle Wohnsitz 67
Ihr optimaler Firmensitz 70
Früher Routine, heute oft ein Problem:
das Konto für die Offshore-Firma 81
So machen Sie ein kleines Vermögen,
ohne ein großes mitzubringen 89
Brauchen Sie einen Zweitpass? 101
Drei Fälle aus der Praxis 110

Checkliste: Ihr Ausstieg mit System:
die Blaupause für Ihr freies Leben ohne Steuern 115

Im neuen Leben angekommen: Und jetzt? 130
Auf einen Blick: Was vor der Abreise zu tun ist 133
... und gleich nach Ihrer Ankunft 134

Finanzielle Freiheit im Ausland: Geben Sie nicht
unnötig Geld aus und suchen Sie sich nie einen Job 135

Leben als Scheinaussteiger? Warum unbemerkt
leben im eigenen Land keine gute Idee ist 153

**Wo sich die Politik möglichst wenig in Dinge
einmischt, die sie nichts angehen:**
Die besten Länder für Ihr Leben in Freiheit 163

2 Top-Tipps für ein freies und preiswertes Leben:
Paraguay – wo es für fast alles eine Lösung gibt 169

Georgien: Land für Unternehmer ohne Bock
auf unsinnige Vorschriften 174

Noch 3 Länder, die Sie kennen sollten:
Nordzypern: Leben im Land, das es gar nicht gibt 181

Bolivien – das oft unterschätzte Land für Menschen
mit Pioniergeist 187

Panama – angenehm leben und Geld
mit Immobilien verdienen 192

Weitere interessante Länder in Europa 199

Spanien – mehr als Mallorca, Ibiza, Teneriffa 199

Portugal: Reise in die Vergangenheit
mit 10 Jahren ohne Steuern 204
Italien ist keine Steueroase mehr – aber jetzt
gibt es Geld geschenkt 211
Kroatien: Der EU-Beitritt war keine gute Idee 217
Ungarn – wo Sie für wenig Geld in diesem
freien Land gut leben 221
Sark: Die Insel im Ärmelkanal,
die von der Geschichte vergessen wurde 225
Andorra: Das letzte freie Land Europas
hat aufgegeben 230
Malta – wo Sie die gesparten Steuern
bei Ihrem Steuerberater abliefern 234
Rumänien: Gut leben mit einem Einkommen
aus dem Ausland 238
Norwegen: Der Verzicht auf Euro und EU
garantiert Wohlstand für alle 241
Türkei: Es muss nicht immer Antalya
oder Alanya sein 247

Leben in Amerika schnell erklärt: Tun Sie's einfach 253

Kanada – Warum Sie niemals ohne
verbindliches Job-Angebot kommen sollten 255

Haben wir nicht alle mal von der Karibik geträumt? 257

Jamaika: Sonne, Meer, Reggae 257
Costa Rica: Zurück zur Natur in Puerto Viejo 263
Corn Island: Ihre preiswerte Hummer-Krabben-
Rum-Diät 265

Barbados: Steuerfrei unter Palmen kostet
2.000 Dollar Eintritt 267
Dominikanische Republik: Warum immer nur Sosúa? 269

Preiswert leben in Asien 273

Thailand oder Philippinen? 273
Kambodscha: Erste Wahl, wenn Sie Asien
lieben und sparen wollen 276
Laos: Ruhig und billig leben, wo die Uhren stillstehen 280

Denken Sie ruhig auch mal über Afrika nach 285

Marokko: Ausländer übernehmen die Medina
von Marrakesch 288
Südafrika: Apartheid geht jetzt andersrum,
und die Medien schweigen 291
Namibia – Wollen Sie wirklich 5 Jahre auf
Ihre Aufenthaltserlaubnis warten? 295

Sind wir wirklich alle Schafe? Vielleicht sind Sie ja
ein schwarzes Schaf, dann besteht Hoffnung 299

**Info-Teil: Nützliche Kontakte und Links
auf einen Blick:** 313

Wohnsitz, Pass & Staatsangehörigkeit, Firma 313
Geld und Banken 316
Immobilien 317
Sprachen 318
Krankenversicherung 318
Botschaften & Konsulate 318
Information 320

Vorwort

Auswandern ist auch nicht mehr, was es mal war

Ein verregneter Samstag im März 1981 ...

Gelangweilt saß ich mit dem Fotografen Martin Kaupp in der Redaktion der *Bildzeitung* in Neu-Isenburg. Wir hatten Dienst für *Bild am Sonntag*, und in Frankfurt war nicht viel passiert an dem Tag. Draußen goss es in Strömen. Früher Nachmittag und fast schon dunkel, wie so oft in Deutschland von Oktober bis April. Es gab nichts zu tun für uns. Martin schimpfte auf das Wetter. Ich zuckte gleichgültig mit den Schultern. »Nächste Woche um die Zeit ist das Wetter kein Thema mehr für mich«, murmelte ich. Er wurde hellhörig. Ich sagte ihm, warum.

Die *Bildzeitung* war für mich der beste Weg, um im Winter in kurzer Zeit möglichst viel Geld zu verdienen. Ein ordentlicher Tagessatz, das Hotel zahlten sie auch, und obendrein viel gelernt, was wollte ich mehr. Mein Sommer war ausgebucht, da machte ich mit Freunden auf Mallorca und Ibiza ein Boulevardblatt für deutsche Urlauber und Residenten. In genau sechs Tagen war es wieder so weit. Gerade noch rechtzeitig, bevor mir mein Frankfurter Lokalchef den lukrativen Job als Taglöhner bei *Bild* wegnehmen wollte, um mir einen festen Arbeitsvertrag aufs Auge zu drücken.

Martin war sofort hellwach. »Da brauchst du doch einen Fotografen«, sagte er. Nein, ich brauchte keinen Fotografen. Fotos machten wir selbst oder wir holten sie uns vom *Diario de Mallorca*, der unser Blatt jede Woche druckte. Aber Martin ließ sich nicht abwimmeln. Da würde er sich auf eine ziemlich unsichere Zukunft einlassen, warnte ich ihn. Ein Einkommen wie bei *Bild* konnte er vergessen. Das störte ihn alles nicht. Karriere und Geld waren ihm egal. Er meinte es ernst. Am Montag warf er seinen Job bei *Bild* hin. Vier Tage später stiegen wir zusammen am Flughafen Nürnberg in den Privatjet des Unternehmers Hans Kist aus Röttenbach, der unser Blatt zwei Wochen vorher gekauft hatte. Ziel Ibiza ...

Wäre es nach Martin gegangen, hätten drei Tage gereicht. Seine Entscheidung traf er von einer Sekunde auf die andere. Kündigen, die Nikons und ein paar sommerliche Klamotten in eine Reisetasche packen, fertig. So ging Auswandern vor 40 Jahren. Im Deutschland der 80er-Jahre war ja alles in Ordnung so weit. Kein Grund eigentlich, das Land zu verlassen. Menschen gingen ins Ausland, wenn irgendwo eine lukrative Stelle winkte. Oder weil sie was erleben wollten. Bei mir selbst war es ja nicht anders, zwei Jahre vorher.

Fünf Jahre lang hatte ich in einer Lokalredaktion der *Nürnberger Nachrichten* den geilsten Job der Welt. Unsere Aufgabe war es, ein Konkurrenzblatt aus der Stadt zu verdrängen, da konnten wir uns alles erlauben. Meine Stelle war so sicher, wie die eines Beamten. Aber wen interessierte damals schon Sicherheit. Ich war 25 und wollte was sehen von der Welt, da hab ich mir keine Gedanken gemacht über Zukunft und Karriere oder über die Rente. Ein Reisebüro der TUI hatte uns eine Einladung geschickt. Fünf Tage Balearen, und das Los fiel auf mich. So kam ich zum ersten Mal nach Mallorca, Ibiza und Formentera, wo gerade die Ära der Hippies zu Ende ging. Ibiza! Alle Zeitungen waren voll davon, was auf dieser Insel abging. Das war es doch, wo ein Mensch mit 25 Jahren hingehörte, oder?

Tatsächlich war es alles andere als eine Karriere, was da für mich 1979 auf dieser Insel im Spanien nach Franco begann, das noch sieben Jahre vom Beitritt zur EU entfernt war, die damals noch EG hieß. Anzeigen verkaufen ging leicht bei unserem Blatt, aber das Problem bestand darin, am Ende auch das Geld dafür zu kriegen. Im

Frühjahr, wenn all die Restaurants, Kneipen und Boutiquen wieder öffneten, hatte keiner Kohle für Werbung nach einem Winter ohne Einnahmen. Im Sommer brauchte keiner Werbung, weil sowieso alles voll war. Im Herbst machten sie dann alle Anzeigen, aber sie zahlten sie nicht mehr, weil sie ihr letztes Geld für ein Ticket nach Bali oder Jamaika brauchten. Die Einnahmen reichten gerade für Miete, Essen und Trinken. Dafür hatten wir vier Sommer lang jede Menge Spaß. Für Lebensplanung war ja später immer noch Zeit.

Auswandern hat sich gewandelt. Was für meine Generation ein Abenteuer auf der Suche nach Abwechslung war, wurde früher aus der Not heraus entschieden, wobei es nicht selten ums nackte Überleben ging. So schildert der pfiffige Journalist Gerhard Kurtz, der Ende der 70er-Jahre mit seinem *Kurtz-Brief* die amerikanische Erfindung des *Newsletters* nach Deutschland brachte, wie er selbst 1951 das erste Mal aus seinem Heimatland wegzog:

»Dreimal ließ das mit Auswanderern beladene Schiff die Sirene ertönen. Matrosen machten die Leinen los und zogen die Gangway ein. Während auf der Mole eine Kapelle ›Muss i denn zum Städtele hinaus‹ intonierte, ging die Reise los – weg aus dem immer noch abgewirtschafteten und zu einem Drittel zerbombten Deutschland des Jahres 1951 mit Kurs auf das Land der unbegrenzten Möglichkeiten. An der Reling standen die Passagiere und schauten der entschwindenden Heimat mit gemischten Gefühlen nach, wussten sie doch nicht, ob sie sie je wiedersehen sollten ...«

»Für die Menschen an Bord war es ein Entschluss nach reiflicher Überlegung. Auswandern war eine Sache fürs Leben, die ein Jahr Vorbereitung erforderte, um alle notwendigen Unterlagen zu beschaffen. Dann ging es mit Koffern und Kisten mit der Bahn nach Bremerhaven, wo die Nordamerikafahrer zwei Nächte in einem Auswandererheim verbrachten. Dann die Einschiffung auf einen Emigrantenkahn, der für die Reise nach New York oder ins kanadische Halifax über eine Woche brauchte. Endlich tauchte Manhattan vor

unseren Augen auf, mit seinen Wolkenkratzern und der Freiheitsstatue. Kaum angekommen und raus aus Ellis Island, suchten sich Männer den erstbesten Job. Frauen gingen putzen, um über die Runden zu kommen. Auf die Idee, sich wie der später zu fragwürdiger Berühmtheit gelangte Florida-Rolf die Lebenskosten vom deutschen Staat überweisen zu lassen, ist damals noch keiner gekommen ...«

Wer früher Deutschland verließ, war entweder am Verhungern, von Hitlers Nationalsozialisten verfolgt und in Lebensgefahr, oder er war selber einer von ihnen, später, als sich das Blatt wendete. Gut 60 Millionen Deutsche sollen zwischen 1820 und 1932 ihr Glück auf der anderen Seite des Atlantiks gesucht haben. Ziele waren vor allem die USA, Kanada und Brasilien, wo im südlichen Bundesstaat Santa Catarina ganze deutsche Orte entstanden, wie Blumenau (gegründet 1850, heute 360.000 Einwohner), Pomerode (30.000 Einwohner) oder Joinville (600.000 Einwohner) mit vielen Schweizern.

Viele Deutsche zogen damals ins benachbarte Paraguay weiter. Einer davon war Hugo Stroessner, der 1898 aus dem oberfränkischen Hof nach Asunción kam und dessen Sohn Alfredo 35 Jahre lang Präsident des Landes war. 1989 wurde Stroessner, Träger des bayerischen Verdienstordens, durch einen Militärputsch entmachtet und ging nach Brasilia ins Exil, wo er mit 94 Jahren starb. Für die Regierungen in Washington und Berlin sei er als Kommunistengegner immer ein Verbündeter im Kalten Krieg gewesen, zumal er seine schützende Hand über 40.000 Deutsche hielt, die nach dem Krieg nach Paraguay ausgewandert waren, so jedenfalls *Wikipedia*.

Wir alle kennen Auswanderer, die es zu etwas gebracht haben, und damit meine ich jetzt nicht die vielen peinlichen Figuren der Auswanderer-Sendungen im Fernsehen, die hinterher von der Boulevardpresse zu Ersatz-Prominenten hochgeschrieben werden. Ich denke an Löb (»Levi«) Strauss aus Buttenheim bei Bamberg, der die Blue Jeans erfand und in San Francisco ein Textilimperium aufbaute. Oder an Heinz Alfred Kissinger aus Fürth, der 1938 in die USA floh, unter Nixon und Ford US-Außenminister war und noch heute eine Schlüsselfigur der Bilderberger ist. Im Fall Donald Trump war es Großvater Friedrich, der 1918 im Alter von 16 Jahren aus Kallstadt in der Pfalz nach New York zog, wo seinerzeit im Stadtteil *Little Germany* an der Lower East Side eine halbe Million Deutsche in erster und zweiter Generation lebten. Große Banken wie Goldman Sachs oder Lehman Brothers und Konzerne wie Pfizer, Boeing, Berlitz, Steinway, Heinz, Kraft und Budweiser sind Gründungen von Einwanderern oder deren Nachkommen. Regisseure wie der Berliner Ernst Lubitsch (*Sein oder nicht sein*), Friedrich Wilhelm Murnau aus Bielefeld (*Nosferatu*) oder Wilhelm bzw. William Wyler aus Mühlhausen (*Ben Hur*) entschieden sich für die Chancen einer Karriere in Hollywood, und nicht jeder weiß heute noch, dass Billy Wilder (*Zeugin der Anklage*) eigentlich Samuel hieß und aus Österreich-Ungarn kam. Das sind große Namen, aber eine verschwindend kleine Minderheit in Anbetracht von Millionen anonymer Auswanderer-Schicksale, die im besten Fall ein ganz normales Leben führten oder deren Träume geplatzt sind.

Wir kennen auch prominente Namen derer, die Deutschland wegen Hitler – selbst ein Auswanderer – und seinen nationalen Sozialisten verließen, von Albert Einstein bis Bertolt Brecht und Marlene Dietrich. Ein gewisser Herbert Ernst Karl Frahm aus Lübeck brachte sich in Norwegen in Sicherheit, bekam dort die Staatsbürgerschaft und kam 1945 als Willy Brandt zurück. Mehr um Flucht als um Auswanderung handelte es sich bei unzähligen Helfern und Parteigenossen Hitlers, die sich bei Kriegsende über Italien oder Spanien in Südamerika in Sicherheit brachten, vor allem in Argentinien. Und Hitler selbst? Wenn Sie heute mit älteren Menschen in Paraguay reden, hören Sie nicht den leisesten Zweifel, dass er nach seiner Flucht im Land lebte, mit 76 Jahren in Asunción gestorben und im Keller eines bekannten Hotels begraben sei. Wer weiß ...

Aus politischen Gründen musste nach dem Krieg keiner mehr aus Deutschland fliehen. Wenn es trotzdem einer tat, dann höchstens wegen der Steuer. Erster prominenter Name auf einer langen Liste sogenannter Steuerflüchtlinge ist Kaufhauskönig Helmut Horten, der 1968 ins Tessin zog und dadurch 1,13 Milliarden Mark aus dem Verkauf seiner Kaufhauskette steuerfrei kassierte. Das missfiel den Regierungen Kiesinger und später Brandt, die zur künftigen Vermeidung ähnlicher Pannen fast zwei Jahre an einem Außensteuergesetz bastelten, von Medien spöttisch *Lex Horten* getauft, das seit 1973 in Kraft ist und dessen aktuelle Version heute noch jeder Auswanderer genau lesen sollte, wenn bei ihm höhere Beträge im Spiel sind.

Die Liste weiterer Auswanderer, die Deutschland wegen übertriebener Steuern verließen, liest sich wie ein *Who is who* quer durch alle Branchen. Franz Beckenbauer zog nach Österreich, Michael Schumacher an den Genfer See. Monaco wurde Wahlheimat von Topmodel Claudia Schiffer, Starfotograf Helmut Newton und Bestsellerautor Simmel. Der kam zwar aus Wien, lebte und arbeitete aber in München als Reporter bei der *Quick* – womit sich der deutsche Fiskus bis zu Simmels Wegzug an seinen Millionen-Honoraren bereichern durfte – und teilweise auch noch danach. Sie werden beim Stichwort Monaco vielleicht zuerst an Boris Becker denken, dessen Versuch, auf die Weise Steuern zu sparen, irgendwie schiefgelaufen ist. Zum Thema Becker später mehr, denn von ihm können wir alle viel lernen. Hier nur so viel: Monaco konnte nichts dafür.

Warum Auswandern?

Die Motive haben sich geändert im Lauf der Jahre. Zeitlose Gründe sind gute Jobangebote aus dem Ausland oder zu hohe Steuern. In den letzten Jahren erleben wir zunehmend krasser das Phänomen, dass sich Regierungen immer mehr zum eigentlichen Feind der eigenen Bürger entwickeln. Vielleicht war das früher auch so, aber dann gaben sie sich wenigstens mehr Mühe, das irgendwie zu vertuschen oder uns zu täuschen. Das gilt jetzt nicht nur für Deutschland, aber wie so oft ist das Regime Berlin immer ganz vorne mit dabei, wenn es gegen den eigenen Bürger geht. Höhere Kosten, mehr Überwachung, Verbote und Vorschriften: All das ist über die Jahre immer schlimmer geworden. Es sind die steigende Bedrohung der Menschen durch ihre Regierung und deren unerklärliche und unverständliche Handlungen, was immer mehr Deutsche aus dem Land treibt. Der Gipfel ist der Umgang vor allem der deutschen Regierung mit Corona, der alles in den Schatten stellt, was die Menschen in Deutschland ihrer Regierung bisher alles vorwerfen konnten. Entsprechend haben sich die Auswanderer-Zahlen entwickelt.

Um die Jahrtausendwende sind jedes Jahr 150.000 Deutsche ins Ausland gezogen, mehr oder weniger. 15 Jahre später, nach Merkels illegaler Grenzöffnung, ist die Zahl jährlicher Auswanderer auf 260.000 angewachsen, Tendenz steigend. Es fällt auf, dass immer mehr Millionäre und Spitzenkräfte das Land verlassen. Im ersten Corona-Jahr 2020 haben laut Statistischem Bundesamt (*destatis.de*) 966.000 Menschen Deutschland verlassen, wobei das Amt nicht sagt, wie viele davon Deutsche waren.

Der zynische Umgang des Merkel-Regimes mit so wichtigen Themen wie Einwanderung und vor allem Corona sowie die wie ein Sargdeckel über dem Land schwebende Drohung einer Regierung unter oder mit Beteiligung der Grünen treiben Deutsche in Scharen aus dem Land. Was Menschen früher aus der Not heraus entschieden haben und später zu einem Abenteuer auf der Suche nach Abwechslung wurde, ist in Deutschland eine Art Massenflucht geworden, noch kein Exodus zwar, wohl aber der immer mehr Fahrt aufnehmende Abschied klar denkender Bürger von ihrem früher ordentlichen Land, in dem es nach den zunehmend kranken Entwicklungen der letzten Jahre immer weniger vernünftige Menschen aushalten. Die gute Nachricht dabei ist, dass diese Menschen ein angenehmeres Leben in einer besseren Zukunft erwartet, wenn sie alles richtig machen. Wie Ihnen das gelingt, lesen Sie in diesem Buch.

Tatsache ist freilich auch, dass der Drang zum Auswandern kein deutsches Monopol ist. Angeblich zog es ja in den letzten Jahren die meisten deutschen Auswanderer in die Schweiz, wo das Gehalt höher und das Leben teurer ist, und wo wichtige Dinge von den Bürgern entschieden werden, wie es heißt. Andere sind überzeugt, Österreich sei das bessere Deutschland. In beiden Ländern habe ich nie selbst gewohnt, aber wenn ich mich unter den Lesern meines Infobriefes *Leben im Ausland* umsehe, dann sehe ich darunter mehr Schweizer und Österreicher als Deutsche, im Verhältnis zur Einwohnerzahl. Alles scheint also auch nicht in bester Ordnung zu sein bei unseren Nachbarn im Süden.

Die USA gelten seit jeher als Einwanderungsland. Sie haben deutsche Auswanderer schon immer magisch angezogen und auch Österreicher, wie Arnold Schwarzenegger beweist, der es in Kalifornien bis zum Gouverneur brachte, was an die Story von den unbegrenzten Möglichkeiten erinnert. Aber sind die USA wirklich das gelobte Land? Was sagen eigentlich die Amis dazu?

Wenn wir uns die Zahlen der US-Auswanderer ansehen, kommen Zweifel auf. Was Mallorca für Deutsche und andere Europäer ist, ist für Amerikaner die Karibik und die Länder drum herum in Mittel- und Südamerika. Roatán, eine Insel vor Honduras, ist fest in amerikanischer Hand. Boquete, ein kleiner Ort in den Bergen von Panama, ist großteils von US-Rentnern bewohnt. In Mexiko und vielen Ländern Südamerikas gibt es unzählige Orte mit immer höherem *Gringo*-Anteil, wie Amerikaner hier genannt werden.

Auch weiter im Süden, in Asunción, gehen bei meinem Freund und Kontaktmann Robert Schulze immer mehr Anfragen aus den USA nach Papieren für Paraguay ein. Dabei ist so ein Vorgang für Amerikaner deutlich aufwendiger als für Europäer. Sie brauchen nach ihrer *Residencia* auch noch den Pass des Landes, weil Washington seine Bürger auf der Basis der Staatsbürgerschaft in aller Welt besteuert. Wem das nicht passt, der muss eine andere Nationalität annehmen und seinen US-Pass zurückgeben. Die Gründe, warum immer mehr Amis ihr Land verlassen, sind die gleichen wie die der Deutschen. Zu hohe Steuern, obwohl niedriger als bei uns, zu viel Überwachung und Bevormundung durch die Politik, sowie die einfache Tatsache, dass auch US-Rentner in einem preiswerteren Land problemloser bis ans Monatsende kommen. Mit ihrer Rente, die zu

Hause gerade so reicht, leben sie in Belize, Nicaragua, Panama, Kolumbien, Ecuador, Bolivien oder Paraguay wie die Könige.

In meinem Bücherregal steht das Buch *Escape from America*, das um die Jahrtausendwende erschienen ist: Entkommen aus Amerika! Darin rät Autor Roger Gallo zu einem besseren Leben durch Auswanderung zum Beispiel nach Argentinien oder Venezuela; zwei Ziele, die aktuell eher mit Vorsicht zu genießen sind. So ändern sich die Zeiten. Das zeigt uns, dass Sie auch in einem anderen, hoffentlich besseren Land gut beraten sind, wenn Sie immer aktuell informiert sind und flexibel bleiben. Wenn sich politische oder sonstige Bedingungen an Ihrem neuen Wohnort drastisch verschlechtern, hilft oft nur ein neuer Ortswechsel. Wie das völlig unkompliziert und ohne jeden Stress über die Bühne geht, dazu kommen wir gleich.

Auswandern an sich ist zeitlos, aber die Gründe dafür ändern sich, und ebenso unser Umgang mit anderen Ländern. Wer 1951 auswanderte, hatte in der Regel vor, im Land seiner Wahl zu bleiben und dort alt zu werden, ohne Hunger zu leiden. Eine Ausnahme war der bereits erwähnte Meister Kurtz, der seiner Zeit voraus war. Er reiste als Austauschschüler in die Staaten, machte dort seinen Highschool-Abschluss, jobbte beim *San Francisco Cronicle*, ging über die grüne Grenze nach Kanada und mischte sich Jahre später zwecks Rückkehr ohne Papiere in die USA unter die Tagesbesucher der Niagarafälle. Jahre später schipperte er als blinder Passagier nach Europa zurück, wo er nach Stationen in Irland und Andorra viele Jahre später in Spanien sesshaft wurde. Das ist jetzt sein 39. Wohnsitz – was sogar für unsere heutige Zeit, in der Menschen sehr viel beweglicher geworden sind, eine ganze Menge und ziemlich ungewöhnlich ist.

Ihr großer Vorteil ist es heute, dass ein Scheitern im Ausland keine Katastrophe sein muss. Wenn es gar nicht mehr geht und Sie höflich fragen, kauft Ihnen unter Umständen sogar die deutsche Botschaft im Land Ihres Scheiterns das Ticket zurück in die Heimat. Allerdings ist das nicht geschenkt. Das Geld schulden Sie dem deutschen Staat, und dessen Beamte vergessen nicht. Aber bis Sie zu Hause wieder auf die Beine kommen, gibt es erst mal Hartz IV. Und sollten Sie Deutschland aus Ärger über die hohen Steuern verlassen haben, dann sind Sie dieses Problem auch erst mal los.

Sie lesen dieses Buch vermutlich nicht, um zu erfahren, wie Sie von Deutschland nach Österreich umziehen. Oder in die Schweiz. Das kriegen Sie auch alleine hin. Und was noch viel wichtiger ist, es ändert auch gar nicht so viel, außer Sie sind ein wahrer Fan der Berge, oder die schönen Dialekte dort lösen bei Ihnen automatisch gute Laune aus. Gut, statt Merkel und Nachfolger kriegen Sie Kurz, das ist ein gewisser Mehrwert. Und ja, Sie zahlen ein paar Prozent weniger Steuern, das ist auch nicht schlecht. Aber mal ehrlich: Der wirkliche Knüller, der Ihrem Leben wieder neuen Sinn gibt, ist so ein Umzug zu unseren Nachbarn auch nicht, oder?

Damit will ich nichts gegen Österreich oder die Schweiz sagen. Nehmen wir Frankreich, dahin macht ein Umzug auch keinen Sinn, wenn Sie nicht gerade ein durch nichts zu erschütternder Liebhaber französischer Lebensart oder von dünnem Kaffee sind. Dann zahlen Sie eben statt in Deutschland in Frankreich Steuern, wo manche etwas niedriger und andere höher sind. Spürbar verbessern werden Sie sich und ihre Lage jedenfalls nicht.

Hier geht es nicht um die Unterschiede zwischen französischer oder britischer oder spanischer Lebensart. Die kennen Sie selber am besten, und wenn nicht, sind sie Ihnen vermutlich egal. Es geht auch nicht um zwei Grad wärmeres Wetter oder darum, wo das Päckchen Zigaretten drei Euro billiger ist oder das Hörnchen besser schmeckt, weil es Croissant heißt. Lebensart ist nun mal Geschmackssache. Länder sind Geschmackssache. Wo sich einer wohlfühlt, weiß er selber am besten. Dazu kann ich Ihnen einige Fakten und Hinweise geben, aber am Ende entscheiden Sie es ganz alleine, und das ist auch gut so. Oder würden Sie sich, wenn Sie ein Fan von Spanien oder Italien oder Griechenland sind, durch zwei oder drei eher unwichtige Nachteile davon abhalten lassen, genau in dem Land zu leben, von dem Sie schon immer träumen? Genau das sollen Sie auch tun – aber eben möglichst so, dass obendrein noch ein großer finanzieller Vorteil für Sie dabei herausspringt.

Hier geht es darum, wie Sie Ihr Leben durch Auswandern von Grund auf verbessern, und damit meine ich nicht nur Ihr Einkommen. Das verdoppeln Sie sowieso, wenn Sie alles richtig machen, und zwar ohne dass Sie dafür mehr arbeiten. Hier geht es auch darum, wie Sie sich aus der Abhängigkeit der vielen, meistens unnötigen Behörden befreien, die Sie am Nasenring durchs Leben führen und von Ihnen auch noch dafür bezahlt werden. Aber keine Sorge, denn genau das wird Ihnen in Ihrem neuen Leben erspart bleiben.

Hier geht es darum, wie Sie am Ende als freierer Mensch dastehen, nicht mehr und nicht weniger. Nehmen Sie ein Beispiel, das deutsche Einwohnermeldeamt. Kein Mensch muss so was haben. Dieses Amt, von dem es in jeder größeren Stadt eins gibt, wäre vollkommen überflüssig, wenn nicht alle Einwohner des Landes per Gesetz verpflichtet wären, irgendwo einen Wohnsitz anzumelden. Warum eigentlich? Tatsächlich ist eine Meldepflicht in vielen Ländern der Welt unbekannt. Auch in Frankreich übrigens.

Hier geht es darum, wie Sie so wenig wie möglich vor Beamten Männchen machen, und wie Sie nie mehr einen Brief von irgendeinem Amt bekommen. Ich weiß, Deutsche sind Post von Ämtern und Behörden gewohnt. Wer da aufgewachsen ist, denkt, es muss so sein. Ich fürchte, mancher Deutsche würde es sogar vermissen, wenn er irgendwann keine Post mehr von Ämtern und Behörden bekäme. Dabei ist mir kaum ein amtliches Schreiben bekannt, dass Ihnen einen Vorteil bringen könnte – aber sehr viele, die Ihnen Ihr Geld oder Ihre Zeit stehlen oder beides. Ich hoffe, Sie vermissen nichts, wenn all diese Schreiben oder Formulare künftig nicht mehr in Ihrem Briefkasten liegen.

Hier geht es nicht um dieses oder jenes Land. Von einem Land in ein anderes zu ziehen garantiert nicht wirklich dauerhafte Besserung. Vor allem, wenn das andere Land auch in Europa liegt und womöglich auch noch in der EU. Hier geht es darum, wie Sie das Höchstmaß an Freiheit zurückgewinnen, das in der Welt von heute noch möglich ist – und wie Sie sich gleichzeitig auf die vielfältigen Bedrohungen vorbereiten, denen wir heute alle ausgesetzt sind. Sie alle haben gelesen, wie es um den Euro steht oder um das ganze Finanzsystem. Aber es ist nicht nur ein finanzielles Problem. Spätestens seit Corona haben wir alle diese bisher nicht gekannte Bedrohung unserer körperlichen Unversehrtheit und unseres Lebens erlebt, weniger durch die Krankheit selbst als vielmehr durch diese vollkommen untaugliche Regierung, die Büttel in ihren Diensten zur Durchsetzung ihrer sinnlosen Verbote, und wie wir durch die Hintertür zu einer kaum getesteten Impfung gezwungen werden sollen, die inzwischen immer mehr Fachärzte als Körperverletzung bezeichnen. Viel öfter, als wir in der Zeitung lesen, übrigens mit Todesfolge.

Hier erfahren Sie, wie Sie Ihr Leben künftig so einrichten, damit es wieder Ihnen ganz allein gehört.

Also los geht's ...

Richtig planen

Sind Sie einer von denen, die sofort abreisen können?

Gefällt Ihnen der Gedanke, sich nicht länger von Ihrer Regierung herumkommandieren und ausnehmen zu lassen? Dann haben Sie sich sicher schon Gedanken gemacht, wie Sie das praktisch anpacken, oder ob in Ihrem Fall etwas dagegen spricht. Tatsache ist, viele Menschen könnten theoretisch morgen abreisen und wissen es gar nicht. Dazu gehört, wer von einer Rente oder einem anderen regelmäßigen Einkommen lebt, wer ein ortsunabhängiges Unternehmen betreibt und wer finanziell bereits unabhängig ist. Vielleicht sind Sie es ja schon und sind sich dessen nur nicht bewusst. Vielleicht reicht ja Ihr Geld noch nicht für ein Dasein als Privatier in Deutschland, wohl aber in einem anderen Land, wo das Leben nur einen Bruchteil kostet. Könnten Sie sofort auswandern, wenn sie wollten? Was spricht dagegen? Da ist von Fall zu Fall die persönliche oder familiäre Situation, aber meistens sind es die Finanzen. Also – wie weit reicht Ihr Geld?

Um das zu klären, sind zwei Fragen wichtig: Wie viel haben Sie, und wie viel brauchen Sie? Kommt für Sie nur ein Leben auf der Überholspur infrage, oder geht's auch etwas ruhiger und bescheidener? Reichen Ihre Ersparnisse aus, damit Sie sich künftig ein Leben nach Ihren Vorstellungen leisten können – in einem preiswerteren Land vielleicht? Wenn Sie die Frage verneinen, geht es Ihnen wie den meisten Menschen: Sie brauchen auch künftig ein Einkommen. Gut zu wissen ist in dem Fall, dass mit dem richtigen Geschäft der Weg zur finanziellen Unabhängigkeit durch die Vorteile einer internationalen

Lebensart deutlich kürzer sein kann; schließlich müssen Sie keinen Finanzminister zur Hälfte an Ihren Gewinnen beteiligen.

Denken Sie wie die meisten Menschen vor einem Leben im Ausland zuerst an Geld? Die gute Nachricht ist, dass sich für Geldangelegenheiten meistens eine Lösung findet, wenn Sie nur etwas nachdenken. Mindestens ebenso wichtig und oft sogar komplizierter sind Ihre privaten und familiären Voraussetzungen. Planen Sie für sich alleine oder für eine Familie mit Kindern? Ist Ihr Partner aus Überzeugung dabei oder weil Sie es wollen? Haben Sie ein Problem damit, künftig auf Ihr gewohntes Umfeld, Ihre Freunde und Bekannten zu verzichten? Auf Ihren Verein und den Stammtisch? Knüpfen Sie leicht neue Kontakte? Lernen Sie schnell eine andere Sprache? Wie schwer fällt den Kindern ein Schulwechsel? Nicht selten haben solche Dinge früher die Entscheidung gegen Auswandern beeinflusst. Aber seit Corona ist das alles anders. Seit wir alle wissen, dass uns unsere Regierung im eigenen Land unser Privatleben wegnehmen kann – und dass sie nicht die geringsten Hemmungen hat, das auch zu tun –, hat sich die Situation völlig verändert. Private Dinge zählen nicht mehr, seit wir wissen, bis zu welchem Punkt wir unserer Regierung und ihren uniformierten Gehilfen ausgeliefert sind. Nur das Problem mit dem Geld gibt es immer noch. Beginnen wir also mit dem Geld – und damit mit dem häufigsten Fall, dass das Ersparte nicht reicht, um künftig allein davon zu leben. Das heißt, Sie brauchen auch in Zukunft ein Einkommen. Im Gegensatz zum früheren Auswanderer, der von einer Karriere vom Tellerwäscher zum Millionär träumte, bevor er in der Realität aufwachte, und später von der eigenen Strandbar in der Karibik, einer Kneipe auf Mallorca oder vom sicheren Angestelltenjob in Kanada, sollte Ihr Ziel heute ein ortsunabhängiges Einkommen sein. So was gab es auch früher, vor dem Internet. Aber seit wir alle online arbeiten und verkaufen können, ist alles sehr viel einfacher.

Haben Sie bereits ein international taugliches Geschäft, etwa im internationalen Handel? Dann machen Sie sich am besten Gedanken darüber, wie Sie es am besten aus dem Ausland leiten. Klären Sie mit Ihrem deutschen Steuerberater, wie Sie es am besten machen, damit

Ihr persönlicher Wegzug steuerlich nicht wie ein Verkauf Ihres Unternehmens behandelt und besteuert wird. Haben Sie bisher kein solches oder überhaupt kein Unternehmen, beginnen Sie am besten so bald wie möglich, entsprechend zu planen – auch wenn Sie gar nicht vorhaben, Ihre Auslandspläne kurzfristig in die Tat umzusetzen.

Abgesehen von völlig ortsunabhängigen Unternehmen, wie etwa ein Einkommen aus dem Internet, bietet Ihr Heimatland in der Regel die besten Chancen bei der Gründung eines Unternehmens. Sie sprechen die Sprache, sind mit den Umständen vertraut – und Sie beteiligen Ihr Finanzamt an den Anlaufkosten. Dass ein Firmengründer anfangs Verluste macht, ist ein alltäglicher Vorgang. Nutzen Sie also Ihr eigenes Land für den Start in Ihr Leben als Unternehmer – aber achten Sie bei allem, was Sie anpacken, auf internationale Tauglichkeit. So sorgen Sie für den Tag vor, an dem Sie sich ein Leben als Unternehmer in Deutschland nicht mehr antun wollen. Beim geringsten Anzeichen von Erfolg führen Sie Ihre Geschäfte dann aus dem Ausland.

Es ist wichtig, die internationale Tauglichkeit eines Unternehmens von Anfang an einzuplanen. Vergessen Sie alle Aktivitäten, die dafür nicht taugen. Ich erlebe immer wieder, wie Geschäftsleute zunehmend der Gefahr ausgesetzt sind, immer betriebsblinder zu werden und früher oder später nicht mehr über den Tellerrand ihrer täglichen Routine hinauszusehen. In so einem Fall ist an einen Umzug ins Ausland kaum zu denken. Für die meisten ist es dann ein derart radikaler Schnitt, an den sie höchstens denken, wenn einmal ein größeres Problem auftaucht. Oft ist es dann keine Auswanderung mehr, sondern eine Flucht – und die ist sehr viel komplizierter und riskanter.

Immer wieder stellen sich Unternehmer die Frage, wo und wie sie ihr Geld und ihr Geschäft so schnell wie möglich in Sicherheit bringen, wenn es eigentlich schon zu spät ist. Und meistens kommt es dann noch schlimmer: Statt wenigstens in so einem Moment zu retten, was noch zu retten ist, treten viele auch noch ihre letzten Sicherheiten an die Bank ab. Die wartet nur darauf. Wenn ihr die letzte Lebensversicherung und das letzte Ferienhaus auch noch gehören, dreht sie den Geldhahn endgültig zu. Der Rest gehört dem Konkursverwalter.

Auch erfolgreiche Unternehmer unterschätzen oft die Gefahr, die darin liegt, ihre Aktivitäten auf ein einziges Land zu beschränken. Die Risiken sind vielschichtig, von einer möglichen Pleite ganz abgesehen. Klagen können Sie ruinieren, neue Vorschriften Ihre komplette Geschäftsgrundlage entziehen. Partnerschaften können scheitern, privat und geschäftlich. Gegen all diese Risiken habe ich kein Patentrezept, wohl aber gegen die schlimmen Folgen davon. Bauen Sie Ihr Unternehmen, falls Sie noch keines haben, so früh wie möglich im eigenen Land auf. Machen Sie aber statt örtlicher Geschäfte lieber solche, die auch von jedem anderen Standort aus funktionieren.

Der Übergang zwischen Geld verdienen und anlegen ist fließend. Finanzielle Freiheit bauen Sie ebenso wenig von heute auf morgen auf wie das ortsunabhängige Geschäft, das irgendwann zu Ihrem privaten Geldautomaten wird. Wichtig ist, dass Sie ab sofort daran arbeiten und die richtigen Schritte vor dem Start planen. Denken Sie immer daran, dass Ihr Geschäft Sie zeitlich flexibel machen und Ihnen erlauben soll, viel zu reisen und sich Länder anzusehen, die Sie interessieren.

Gar nicht selten sind Menschen finanziell weitgehend unabhängig und wissen es gar nicht. Sollten Sie also nicht genug Bares auf dem Konto haben, müssen Sie nicht gleich aufgeben. Sind Sie vielleicht Besitzer einer Immobilie oder einer (international nicht tauglichen) Firma, die Sie relativ einfach zu Geld machen können? Fahren Sie ein teures Auto, das Sie künftig nicht brauchen? Oft ist mit dem Verkauf solcher Dinge Ihr Weg ins Ausland sofort frei. Das Geld aus dem Verkauf eines Reihenhauses reicht in vielen Ländern für eine Villa am Meer, und vom Geld, dass Ihr neuwertiger Benz einbringt, leben Sie in manchen Ländern drei Jahre, ohne dass Ihnen dort irgendwas fehlt.

Immobilien und Firmenbeteiligungen in Deutschland sollten Sie vor einem Wegzug sowieso verkaufen, sonst stehen Sie steuerlich vielleicht schlechter da als vor her. Wenn Sie mit Wohnsitz im Ausland deutsche Mieteinnahmen haben, tritt an die Stelle der unbeschränkten die beschränkte Steuerpflicht, was in vielen Fällen ein Nachteil ist.

Mal angenommen, Sie können irgendwie 50.000 bis 100.000 Euro flüssig machen. Wenn Sie ein Haus verkaufen, sind Sie schnell bei

300.000 Euro oder mehr. Damit sind Sie in vielen Ländern schon ganz weit vorne. Die können Sie so anlegen, dass Sie in einem preiswerten Land allein vom Ertrag recht gut leben. Wenn Sie zum Beispiel in Paraguay nur 100.000 Euro in die Landeswährung umtauschen und zu 16 oder 17 Prozent Zinsen als Festgeld anlegen, leben Sie allein von Ihrer Rendite. Oder Sie machen mit Ihrem Kapital Geschäfte, von denen Sie was verstehen, und die Sie selber kontrollieren.

— Sie können zum Beispiel in einem Land mit preiswerter Arbeitskraft und niedrigen Lohnnebenkosten manuell aufwendige Dinge herstellen und exportieren. Vielleicht in einer Freihandelszone in Panama oder der Dominikanischen Republik, wo Sie Produkte für den Export produzieren, ohne Ihre Gewinne versteuern zu müssen.

— Oder indem Sie Handel treiben. Waren einkaufen, wo sie günstig sind, und dorthin liefern, wo Sie die besten Preise erzielen. Voraussetzung ist etwas Talent als Händler. Ein sicherer Blick fürs Geschäft, verkäuferisches Können und etwas Weitblick. Mit diesen Fähigkeiten kommen Sie überall zurecht.

— Ein lukratives Betätigungsfeld sind Immobilien. In wenigen Branchen sind die Chancen, relativ schnell viel Geld zu verdienen, so vielfältig. Mit dem Blick für unterbewertete Objekte, die mit wenig Aufwand an Wert gewinnen, ist Ihr Einsatz nie lange gebunden. Mit dem nötigen Know-how brauchen Sie wenig Startkapital. Den Rest leihen Sie sich. In vielen Fällen brauchen Sie nicht einmal eine Firma. Ein Haus kaufen, renovieren und mit Gewinn verkaufen können Sie auch als Privatmann. Wie sieht es in den Ländern Ihrer Wahl auf dem Immobilienmarkt aus? Untersuchen Sie einfach mal folgende Fragen:

Ist die Währung weich genug, um mit Dollar oder Euro einen guten Kauf zu machen? Können Sie vielleicht viel günstiger bauen als kaufen? Wie ist das Verhältnis zwischen Kauf und Miete? Lohnt sich Urlaubsvermietung oder ist der örtliche Markt interessanter? Geht der Trend in die Städte oder raus aufs Land? Sind womöglich Gewerbeimmobilien gerade besonders interessant?

Gerade bei Immobilien sind die Gewinnspannen in vielen Ländern höher als in Deutschland mit seinen vielen Vorschriften, Formularen und teuren Handwerkern. Schließlich geht es ja auch darum, dieser übertriebenen Kontrolle zu entkommen, der Sie als kleiner oder mittlerer Unternehmer in Deutschland besonders ausgeliefert sind. Ein Land zu finden, wo Ihnen als Geschäftsmann nicht so viele Prügel zwischen die Beine geworfen werden, ist nicht schwer.

— Verkäufer aller Art, möglichst mit grenzüberschreitenden Aktivitäten, sind wie geschaffen für ein unkomplizierteres Leben im Ausland. Wenn so einer seinen Wohnsitz aus Deutschland in ein Land mit einer weniger gierigen Regierung verlegt, steigert er sein Nettoeinkommen, ohne mehr dafür zu arbeiten, und im Idealfall merken seine Kunden überhaupt nichts von seinem Ortswechsel.

— Wer sein Geld mit Zinsen, Dividenden, Lizenzen oder internationalen Mieten verdient, kann sich in der Regel problemlos vom bisherigen Wohnsitz verabschieden und sein neues Leben steuerschonend im Ausland organisieren.

— Geschäftsleute aller Branchen, die weder ein Ladenlokal brauchen noch eine Kanzlei oder örtliche Lizenzen und Zulassungen, sind geradezu prädestiniert für einen internationalen Lebensstil. Marktforscher, die Werbe- und Marketingbranche, Entwicklungsplaner, Spekulanten, Kunsthändler, Designer, Schätzer und Gutachter, Texter, Großhändler, Importeure und Exporteure, Vortragsredner, Veranstalter von Seminaren oder Events aller Art – sie alle verzichten auf einen Großteil ihres Einkommens, wenn sie sich nicht für so ein internationales, steuerschonendes Leben als Edelaussteiger entscheiden.

— Wer vor einem Neuanfang steht und nicht oder kaum über Startkapital verfügt, für den bieten sich MLM-Vertriebe oder Tätigkeiten als Kleinverleger an. Wenn Sie noch nicht die Landessprache sprechen, machen Sie an beliebten Orten mit Tourismus Veranstaltungshefte oder Anzeigenblätter für Ihre Landsleute. Das geht fast ohne Startkapital, Sie müssen nur Anzeigen verkaufen. Dass Sie nicht der Erste sind, dem so was einfällt, muss kein Hindernis sein: Sie müssen es nur besser machen.

— Sind Sie Experte auf einem bestimmten Gebiet? Wissen Sie über irgendein Thema, das viele Menschen interessiert, mehr als der Durchschnitt? Dann haben Sie die beste Chance, Ihr Leben als internationale Ich-AG aufzustellen: als Berater mit vielen Vorteilen: Kein Acht-Stunden-Job, kein Vorgesetzter, keine Angestellten, keine Steuern, kein Startkapital. Berater ist kein geschützter Beruf. Sie brauchen weder Examen noch Diplom, weder Lizenz noch Zulassung. Sie brauchen nicht mal ein Büro. Sie arbeiten zu Hause, im Park oder im Café. Eine Beratung kann überall stattfinden, bei einer Bergwanderung in freier Natur genauso wie im Nobelhotel in Monte Carlo.

Beraterhonorare sind frei vereinbar. Je besser Sie als Experte anerkannt sind, desto mehr sind Ihre Klienten zu zahlen bereit. Sie berechnen nach Stunden, pauschal oder auf Provisionsbasis. Viele Kunden kommen auch gern an Ihren Standort und verbinden die Beratung mit einer schönen Reise. Sie lernen immer wieder neue, interessante Menschen kennen, von denen Sie selbst eine Menge lernen. Sie sammeln Erfahrungen und stellen Beziehungen her. Es liegt an Ihnen, wie Sie diese nutzen. Wenn Sie einen guten Namen haben, entscheiden Sie ganz allein, für wen Sie arbeiten – und von wem Sie sich lieber nicht nerven und Ihre Zeit stehlen lassen. Wenn sich erst mal der Erfolg einstellt und Ihre Zeit knapp wird, können Sie zwei Dinge tun: Entweder Sie verlangen höhere Honorare, verdienen mehr Geld oder arbeiten weniger – oder Sie gehen den logischen nächsten Schritt und bieten Seminare an. Wie Sie sich als Berater einen Namen machen, hängt vor allem davon ab, wie geschickt Sie sich selbst vermarkten. Egal wie gut Sie in Ihrer Branche sind, es spricht sich nicht von selbst herum. So eine Existenz als Berater aufzubauen ist sehr viel einfacher geworden, seit es das Internet gibt – die ideale Geldquelle jedes internationalen Menschen.

— Es führt hier zu weit, im Detail auf die vielfältigen Möglichkeiten einzugehen, wie Sie von einem Einkommen aus dem Internet leben. Es gibt jede Menge Fachlektüre darüber, wie Sie eigene digitale oder physische Produkte im Internet verkaufen, mit Affiliate-Werbung für andere Anbieter Provisionen verdienen oder über Online-Broker zu minimalen Gebühren Aktien kaufen und mit Gewinn verkaufen. Tatsache ist auf jeden Fall, dass Internet und E-Mail die angenehme und lohnende Praxis, in den schönsten Ländern zu leben, Geschäfte zu machen und Geld zu verdienen, sehr viel leichter und unkomplizierter gemacht hat.

So viel zu Ihren Chancen, im Ausland Geld zu verdienen – oder wie es Ihnen die passende Tätigkeit ermöglicht, praktisch jetzt die Steuerhölle Deutschland zu verlassen und Ihr Einkommen durch die Wahl der richtigen Orte zum Leben deutlich zu steigern oder sogar zu verdoppeln. Kommen wir zum zweiten Aspekt, der genauso wichtig ist: Was wird Ihr künftiges Leben kosten?

Wer von einem Leben im Ausland träumt und seine Entscheidung immer wieder hinauszögert, begründet das oft damit, das Geld reiche noch nicht für ein sorgloses Leben am Meer. In Wirklichkeit fehlt nicht so sehr das Geld, als die nötige Entschlusskraft. Wie viel ein Leben im Ausland kostet, hängt von den Ansprüchen ab. Muss es Champagner sein, oder tut's auch ein Bier? Geht es nicht ohne Ihren Daimler, oder wäre auch Mittelklasse denkbar? Das Auto ist ein großer Kostenfaktor in einem Land, wo Taxifahren nur Kleingeld kostet.

Dagegen ist Hauspersonal in den Ländern, die ich Ihnen hier empfehle, sehr viel preiswerter. Da kriegen Sie für das Geld, dass in Deutschland ein paar Stunden Putzfrau in der Woche kosten, ein Hausmädchen, das sich um alles kümmert. Die Frage ist, ob Sie das wirklich brauchen, oder ob womöglich ein eher minimalistisches Dasein das Leben einfacher macht. Sehen Sie es mal so ...

Die Villa mit Garten, Pool und Personal, womöglich mit Kindern, Hunden, Pferd und nicht zu vergessen der Ehepartner: All das engt die Freiheit drastisch ein, das zu tun, was Sie womöglich viel lieber tun würden. Wenn jetzt von Preisen die Rede ist, beziehen sich diese auf ein Leben als Single. Wenn Sie zu zweit planen, heißt das nicht, dass sich die Kosten verdoppeln. Haus oder Wohnung, Auto oder Personal sind für zwei nicht teurer als für einen allein. Wie viel Geld sollten Sie also zur Verfügung haben, um im Land Ihrer Wahl sorglos zu leben?

Zuerst denken Sie bitte daran, dass Sie viele Ihrer laufenden Kosten in Deutschland künftig nicht mehr haben werden. Stellen Sie Ihre

Rentenzahlungen ein, lassen Sie sich Lebensversicherungen auszahlen, wenn das noch geht. Eine Krankenversicherung kostet fast überall auf der Welt nur einen Bruchteil Ihrer deutschen Versicherung, ohne dass deswegen die Leistungen schlechter wären. Wenn Sie sich für den richtigen Ort entscheiden, brauchen Sie weder Heizung noch Klimaanlage, und Winterkleidung ist auch ein Ding aus der Vergangenheit.

So ähnlich sieht es auch der Amerikaner Paul Terhorst, der bereits mit 35 Jahren den Krempel hingeworfen und später das Kultbuch *How to retire at 35* geschrieben hat: Ruhestand mit 35. Er ist überzeugt, dass allein die Tatsache, nicht mehr zur Arbeit zu gehen, Geld spart: »Teure Markenanzüge, ein großes Auto als Statussymbol, die Hypothek für eine Luxuswohnung, edle Designermöbel und Einladungen in Nobelrestaurants, all das brauche ich nicht mehr. Nicht das Leben ist teuer, sondern die Arbeit. Seit ich auf das Privileg Arbeit verzichte, habe ich höchstens ein Viertel der Kosten wie früher.«

Wie hoch Ihre Ersparnisse sein müssen, um in diesem oder jenem Land ohne Einkommen zu leben, war früher eine sehr einfache Rechnung. Seit es in vielen Ländern der Welt keine Zinsen mehr gibt, ist es insofern komplizierter, als Sie jetzt neue Wege finden müssen, um Renditen in der Höhe der früheren Zinsen zu erzielen. Es ist nicht wirklich schwerer geworden, die meisten Menschen müssen aber etwas umdenken. Was früher Zinsen auf Festgeld waren, sind heute Dividenden zuverlässiger Konzerne.

Bei den Kosten hat sich nichts geändert. Wollen Sie in einer Weltstadt wie Rom, Paris, London oder New York leben? Den Winter in St. Moritz verbringen und den Sommer in Marbella oder Monte Carlo? In dem Fall liegt das Minimum kaum unter 4.000 bis 5.000 Euro im Monat. Oder rund 60.000 Euro im Jahr, und wenn ein paar Flüge dazukommen, oder ein Monat Urlaub an einem exotischen Fernziel, gerne auch 70.000 Euro. Wie viel Geld brauchen Sie heute, um Jahr für Jahr 70.000 Euro Rendite zu erzielen? Die These, Aktien sind die bessere Geldanlage, stimmt langfristig. Es gibt aber auch Jahre oder Situationen, in den Sie mit Aktien Geld verlieren. Paul Terhorst wollte auf Nummer sicher gehen. Er hat seinen frühen Ruhestand finanziert, indem er seine Beteiligung an einer gut gehenden Firma verkaufte und das Geld in Anleihen solventer Unternehmen investierte, die ihm jedes Jahr um die fünf Prozent Rendite brachten und ein bescheidenes Leben ohne Arbeit ermöglichten. Fünf Prozent sind auch heute keine Utopie, aber rechnen wir lieber mit nur drei Prozent Rendite. Dann brauchen Sie, um 70.000 Euro für ein Leben in einer teuren Stadt zu erwirtschaften, ein Kapital von 2,35 Millionen. Die hat nicht jeder. Dafür müsste Ihr Haus schon in München, Stuttgart oder Hamburg stehen.

Halten wir fest: Wenn Sie 2,35 Millionen Euro flüssigmachen, müssen Sie nie mehr arbeiten – und leben (eher bescheiden) an den teuersten Orten der Welt. Legen Sie das Geld steuerfrei in verlässlichen Ländern an, und es ist immer genug da, um Ihre Rechnungen zu zahlen und sich manchen kleinen Luxus zu leisten – bei nur drei Prozent Rendite, und ohne dass Sie einen Euro dazuverdienen.

Einfacher wird es, wenn Sie sich preiswertere Städte suchen. Was halten Sie von Rio de Janeiro oder Buenos Aires? Athen oder Lissabon? Sydney oder Melbourne? Das sind alles Städte voller Kultur und Lebensfreude, wo Sie mit 40.000 Euro im Jahr besser leben als der Durchschnitt. Um eine Rendite in der Höhe zu erzielen, brauchen Sie 1,4 Millionen. Viele Deutsche aus der Generation der Erben haben diese Summe in Form eines Hauses oder einer Firma. Sie müssen nur beides verkaufen und den Erlös anlegen, und schon ist Schluss mit der täglichen Tretmühle.

Haben Sie weder Haus noch Firma, die Sie zu Geld machen? Dann müssen Sie eben mit weniger Geld auskommen. Schöne Länder dafür gibt es genug. Die weite Welt bietet eine große Auswahl angenehmer Orte, wo Sie als Single mit 1.000 bis 1.500 Euro oder sogar Dollar im Monat ein kleines Apartment oder Häuschen mieten, dazu essen und trinken, so viel Sie können, und wo noch etwas Geld für das eine oder andere Vergnügen übrig bleibt. Um 12.000 bis 18.000 Euro im Jahr aufzubringen, brauchen Sie 400.000 bis 600.000 Euro. Sie machen also irgendwie 400.000 Euro flüssig und leben davon, ohne sich Gedanken über ein Einkommen zu machen. Sehen Sie sich in kleineren Orten in Spanien, Griechenland, Portugal oder der Türkei um. Nicht in den Metropolen und Urlauber-Hochburgen. Streichen Sie die Wohnung direkt am Meer, und Sie leben sehr gut mit diesem Geld.

Sie haben auch keine 400.000 Euro auf der hohen Kante? Natürlich geht es noch billiger. Wenn Sie in einem Dritte-Welt-Land in Lateinamerika oder Ostasien ohne großen Luxus leben, senken Sie die Kosten noch mal ganz deutlich. Erschrecken Sie nicht, wenn von der Dritten Welt die Rede ist. Der Begriff klingt ziemlich abwertend für das, was Sie in solchen Ländern erwartet: Viel Sonne, tropisches Klima, üppige Vegetation, traumhafte Strände, angenehme Menschen und sehr niedrige Preise. In Ländern wie Thailand oder Indonesien, auf den Philippinen, in Laos, Kambodscha oder Vietnam, in Belize, Panama, Honduras, San Salvador, Nicaragua, Ecuador, Peru, Brasilien, Argentinien, Uruguay, Paraguay oder Bolivien leben Sie mit 600 bis 1.000 Euro im Monat, ohne dass Sie dort einer für einen armen Schlucker hält. Noch billiger geht es derzeit in Venezuela. Da kommen Sie mit 300 Dollar über die Runden, und das sogar auf der schönen Isla Margarita, die früher mal ein beliebtes Urlaubsziel war. Möglich macht es der Umtausch Ihrer Euros oder Dollars auf dem Schwarzmarkt – nie viel umtauschen, denn der heimische Bolivar fällt stündlich – und, weniger angenehm, die Tatsache, dass es im früher so reichen Erdölland Venezuela unter den Kommunisten inzwischen nicht mehr viel gibt, was Sie überhaupt kaufen können.

Wenn Sie sich entschließen, in so einem Billigland zu leben, reduzieren Sie den Betrag, mit dem Sie sich zur Ruhe setzen, auf 150.000 bis 250.000 Euro, immer bei einer Rendite von nur drei Prozent, und ohne dass Sie einen Cent dazuverdienen. Bevor Sie sich jetzt zu so einem drastischen Schritt entscheiden und nach Venezuela ziehen, sehen Sie sich das Land Ihrer Wahl unbedingt vorher an und bleiben erst mal ein paar Monate zur Probe. Das sei doch selbstverständlich, meinen Sie? Von wegen. Es gibt mehr Menschen, als Sie glauben, die eine Woche All-inclusive-Urlaub in Varadero machen und hinterher schwärmen, was für ein tolles Land Kuba ist.

Größter Kostenfaktor in Ihrem neuen Leben ist immer das Thema wohnen. Die Frage ob Kauf oder Miete ist immer eine sehr individuelle

Entscheidung, aber eine Regel gilt immer: Auch wenn Sie mittelfristig ein Haus oder eine Wohnung kaufen wollen, ziehen Sie an einem Ort, den Sie nicht schon gut kennen, zuerst immer in ein gemietetes Objekt ein. Bleiben Sie dort so lange, bis Sie Situation und Preise der Immobilien in Ihrer neuen Umgebung gut überblicken – und bis Sie sicher sind, dass Sie sich für den richtigen Ort entschieden haben.

Alles andere ist eine reine Geldfrage. Wenn Kohle keine Rolle spielt, mieten Sie eine möblierte Wohnung in einem Apartmenthaus mit Service. In Mittel- und Südamerika oder an den Stränden in Thailand finden Sie so was unter 1.000 Dollar im Monat. Wenn Sie noch mehr Komfort wollen und bereit sind, dafür Geld auszugeben, leben Sie als 5-Sterne-Aussteiger in einem First-Class-Hotel. Da wird das Bett gemacht, das Geschirr gespült, die Minibar gefüllt. Wenn Sie als Stammgast so eines Hauses bekannt sind, können Sie das Hotel während Ihrer Abwesenheit auch als Mailbox nutzen. Die Kosten sind reine Verhandlungssache: Langzeitgäste kriegen 50 Prozent oder mehr Rabatt auf den Tagespreis. In vielen Ländern sind Sie mit 100 Dollar am Tag dabei. Also rund 36.000 Euro im Jahr – ungefähr der Betrag, den Sie Ihrem Finanzminister geben, wenn Sie in Deutschland 60.000 Euro im Jahr versteuern.

Bisher sind wir davon ausgegangen, dass Sie nicht mehr arbeiten wollen und folglich keinen Cent dazuverdienen. Wenn Sie dagegen auch in Ihrem neuen Leben etwas Geld verdienen, ändert sich Ihre finanzielle Lage ganz entscheidend – abgesehen davon, dass irgendeine Tätigkeit Abwechslung in das Leben in Ihrem neuen Land bringt und Ihnen neue Kontakte und Bekanntschaften verschafft. Was uns zur wichtigen Erkenntnis bringt, dass Auswandern nur ganz, ganz selten am Geld scheitern muss. Wer das sagt, belügt sich meistens selbst. In Wirklichkeit will er gar nicht weg.

Viele Auswanderer überlegen sich, ob es sinnvoll ist, im Hinblick auf einen möglichen Abbruch des Abenteuers Ausland nicht gleich alle Brücken einzureißen. Mit der Hintertür im Heimatland ist es so eine Sache. Behalten Sie Ihre alte Wohnung, das Konto und die Krankenversicherung, bis Sie sicher sind, dass Sie auch wirklich im Ausland bleiben, raten die einen. Viele Menschen fühlen sich besser mit der Gewissheit, dass im Ernstfall nichts wirklich Schlimmes passieren kann. Andere dagegen brauchen genau diesen Druck einer drohenden Notlage ohne Netz und doppelten Boden, damit sie sich überhaupt in Bewegung setzen. Was davon auf Sie zutrifft, müssen Sie selber am besten wissen. Aus steuerlicher Sicht ist ein Bankkonto in Ihrem Land unschädlich, während ein Wohnsitz in Deutschland laut Außensteuergesetz die unbeschränkte deutsche Steuerpflicht aufrechterhält. Und die Krankenversicherung ist meistens schlichtweg rausgeworfenes Geld, dazu später mehr.

Damit die Kontakte zu alten Freunden nicht abbrechen, telefonieren Sie heute kostenlos mit *Telegram*, *Zoom*, *Skype* oder einem Anbieter für *Voice over IP* wie *Sipgate*, mit Telefonkosten nach Deutschland ab einem Cent pro Minute. Dass die Telefonrechnung für einen Auswanderer zum großen Kostenfaktor wird, ist damit zum Glück Geschichte.

Hier noch ein praktischer Weg, wie Sie mit reduziertem Budget über die Runden kommen und trotzdem immer so viel Abwechslung haben, wie Sie wollen: Nehmen Sie einen Teil Ihres Geldes, um sich eine kleine Wohnung an einem beliebten Ort zu kaufen, der Ihnen so gut gefällt, dass Sie dort sehr gerne jedes Jahr ein paar Monate verbringen. Komplikationen mit unnötigem Papierkram haben Sie ja als Europäer in der EU nicht mehr. In anderen Ländern vermeiden Sie diese am einfachsten, wenn Sie immer nur so lange bleiben, wie Sie das als Urlauber dürfen. Auf die Weise müssen Sie sich nirgends um Aufenthaltspapiere kümmern.

In Ihrer Abwesenheit lassen Sie ihre Wohnung nicht leer stehen, sondern tauschen diese gegen ähnliche Unterkünfte in aller Welt. Tauschpartner für Wohnungen finden Sie im Anzeigenteil großer Tageszeitungen und im Internet. Oder Sie schließen sich einer Organisation an, die Häuser tauscht. Eine der ältesten und bekanntesten ist *Homelink*, das Sie im Internet unter *www.homelink.de* finden.

Um einen möglichst hohen Tauschwert einzubringen, ist der Ort Ihrer eigenen Wohnung wichtig. Sehr gut eignet sich Monte Carlo.

Dort sind Immobilien zwar teuer, aber preiswerter als etwa in Paris, London, New York oder Hongkong. Und außerdem ist das glamouröse Fürstentum am Mittelmeer so begehrt, dass Sie auch in teuren Weltstädten problemlos Tauschpartner finden. Kaufen Sie keine Wohnung, wo das Interesse nur saisonbedingt ist, wie etwa an den schönen Seen im Norden Italiens. Da will außerhalb der guten Zeit kaum einer hin, und Sie selbst langweilen sich zu Tode. Suchen Sie sich eine ganzjährig interessante Stadt mit guten Flugverbindungen, wie San Francisco, Toronto oder Bangkok. Ein akzeptables Preis-Leistungs-Verhältnis finden Sie in Spanien, wenn Sie mal die Metropolen Madrid, Barcelona, Sevilla und Bilbao ausklammern. Fast so eine Art Geheimtipp-Status haben die Städte im Norden, mit Lebensart und akzeptablen Preisen. Sehen Sie sich mal in Pamplona, Gijón, Santander, La Coruña oder Santiago de Compostela um, oder im benachbarten Portugal in der schönen Weinstadt Porto.

Ein Land, das bei Reisenden aus Amerika, Kanada und Australien immer zieht, ist Frankreich – das Land, dessen prominenter Bürger Gérard Depardieu aus Ärger über die Steuerpolitik seiner Regierung auswanderte und russischer Staatsbürger wurde. Vor allem Amerikaner haben eine Art Affenliebe zu Frankreich entwickelt, wobei Ihre Wohnung, um das zu nutzen, durchaus nicht nur im etwas teureren Paris sein muss. In der Bretagne sind Immobilien gleich sehr viel billiger, und wenn Sie sich Bordeaux, Nizza, Cannes oder Saint Tropez leisten können, werden Sie unter den vielen Tauschanfragen die Qual der Wahl haben – auch wenn Sie sich in den genannten Städten nicht die absolute Toplage leisten können oder wollen. Da zieht allein der Name Frankreich sehr viel mehr als zum Beispiel die mindestens genauso schöne italienische Riviera gleich nebenan.

Steuern und 7 andere Dinge, die vor der Abreise geklärt sein wollen

Wandern Sie nie allein wegen der Steuer aus – aber zu viel wollen Sie auch nicht zahlen, oder?

Warum wandern Menschen aus? Wenn Sie zehn deutsche Auswanderer fragen, werden heute neun das Thema Steuern nennen – kein Wunder, denn sie kommen aus dem Land mit den höchsten Steuern der Welt, wo ein Gutverdiener – noch lange kein Reicher – drei Viertel seines Einkommens seiner Regierung geben muss.

Menschen in Deutschland sind ab 57.918 Euro Einkommen in der höchsten Steuerklasse und zahlen 42 Prozent Einkommensteuer. Mit dem Soli sind Sie bei rund 44 Prozent. Mit der Mehrwertsteuer bei 63 Prozent. Wenn sie ab und zu ihr Auto betanken, wird auf jeden Liter Sprit fast ein Euro Steuern fällig. Mancher trinkt gern Kaffee oder ab und zu ein Glas Schampus oder einen Schnaps. Einige rauchen, viele haben ein Haus. Womöglich eine Zweitwohnung. Oder einen Hund. Jeder verbraucht Strom und ist gegen alles Mögliche versichert. Dann ist er bei 70 Prozent, über den Daumen, und da darf er keiner Kirche angehören und kein erfolgreiches Unternehmen besitzen, bei dem die Gemeinde mit der Gewerbesteuer zuschlägt. Das heißt ...

Von 60.000 Euro Einkommen bleiben gerade mal 18.000 Euro übrig. 42.000 Euro holt sich die Politik. Mit nur 60.000 Euro Einkommen zahlen Sie folglich jeden Monat 3.500 Euro – Ihr Eintritt, damit Sie als Deutscher in Deutschland leben dürfen. Denken Sie darüber ab und zu mal nach? Ist das in Ordnung? Wie lange wollen Sie das noch mitmachen? Es heißt ja auch, dass Sie netto 42.000 Euro mehr verdienen, wenn Sie die hohen deutschen Steuern nicht länger zahlen – eine Art passives Einkommen für jeden, der sich entschließt, eine der vielen Chancen zu nutzen, die in anderen Ländern der Welt auf ihn warten. Meistens gibt es dort sogar noch einen Bonus obendrauf: In vielen dieser Länder, in denen die Steuern deutlich niedriger sind, ist das Leben sehr viel preiswerter, ruhiger und angenehmer. Da macht es doch Sinn, schon allein wegen der übertriebenen Steuern Deutschland zu verlassen, oder?

Nein, macht es nicht! Mein Rat: Nutzen Sie die Zugabe niedriger Steuern, wenn Sie andere Länder und eine internationale Lebensart reizen – aber wandern Sie nicht allein wegen Ihrer viel zu hohen Steuern aus, wenn Sie in jeder anderen Beziehung glücklich und zufrieden in Ihrem Land sind. Noch schlimmer ist nur, Leichen aller Art im Keller zurückzulassen in Form unbezahlter Rechnungen oder gefälschter Steuererklärungen – mit der Folge, dass eine Rückkehr nach Deutschland ohne gravierende Beschränkung der Freiheit nicht mehr möglich ist. Bei dem Thema fällt mir immer meine Reportagereise 1985 in die Dominikanische Republik ein. Sechs Wochen war ich für ein Reisemagazin auf der Insel unterwegs, wo es damals noch keine Charterurlauber aus Deutschland gab. Dabei traf ich immer wieder mal auf Deutsche, die mich in spektakuläre Villen am Meer einluden und mir beim *Cuba libre* ihr halbes Leben erzählten. Oder den vorzeigbaren Teil davon, um genau zu sein. Wenn ich dann ein Foto für unser Magazin machen wollte, winkten sie ab und murmelten so etwas wie sie seien nicht fotogen. Gut, alles klar.

Der Punkt dabei ist, das waren keine zufriedenen Menschen. Sie hatten sich auf die eine oder andere Art einen höheren Betrag verschafft und waren aus Deutschland verschwunden, mit einem One-Way-Ticket. Santo Domingo lieferte Steuersünder nicht aus, aber wenn ernste Delikte im Spiel waren, konnte diese Gefälligkeit richtig teuer werden. Ich hatte den Eindruck, dass der eine oder andere dieser Wahl-Dominikaner einen Großteil seiner Beute dafür hergegeben hätte, wenn er dafür seine Situation hätte regeln können, um nach

Deutschland nicht nur rein zu dürfen, sondern auch wieder raus. Was in so einem Menschen vorgeht, lässt der Fall des englischen Posträubers Ronny Biggs ahnen, der in Rio de Janeiro an der Copacabana von Fotos mit Touristen lebte, bevor er nach 36 Jahren auf der Flucht freiwillig nach London flog und sich stellte. Sie hatten ihm versprochen, dass er ein paar schale Pints Bier in seinem Pub trinken durfte, bevor die Gefängnistüren hinter ihm ins Schloss fielen.

Flucht ist hier nicht unser Thema. Aber auch wenn ein Auswanderer formell alles richtig macht und dann nur wegen der niedrigen Steuer in einem Land lebt, das ihm eigentlich gar nicht gefällt, wird er sich dort auf die Dauer nicht wohlfühlen. Wenn Sie es dagegen so machen, wie ich es hier beschreibe, müssen Sie dieses Problem nicht fürchten. Da leben Sie künftig steuerfrei und halten sich trotzdem immer dort auf, wo es Ihnen am besten gefällt. Außer in Deutschland, da sind Sie dann immer nur ein Urlauber oder Geschäftsreisender.

Wenn Sie, was ich nicht für sinnvoll halte, einfach von einem Land in ein anderes ziehen wollen, weil es Ihnen dort besser gefällt oder weil die Sonne öfter scheint, dann fragen Sie einen örtlichen Steuerberater, was da alles auf Sie zukommt. Tun Sie es, bevor Sie eine Entscheidung treffen. Informieren Sie sich über die steuerliche Situation im Land und am Ort Ihrer Wahl. Wie sieht es aus, wenn Ihre Unternehmen zu Hause weiterlaufen? Wenn Sie Immobilien behalten und diese womöglich vermieten? Gibt es ein Doppelbesteuerungs-Abkommen, und was steht drin? Wie wird die Tätigkeit besteuert, von der Sie künftig leben wollen? Wenn's geht, halten Sie sich anfangs eine Hintertür offen für den Fall, dass sich alles ganz anders entwickelt als geplant.

Geschäfte, Arbeit, Hauskauf, alles hat mit Steuern zu tun. Oft sind Entscheidungen erforderlich, die Sie vor dem Umzug treffen müssen. Steuern haben viele Namen. Statt Gewerbesteuern müssen Sie woanders vielleicht eine Lizenz kaufen, statt Grundsteuer Stempelgebühren zahlen. Fragen Sie also nicht nach der Höhe konkreter Steuern, nur weil Sie deren Namen von zu Hause kennen. Erkundigen Sie sich bei wichtigen Dingen immer nach der Gesamthöhe aller auf Sie zukommenden Kosten.

Gute Gründe, sein Land zu verlassen, können für jeden anders aussehen. Ziehen Sie voller Entschlossenheit, Begeisterung und mit großen Plänen weg? Oder überhaupt mit einem Plan? Oder sind Sie doch auf der Flucht – vor Ihrer immer unerträglicheren Regierung? Da sind Sie nicht der Erste. Aber ist Ihr Leidensdruck auch wirklich groß genug? Überlegen Sie sich gut, ob Ihre Unzufriedenheit einen Ortswechsel ins Ausland rechtfertigt, nicht dass Sie kleine Vorteile mit großen Nachteilen bezahlen. Das bessere Wetter allein rechtfertigt selten eine Auswanderung, aber es ist ein wertvoller Zusatzgewinn.

Ihre Entscheidung, in einem bestimmten Land zu leben, sollte auch nicht nur von billigen Immobilien und niedrigen Lebenshaltungskosten bestimmt sein. Auch das sind Vorteile, aber es sollten nicht die einzigen sein. Selbst wenn Sie alle diese Pluspunkte an Ihrem neuen Wohnort vorfinden, werden Sie auf Dauer nie wirklich zufrieden leben, wenn Ihnen das Land eigentlich gar nicht gefällt oder wenn Sie mit den Menschen nicht zurechtkommen. Auch die beste Chance auf der Karriereleiter ist nicht viel wert, wenn ein ungewollter Wechsel zur Quelle ständiger Unzufriedenheit wird.

Gut zu wissen ist auch, dass eine umfassende Lebensuntauglichkeit in einem fremden Land nicht automatisch geheilt wird. Wer es in seinem Leben im eigenen Land noch nie zu etwas gebracht hat, hofft lieber nicht auf ein Wunder durch Auswanderung. Nichts ist tragischer als Deutsche im Ausland, die sich jeden Abend im Kreis ihrer Landsleute zuschütten und dann gemeinsam jammern, dass zu Hause eigentlich alles viel besser war.

Einkommen

Wie sieht es mit Ihrer Finanzplanung aus? Wissen Sie, was Ihr neues Leben kosten wird? Was können Sie sich leisten, worauf müssen Sie eventuell verzichten? Sind Sie auf einen Notfall vorbereitet? Haben Sie genug Geld, um die Probleme der Anfangsphase zu überstehen? Wenn Sie sich selbstständig machen wollen, müssen Sie damit rechnen, dass es nicht gleich so läuft wie erhofft. Planen Sie realistisch, wie viel Geld Sie für den Start brauchen und um ein halbes Jahr ohne Einkommen zu überleben. Wenn Sie auf der sicheren Seite sein wollen, behalten Sie eine Reserve für die eventuelle Rückkehr.

Wenn Sie Ihr künftiges Leben im Ausland immer am gleichen Ort verbringen wollen, gibt es eine ganze Reihe Berufe, die Sie in aller Welt ausüben können. Ein Handwerker oder ein Koch wird überall Arbeit finden. Das Problem ist, dass Sie sich auf die Art nur unwesentlich verbessern. Wer aus Deutschland in die Schweiz zieht, verdient mehr und gibt mehr aus. Das Gegenteil sind viele Länder, wo das Leben sehr viel billiger ist. Da sind aber auch Löhne und Gehälter dürftiger. In so einem Land mit niedrigen Lohnkosten ist es oft sinnvoll, handwerklich aufwendige Dinge herzustellen und zu exportieren.

In den meisten Ländern der Welt können Sie sich als Handwerker ohne große Formalitäten selbstständig machen. Dinge wie der Gesellen- und Meisterbrief, die Handwerksrolle oder eine Pflichtmitgliedschaft in einer Handwerkskammer gibt es in den wenigsten Ländern, aber das Problem selbstständiger Handwerker ist in Billigländern das gleiche wie als Angestellter. Wo der Lebensunterhalt nicht viel kostet, kann kein Handwerker so hohe Rechnungen schreiben, wie er es aus Deutschland, Österreich oder der Schweiz gewohnt ist. Immerhin genießt deutsches Handwerk in vielen Ländern einen recht guten Ruf, sodass ein deutscher Schreiner, Klempner oder Elektriker, wenn er erst mal gut im Geschäft ist, womöglich etwas höhere Preise durchsetzen kann als seine örtlichen Kollegen.

Natürlich können Sie überall ein Hotel, ein Restaurant oder eine Kneipe aufmachen. Bier zapfen kann schließlich jeder, oder? Auch ein Ladengeschäft oder irgendein Dienstleistungs-Unternehmen mit örtlichen Kunden ist immer eine Möglichkeit, am besten in einer Branche, von der Sie was verstehen. Und was dann? Ja, da zahlen Sie etwas weniger Steuern als in Deutschland. Vielleicht gibt es auch etwas weniger von der lästigen Bürokratie. Das Wetter ist sowieso schöner; vielleicht leben Sie ja am Meer. Aber sonst ist alles beim Alten. Erst sind Sie aus Ihrer Tretmühle in Deutschland ausgestiegen, und dann bauen Sie sich woanders eine neue auf?

Also ganz deutlich: Die einzig wirkliche Veränderung in Ihrem Leben kriegen Sie nur mit einem ortsunabhängigen Unternehmen hin, mit dem Sie auch nicht von örtlicher Kundschaft abhängig sind. Ein Geschäft aus dem Aktenkoffer, hieß so was früher, und heute ist es zum Geschäft auf dem Laptop geworden, das Sie ganz einfach auf einer externen Festplatte oder einem USB-Stick mitnehmen oder auf Ihrem Server speichern, falls die Zeit kommt, in der Sie wieder mal ein neues Land kennenlernen wollen. Im vorhergehenden Kapitel über Ihre Vorbereitung sind die wichtigsten ortsunabhängigen Unternehmen genannt. Internationaler Handel, Beratung und Coaching, Verlagswesen, Organisation von Veranstaltungen, Fernunterricht und eben alles, was sich per Internet verkaufen und abwickeln lässt – gerne also auch ein regelmäßiges Einkommen aus erfolgreicher Geldanlage, zum Beispiel an der Börse und inzwischen womöglich auch mit Krypto-Währungen. Mein Tipp: Wenn Sie irgendwas davon auf die Reihe kriegen, dann tun Sie es so bald wie möglich!

Wohnen

Die wohl wichtigste Frage neben dem realistischen finanziellen Plan ist Ihr neues Domizil. Soll es ein Haus oder eine Wohnung sein, in einer großen Stadt, einem kleineren Ort oder auf dem Land? Wollen Sie zur Miete wohnen oder etwas kaufen? Vom Makler oder vom Bauträger, von privat oder direkt preiswert vom Plan weg? Oder wollen Sie selber bauen? Das sind die ersten Überlegungen, die jeder vor einem Umzug ins Ausland anstellt. Im Internet haben Sie die Möglichkeit, alles über die Lage auf dem Wohnungsmarkt am Ort Ihrer Wahl nachzulesen. Auf den Webseiten der Makler erfahren Sie, auf welche Preise Sie sich gefasst machen müssen und was es sonst an Besonderheiten zu beachten gibt. Machen Sie Ihre Hausaufgaben und finden Sie heraus, wie die Lage auf dem Immobilienmarkt aussieht – aber das ist nur der erste Schritt.

Sind Ihre Vorstellungen von Ihrem Traumland in der Realität haltbar? Haben Sie sich ausreichend über alle wichtigen Faktoren informiert? Das Internet erleichtert Auswanderern vieles, aber es ersetzt nicht die persönliche Erfahrung am Ort. Die Suche nach einer Immobilie ist Fleißarbeit. Wenn Sie etwas kaufen wollen, hilft nur eins: Sehen Sie sich so viele Objekte wie möglich an, bis Sie wirklich einen Überblick über alle interessanten Wohnlagen und das Preisgefüge haben. Nicht selten kaufen Auswanderer eine Wohnung, und dann merken Sie, dass sie sich in einem Haus wohler fühlen würden. Oder umgekehrt: Sie hatten in Deutschland ein bequemes Haus mit viel Platz, und weniger kam auch im Ausland nicht infrage. Aber irgendwann haben sie dann gemerkt, dass sie lieber öfter mal eine Reise machen wollen, und da ist es sehr viel bequemer, in einer Wohnung einfach den Schlüssel umzudrehen, als jemanden zu finden, der auf das Haus aufpasst und womöglich auch noch den Garten gießt.

Um das Jahr 2000 herum, als der Euro schon als Drohung im Raum stand, machten Tausende Deutsche große Mengen ihrer guten alten D-Mark locker, die sie irgendwo in Sicherheit gebracht hatten und die kurz vor dem Verfallsdatum stand. Von unzähligen Konten in der Schweiz, in Liechtenstein und Luxemburg oder bar aus der Hosentasche begann ein gigantischer Geldfluss mit dem Ziel Mallorca. Der Wunsch dahinter war meistens die eigene Finca auf dem Land. Überall wurde gekauft, renoviert, gebaut – und dabei immer die Hälfte bar und ohne Rechnung bezahlt, sodass nur ein Teil des Preises in der Notarurkunde auftauchte, was Käufern und Verkäufern Geld sparte. Eine Win-win-Situation, wie es heute heißt – nur die Notare mussten sich alle so eine Maschine zum Zählen von Bargeld zulegen, wie sie sonst nur Banken hatten. Zeit war Geld, und die Wartezimmer waren voller ungeduldiger Ausländer, die ihr Geld loswerden wollten. Eine halbe Million Mark in Peseten war eine Menge Papier; da zog mancher Notar ziemlich ungeduldig an seiner Zigarre, während er aus dem Fenster sah und so tat, als merke er nicht, wie am Tisch dicke Geldbündel gezählt wurden, Verkäufer sich verzählten, wieder von vorne anfingen.

Als der Euro kam, hatte jeder seine Finca. Die Renovierung war fertig, alle Arbeit getan. Dann saßen die neuen Eigentümer abends vor ihrem Kamin, der genau so lange wärmt, wie das Feuer brennt. Im Winter fragte sich dann fast jeder, was er eigentlich da wollte. Vielleicht wäre er ja an dem Abend gerne essen gegangen in Palma, aber dazu musste er erst mal fünf Kilometer über einen holprigen Feldweg rumpeln und dann eine halbe Stunde Landstraße, da siegt oft die Faulheit. Dann geht es bei einigen sehr schnell, und bei anderen dauert es etwas länger, aber früher oder später verkaufen fast alle ihre Finca wieder und tauschen sie gegen eine komfortable Wohnung oder ein neues Haus mit Fußbodenheizung in einer der vielen Urbanisationen in der Nähe der Hauptstadt. Ihr Glück war – und ist es heute noch –, dass sie relativ schnell Käufer finden, weil immer noch jede Menge Menschen aus ganz Europa von der eigenen Finca auf Mallorca träumen – bis sie dann einige Zeit darin verbracht haben.

Aus all den Gründen gilt: Kaufen Sie nie eine Immobilie an einem Ort, an dem Sie nicht mindestens ein halbes Jahr gelebt haben. Viele ignorieren diese goldene Regel, vor allem Vielreisende. Die denken, sie kommen überall zurecht. Aber dann merkt auch mancher von ihnen, dass es zwei verschiedene Dinge sind, ein Land oder einen Ort zu besuchen oder dort zu leben. Zweiter Grund, zuerst unbedingt erst mal etwas zu mieten, ist der örtliche Immobilienmarkt. Die meisten Fehlkäufe kommen zustande, weil der Käufer den örtlichen Markt nicht kennt. Nur wenn Sie am Ort wohnen, haben Sie Zeit und Gelegenheit, Vor- und Nachteile aller Lagen und Objekte kennenzulernen und sich genügend Angebote anzusehen.

In deutschen Zeitungen lesen wir immer wieder, welche Fallen beim Kauf einer Immobilie im Ausland lauern. So gefährlich ist es in Wirklichkeit gar nicht – jedenfalls dann, wenn der Käufer den gleichen gesunden Menschenverstand an den Tag legt, wie er es beim Hauskauf in Deutschland tun würde. Glauben Sie keinem Makler an einem einsamen Strand, dass dort bald das Clubhaus, der Yachthafen, der Pool, das Luxusrestaurant und Ihre Wohnung stehen, die Sie jetzt bitteschön gleich anzahlen sollen. Kaufen Sie nur, was Sie sehen, wenn Sie in einem Land nicht mit den Gewohnheiten vertraut sind. Wenn Sie nur

Sand und Steine sehen, dann kaufen Sie auch nur Sand und Steine. Sollte es dort einmal Villen und Straßen geben, dann wäre das sicher großartig. Aber wollen Sie wirklich für einen Traum zahlen, der sich vielleicht erfüllt oder vielleicht auch nicht?

Machen Sie keine Anzahlung für ein Haus oder eine Wohnung nur wegen der guten Worte des Verkäufers. Bei einem Bauplatz klären Sie im Rathaus, was Sie dort bauen dürfen. Kaufen Sie nicht das erste Objekt, das er Ihnen zeigt. Kaufen Sie nichts beim ersten Besuch in einem Land. Egal, wie blau das Meer ist, wie die Palmen im Wind rauschen und der Rum seine Wirkung tut: Es gibt keinen Grund, im Ausland alle Vorsicht zu vergessen, die zu Hause selbstverständlich ist.

Das soll jetzt nicht heißen, prinzipiell nie etwas direkt vom Plan zu kaufen. Das ist in vielen Ländern seit Jahren ein erprobtes Konzept. Bauherren finanzieren ihre Projekte auf die Art ohne Geld von der Bank, und Käufer zahlen in der Phase deutlich niedrigere Preise als später, wenn die Wohnung fertig ist. Wer so ein Angebot ernsthaft in Erwägung zieht, sollte sich aber vorher bei der Gemeinde genau über das Projekt erkundigen, und vor allem muss er Erkundigungen über den Ruf des Bauträgers einholen.

Denken Sie daran, dass es in vielen Ländern zwei parallele Immobilienmärkte gibt: einen für Einheimische und einen für Ausländer. Sprechen Sie mit Einheimischen, bis Sie wirklich wissen, was ein örtlicher Käufer für das Haus zahlen würde, das Sie kaufen wollen. Das heißt nicht unbedingt, dass Sie es auch zu diesem Preis kriegen. Aber der Unterschied darf nicht zu krass ausfallen. Am Ende ist sowieso alles Verhandlungssache, aber kein Verkäufer nimmt Sie ernst, wenn Sie keine Ahnung haben, was um Sie herum wirklich passiert.

Wenn Ihnen Einzelheiten eines Immobilienkaufs suspekt erscheinen, greifen Sie am besten auf den Rat eines unabhängigen Fachmanns zurück, etwa eines Anwalts oder in spanischsprachigen Ländern eines preiswerteren *Gestors* oder *Tramitadors*. Natürlich sollte es nicht der Anwalt des Bauträgers oder Maklers sein, den Sie konsultieren. Im Zweifelsfall und zur Sicherheit lassen Sie auch Standardverträge noch einmal vom Anwalt überprüfen.

In den USA, in Kanada und vielen Ländern der Karibik sowie in Mittel- und Südamerika bieten US-Gesellschaften Titelversicherungen für Immobilien an. Für die Suchmaschine: *title insurance in (Name des Landes)*. Damit versichern Sie Risiken im Zusammenhang mit unklaren Eigentumsverhältnissen. Vor Vertragsabschluss prüft der Versicherer den Fall, und wenn er Ihnen danach keine Versicherung anbietet, können Sie sicher sein, dass an der Sache was faul ist – und treten am besten vom geplanten Kauf zurück.

In vielen Ländern gibt es bei Immobilien großen Verhandlungsspielraum von 30 bis 50 Prozent. Die besten Chancen haben Sie bei der Preisverhandlung meistens, wenn Sie Geld bar auf den Tisch blättern. Lassen Sie es einfach darauf ankommen. Testen Sie ruhig die Schmerzgrenze des Verkäufers. Auch wenn im Land Ihrer Wahl die Praxis weit verbreitet ist, nicht den echten Preis in die Kaufurkunde zu schreiben, so ist es trotzdem Ihre Entscheidung, ob Sie von dieser für Käufer und Verkäufer nützlichen Variante Gebrauch machen wollen. Kurzfristig sparen Sie auf die Weise Steuern, aber langfristig kann es bei einem Wiederverkauf ein Nachteil sein.

Ein Makler, der weder ein Büro noch ein Festtelefon hat und nur per Handy erreichbar ist, ist in der Regel kein offizieller Makler mit angemeldetem Geschäft. Das heißt nicht automatisch, dass er nicht auch Angebote haben kann, die Sie interessieren. Sehen Sie sich ruhig an, was er zu bieten hat, aber bleiben Sie wachsam. Eine Anzahlung sollten Sie ihm vielleicht nicht überlassen. Andererseits ist ein nobles Büro allein auch keine Garantie für Seriosität. Am sichersten sind in dieser Branche, in der neben seriösen Geschäftsleuten auch allerlei Paradiesvögel unterwegs sind, eigentlich nur glaubhafte Referenzen von Menschen, denen Sie vertrauen.

Verlassen Sie sich nicht darauf, dass Sie Ihre Auslandsimmobilie in jedem Land finanzieren können. Vor allem in Südamerika ist das so gut wie unmöglich. Wegen der meist sehr hohen Zinsen wäre es dort auch unrentabel. Halten Sie es lieber so, dass Sie sich etwas mieten, wenn Sie das Geld für eine Immobilie nicht haben. Klären Sie ab, ob Sie Ihre Immobilie im Ausland auf den eigenen Namen eintragen. Informieren Sie sich über mögliche Alternativen. Vielfach lesen wir den Rat, aus Sicherheitsgründen oder Steuergründen oder wegen der Absicherung Immobilien generell auf eine nur dafür gegründete Gesellschaft einzutragen. Diese Notwendigkeit kann ich aus meiner Erfahrung nicht bestätigen. In manchen Fällen mag der Eintrag auf eine Gesellschaft sinnvoll sein, aber längst nicht immer, und im Fall eines einzelnen Hauses oder einer Wohnung für den privaten Gebrauch ist es oft eher rausgeworfenes Geld. Jeder Fall ist anders, aber prinzipiell sinnvoll ist die Gründung einer Gesellschaft als Inhaber einer Immobilie nur für den Anwalt, der die Firma gründet und später Jahr für Jahr Geld für die Verwaltung kassiert. Dagegen ist es in vielen Fällen sehr wohl eine Überlegung wert, ob der gemeinsame Eintrag zusammen mit einem Erben sinnvoll ist.

Ein Spar-Tipp zum Schluss: Nehmen Sie nicht Ihren ganzen Hausrat mit ins Ausland. Am besten nehmen Sie so wenig wie möglich mit. Nur was Sie wirklich brauchen, zum Beispiel für Ihre Arbeit oder für Ihr Unternehmen. So was passt heute meistens auf ein paar CDs oder Festplatten, oder es lässt sich auf einem Server speichern. Vielleicht wollen Sie auf einige persönliche Dinge nicht verzichten, das ist verständlich. Aber Möbel und alles, was einen teuren Umzugs-LKW oder einen Übersee-Container füllt, gibt es mit hoher Wahrscheinlichkeit an Ihrem neuen Wohnsitz billiger.

Gesundheit

Wie sieht es im Land Ihrer Wahl mit der medizinischen Versorgung und der Krankenversicherung aus? Tatsache ist, dass viele Menschen das Thema Gesundheit als Begründung missbrauchen, um eine Auswanderung immer wieder hinauszuschieben. Die anderen beiden Gründe, die oft dafür herhalten müssen, sind Kinder und Eltern. Das mag im Einzelfall stimmen, wenn ältere Angehörige pflegebedürftig sind, aber das Thema ärztliche Versorgung zieht ganz sicher nicht. Gerade in Deutschland lässt die medizinische Versorgung immer mehr nach, bei gleichzeitig steigenden Kosten für die Versicherung, egal ob staatlich oder privat. Für einen Auswanderer heißt das, er wird sich in keinem vernünftigen Land der Welt schlechter stellen, wenn es um seine Gesundheit geht. Einzige Ausnahmen, die mir einfallen, sind womöglich Fälle, wo einer regelmäßig irgendein sehr teures Medikament einnehmen muss, dessen Kosten in Deutschland die Krankenkasse übernehmen muss und weswegen er von keiner anderen Versicherung angenommen würde. Dagegen ist das Lebensalter in vielen Ländern kein Ausschlussgrund bei einer Versicherung. Sicher wird der Beitrag etwas teurer, aber vor den monatlichen Kosten einer privaten Krankenversicherung muss ein Deutscher in kaum einem Land der Welt Angst haben, mit Ausnahme der USA.

Aus einer gesetzlichen Krankenkasse in Deutschland, wie etwa der AOK, müssen Sie auf jeden Fall raus. Die akzeptieren keine Versicherten mit Wohnsitz im Ausland. Dagegen können Sie bei Ihrem privaten Versicherer theoretisch bleiben, wenn Sie dort zufrieden sind und wenn Ihnen die Beiträge nicht zu teuer sind. Billiger ist es woanders allemal, eventuell bei Verzicht auf einige gewohnte Leistungen. Wenn Sie Ihre private deutsche Versicherung behalten wollen, lassen Sie sich ein Angebot für Ihr neues Land machen. Weisen Sie vor allem darauf hin, dass Sie im Ausland von der gesetzlichen Pflicht der deutschen Pflegeversicherung befreit sind. Lassen Sie sich unbedingt schriftlich bestätigen, dass der Vertrag an Ihrem Wohnsitz im Ausland gilt. Nur so stellen Sie sicher, dass Ihre deutsche Versicherung zunächst weiter gilt, bis Sie in Ihrem neuen Land eine bessere Alternative finden. Denn egal was Ihr Versicherer antwortet, eine deutsche Versicherung sollte im Ausland immer nur eine Übergangslösung sein, weil Sie in fast jedem Land der Welt bessere Angebote für weniger Geld finden.

Nehmen Sie meinen Fall: Als ich vor etwa 15 Jahren meine Privatversicherung in Deutschland kündigte, zahlt ich knapp 500 Euro im Monat, und das nur für ein Zweibettzimmer im Krankenhaus. Das war aber nicht der Grund für die Kündigung. Viel mehr störte mich die Erkenntnis, dass mein Versicherer ab einem Alter von etwa 50 Jahren alles tat, um mir das Leben schwer zu machen. Da kamen jedes Mal absurde Nachfragen, immer öfter nervten sie mich mit grotesker Korrespondenz, für die sie ihre Mitarbeiter hatten und mit der sie mir meine Zeit stahlen. Keine Frage, sie wollten mich loswerden. Also habe ich gekündigt, nicht ohne mir vorher noch 19 Implantate einsetzen zu lassen. Danach ärgerte ich mich, dass ich das nicht 15 Jahre früher getan hatte. Statt fast 500 Euro im Monat zahlte ich bei einer Privatversicherung in Spanien 850 Euro im Jahr – bei besseren Konditionen. Als ich Jahre später einmal ins Krankenhaus musste, bekam ich ebenfalls ein großes Zweibettzimmer – aber im zweiten Bett lag kein Patient, sondern es war dafür vorgesehen, dass ich eine Begleitperson mitbringen konnte. Gut, der Vertrag hat auch kleine Nachteile. Zum Beispiel werden Medikamente nur im Krankenhaus bezahlt. Aber bei über 5.000 Euro Preisunterschied im Jahr kann ich doch ab und zu eine Packung Paracetamol selber kaufen, wenn mir mal nach einer Feier am nächsten Tag der Schädel brummt. Sollte ich einmal wirklich teure Medikamente brauchen, würde ich mir die eben im Krankenhaus verabreichen lassen.

Um sich preiswert in Spanien zu versichern, wo Sie im Alter um die 50 im Monat 60 bis 90 Euro zahlen, reicht im Prinzip eine Adresse in Spanien, auch wenn es nur eine Ferienwohnung ist, wo Sie sich gelegentlich aufhalten. Sollten Sie einmal woanders krank werden, zum Beispiel auf einer Urlaubsreise ins Ausland, müssen Sie die Zahlung vorschießen und dann die Rechnung einreichen. Ihr größtes Risiko dabei ist, dass irgendwann die spanische Gesellschaft von einem deutschen Konzern aufgekauft wird, womit sich das Klima für die Versicherten schlagartig verschlechtern würde.

Zum Thema Gesundheit und Versicherung steht beim Auswandern eine generelle Entscheidung an: Sehen Sie Ihre Krankenversicherung als eine Art Luxus-Rundum-Versorgung, oder legen Sie mehr Wert auf niedrige Beiträge? Wollen Sie vom Allerfeinsten gegen jedes erdenkliche Risiko abgesichert sein, mit Einzelzimmer, Chefarzt-Behandlung und jährlichem Check in der Mayo Clinic? Oder gehen Sie eher selten zum Arzt, zahlen Ihre Aspirin notfalls selbst und wollen nur eine Absicherung für wirklich ernste Fälle? Oder suchen Sie irgendwas in der

Mitte zwischen diesen beiden Extremen? Eine Versicherung, bei der die Kosten in vernünftigem Verhältnis zum Nutzen stehen, die Sie nicht mit hohen Beiträgen belastet und im Leistungsfall nicht in nervige Briefwechsel verwickelt?

Wenn Sie sich entschieden haben, haben Sie als Nächstes die Wahl zwischen international tätigen Versicherern oder Anbietern im jeweiligen Land – vorausgesetzt, Sie gehen im Ausland keiner abhängigen oder selbstständigen Tätigkeit nach, denn damit müssen Sie in vielen Ländern in die dortige Sozialversicherung einzahlen. International tätige Versicherer sind häufig britische Gesellschaften, die oft recht günstig arbeiten und ihr Beitragsaufkommen eher für ihre Kunden ausgeben statt für eine aufgeblähte Verwaltung, Protzbauten und überzogene Vorstandsgehälter. Diese Versicherer wenden sich gezielt an ein internationales Publikum, und oft können Sie Ihren Beitrag direkt auf der Webseite ausrechnen lassen. Vergleichen Sie aber nicht nur die Preise. Um zu beurteilen, welcher Anbieter für Sie der beste ist, müssen Sie das Kleingedruckte lesen. Gilt der Schutz weltweit oder sind teure Länder wie USA, Kanada oder Karibik ausgenommen? Was genau ist gedeckt? Arzt, Arznei, Krankenhaus, Tagegeld, Zahnersatz, Brille, Hörgerät, Heilpraktiker, Flugrettung? Wie sieht es mit Selbstbeteiligung aus? Sind Krankheiten ausgeschlossen? Wie sieht's beim Unfall mit Alkohol aus? Gibt es Wartezeiten? Brauchen Sie einen Gesundheitscheck? Müssen Sie selber zahlen und Belege einreichen? Müssen bestimmte Behandlungen vorher genehmigt werden? Wo ist eigentlich der Gerichtsstand? Hier einige Adressen zum Vergleich:

ExpaCare: *www.expacare.net*
William Russell: *www.william-russell.com*
MediCare International: *www.medicare.co.uk*
Aetna: *www.aetnainternational.com*
Bupa Global: *www.bupaglobal.com*
Care Conzept: *www.care-concept.de*

In den sehr preiswerten Ländern in Südamerika oder Asien haben Sie noch eine weitere Möglichkeit, die vielen Deutschen nicht akzeptabel erscheint, aber von vielen Ausländern praktiziert wird: Sie versichern sich überhaupt nicht und zahlen Ihre Arztbesuche einfach selbst. Schütteln Sie nicht gleich mit dem Kopf, das ist gar nicht so abwegig, wenn der Arztbesuch zehn Euro kostet und ein Armbruch mit Gips 80 Euro. Es darf halt nichts Schlimmes passieren.

Aus Deutschland wissen wir alle, dass private Versicherungen preiswert sind, wenn Sie jung, gesund und ledig sind. Ältere Menschen sind weniger willkommen und werden mit Wucherbeiträgen bestraft. Das gilt in anderen Ländern nur bedingt. Natürlich steigen die Beiträge in höherem Alter überall, aber generell ist die Zahlungsmoral der Gesellschaften besser und der Umgang unkomplizierter. In Deutschland musste ich die Kosten vorschießen und dann Rechnungen einreichen. In Spanien habe ich immer nur eine Karte meiner Privatversicherung vorgezeigt, und Arzt oder Krankenhaus haben dann direkt mit dem Versicherer abgerechnet.

Lassen Sie sich von Beitragstabellen und Geschäftsbedingungen nicht täuschen: Bei Privaten ist vieles Verhandlungssache, in Deutschland wie im Ausland. Am besten beauftragen Sie auch im Ausland immer einen Versicherungsmakler. Der ist nicht Angestellter einer Gesellschaft, sondern vergleicht unabhängig Konditionen und Leistungen und gibt, wenn er ehrlich ist, das beste Angebot an den Kunden weiter, und nicht das, bei dem er die höchste Provision kassiert. Fragen Sie nach Maklern mit gutem Ruf in Ihrer neuen Umgebung, und bitten Sie diese um konkrete Angebote.

Sprache

Nein, Sie müssen, wenn Sie zum Beispiel nach Spanien ziehen, nicht perfekt Spanisch sprechen. Jedenfalls nicht in den Metropolen und Urlaubsregionen an den Küsten. Aber wenn Sie nicht ewig ein Fremder bleiben wollen, ist die gute Kenntnis der Landessprache eine wichtige Voraussetzung. Vor allem Franzosen legen angeblich viel Wert darauf, dass Ausländer in ihrem Land Französisch sprechen oder es mindestens versuchen. Haben Sie wenigstens Grundkenntnisse der

Sprache im Land Ihrer Wahl? Das ist ein guter Anfang. Kurse der wichtigsten Sprachen für jedes Niveau finden Sie bei internationalen Sprachenschulen oder an der Volkshochschule Ihrer Stadt. Mehr lernen Sie dann Tag für Tag im Land, wenn Sie es wollen und nicht immer nur in der Gesellschaft Ihrer Landsleute unterwegs sind.

Zur Vorbereitung auf Ihr Leben im Ausland sollten Sie auf jeden Fall gut Englisch sprechen. Und zwar besser als das, was Sie aus Ihrer Schulzeit in Erinnerung haben. Die zweitwichtigste Sprache ist Spanisch, das in Europa, Südamerika und weiten Teilen der USA gesprochen wird. Auch in Brasilien, wo die Menschen Portugiesisch sprechen, tun Sie sich leichter, wenn Sie Spanisch sprechen. Mit Englisch, Spanisch und womöglich etwas Französisch kommen Sie schon ziemlich gut in aller Welt zurecht. Natürlich sprechen auch viele Menschen Arabisch, Chinesisch und Russisch, aber wenn Sie nicht gerade in einem dieser Länder leben wollen, hat keine dieser Sprachen Priorität.

Wenn Sie Spanisch in Spanien lernen wollen, dann meiden Sie am besten Barcelona. Dort und in ganz Katalonien sprechen viele Menschen *Catalan*, was kein Mensch kennen muss und mit dem Sie niemand versteht, wenn Sie nur zwei Stunden aus Barcelona herausfahren. Ähnlich ist es auf den Balearen, wo viele Einheimische auf Mallorca *Mallorquin* und in Ibiza *Ibizenco* sprechen und Schüler an staatlichen Schulen gezwungen werden, das *Catalan* aus Barcelona zu lernen, obwohl es auf den Inseln überhaupt nicht verbreitet ist. In Spanien gibt es viele Sprachen und Dialekte. Gutes Spanisch lernen Sie am besten in Salamanca, so heißt es, oder in Kolumbien.

Verhungern werden Sie sicher nirgends, wenn Sie die Sprache des Landes nicht sprechen. Aber Sie sind auch nie richtig integriert und bleiben immer eine Art Bürger zweiter Klasse. Lernen Sie also wenigstens die Grundlagen der Sprache, bevor Sie in ein anderes Land ziehen. Unterschätzen Sie nicht die Bedeutung, so bald wie möglich so zu sprechen wie die Menschen, mit denen Sie künftig zu tun haben, vor allem, wenn Sie dort arbeiten oder selbstständig tätig werden wollen. Natürlich lernen Sie jede Sprache sehr viel einfacher, wenn Sie im

Land selbst leben, aber von selber geht es deswegen auch nicht. Also nehmen Sie Unterricht und geben Sie sich Mühe, auch die Grammatik halbwegs korrekt hinzukriegen. Essen bestellen allein reicht nicht. Wenn Sie die Menschen an Ihrem Wohnort nicht wirklich verstehen, geht das Leben dort weitgehend an Ihnen vorbei.

Kontakte

Kennen Sie jemanden am Ort Ihrer Wahl, dem Sie vertrauen und der Ihnen mit Rat und Tat weiterhilft? Das ist jetzt keine Voraussetzung für erfolgreiches Auswandern, aber es kann eine wertvolle Hilfe und ein großer Vorteil sein, damit Sie gerade am Anfang nichts falsch machen. Solche Menschen finden Sie, indem Sie bei Ihren ersten Besuchen im Land Ihrer Wahl entsprechende Bekanntschaften schließen. Dabei ist freilich etwas Menschenkenntnis gefragt. Ihre Kontakte in einem neuen Land können dort lebende Landsleute sein, aber Einheimische sind in der Regel sinnvoller. Gute Orte, um Bekannte zu finden, Kontakte zu knüpfen und Hilfe bei den praktischen Dingen des Alltags zu bekommen, können zum Beispiel Sportvereine sein, internationale Organisationen wie Lions Club oder Rotarier, und durchaus vielleicht auch Kirchen.

Ihre Bekannten am Ort helfen Ihnen bei der Suche nach dem verlässlichen Makler für Immobilien und Versicherungen, und sie kennen Adressen guter Handwerker. Den ersten Kontakt mit solchen Empfehlungen machen Sie am besten persönlich. Stellen Sie sich als Freund von Kunde Sowieso vor, beschreiben Sie Ihren Bedarf, und bitten Sie um ein Angebot. So werden Sie am ehesten wie ein Einheimischer behandelt und zahlen entsprechende Preise. Rufen Sie auf der Suche nach einem Dienstleister nicht die erstbeste Anzeige in der Zeitung an, und schon gar nicht in einem Urlauber-Blatt. Wer da inseriert, sucht Kunden, die sich nicht auskennen und für die Unterhaltung in der gemeinsamen Sprache einen höheren Preis in Kauf nehmen.

Erkundigen Sie sich rechtzeitig, was am Ort wichtig ist und wie Einheimische dieses oder jenes Problem lösen. Lassen Sie sich auch berichten, wie der Umgang mit der örtlichen Polizei funktioniert. Dass in manchen Ländern bei einer Verkehrskontrolle immer ein Geldschein im Führerschein liegen sollte, mag Sie zuerst schockieren. Diese Art Kleinkorruption kann Sie aber im Ernstfall vor übertriebenen Strafen wie in Europa schützen. Verurteilen Sie so was lieber nicht, denn es kann Ihr Leben erleichtern und viel Geld sparen, wenn Sie mal mit etwas mehr Alkohol unterwegs sein sollten. Wenn Sie Korruption absolut verurteilen, dann sehen Sie sich zuerst einmal in Ihrem eigenen Land um. Nein, wenn Sie ein deutscher Polizist blasen lässt, versuchen Sie lieber nicht, ihm einen Schein zuzustecken. Korruption in Deutschland finden Sie eher in den höheren Etagen, wo Politik, Wirtschaft und Justiz unter sich sind. Erinnern Sie sich noch an die Amigo-Affäre in München? So was gibt es nicht nur in Bayern, und wenn sich seitdem etwas verändert hat, dann eher zum Schlimmeren. Allein die deutsche Rechtslage bei der Abgeordneten-Vergütung und die Art und Weise, wie Nebeneinkünfte von Politikern behandelt werden, würde in vielen Ländern der Welt als Korruption verfolgt.

Familie und Kinder

Ist Ihr Ehe- oder Lebenspartner bei Ihren Plänen im Ausland voll mit dabei? Oder ist der Traum vom künftigen Leben im Ausland für ihn eine Horrorvorstellung? Eins ist klar: Die Entscheidung über so eine einschneidende Veränderung sollten Sie nicht ohne Ihren Partner treffen, vorausgesetzt, Sie haben einen und wollen ihn auch behalten. Wenn Sie nicht beide von so einem Plan überzeugt sind und am Ende womöglich einer von beiden nur widerwillig mitmacht, ist das Scheitern Ihres Auslandsabenteuers gewiss. Wenn Sie in dem Punkt nicht gleicher Meinung sind, gibt es drei Möglichkeiten. Entweder Sie einigen sich auf ein Land, mit dem Sie beide leben können. Oder Sie sagen das Thema Ausland ab. Oder Sie suchen sich einen neuen Partner.

Und wie sieht es mit den Kindern aus? Haben die Lust auf neue Erlebnisse, oder hängen sie zu sehr an ihren Freunden? Vor allem kleinere Kinder sind meistens recht aufgeschlossen, aber das hängt natürlich von vielen Dingen ab. Neue Freunde und eine neue Umgebung sind für Kinder selten ein Problem. Je jünger sie sind, desto schneller lernen sie eine andere Sprache, und in der Schule finden sie neue Freunde und Bekannte meistens leichter und schneller als ihre Eltern.

Was das Thema Schule betrifft, sollten sich Eltern schon mal an den Gedanken gewöhnen, dass im Land ihrer Wahl womöglich die Kosten für eine Privatschule auf sie zukommen. In vielen Ländern sind Privatschulen eine Art Statussymbol, das aber auch einen ganz praktischen Zweck erfüllen kann. Nehmen Sie Spanien, da ist die Privatschule in vielen Regionen schon wegen der seltsamen Sprachen notwendig. Erschwerend kommt dazu, dass die Politik schon in den staatlichen Schulen anfängt; da werden Kinder in Katalonien bereits im Kindergarten einer Gehirnwäsche zum Thema Separatismus unterzogen. Wenn Sie das Ihren Kindern nicht zumuten wollen und keine Lust haben, am Mittagstisch einen Vortrag über Faschismus in Madrid über sich ergehen zu lassen, ist eine private Schule der einzige Ausweg. Ganz nebenbei kann sie ja auch praktische Vorteile für das künftige Leben Ihrer Kinder haben. An staatlichen Schulen sind die Freunde Ihres Nachwuchses allesamt Kinder von Kellnern und Zimmermädchen, während Ihre Sprösslinge in Privatschulen mit den Söhnen und Töchtern der Hotelbesitzer und Politiker aufwachsen. Ja, ich weiß, da bin ich jetzt nicht weit vom Fettnäpfchen der Vorurteile entfernt. Ehrlich gesagt, was mich betrifft, sind mir viele Kellner sympathischer als die meisten Politiker. Ich versuche nur, das Thema Schule praktisch zu sehen. Schließlich soll sie ja was bringen fürs Leben, und was kann da nützlicher sein als Beziehungen und Kontakte.

Einstellung

Ihre Einstellung – oder Ihr *Mindset*, wie es heute heißt – ist vielleicht die wichtigste Frage von allen. Wie kommen Sie mit Ihrer neuen Situation in der unbekannten Umgebung klar? Sind Sie problemlos in der Lage, sich auf die neuen Umstände und Herausforderungen einzustellen? Lassen Sie sich von kleinen Rückschlägen nicht so leicht entmutigen? Am besten für Ihre neue Umgebung und für Sie selbst ist es, wenn Sie neuen Anforderungen eine positive Seite abgewinnen. Sie lernen wieder etwas dazu, das kann doch kein Schaden sein, oder? Mit der nötigen Portion Aufgeschlossenheit ist Ihre Chance am größten, dass Ihr neues Leben im Ausland ein besseres Leben wird, ganz egal ob im Ruhestand, im Beruf oder mit einem geschäftlichen Neustart.

Ziehen Sie nicht ins Ausland auf der Suche nach Bequemlichkeit. Wenn Sie am liebsten die Füße aufs Sofa legen, bleiben Sie am besten zu Hause. Ein anderes Land ist immer mit unbekannten Lebensumständen, neuen Dingen und Tätigkeiten verbunden, die eben manchmal unbequem sind. Auswandern ist etwas für aktive Menschen. Mit Trägheit kommen Sie im Ausland nicht weiter, denn in der Regel interessiert sich an Ihrem neuen Wohnort keiner für Sie und Ihre Pläne. Niemand kümmert sich um Sie und sorgt dafür, dass Sie endlich in die Gänge kommen.

Vergessen Sie nie: Nichts muss in einem anderen Land so sein, wie Sie es aus Deutschland kennen. So wie Sie die Dinge Ihr Leben lang auf die deutsche Art und Weise erledigt haben, tun es die Menschen an Ihrem neuen Wohnort zeitlebens auf ihre Art, und irgendwie haben sie auch überlebt.

Machen Sie sich darauf gefasst, dass Sie vielleicht irgendwann die Panik kriegen. Meistens im Herbst, oder an sonst einem trüben Tag, wachen Sie auf und denken, was mache ich hier eigentlich? Aber keine Sorge: Wenn es keine ernsthaften Probleme gibt, vergeht so eine Krise spätestens, wenn die Sonne wieder scheint. Sollte das auch nicht helfen, muss es eben auf die harte Tour gehen: Fliegen Sie ab und zu ein paar Tage in Ihre alte Heimat und fragen Sie alte Freunde, was sie verdienen und wie viel ihnen davon übrig bleibt – dann werden Sie die Vorteile anderer Länder schnell wieder zu schätzen wissen.

Wollen Sie sich nie mehr über hohe Steuern und unnötige Bürokratie ärgern?

Für jeden Zweck das beste Land: Wie ein Leben im Ausland wirklich sinnvoll ist

Wollen Sie sich nie mehr über hohe Steuern, überflüssige Vorschriften, sinnlose Behörden, geldgierige Politiker und sture Bürokraten ärgern? Ich denke, das will keiner – und gleichzeitig wird fast jeder Zweifel anmelden, wie das funktionieren soll. Politiker und Beamte gibt es schließlich in jedem Land der Welt, oder? Ja, das ist richtig. Aber sie sind eben nicht alle gleich – und dann gibt es den eigentlich sehr einfachen Weg, wie sich nirgends auf der Welt irgendein Beamter um Sie kümmert – und Sie nie mehr einen Brief von einer Behörde bekommen. Drei Dinge vorneweg ...

Erstens müssen Sie mir natürlich nicht glauben. Tatsächlich sollten Sie alles überprüfen, was ich hier schreibe, denn Dinge ändern sich. Die Frage ist nur, wer oder welche Stelle dafür geeignet sein soll. Ihr Anwalt oder Steuerberater könnte es sein, wenn Sie ihn sehr gut kennen und ihm vertrauen und wenn er nicht gleich abrät, weil er den Verlust eines Kunden fürchtet. Denn einen Steuerberater brauchen Sie in Ihrem neuen Leben nicht mehr.

Was noch viel gefährlicher ist: Alle Berater sind heute in Deutschland per Gesetz verpflichtet, beim kleinsten Verdacht ihre Kunden anzuzeigen. Diese Pflicht gilt auch für Notare, Bankmitarbeiter und sogar für Autohändler oder Juweliere, falls Sie auf die Idee kommen, Ihren Ferrari oder die Klunker für Ihre Frau in bar zu zahlen. Wenn Sie Ihrem Berater den geringsten Grund zur Annahme geben, dass ihre Pläne auch nur am Rand der Legalität sein könnten, dann muss er das bei den Behörden petzen, und Ihnen gegenüber darf er mit keinem Wort erwähnen, dass er Sie verpfiffen hat. Nun ist es zwar richtig, dass Sie nichts Ungesetzliches tun. Aber es wäre doch ärgerlich, wenn erst eine Ermittlung nötig ist, um das festzustellen, oder gar eine Verhandlung, die immer viel Zeit, Geld und Nerven kostet. Genau das ist es ja, was wir künftig vermeiden wollen, weshalb bei Gesprächen mit Beratern in Deutschland eine gewisse Vorsicht geboten ist, seit die genannten Branchen per Gesetz zu Spitzeln des Staates umfunktioniert wurden. Zum Glück gibt es immer noch viele ehrliche Berater, die sich nicht an diese Vorschrift halten.

Mit ungläubigem Staunen erinnere ich mich an einen Leser, der mir viele Fragen über diese Lebensweise stellte. Ich dachte, ich hätte sie alle verständlich beantwortet. Und was machte er? Er schrieb seinen persönlichen Plan auf – und legte sein Werk seinem örtlichen Finanzamt mit der Bitte um Bestätigung vor, dass das alles auch wirklich seine Richtigkeit hatte. Die dachten gar nicht daran. Seitdem ist er mein Ex-Leser und plant vermutlich heute noch.

Zweitens schätze ich einfache Lösungen. Wenn sie nicht viel Geld kosten, umso besser. Es ist nämlich so, dass es für fast alles eine einfache Lösung gibt. Steuerlösungen werden Ihnen viele angeboten im Internet und in Zeitungsanzeigen. Meistens geht es darum, dass Sie komplizierte internationale Firmenstrukturen aufbauen, mit denen Sie sich nicht selten am Rande der Legalität bewegen. Allen Vorschlägen gemeinsam ist, dass ihre Umsetzung immer ziemlich teuer ist; nicht nur im Jahr der Gründung, sondern auch in den Folgejahren.

Ich erinnere mich an einen Vortrag auf Mallorca, wo ein dort tätiger deutscher Steuerberater in Son Vida vor etwa 100 Deutschen über ein von ihm erfundenes Konzept sprach, mit dem sie Steuern sparen sollten. Da war von einer ganzen Reihe Gesellschaften, Trusts und Stiftungen die Rede, von Konten und Geldflüssen, bei denen ich bald den Überblick verlor. Ich unterbrach den guten Mann und fragte, wie viel denn einer im Jahr verdienen müsse, damit sich der Aufwand lohnen würde. Na ja, sagte er, drei bis vier Millionen sollten es schon sein. Ich bin dann gegangen. Die anderen sind sitzen geblieben, obwohl die meisten sicher nicht Teil seiner Zielgruppe waren. Aber wer gibt schon gern zu, dass er weniger als drei Millionen verdient.

Drittens geht es um die Voraussetzungen, um den hier beschriebenen Weg einzuschlagen, denn jeder Fall ist anders. Ein Rentner, dem in seiner teuren Heimat die Kohle vom Staat nicht reicht, sucht sich einfach irgendein Land, wo das Leben billiger ist. Dahin zieht er dann und der Fall ist erledigt. Dagegen muss der Chef einer rentablen Firma, der vielleicht auch noch die eine oder andere Immobilie besitzt, etwas umfangreichere Vorbereitungen treffen.

Früher war alles recht einfach. Noch vor 20 Jahren blieben reiche Menschen ganz selbstverständlich in Deutschland, während ihr Geld in der Schweiz arbeitete. Das war nicht legal, aber wenn sie selbst keine groben Fehler machten, wurden sie nicht erwischt. Heute sind wir alle gläserne Bürger. Überall gilt die Offenlegung des wirtschaftlich Berechtigten. Über 100 Länder tauschen automatisch Bankdaten aus, und Hehler in der Rolle der Finanzminister geben Millionen Euro von Ihren Steuern für den Ankauf gestohlener Bankdaten aus. Welche Folgen es haben kann, wenn Sie in Deutschland wohnen und heimlich ein Konto in der Schweiz haben, fragen Sie am besten Uli Hoeneß. Die Finanzwelt ist durchsichtig geworden für kleine und mittlere Unternehmer und Privatiers, das nutzen skrupellose Firmengründer gerne aus, um Ihnen statt wie früher ziemlich einfache Gesellschaften nun sehr viel kompliziertere und kostspieligere Strukturen aufzuschwatzen. Auch viele Berater schwimmen auf der Welle mit. Sie verraten Ihnen nicht den einfachsten, billigsten und sichersten legalen Weg, sondern lieber den, bei dem sie die höchsten Provisionen kassieren. Dabei ist es egal, wie viel Geld Sie in diverse Gesellschaften investieren, legaler wird das dadurch nicht. Wenn Sie in Deutschland leben, müssen Sie nun mal alles in Deutschland versteuern, was Sie oder eine Ihrer Firmen irgendwo auf der Welt verdienen. Natürlich können Sie Ermittlern die Arbeit leichter oder schwerer machen, aber die Garantie, dass solche Tricks nicht irgendwann doch auffliegen, gibt Ihnen keiner, der Ihnen dafür eine Menge Geld abnimmt. Wie sollte er auch; dass Ihr Berater für Sie ins Gefängnis geht, sieht der deutsche »Rechtsstaat« nicht vor. Dabei ist alles ganz einfach: Nicht Ihr Geld muss heute aus Deutschland weg, sondern Sie müssen weg. Wenn Sie ungern Steuern zahlen, ziehen Sie einfach in ein Land, wo Sie das nicht müssen, statt ein Gewirr an Offshore-Firmen aufzubauen, die Sie ein kleines Vermögen kosten und mit denen Sie mit einem Bein im Gefängnis stehen.

Aktuell ist ja das Thema Steuern etwas in den Hintergrund gerückt in einer Zeit, in der immer mehr kleine Unternehmer durch die Schuld der Regierung Verluste machen oder pleitegehen und sich immer mehr Menschen – keineswegs nur Rechtsextremisten – fragen, ob Corona nun ein Virus ist oder eine genialer Plan der Politik zur Durchsetzung des *Great Reset*, des *Green Deal*, oder unter welchem Namen Sie uns eine neue Weltordnung auch immer verkaufen wollen. Vielleicht haben wir ja noch mal Glück und es ist diesmal noch eine Übung, um herauszufinden, wie weit sie es mit uns auf die Spitze treiben können, ohne dass wir ernsthaft aufbegehren. So eine Generalprobe würde irgendwann enden. Dann müssen Unternehmen wieder melden, wenn sie pleite sind, und auch das Thema Steuern wird wieder interessant. Da ist es dann gut, dass jeder vorbereitet ist, der keine Lust hat, seine Unterdrücker weiter zu subventionieren.

Jeder Firmenchef kennt den Unterschied zwischen Körperschafts- und Einkommensteuer. Während er die Steuerlast seines Unternehmens über die Kosten senken kann, führt an der persönlichen Steuerpflicht auf Gehalt oder Gewinnausschüttung kein Weg vorbei. Davon profitieren seit Jahren Anbieter mehr oder weniger dubioser Steuersparmodelle, mit dem Risiko, dass zwar Steuern gespart wurden, aber das Geld auf andere Art weg ist. Das kann nicht der Sinn des Steuersparens sein. Hier geht es darum, wie Sie das Übel an der Wurzel packen und Ihre Steuerpflicht beenden. Nur wer das erreicht, hat nichts mehr zu verbergen. Dem kann es egal sein, wenn sein Name oder der seiner Firma in irgendwelchen *Panama Papers* steht oder wenn sein Auslandskonto auf gestohlenen Disketten auftaucht.

In Deutschland, allen EU-Ländern und vielen Ländern der Welt hängt die Steuerpflicht vom Wohnsitz ab. Wer in Deutschland keine Steuern zahlen will, muss also seinen deutschen Wohnsitz aufgeben. Die Praxis ist nicht ganz so einfach. Zu dem Thema steht viel Kleingedrucktes im Außensteuergesetz, dazu später. Vereinfacht gesagt ist nur aus dem Schneider, wer nicht aus Deutschland in ein Steuerparadies zieht und wer in Deutschland weder eine Wohnung zur Verfügung hat noch wirtschaftliche Interessen oder Einkommen. Schon Mieteinnahmen lösen mindestens eine beschränkte Steuerpflicht aus, und der Betroffene hängt weiter am Haken des Finanzamts. Wer Pläne der Art hat, ist gut beraten, wenn er vorher seine Firmen und Immobilien in Deutschland verkauft. Je nach Branche, Geschäftsmodell und Sitz der Kunden kann er ja hinterher sein Geschäft aus dem Ausland wieder aufnehmen – oder er nützt den wenig bekannten Weg, mit einer ganz bestimmten Gesellschaftsform in Deutschland geschäftlich tätig zu sein, ohne vom Fiskus belästigt zu werden. Fein raus ist vor allem, wer sein Geld ortsunabhängig verdient, zum Beispiel an der Börse oder mit einem Online-Unternehmen.

Jetzt ist also der deutsche Wohnsitz aufgelöst und die Steuerpflicht beendet. Und was jetzt? Gibt es in anderen Ländern etwa keine Steuern? Doch, die gibt es. Aber in wenigen Ländern sind Sie so hoch wie in Deutschland, und noch seltener werden sie so verbissen durchgesetzt. Hier geht es aber nicht darum, in anderen Ländern etwas weniger Steuern zu zahlen oder gar zu hinterziehen. Der Königsweg besteht darin, dass Sie in keinem Land der Welt jemals wieder steuerpflichtig sind – und das erreichen Sie ganz einfach dadurch, dass Sie sich immer nur so lange in einem Land aufhalten, wie Sie das als Besucher und Urlauber dürfen. In den meisten Ländern sind es drei Monate, mit Verlängerung auf sechs Monate. In einigen Ländern dürfen Besucher gleich ein halbes Jahr bleiben, und in Ausnahmefällen wie Georgien ein ganzes Jahr. Die ganze Kunst lebenslanger Steuerfreiheit besteht also darin, dass Sie zwei bis vier angenehme Länder auf der Welt finden, zwischen denen Sie immer pendeln. Nichts spricht dagegen, dass Sie sich in den Ländern ein Haus oder eine Wohnung mieten oder auch kaufen. Immobilienbesitz löst in der Regel keine Steuerpflicht aus, die Grundsteuer mal ausgenommen.

Für Privatiers, die in finanzieller Freiheit leben, ist das Thema hier beendet. Sie müssen nur darauf achten, dass sie ihr Vermögen entsprechend diversifizieren, auf gute Banken in geeigneten Ländern verteilen und krisensichere Sachwerte wie Gold oder Aktien oder Immobilien nicht vergessen, und vielleicht auch einen Anteil Bitcoin und andere Kryptowährungen. Wenn das getan ist, können sie sich das ganze Jahr aufhalten, wo es ihnen am besten gefällt. Wenn sie dabei die erlaubte Dauer für Besucher nicht überschreiten, kriegen sie nie mehr in ihrem Leben Post von einem Amt – und je nachdem, wo sie diese Frist etwas überziehen, ist es von Fall zu Fall auch nicht so schlimm. Zum Beispiel als Europäer in der EU, wo die Dauer der Anwesenheit im Normalfall nicht mehr überprüft wird.

Wer von finanzieller Freiheit bisher nur träumt und seinen Lebensunterhalt irgendwie verdienen muss, für den ist etwas mehr Planung nötig. Er baut sich am besten ein Einkommen auf, bei dem seine Anwesenheit an einem bestimmten Ort nicht nötig ist. Ein Ladengeschäft oder ein Restaurant sind dafür ungeeignet. Gut ist alles, was über das Internet abgewickelt wird. Aber wie auch immer Ihr Plan aussieht: Kunden wollen in der Regel eine Rechnung, die sie per Überweisung, Abbuchung oder per Kreditkarte zahlen. Das heißt, als Unternehmer brauchen Sie eine offizielle Firma und ein Konto. Also ganz deutlich: eine Firma und kein teures Firmengewirr. Die Alternativen für den Firmensitz sind zwar in den letzten Jahren weniger geworden, aber es gibt immer noch genug Varianten zur Auswahl. Die optimale Lösung sieht von Fall zu Fall etwas anders aus. Sie hängt von der Art Ihrer Tätigkeit ab, und auch vom Sitz der Kunden. Entscheidend ist, dass Sie Ihr Unternehmen in einem möglichst unkomplizierten und preiswerten Land ansiedeln, das statt gewinnabhängiger Steuern nur eine einfache Jahrespauschale kassiert und weder Steuererklärungen noch Buchhaltung sehen will.

Hier kommt ein zweiter, ganz wichtiger Vorteil dieses Konzepts ins Spiel: Durch Ihren Firmensitz in so einem Land vermeiden Sie 99 Prozent aller Rechtsstreitigkeiten und Klagen. Die Firma im Ausland ist der beste Schutz vor Parasiten und Entreicherern aller Art, wie es die berüchtigten Abmahnvereine sind, aber oft genug auch Geschäftspartner, Konkurrenten oder der künftige Ex-Ehepartner. Das Höchstmaß an Sicherheit erreichen Sie, wenn Sie alle relevanten Lebensbereiche räumlich trennen und das Ganze dann auch noch möglichst diskret behandeln. Trennen Sie Ihren üblichen Aufenthalt von Ihrem offiziellen Wohnsitz, dem Firmensitz und dem Sitz Ihrer Bank. Halten Sie sich an Ihrem offiziellen Wohnsitz möglichst wenig auf. Wo Sie länger bleiben, melden Sie sich nicht an und sind als Urlauber von allem Ärger mit Behörden verschont. Gründen Sie Ihre Firma nicht am offiziellen Wohnsitz, und auch nicht dort, wo Sie sich oft aufhalten.

Mit dem Konto ist es etwas komplizierter. Im Prinzip spricht nichts dagegen, wenn Sie am Sitz Ihrer Firma ein Geschäftskonto haben. Das ist aber nicht zwingend. Mal angenommen, Ihre Firma hat den Sitz auf den Seychellen und die meisten Ihrer Kunden wohnen in Europa, dann brauchen Sie ein Firmenkonto im SEPA-Raum und nicht auf den Seychellen. Aber egal, wo Sie Ihr Firmenkonto haben: Wichtig ist immer, dass sich darauf nie viel Geld ansammelt. Für die Ansammlung größerer Vermögen eröffnen Sie ein Konto in einem sicheren Drittland, in dem Sie weder wohnen, wo Sie sich nicht aufhalten und erst recht keine Firma haben.

Das klingt jetzt vielleicht alles etwas kompliziert, und Sie fragen sich womöglich, ob das denn legal ist. Da kann ich Sie beruhigen: Es gibt keine Vorschrift, dass Sie Ihre Firma dort anmelden müssen, wo Sie wohnen. Kein Gesetz verbietet, dass Sie eine Firma in einem anderen Land haben. Wären Sie in Deutschland, müssten Sie die Beteiligung an einer Firma im Ausland Ihrem Finanzamt melden – weshalb es wichtig ist, dass Sie sich für Ihren künftigen offiziellen

Wohnsitz ein Land aussuchen, das nur örtliche Einkünfte besteuert und sich für Aktivitäten im Ausland nicht interessiert. Sie sind nicht mehr in Deutschland, und damit schulden Sie dem deutschen Finanzminister weder Steuern noch Auskünfte. Es gibt auch keine Pflicht, sich als deutscher Staatsbürger – der Sie ja erst einmal bleiben, solange Sie wollen – bei einer deutschen Botschaft im Ausland anzumelden. Also ganz deutlich: Die deutsche Meldepflicht endet mit Ihrer Auswanderung. Und es gibt keine Meldepflicht bei einer Botschaft – aber auch keinen Grund, sich dort nicht anzumelden. Die Anmeldung bei Ihrer Botschaft im Ausland ist in keiner Weise nachteilig. Wenn nach spätestens zehn Jahren Ihr Pass abläuft und Sie einen neuen wollen, müssen Sie sich sogar bei der deutschen Botschaft oder einem Konsulat an Ihrem offiziellen Wohnsitz anmelden, um einen neuen Pass zu beantragen.

Wer sein Leben auf die Art regelt, erspart sich im Ernstfall viel Ärger. Kein Anwalt wird eine Privatklage anzetteln, wenn beim Beklagten nichts zu holen ist. Die deutsche Unsitte der Abmahnung hat mit einem Firmensitz im Ausland ein schnelles Ende. Auch die deutsche Pflicht, auf Ihrer Webseite ein Impressum zu veröffentlichen, gibt es in kaum einem anderen Land der Welt – wobei ein Impressum zur Vertrauensbildung trotzdem sinnvoll sein kann, wenn Sie sich an eine deutsche Zielgruppe richten.

Vor 20 Jahren hätten Sie überhaupt keinen offiziellen Wohnsitz gebraucht. In den letzten Jahren hat sich das aber insofern geändert, als Sie heute bei der Gründung einer Firma oder der Eröffnung eines Bankkontos fast überall nach Ihrem offiziellen Wohnsitz gefragt werden – damit die Bank weiß, wo sie jedes Jahr die automatische Kontoauskunft hinschicken muss. Das heißt, Sie brauchen einen offiziellen Wohnsitz in einem Land, dessen Regierung sich so wenig wie möglich in die Angelegenheiten seiner Bürger einmischt, was ja eine Regierung auch nichts angeht. Genauso wichtig ist es, dass dieses Land nicht die Welteinkommen seiner Bürger besteuert, wie in der EU üblich, sondern nur das (nicht vorhandene) Einkommen aus dem eigenen Land. Ob es dem Neubürger in diesem Land gefällt, ist zweitrangig. Er muss sich ja nicht oft dort aufhalten.

Wem das jetzt alles auf den ersten Blick etwas kompliziert vorkommt, den kann ich beruhigen: Es gibt eine ganze Reihe Länder, die auch heute noch Grundrechte und Privatsphäre ihrer Bürger achten, auch wenn das aktuell für Menschen in Deutschland schwer vorstellbar ist. Wenn Sie also nicht jedes halbe Jahr oder gar alle drei Monate Ihren Aufenthalt wechseln wollen, dann suchen Sie sich einfach ein Land aus, das einerseits als offizieller Wohnsitz taugt und obendrein so angenehm ist, dass Sie auch problemlos das ganze Jahr dort leben wollen. Drei oder vier geeignete Länder fallen mir dazu ohne langes Nachdenken ein, und es gibt sicher viele mehr. Da leben Sie, wie oben beschrieben. Ohne Steuern und Eingriffe in Ihr Privatleben. Wenn Sie sich da unauffällig verhalten, niemandem am Ort Konkurrenz machen, nicht bewusst auffallen oder sich sonst wie unbeliebt machen, wird das passieren, was ich Ihnen am Anfang dieses Kapitels versprochen habe: Sie werden sich nie mehr in Ihrem Leben über hohe Steuern, überflüssige Behörden, sinnlose Vorschriften, geldgierige Politiker und sture Bürokraten ärgern müssen – und nie mehr Post von einem Amt oder einer Behörde bekommen.

Wenn Sie dann ab und zu im Internet in einer deutschen Zeitung lesen, für welchen neuen Unsinn die Regierung Berlin gerade das Geld ihrer Steuerzahler zum Fenster rauswirft oder dass sich die Herrschaften in seltener Einigkeit wieder mal kräftig die Gehälter erhöht haben, dann sehen Sie das auf einmal viel lockerer. Ihr Geld ist es ja nicht mehr, das da verheizt wird.

Ihr Abschied vom Finanzamt

Dieses Konzept funktioniert am besten für Menschen jeden Alters mit einer selbstständigen Tätigkeit und gewissen Ersparnissen, die aber nicht bis ans Lebensende reichen müssen. Die Betroffenen führen ihr Geschäft künftig mit einer Firma aus dem Ausland weiter oder bauen sich ein neues, ortsunabhängiges Einkommen auf. Wenn dieses Profil nicht auf Sie zutrifft, müssen Sie das Buch jetzt nicht gleich auf die Seite legen, denn viele der folgenden Hinweise sind für jeden nützlich, der sich nicht länger von seiner Regierung ausnehmen lassen will und bereit ist, aktiv etwas dagegen zu tun. Sie brauchen etwas Startkapital und einen realistischen Plan, wie es im Ausland finanziell weitergehen soll. Einfach in ein anderes Land ziehen und mal sehen, was dann passiert, ist keine gute Idee.

— Wer finanziell frei ist oder ein ortsunabhängiges Einkommen hat, ist fein raus. Wer keines hat, baut sich eines auf. Am besten konzentrieren Sie sich auf das Internet, da gibt es viele Modelle, wie Sie als Angestellter nebenbei beginnen. Wenn Sie sicher sind, dass es funktioniert, brechen Sie ab und machen aus dem Ausland weiter. Dazu brauchen Sie ja nur Ihre Kundenliste, die der eigentliche Wert der meisten Online-Unternehmen ist.

— Wenn Sie bereits ein funktionierendes Unternehmen haben, verkaufen Sie es oder stellen es je nach Branche ein und gründen ein neues im Ausland, mit dem Sie Ihre Kunden weiter betreuen.

— Bereiten Sie Ihren Abgang vor, indem Sie in einem Land Ihrer Wahl eine Wohnung mieten und ein Taschengeldkonto für die laufenden Kosten eröffnen. Außerdem eröffnen Sie eines oder weitere Konten an guten Finanzplätzen im Euroraum und auch außerhalb, auf die Sie einen Großteil Ihrer Ersparnisse transferieren. Dagegen ist nichts einzuwenden, solange Sie dieses Konto Ihrem Finanzamt melden. Geben Sie bei diesen Banken Ihren deutschen Wohnsitz an, denn einen anderen haben Sie ja noch nicht.

— Jetzt kommt ein sehr wichtiger Schritt: Sie legen Ihre ruinöse deutsche Steuerpflicht ab, indem Sie Ihren deutschen Wohnsitz aufgeben und wegziehen. Damit Sie dabei nicht mit dem Außensteuergesetz in Konflikt geraten, sind mehrere wichtige Punkte zu beachten. Damit kein Problem nachkommt, gehen Sie so vor:

1. Beenden Sie Ihre geschäftlichen Aktivitäten in Deutschland, indem Sie Ihre Firma verkaufen oder abwickeln. Lösen Sie Ihren Wohnsitz auf, indem Sie Ihren Mietvertrag kündigen und ausziehen.

Wenn Sie im eigenen Haus wohnen, können Sie es vermieten. Besser ist allerdings ein Verkauf, denn mit Mieteinnahmen bleiben Sie beschränkt steuerpflichtig. Leer stehen lassen ist nicht ratsam, denn allein die Tatsache, dass Sie eine Wohnung in Deutschland für die eigene Nutzung zur Verfügung haben, kann laut Außensteuergesetz Ihre unbeschränkte Steuerpflicht auslösen, selbst wenn Sie die Wohnung nachweislich gar nicht nutzen.

2. Melden Sie Ihre Adresse postalisch ab. Melden Sie Telefon, Internet, Kabelfernsehen, Rundfunkgebühr ab. Treten Sie überall aus, wo Sie Mitglied sind. Vereine, Parteien, Berufsverbände, Standesorganisationen, Genossenschaften und so weiter. Kündigen Sie alle mit der Post zugestellten Abos und Ihre Daueraufträge.

3. Melden Sie sich beim Einwohnermeldeamt ab. Im Abmeldeformular wird nach Ihrem neuen Aufenthaltsort gefragt. Tragen Sie »Spanien« oder »Italien« oder sonst ein EU-Land ein, wo viele Deutsche hinziehen, auch wenn Sie in Wirklichkeit nach Monaco oder Panama wollen. Keiner schreibt Ihnen vor, ob und wie lange Sie im genannten Land wohnen. Kein Gesetz schreibt Ihnen vor, Ihren nächsten Umzug im Ausland einer deutschen Behörde zu melden.

Rate ich Ihnen hier, den deutschen Staat zu belügen? Ja und nein. Wenn es so wäre, hätte ich nicht einmal ein schlechtes Gewissen dabei; schließlich werden wir von der Politik auch täglich belogen. Wenn Sie sich nicht gut dabei fühlen, ein falsches Zielland anzugeben, können Sie ja kurz in dem Land vorbeischauen, das Sie als Ziel Ihrer Auswanderung angegeben haben – und dann weiterziehen. Sollte Sie jemals einer danach fragen – was nicht passieren wird –, können Sie ja sagen, es hat Ihnen nicht gefallen.

4. Ihre Abmeldung und die Ihrer Firma beim Finanzamt lassen Sie durch Ihren Steuerberater erledigen. Für die persönliche Abmeldung reicht ein kurzer Brief mit der Begründung: Wegzug ins Ausland. Für offene Vorgänge brauchen Sie bei Wegzug ins Ausland eine offizielle deutsche Zustelladresse. Am besten hinterlassen Sie die Ihres Steuerberaters, den Sie ja ohnehin noch einige Zeit brauchen, um die letzten Erklärungen und offene Vorgänge abzuwickeln.

5. Kündigen Sie alle Versicherungen. Ihre Krankenversicherung zahlt nicht automatisch weiter, wenn Sie im Ausland wohnen. Sind Sie privat versichert, lassen Sie sich schriftlich bestätigen, dass Ihr Versicherungsschutz auch am neuen Wohnsitz im Ausland gilt. Kündigen Sie, sobald Sie im Ausland eine bessere und preiswertere Lösung gefunden haben. Außer in den USA finden Sie überall auf der Welt billigere Alternativen. Gesetzliche Kassen zahlen sowieso nur, wenn Sie in Deutschland wohnen, also melden Sie sich ab und stellen die Zahlungen ein. Ob Sie private Lebensversicherungen weiterzahlen oder kündigen und auszahlen lassen, hängt vom Einzelfall ab. Die finanzielle Lage für Anbieter kapitalvernichtender Lebensversicherungen wird immer kritischer; damit steigt Ihr Risiko, dass Sie leer ausgehen. Dass Sie in die Rente vom Staat freiwillig weiter einzahlen, dürfte bei der heutigen Lage wenig Sinn machen.

6. Wenn Sie in Deutschland noch Zahlungen haben, können Sie aus Bequemlichkeit erst mal Ihr deutsches Bankkonto beibehalten. Wenn Sie das nicht wollen, eröffnen Sie ein Konto bei einem *Fintech* im Ausland, da sind Zahlungen ebenso bequem.

7. Ihr Vermögen könnten Sie theoretisch auch in Deutschland lassen. Natürlich müssen Sie Ihrer Bank in Deutschland Ihre neue Adresse in Spanien, Italien oder wo auch immer auf der Welt geben. Banken verschicken ja gerne Kontoauszüge, damit keine juristischen Altlasten entstehen können, und wenn die weiter an Ihre nicht mehr vorhandene Adresse in Deutschland gehen, würden sie zurückkommen. Künftig sind Sie dann Steuerausländer ohne deutschen Wohnsitz, womit Ihre Erträge nicht mehr in Deutschland steuerpflichtig sind. Ihre Sparkasse, oder wo auch immer Sie Kunde sind, muss dann jedes Jahr eine automatische Mitteilung über Ihren Kontostand machen, die beim Fiskus im Land Ihres künftigen Wohnsitzes landet. Deshalb ist es wichtig, dass Sie sich für den neuen Wohnsitz ein Land aussuchen, wo Einkommen aus dem Ausland nicht interessieren.

Konten bei deutschen Banken sind leichter dem Zugriff der Regierung ausgesetzt, und wer weiß, welche Pläne die mit uns und unserem Geld noch haben. Ob Sie das riskieren wollen, müssen Sie selbst entscheiden. Wenn Sie richtig vorgesorgt haben, verfügen Sie ja ohnehin über eines oder mehrere Privatkonten innerhalb und außerhalb des Euroraums, auf die Sie einen Großteil Ihrer Ersparnisse transferiert haben. Vorteil eines Auslandskontos ist auch, dass dadurch unbefugte Abbuchungen aller möglichen Dienstleister, die angeblich noch Geld von Ihnen zu kriegen haben, nicht möglich sind.

7. Wenn das erledigt ist, ziehen Sie in Ihre Wohnung im Ausland um. Melden Sie sich nicht in dem Land an, hier sind Sie immer ein Urlauber. Ob Sie in Ihrer neuen Umgebung erst mal das Leben genießen oder gleich an Ihrer neuen Karriere als ortsunabhängiger Unternehmer arbeiten, hängt vermutlich davon ab, wie Sie finanziell dastehen. Arbeitssuche oder Geschäfte am Ort vergessen Sie lieber gleich, weil Sie damit nur alten Ärger gegen neuen Ärger tauschen, und das wollen Sie ja gerade vermeiden.

Ihr neues Leben: der offizielle Wohnsitz

Sobald Sie sich am neuen Wohnort eingelebt haben und aus Ihrer Hängematte aufstehen, kommen einige Aktivitäten auf Sie zu. Es geht um Ihren neuen Wohnsitz, wo Sie sich offiziell anmelden und Aufenthaltspapiere beantragen. Es ist noch gar nicht lange her, da war ein offizieller Wohnsitz nicht nötig. Heute würde es ohne einen solchen nur funktionieren, wenn Sie schwarzarbeiten und Ihr Geld in bar kriegen. Von der Illegalität dieser Lebensweise in den meisten Ländern mal abgesehen, ist es heute sinnvoller, dass Sie sich irgendwo auf der Welt einen offiziellen Wohnsitz zulegen. Es beginnt schon damit, dass Sie immer öfter nach Ihrem Wohnsitz gefragt werden, wenn Sie in einem Drittland eine Gesellschaft gründen oder ein Bankkonto eröffnen. Oft ist es bei solchen Anlässen sogar nötig, dass Sie Belege für die tatsächliche Existenz Ihrer Wohnung liefern, wie etwa eine aktuelle Festnetz-Telefonrechnung, eine Stromrechnung oder Korrespondenz mit Ihrer Bank an diese Adresse.

Der offizielle Wohnsitz ist deshalb Ihr nächster Schritt. Suchen Sie sich dafür ein Land aus, das zwei Voraussetzungen erfüllt: Es sollte keine sehr hohen bürokratischen Anforderungen stellen, und es darf nicht das Welteinkommen seiner Bürger besteuern. Die Welt ist groß, da gibt es eine ganze Reihe Länder, die diese Bedingungen erfüllen. Mein Favorit als Wohnsitzland ist Paraguay. Andere gute Länder für diesen Zweck sind Panama oder Bolivien.

Die Voraussetzungen für Ihren Wohnsitz in Paraguay, der mit einem Ausweis des Landes – der *Cedula* – von unbegrenzter Gültigkeit daherkommt, sind denkbar einfach. Sie brauchen eine Geburtsurkunde und ein möglichst sauberes Führungszeugnis aus Ihrem Heimatland. Dass Sie dort seit Kurzem nicht mehr wohnen, ist zu vernachlässigen. Die beiden Papiere sind zu beglaubigen, und am Ende muss auch noch die Botschaft von Paraguay in Berlin ihren Stempel draufdrücken. Mit diesen Papieren und etwa 4.000 Euro in der Tasche fliegen Sie nach Asunción. Nehmen Sie sich mindestens eine Woche Zeit, wenn Sie die Hilfe eines Dienstleisters wie Robert Schulze in Anspruch nehmen, den ich immer empfehle.

Die 4.000 Euro tauschen Sie in einer Wechselstube in Guarani um. Sie erhalten etwa 25 Millionen und zahlen diese bei einer Bank ein, die Ihnen einen Beleg darüber ausstellt. Dieser Beleg muss mit zu Ihrem Antrag. Sobald Sie Ihre *Cedula* haben, können Sie Ihr Geld theoretisch wieder abheben. Sie können es aber auch als Festgeld bei einer *Cooperativa* einzahlen, wo Sie für einen Betrag in der Höhe ungefähr 12 Prozent Zinsen bekommen.

Früher hat es immer einige Monate gedauert, bis Sie Ihre *Cedula* erhielten, aber das kann sich durch den Antragsstau wegen Corona etwas verzögern. Wichtig ist, dass Sie ab jetzt bei allen offiziellen Handlungen wie Firmengründung oder Kontoeröffnung immer Ihre Paraguay-Adresse als Wohnsitz angeben. Im Gegensatz zu den meisten Ländern der Welt gibt es in Paraguay keine Vorschrift, wie lange Sie sich dort aufhalten müssen, um Ihr Wohnrecht nicht zu verlieren. Sie werden aber schnell merken, dass es ein angenehmes Land ist, in dem das Leben Spaß macht. Es kann also durchaus sinnvoll sein, dass Sie sich dort eine preiswerte Wohnung mieten oder kaufen, womit Sie auch immer eine Stromrechnung vorzeigen können.

Das ist freilich nur ein Vorschlag und nicht unbedingt nötig. Ebenso gut können Sie sich mit Ihrer *Cedula* in der Tasche monatelang in anderen Ländern Südamerikas aufhalten, oder Sie wohnen weiter in Ihrer Ferienwohnung in Spanien oder Italien und suchen sich zusätzlich das eine oder andere angenehme Land aus, damit Sie an keinem Ort die erlaubte Aufenthaltsdauer zu lange überziehen und womöglich wieder steuerpflichtig werden.

Mit Ihrem Geld an sicheren Orten, Ihrem deutschen, österreichischen oder Schweizer Pass sowie Wohnsitzpapieren eines unkomplizierten Landes wie Paraguay oder Panama in der Tasche haben Sie die Auswahl unter den schönsten Ländern der Welt. Sie werden nie mehr irgendwo belästigt, wenn Sie es nicht provozieren, indem Sie zu lange in einem Land bleiben. Wenn Sie kein Freund häufiger Ortswechsel sind, machen Sie eben von der Möglichkeit Gebrauch, Ihren Aufenthalt auf sechs Monate zu verlängern, wofür meistens nur der Nachweis nötig ist, dass Sie genügend Geld oder Kreditkarten dabei haben. In El Salvador würde es sogar reichen, wenn Sie Ihr Bitcoin-Wallet vorzeigen, seit Bitcoin dort offizielle Landeswährung ist. Wenn Ihnen eine Verlängerung zu lästig ist, suchen Sie sich gleich Länder aus, in denen Sie sechs Monate bleiben dürfen – und dann gibt es noch Georgien: Wenn Sie nach Tiflis oder Batumi am Schwarzen Meer fliegen, können Sie dort ein ganzes Jahr lang leben, ohne sich um irgendwelche Papiere zu kümmern.

Ein anderer Weg, sich ohne lästige Bürokratie lange im gleichen Land aufzuhalten, ist es, wenn Sie kurz vor Ablauf Ihres Aufenthalts ausreisen und nach ein paar Tagen wieder einreisen, womit die Frist wieder neu beginnt. Aber bitte Vorsicht, denn so ein *Visa run* funktioniert nicht überall. In manchen asiatischen Ländern, wo es früher übliche Praxis war, soll es heute nicht mehr toleriert werden. Heute noch üblich ist es dagegen zwischen Argentinien und Uruguay. Buenos Aires und Montevideo sind zwei wunderbare Städte zum Wohnen. Als offizieller Wohnsitz taugen beide Länder nicht, weil sie ihre Bürger nach dem Welteinkommen besteuern, aber der Aufenthalt dort ist sehr angenehm. Die Fahrt mit der Fähre von Buenos Aires über den Rio de la Plata nach Montevideo dauert drei Stunden. An der kürzesten Stelle nach Colonia del Sacramento sind es sogar nur 40 Minuten. Wenn Sie in einer der beiden Städte leben oder sich in jeder eine kleine Wohnung leisten, dann machen Sie nach heutigem Stand der Dinge einfach alle drei Monate einen preiswerten Ausflug mit der Fähre, und aller Papierkram ist für Sie Geschichte.

Weitere Besonderheiten empfehlenswerter Länder zum Leben und Aufenthalt lesen Sie im ausführlichen Länderteil ab Seite 163.

Ihr optimaler Firmensitz

Am 3. April 2016 hatten 109 vielfach an Leser-Schwindsucht und sinkender Glaubwürdigkeit leidende selbst ernannte seriöse Zeitungen, Magazine und TV-Sender ihren großen Auftritt. Alle berichteten gleichzeitig über die *Panama Papers* – aber wer die Berichte unter den reißerischen Schlagzeilen las, merkte schnell: Der Nachrichtenwert war eher dünn, die Story Stimmungsmache gegen Steueroasen. Sie lebte von einigen prominenten Namen, und die Schreiber bewiesen wieder mal, dass sich herkömmliche Journalisten nicht wirklich durch große Sachkenntnis auszeichnen, wenn's um Steuern und Offshore-Themen geht. Aber darauf kam es ihnen in dem Fall vermutlich auch gar nicht an.

»400 Journalisten, angeführt von der *Süddeutschen Zeitung*, haben ein Jahr lang recherchiert,« schrieb die *Bildzeitung*. Ein Jahr recherchiert? Waren die Reporter der *SZ* überhaupt in Panama? Haben sie mit den Anwälten Jürgen Mossack und Ramón Fonseca in deren Kanzlei in der Calle 54 im vornehmen Stadtteil Marbella in Panama City gesprochen? Haben sie Strohmänner und Scheindirektoren ausgefragt? So ging früher Recherche. Wie Journalisten großer Zeitungen heute recherchieren, verriet *Bild*: »Sie werteten 2,6 Terabyte Daten aus, 11,5 Millionen Dokumente über 214.000 Briefkasten- und Finanzgeschäfte in Steueroasen.« Quelle des Datenpakets war ein anonymer Whistleblower. Weniger hochtrabend ausgedrückt ist also Folgendes passiert: Professionelle Schnüffler oder Hacker, die im Hintergrund blieben, haben einem Journalisten der *SZ* eine Festplatte voller geklauter Daten zukommen lassen. 400 Hehler bei handverlesenen Medien haben ein Jahr lang im Diebesgut geblättert, um am Ende eine erstaunliche Sensation zu präsentieren: Panama, haben sie ermittelt, ist eine Steueroase!

Wenig später meldete sich Gerhard Kurtz mit einem Report zu Wort, in dem er begründete, warum Sie gerade jetzt eine Company in Panama brauchen. Kurtz kennt sich mit dem Thema aus: Von 1973 bis zu seinem Ruhestand führte er seine Verlagsgeschäfte über das in Panama gegründete Unternehmen *Market Letter Corporation*. Die Kanzlei *Mossack Fonseca* gab es 1973 noch nicht, aber selbst wenn der Name Kurtz in den *Panama Papers* aufgetaucht wäre, wäre es ihm egal gewesen, denn in Deutschland lebt er seit Jahren nicht mehr.

Kurtz damals über Panama und die *Panama Papers*: »Da wurden Daten von Prominenten und Politikern gefunden, die über den Umweg Panama ihre Steuerpflicht verletzten. So wurde die Kehrseite einiger unserer edlen Herrscher aufgedeckt. Es wurden aber auch Daten vieler Firmeninhaber gefunden, die eine Panama-AG ganz legal wegen ihrer vielen Vorteile gründeten. Natürlich kann auch der sprichwörtliche kleine Mann Panama ganz legal nutzen, um Steuern zu sparen. Er darf dabei nur nicht die Gesetze des Landes verletzen, in dem er steuerpflichtig ist. Das ist gar nicht so schwer ...«

Wie die *Panama Papers* zeigen, wird nichts so heiß gegessen wie gekocht. Panama-Firmen wird es weiter geben. Sie sind so legal wie alle Offshore-Firmen und dienen keineswegs nur für Steuerbetrug und Geldwäsche, wie uns die Medien einreden wollen. Sie dürfen nur nicht versuchen, von Ihrem deutschen Wohnsitz aus mit einer Offshore-Firma illegal Steuern zu sparen. Ziehen Sie dagegen in ein steuerfreundliches Land, können Ihnen Whistleblower und noch so große Datenlecks egal sein. Arbeiten Sie bei der Gründung solcher Gesellschaften lieber mit kleineren Anbietern zusammen, denn die sind kaum interessant für Datendiebe – aber wie gesagt: Eigentlich kann es Ihnen egal sein, wenn Ihr Name da auftaucht, denn was Sie da tun, ist nicht rechtswidrig.

Ganz nebenbei: Deutschland, dessen Politiker immer sehr laut gegen Steueroasen wettern, stand selbst noch vor drei Jahren im Schattenfinanz-Index des *Tax Justice Networks* auf Platz acht unter den weltweiten Steueroasen. Die ersten Plätze teilen sich meistens die Cayman Islands, die USA und die Schweiz, gefolgt von Hongkong, Singapur und Luxemburg. Die USA, die gerne alle Welt überwachen, nehmen nicht am automatischen Austausch von Kontodaten teil und haben allein im kleinen Bundesstaat Delaware über eine Million Offshore-Firmen registriert, ein Vielfaches von ganz Panama. Haben Sie schon mal etwas von *Delaware Papers* gehört? Das werden Sie vermutlich auch nie, was Delaware als Firmensitz ganz besonders interessant macht. Eine *Corporation* dort und dazu ein Wohnsitz in Paraguay, Panama, Bolivien, Georgien, Dubai oder Costa Rica, und Sie sind das Kainsmal *Europa* für immer los und müssen nie mehr Angst haben, wegen nicht versteuerter Zinsen oder Einkommen Ärger zu kriegen. Jedenfalls so lange nicht, wie die Forderung von Gregor Gysi auf taube Ohren stößt, die Steuerpflicht an die Staatsbürgerschaft zu koppeln, wie es bisher nur die USA tun. Dann müssten Sie, um nie mehr von einem deutschen Finanzminister belästigt zu werden, auch noch Ihre Staatsbürgerschaft aufgeben und eine andere Nationalität annehmen, wie es immer mehr Amerikaner heute schon machen, wenn sie nach Südamerika ziehen.

Die Frage nach dem optimalen Firmensitz ist nicht allgemeingültig zu beantworten. Sie hängt von der Art Ihrer Tätigkeit und Ihres Geschäftsmodells ab: von der Branche, Ihren Produkten und dem Land, wo Ihre wichtigsten Kunden sitzen. Ungeeignet für diese Lebensart sind in jedem Land Unternehmen mit Geschäftslokal. Sie erfordern fast immer die Gründung einer Betriebsstätte. Da führt kaum ein Weg an Steuern vorbei, und oft ist Ihre persönliche Anwesenheit nötig, und Sie können unser oberstes Ziel, Ärger zu vermeiden, schnell vergessen. Ehe Sie sichs versehen, sitzen Sie in einem neuen Hamsterrad fest. Der Königsweg ist das ortsunabhängige Einkommen. Internetunternehmen, Beratertätigkeiten oder Verkauf von Wissen und Information können Sie problemlos in Deutschland starten und dann an jeden Ort der Welt mitnehmen. Wer die Kunst des Handelns versteht und einen Blick dafür hat, woran an seinem neuen Wohnort Bedarf besteht oder was da hergestellt wird und woanders gebraucht wird, verdient überall auf der Welt Geld. Im Außenhandel, mit dem Firmensitz in einem steuergünstigen Land und dem Konto in einem anderen, haben Sie auch heute noch maximale geschäftliche Privatsphäre und persönliche Freiheit.

— Überlegen Sie sich gut, ob Sie überhaupt eine Firma brauchen. Wenn Sie etwas Eigenkapital haben, können Sie fast überall auf der Welt ein Haus bauen und dann privat mit Gewinn verkaufen.

— Wichtig ist auch die Entscheidung, wie viel Arbeit Sie sich im Ausland antun wollen. Während ein Bauprojekt zeitlich limitiert ist, ist ein Produktionsbetrieb in jedem Land der Welt ein Fulltime-Job, der Daueraufenthalt und Papiere erfordert und für dieses Konzept weniger infrage kommt. Aber wenn er gut läuft, können Sie ihn natürlich auch mit gutem Gewinn verkaufen.

Egal ob Sie Ihre Laufbahn als Unternehmer noch vor sich haben, ob Sie Ihr aktuelles Unternehmen ins Ausland verlagern wollen oder Ihr Vermögen verwalten: Für die Firma im Ausland gibt es viele Gründe. Manche Unternehmensgründer und sonstige Dienstleister, die sich als Berater ausgeben und in Wirklichkeit von Provisionen und Kick-backs leben, werden Ihnen kompliziertere Strukturen einreden wollen; das Thema hatten wir schon. Meistens ist eine einzige Firma am richtigen Ort alles, was Sie brauchen.

Auch wenn Sie zur Zeit noch gar nicht ins Ausland ziehen wollen, ist es eine Überlegung wert, als Unternehmer in Deutschland statt einer teuren und risikoreichen GmbH eine Firma im Ausland zu gründen, mit der Sie ganz offiziell Ihren Geschäften in Deutschland nachgehen. Die beliebte britische *Limited* ist seit dem Brexit nicht mehr so gut geeignet, aber die spanische *Sociedad Limitada* oder kurz S.L. erfüllt den gleichen Zweck. Oder Sie gründen eine Firma in den USA, die vor dem Gesetz einer deutschen Gesellschaft gleichgestellt und in Deutschland rechtsfähig ist, egal wo ihr Verwaltungssitz liegt. Der Einsatz einer Auslandsfirma in Deutschland hat einen wichtigen Vorteil: Wenn Sie wegziehen, können Sie diese Firma in vielen Fällen weiter nutzen, ohne dass es vom deutschen Fiskus wie ein fiktiver Verkauf besteuert wird, so wie es bei einer GmbH der Fall ist. In der Praxis funktioniert so etwas natürlich nur, wenn Ihr Geschäft in Deutschland auch ohne Ihre Anwesenheit weiterläuft und Sie es aus der Distanz leiten. Rechnen Sie aber damit, dass so eine Lösung Ihr künftiges Leben etwas kompliziert, weil Sie es womöglich weiterhin mit dem deutschen Fiskus zu tun haben. Ob Sie dann gar nicht, beschränkt oder sogar voll steuerpflichtig sind, hängt von vielen Einzelheiten ab, die hier zu weit führen. Wer solche Pläne hat, für den ist das Honorar für einen Berater mit internationaler Erfahrung gut angelegt.

Bleibt also nur die Frage, welches Land das Beste für Ihre Firma ist – was für jeden Einzelfall anders aussehen kann. Tatsächlich ist heute die typische Offshore-Firma oder *International Business Company*, mit der Gewinne im Ausland nicht besteuert werden, nicht immer die beste Wahl. Inzwischen gibt es auch in der EU eine ganze Reihe Länder mit sehr niedrigen Steuersätzen, sodass zum Beispiel für Handelsgeschäfte im vereinten Europa eine Firma in einem EU-Land eine gute Wahl sein kann. Was sich für jeden Einzelfall am besten eignet, ist sinnvollerweise Gegenstand einer Beratung.

— Die klassische Offshore-Firma zeichnet sich dadurch aus, dass Sie statt gewinnabhängiger Steuern eine jährliche Pauschale zahlen und kein Finanzamt eine Steuererklärung oder Buchhaltung von Ihnen sehen will – meistens unter der Voraussetzung, dass Sie am Sitz der Gesellschaft keine Geschäfte machen dürfen. Beliebteste und preiswerteste Länder dafür waren immer Panama und Belize, was nur noch bedingt zutrifft. Der Ruf von Panama hat durch die *Panama Papers* gelitten, diese weltweite Medienkampagne mit dem Ziel, den Firmensitz Panama und dortige Gesellschaften in Verruf zu bringen, obwohl rechtlich wenig auszusetzen war. Inzwischen hat Panama die

Regeln etwas kompliziert, sodass es keine Anonymität mehr gibt. Die ist für Sie aber sowieso zweitrangig, wenn Sie in einem Land wohnen, das sich nicht für Ihre internationalen Aktivitäten interessiert. Ähnlich wie Panama hat auch Belize Bürokratie und Auskunftspolitik kompliziert, sodass es heute bessere Alternativen gibt.

— Als Sitz einer klassischen Offshore-Firma bietet sich Delaware an, wenn Sie keine geschäftlichen Aktivitäten und Kontakte in den USA haben. Bekannteste Nutzer von Delaware-Gesellschaften waren übrigens deutsche Landesbanken; nur fielen bei denen dummerweise keine Gewinne an, die dann steuerfrei gewesen wären. Delaware ist zwar der mit Abstand bekannteste US-Bundesstaat mit unternehmerfreundlichem Gesellschaftsrecht, aber längst nicht der einzige. Die anderen sind Nevada, Alaska, Florida, South Dakota, Washington, Texas und Wyoming. 2022 soll Tennessee dazukommen und 2025 New Hampshire, wo entsprechende Beschlüsse bereits gefasst sind.

— Eine Alternative zu Delaware und anderen US-Bundesstaaten sind die Seychellen, wo Firmen ebenfalls sehr unkompliziert und preiswert sind. Weitere mögliche Standorte wären die Virgin Islands, die Bahamas oder Hongkong, für den Fall, dass Sie mehr Geld ausgeben wollen, ohne eine bessere Gegenleistung dafür zu bekommen. Bei Hongkong ist der zunehmende Einfluss Chinas zu bedenken.

Wenn Sie aus unternehmerischen Gründen einen Firmensitz im vereinten Europa vorziehen und bereit sind, Steuern von etwa zehn Prozent zu zahlen, zuzüglich Kosten für Buchhaltung und Steuererklärungen, haben Sie eine ganze Reihe Länder zur Auswahl. In Brüssel ist zwar immer wieder mal die Rede davon, die Niederlassungsfreiheit in der EU einzuschränken, falls ein Firmengründer seine Entscheidung für ein Niedrigsteuerland nicht anders als mit der niedrigen Steuer begründen kann, aber solche Initiativen sind bisher regelmäßig im Sand verlaufen. Wer bietet weniger?

— In Ungarn hat der viel kritisierte Viktor Orbán Wort gehalten und 2017 die Körperschaftsteuer auf neun Prozent gesenkt. Das ist unterm Strich der niedrigste Steuersatz in der EU.

— Auch Bulgarien bietet Firmengründern aus aller Welt mit nur 10 Prozent einen sehr niedrigen Steuersatz an.

— Andorra, früher eine lupenreine Steueroase, kassiert inzwischen 10 Prozent Körperschaftsteuer, was natürlich auch regelmäßige Steuererklärungen erfordert. Wer keine Betriebsstätte im kleinen Fürstentum in den Pyrenäen zwischen Spanien und Frankreich hat, muss obendrein eine Jahrespauschale von knapp 900 Euro bezahlen.

— Zypern wurde krisen- und rettungsbedingt durch Brüssel gezwungen, seinen Steuersatz von 10 auf 12,5 Prozent anzuheben. Vorteile gibt es für Holdings und Patente.

— Irland lockt mit relativ niedriger Körperschaftsteuer von nur 12,5 Prozent, kassiert aber 20 bis 60 Prozent Einkommensteuer für natürliche Personen. Dieser Nachteil entfällt allerdings, wenn Sie nicht selbst auf der grünen Insel wohnen, sondern nur in Irland arbeiten lassen, ohne sich dort aufzuhalten.

— Malta wirbt mit einem Steuersatz von fünf Prozent, aber bei näherem Hinsehen gibt es allerlei Kleingedrucktes, sodass am Ende alles etwas umständlicher und vor allem teurer wird.

— Im hochgradig digitalisierten Litauen wirbt eine ziemlich junge Regierung mit mehreren Ministerinnen um die 35 mit 20 Jahren Steuerfreiheit, wenn sich Unternehmer aus dem Ausland zur Ansiedlung im größten Land des Baltikums entschließen. Entscheidend für die konkrete Dauer der Befreiung sind am Ende die Höhe der Investition sowie die Zahl der neu geschaffenen Arbeitsplätze.

— Luxemburg ist ein Sonderfall. Sie kennen die *Panama Papers,* siehe oben, aber haben Sie jemals von *Lux Leaks* gehört? Da musste ich auch erst nachlesen. Es ist offenbar nicht das Gleiche, ob jemand im exotischen Mittelamerika Steuern spart oder im kleinen aber feinen Großherzogtum seiner königlichen Hoheit Henri, Großherzog von Luxemburg, Herzog von Nassau und Prinz von Bourbon-Parma, das obendrein bestens in Brüssel vernetzt ist. So ein Land steht bei unseren Medien ebenso unter Artenschutz wie große Konzerne. Wenn da was schiefläuft, wird nur das Nötigste berichtet, wenn überhaupt, und wer Juncker immer nur für den fröhlichen Trinker auf dem

Thron der EU-Kommission hielt, hat ihn gewaltig unterschätzt. Der feuchtfröhliche Jean-Claude, 18 Jahre in Luxemburg an der Macht, hat es geschafft, das Geschäftsmodell seines Landes über schwere Zeiten zu retten. Er hat etwas getan für sein Land, und auch für alle Deutschen, die Luxemburgs Vorteile nutzen – was von seiner Nachfolgerin kaum einmal jemand behaupten wird.

Interessant ist vor allem, wie das Thema Steuern in Luxemburg funktioniert, wenn der Kunde nur groß genug ist und sich teure Berater leisten kann, die die Steuerregeln angeblich selber formulieren und von Luxemburger Politikern dann zu Gesetzen machen lassen. Bei einer offiziellen Unternehmensteuer von 29 Prozent wird alle Steueroasen-Kritik im Keim erstickt. Aber dann wurde bekannt, dass es dem US-Konzern *FedEx* gelungen sein soll, seine Gewinne mithilfe von *PricewaterhouseCoopers* so herunterzurechnen, dass die Steuerlast am Ende auf 0,1 Prozent sank. *FedEx* ist nur einer von vielen; auch mehrere Dax-Konzerne nutzten die Vorteile Luxemburgs. Dass die Sache bekannt wurde, hat keiner beteiligten Firma geschadet. Alles war konform mit Luxemburger Steuerrecht. Auch dass Berater ausländische Konzerne offenbar mit dem Versprechen flexibler Behörden ködern, die leicht zu kontaktieren seien und Bereitschaft zum Dialog zeigen sollen, stört nicht. Vereinzelte Ermittlungen gegen Luxemburger Behörden verliefen jedenfalls im Sand.

Auch *Amazon* wickelt sein Europa-Geschäft über Luxemburg ab und spart Steuern mit Lizenzgebühren. 2009 zahlte *Amazon Europa* 519 Millionen Euro für Lizenzen, zeigten geleakte Dokumente. Da waren die Gewinne weg und Steuern fielen nicht an. Die andere *Amazon*-Tochter, die diese 519 Millionen in Rechnung stellte, muss in Luxemburg keine Steuern zahlen.

Weil wichtige Regeln für Steuersparer die Unterschrift von Juncker tragen, wollten Europas Grüne dem vom Luxemburger Premier zum Chef der EU-Kommission aufgestiegen Jean-Claude ans Bein pinkeln und forderten seinen Rücktritt. Der Fall ging zwar nicht sehr groß durch die Presse, aber wie wir alle wissen, hat sich ihr Erfolg in Grenzen gehalten.

Luxemburg und die Steuern: Wie das Prinzip funktioniert, erklärte mir der erfahrene Berater René Cillien, der schon vor über 30 Jahren ablehnte, als Angestellter für einen der *Big Four* zu arbeiten, die alle in Luxemburg aktiv sind: *PricewaterhouseCoopers, Deloitte, KPMG* und *Ernst & Young.* René blieb lieber selbstständig und ist eigentlich schon im Ruhestand, aber eine Handvoll erlesener Kunden betreut er immer noch. Interessenten sagt er auch gleich, ob Luxemburg für sie überhaupt Sinn macht, denn da haben Unternehmer oft falsche Vorstellungen. Und für wen macht es Sinn? »Wenn ein Großbäcker aus Hamburg kommt, der seine Zutaten in Hamburg kauft und sein Brot in Hamburger Filialen verkauft, kann ich ihm nicht helfen.«

Helfen kann René Cillien bei internationalen Geschäften, wo die Kunden möglichst in verschiedenen Ländern sitzen. Auch für ein *Family Office* oder eine Familienholding sei Luxemburg in der Regel ein guter Standort, wo seine Klienten auch vom freundlichen Erbrecht profitieren. Auch wer eine Firma verkauft, komme in Luxemburg besser weg. Das System Luxemburg fasst er so zusammen: »Lass dem Hund einen Knochen, dann ist er zufrieden.« Der Hund ist der Fiskus, der Knochen die formal korrekte Buchhaltung und Steuererklärung – sowie 0,1 Prozent Steuern, wie sie *FedEx* zahlt. Wichtig sei nicht der Steuersatz 29 Prozent, sondern was vom Umsatz am Ende als zu versteuernder Gewinn übrig bleibt. Cillien hält nicht viel von allgemeinen Regeln. Jeder Fall sei anders, und nur wer eine Situation im Detail kennt, könne entscheiden, ob ein Engagement in Luxemburg sinnvoll ist. Der Vorteil eines kleinen, persönlichen Beraters liegt auf der Hand: Da ist im Gegensatz zu den *Big Four* das Risiko klein, dass Angestellte auf der Suche nach einem lukrativen Nebenverdienst Kundendaten auf CD brennen, für ein paar Millionen an den deutschen Fiskus verhökern und sich dafür auch noch als Whistleblower feiern lassen.

Dabei ging es auch bei den *Lux Leaks,* aber wie das 2014 genau lief, darüber gehen die Darstellungen auseinander. Klar scheint, dass Steuerdaten an deutsche Finanzämter verkauft wurden und fünf Milliarden Euro geflossen sind. Am Ende sind drei Mitarbeiter von

PricewaterhouseCoopers vor Gericht gelandet. Weil die Dokumente am Ende bei den Medien landeten, galten sie als Whistleblower und Helden. Zwei Haupttäter bekamen Bewährung und kleine Geldstrafen, ein Journalist wurde freigesprochen. In der Berufung wurden alle Strafen reduziert, und in der dritten Runde gab es Freisprüche. Nur einer wartet noch darauf, dass ihn der Gerichtshof für Menschenrechte auch als Whistleblower freispricht.

Wenig Sinn macht es für Cillien übrigens, in Luxemburg selbst Geschäfte zu machen oder gar nach Luxemburg umzuziehen. Das Leben sei einfach zu teuer, daran ändere auch die etwas niedrigere Mehrwertsteuer von 17 Prozent nichts.

— In Gibraltar gelten 10 Prozent Körperschaftsteuer, was sich das britische Überseegebiet vor dem Europäischen Gerichtshof gegen die EU-Kommission erstritten hat. *The Rock* ist ein guter Standort für Internet-Unternehmer, die es woanders schwer haben: Online-Glücksspiel und Finanzdienstleister aller Art. Gibraltar ist ein Mekka für Buchmacher, digitale Wettbüros und Online-Casinos, und seit jeher für internationale Berater und Vermittler aller Art.

— Liechtenstein: Der Zwergstaat von Fürst Hans-Adam II. und Erbprinz Alois zwischen Österreich und der Schweiz, mit der es eine Zollunion gibt, bietet niedrige Pauschalsteuern für seine Offshore-Firmen. Gebräuchlichste Liechtenstein-Gesellschaft ist die Anstalt. Leider sind im äußerst angenehmen Fürstentum Kosten und Gebühren so hoch, dass es sich nur bei ernsthaften Umsätzen lohnt, sich mit diesem Zwergstaat näher zu befassen. Jungunternehmer und Neugründer sind sowieso eher unerwünscht. So ist Liechtenstein höchstens ein Argument für einen, der geschäftliche Gespräche um nichts in der Welt in einer anderen Sprache als Deutsch führen will.

— Die Schweiz wird gern als Steuerparadies bezeichnet, aber auf Firmen trifft das nicht zu. Zwar klingt eine Bundessteuer von 8,5 Prozent nicht schlecht, aber da kommen die Steuern des Kantons und der Gemeinde obendrauf, sodass Sie selten unter 20 Prozent davonkommen. Günstig ist der Kanton Zug mit rund 17 Prozent. Rechnen Sie dazu die etwas höheren Gründungs- und Folgekosten, gibt es kaum Argumente für die Firma in der Schweiz. Sicher haben Sie davon gehört, dass es beim Nachbarn üblich sei, den Steuersatz individuell auszuhandeln. Das stimmt in einigen Fällen. Es gilt aber nicht für Firmen, sondern nur für die persönliche Einkommensteuer, wenn es um höhere Beträge geht. Wenn Sie da mit 100.000 Euro Jahresgehalt ankommen und einen Rabatt aushandeln wollen, sparen Sie sich lieber gleich die Reisekosten.

— Monaco wird gern als Steuerparadies bezeichnet, aber das ist nur zum Teil richtig. Prinz Alberts kleines, aber feines Fürstentum am Mittelmeer ist nämlich denkbar ungeeignet als Sitz einer Firma, denn für die gelten die gleichen Regeln wie in Hochsteuerländern. Der Grund, warum sich so viele Gutverdiener wie Boris Becker oder Johannes Mario Simmel irgendwann mal Monaco als Wohnsitz ausgesucht haben, ist die Steuerfreiheit auf persönliche Einkommen, Vermögen, Erbschaften und Kapitalerträge. Der größte praktische Nachteil Monacos liegt darin, dass Immobilien im noblen Fürstentum ziemlich teuer sind, sodass ein Domizil in Monte Carlo oder einem der acht weiteren Verwaltungsbezirke nur bei wirklich ernsthaften Einnahmen sinnvoll ist.

— Wenn Sie Ihr Geld nicht mit Bankgeschäften oder Glücksspiel verdienen, kommt womöglich eine *Limited Partnership* in Schottland für Sie infrage. Wie im *Partnership Act* aus den Jahren 1890 und 1907 festgeschrieben, zahlen Sie damit keinen Cent Gewinnsteuern, wenn Sie nicht in Schottland wohnen oder Geschäfte tätigen. Auch in Großbritannien sind keine Steuern fällig, wenn Sie dort keine Aktivitäten haben. Niemand will von Ihnen unter diesen Voraussetzungen eine Buchführung, Bilanz oder Steuererklärung sehen. Für die Gründung brauchen Sie mindestens einen Partner. Die Haftung der Partner ist auf deren Einlage begrenzt, für die es keinen Mindestbetrag gibt.

Nötig ist allerdings ein *General Partner*, der die Geschäfte der *Partnership* führt und für deren Schulden mit seinem Privatvermögen haftet. Das klingt wie ein Nachteil, und da trifft es sich gut, dass als Partner auch juristische Personen möglich sind. Wenn Sie also als haftbaren *General Partner* eine Offshore-Firma mit einem Dollar Stammkapital einsetzen, dann haftet auch die *Partnership* nur mit einem Dollar. Auch eine anonyme Firmengründung ist auf diese Weise ziemlich einfach möglich. Dafür müssen Sie nur zwei anonyme Offshore-Firmen als Partner einsetzen, wie sie heute noch zum Beispiel in Nevis zu haben sind.

Früher Routine, heute oft ein Problem: das Konto für die Offshore-Firma

Es ist noch gar nicht so lange her, da verstanden sich Banken in Deutschland und aller Welt noch als Dienstleister für Sparer und Geldanleger, denen sie notfalls, wenn der Betrag hoch genug war, mit Tipps auf die Sprünge halfen, die auch gern etwas am Rande der Legalität sein durften. Gerade deutsche Geldhäuser wollten schließlich das große Geld nicht kampflos der Konkurrenz aus Zürich, Luxemburg, Liechtenstein oder dem Kleinwalsertal überlassen. Dem jeweiligen Finanzminister gefiel das ganz und gar nicht. Er wusste aber nicht so recht, was er dagegen tun sollte. Zwar wurde, meistens auf Druck aus den USA mit Hinweis auf den Krieg gegen Drogen und Terroristen, der freie und diskrete Geldverkehr nach und nach immer komplizierter, aber das war noch lange nicht die Lösung, von der unsere Politiker träumten. Denn wer nicht wollte, dass sein Konto in einem diskreten Nachbarland bekannt wurde, der führte es einfach auf den Namen einer Gesellschaft, und schon war die Diskretion wiederhergestellt. Nicht selten kümmerte sich die Bank selbst um die Gründung so einer Firma. Das war für den Kunden bequem, und da war er gern bereit, etwas mehr dafür zu bezahlen, was der Bank ein ordentliches Kick-back einbrachte.

Dann kam der 11. September 2001 mit den Anschlägen auf das *World Trade Center* in New York, und auf einmal war nichts mehr wie vorher. Für die Regierungen der westlichen Welt kam dieses Ereignis wie bestellt – und wer weiß, vielleicht war es das ja auch.

Die ganze Wahrheit über die Anschläge werden wir vermutlich nie erfahren. Dass die offizielle Version ziemlich fragwürdig ist, stört nicht weiter. Medien wiederholen einfach die Version der Regierung oft genug und schweigen Zweifler und Kritiker tot, und schon ist das Problem erledigt. Aber zurück zum Thema ...

Hier geht es darum, wie der Horror von New York mit ungeklärter Täterschaft als Begründung herhalten musste, um das stark beschädigte Bankgeheimnis restlos zu kippen und den gläsernen Menschen zu schaffen, nicht nur in finanzieller Hinsicht – und was das für alle bedeutet, die so leben, wie hier beschrieben. Zum Glück halten sich für sie die Nachteile in Grenzen. Indirekt sind sie aber trotzdem betroffen, weil dadurch die Suche nach der richtigen Bank für steuerfreie Geschäfte immer öfter zum Ärgernis geworden ist.

Das ist freilich ein kleiner und erträglicher Nachteil, verglichen mit den Konsequenzen für Menschen in Deutschland. Für die war es plötzlich eine Art Russisch Roulette, wenn sie weitermachten wie bisher und ihr Geld wie gewohnt zu unseren südlichen Nachbarn brachten. Mancher hat das offenbar nicht gleich kapiert, zeigen die Schlagzeilen über den früheren Postchef Zumwinkel und Vorzeigemanager Uli Hoeneß. Wenn Medien heute über Konten im Ausland berichten, wird fast immer vorausgesetzt, dass deren Inhaber Geld vor dem Fiskus des Landes verstecken wollen, in dem sie leben und steuerpflichtig sind. Für solche Fälle wäre die Diskretion einer Bank die wichtigste aller Eigenschaften. Das Dumme ist nur, Diskretion bei Banken gibt es nicht mehr, wenn wir mal von VIP-Kunden im mehrstelligen Millionenbereich absehen. Also wie gesagt: Nicht Ihr Geld muss weg – Sie müssen weg!

Heute werden Banken zunehmend von der Politik mithilfe der OECD dafür missbraucht, für die jeweiligen Regierungen fiskalische Kontrollfunktionen zu übernehmen, und der Kunde einer Bank ist vom König zum Bittsteller geworden. Vor allem der neue Kunde, und vor allem dann, wenn er als kleiner oder mittlerer Unternehmer nicht gleich ein paar Millionen mitbringt und der Bank zur zinslosen Aufbewahrung anvertraut, oder gegen Minuszinsen.

Mit einem Wohnsitz in einem freien Land ist das Thema der abhanden gekommenen Diskretion zum Glück Nebensache. Für Sie zählen jetzt die Qualitäten Solvenz und Sicherheit der Bank und des ganzen Landes – und da sind Sie womöglich bei einer deutschen Sparkasse besser aufgehoben als in einem angeblichen Finanzzentrum wie Zypern, wo Bankkunden 2014 auf Anordnung von Brüssel knallhart enteignet wurden. Dieses Vorgehen wurde inzwischen übrigens von der EU zur Blaupause für künftige Fälle erklärt; das ist etwa so, wie wenn eine Autowerkstatt, wenn aus irgendeinem Grund das Geld knapp wird, Ihren Wagen behalten darf, den Sie zur Reparatur hingebracht haben.

Immer öfter stellt sich leider die Frage, wer Ihnen überhaupt noch ein Konto eröffnet für Ihre Firma auf den Seychellen, in Panama oder den USA. Aber wenn Ihre Kunden überwiegend im Euroraum sitzen, brauchen Sie nun mal ein Konto mit SEPA-Anschluss, sonst sind schnell die Gebühren einer Überweisung teurer als der Rechnungsbetrag. Theoretisch könnten Sie ja als Steuerausländer zu einer Bank in Deutschland gehen, aber da ist die Bereitschaft nicht sehr hoch, Konten für Gesellschaften in fernen Ländern zu eröffnen. Ausnahmen? Natürlich. Wenn Sie bei einer Bank in Deutschland immer noch die eine oder andere Million liegen haben sollten, wird sich die Bank hüten, Ihnen diesen Gefallen abzuschlagen. Aber all die Auskunftspolitik und diese absurden *Know-your-customer*-Regeln sind heute so aufwendig, dass sich Banken so was ungern antun, wenn's nicht unbedingt sein muss.

Aus all diesen Gründen sind es heute meistens *Fintech*-Unternehmen, bei denen die Kontoeröffnung auf den Namen einer Firma in einem exotischen Land noch relativ problemlos funktioniert. Da kann es allerdings nicht schaden, wenn Sie gleich bei zwei oder drei verschiedenen *Fintechs* jeweils ein Firmenkonto eröffnen, damit Sie nicht plötzlich ohne dastehen, falls Ihnen von heute auf morgen ohne Begründung die Geschäftsbeziehung aufgekündigt wird. So was erledigen bei *Fintechs* die Algorithmen, wenn diese bei Ihnen etwas Ungewöhnliches entdeckt zu haben glauben. Mit einem Mitarbeiter aus Fleisch und Blut Kontakt aufzunehmen versuchen Sie am besten gar nicht erst, sonst ärgern Sie sich nur noch mehr. Wenn Sie sich an den *Support* wenden, kriegen Sie zwar eine Antwort, aber die kommt vermutlich aus dem Computer, der je nach Suchbegriffen in Ihrer Mail bestimmte Textbausteine zusammensetzt, was Ihre Fragen in den seltensten Fällen beantwortet.

Fintechs haben den Vorteil, dass Sie zur Kontoeröffnung nicht anreisen müssen. Das funktioniert in einer Stunde am Computer. Sie weisen sich aus, indem Sie Ihren Ausweis hochladen, plus einen aktuellen *Screenshot*, der Sie mit Ihrem Ausweis zeigt. Eventuell müssen Sie auch noch nachweisen, dass Sie beim Wohnsitz nicht gelogen haben, indem Sie eine Stromrechnung oder etwas Ähnliches hochladen. Der Nachteil ist, dass Sie nicht mit Menschen in Kontakt sind, außer Sie rufen ein Callcenter an, wo Sie nie zweimal mit der gleichen Person sprechen und die Servicequalität unterschiedlich ist.

Die größten Probleme vermeiden Sie, indem Sie auf Ihrem *Fintech*-Firmenkonto niemals höhere Guthaben auflaufen lassen. Überweisen Sie alle überschüssigen Beträge rechtzeitig auf ein zuverlässiges Privatkonto. Oft wird Ihr Konto nämlich bei der geringsten Unstimmigkeit vom Anbieter gesperrt, und dann weigert sich dieser oft, das Guthaben Ihrer Firma an Sie auszuzahlen, auch wenn Sie Geschäftsführer und alleiniger Inhaber sind. Dann können Sie eine Überweisung des blockierten Kapitals nur auf ein anderes Konto der gleichen Firma ausführen – ein weiterer Grund, warum Sie zur Sicherheit von Anfang an mehr als ein Firmenkonto brauchen.

Wenn Sie sich mit *Fintechs* beschäftigen – die in den letzten Jahren wie Unkraut aus dem Boden schießen, was den Überblick erschwert –, so werden Sie früher oder später feststellen, dass es zwei Arten gibt: Die einen ärgern Sie gleich und die anderen später. Die einen können Sie sofort vergessen, wenn Sie nur auf der Webseite die Geschäftsbedingungen lesen. Zur anderen Sorte gehören Dienstleister, deren Angebot und Service auf den ersten Blick vernünftig und brauchbar klingt und die Sie erst später zum Teufel wünschen, nachdem Sie einige Erfahrungen mit ihnen gemacht haben. Das blockierte Konto ist der Extremfall, denn Ärger gibt es schon vorher. Da werden Sie bei Anbietern wie *Leo Pay* immer wieder aufgefordert, bei eingehenden Zahlungen Adresse und Pass des Auftraggebers nachzureichen, sonst gehe die Überweisung zurück. Erklären Sie das mal Ihrem Kunden.

Je nach Firmensitz und Wohnsitz des Inhabers scheiden viele *Fintechs* von vornherein aus, weil bei ihnen bestimmte Länder nicht vorgesehen sind. Ich weiß das deshalb, weil es in meiner Situation bei *Revolut*, *Payeer*, *Skrill* (früher *Moneybookers*), dem niederländischen *Bunq* und dem Krypto-Provider *Blockchain.com* der Fall war. Da war mein Wohnsitz prinzipiell ausgeschlossen. Relativ unproblematisch ist die Kontoeröffnung bei *Paysera* und *Transferwise*, die ihren Namen inzwischen in *Wise* geändert haben. *Paysera* hat mir irgendwann das Firmenkonto ohne jede Begründung gekündigt, aber gleichzeitig das Privatkonto weiterlaufen lassen.

Ich warne übrigens auch vor dem offenbar beliebten und weitverbreiteten Anbieter *Paypal*. Zum einen sind dessen Geschäftspraktiken bei Rückgaben für Verkäufer schwer zumutbar, und zum anderen kommt es immer wieder vor, dass *Paypal* Konten ohne nachvollziehbaren Grund schließt, die Guthaben blockiert und die Kunden dann oft große Probleme haben, an ihr Geld zu kommen. Allein in meinem Bekanntenkreis kenne ich zwei solcher Fälle.

Ich verzichte hier bewusst darauf, konkrete Anbieter zu empfehlen, weil sich eine gute Meinung von einem Tag auf den anderen ändern kann. Die Webseite eines Anbieters vermittelt Ihnen einen ersten Eindruck, aber mehr auch nicht. Wenn Sie sich dann bei einem *Fintech* anmelden und ein Konto eröffnen, haben Sie wahrscheinlich erst mal ein gutes Gefühl – bis irgendwas passiert und Ihre Meinung ins Gegenteil verkehrt. Genau genommen können Sie über einen Anbieter überhaupt kein Urteil abgeben, wenn Sie nicht selbst über einen längeren Zeitraum mit ihm gearbeitet haben.

Für Sie heißt das, Sie sollten möglichst kein Geld für die Gründung einer Offshore-Gesellschaft ausgeben, wenn nicht gleichzeitig die Frage der Bankkonten geklärt ist. Auch vage Zusagen eines Firmengründers, sich um Ihr Konto zu kümmern, ist keine Garantie für eine dauerhafte Lösung.

All dieser Ärger mit Bankkonten erinnert uns inzwischen täglich daran, wie wichtig es wäre, dass sich Bitcoin zu einem alltagstauglichen Zahlungsmittel entwickeln würde. Mit ein paar Klicks eine Überweisung rund um den Globus direkt an den Empfänger durchführen oder Zahlungen direkt vom Kunden empfangen, ohne dass wir dafür eine Bank brauchen oder sonst wie überwacht werden, ist die optimale Lösung für jeden Unternehmer. Leider wird daraus in absehbarer Zeit eher nichts, weil die extremen Schwankungen von Bitcoin den Einsatz als gebräuchliches Zahlungsmittel komplizieren, ganz abgesehen von der Politik und den Zentralbanken, die alles tun, um sich nicht durch Bitcoin oder andere Kryptowährungen die Macht über unser Geld, und damit über uns, aus der Hand nehmen zu lassen. Bitcoin ist im Gegensatz zur weitverbreiteten Meinung nicht anonym. Die Nachverfolgung konkreter Vorgänge wird dadurch erleichtert, dass immer mehr Menschen ihr Bitcoin-*Wallet* wie ein ganz normales Konto bei Anbietern führen, die sich von Banken kaum unterscheiden und ebenfalls alle möglichen Dinge von ihren Kunden wissen wollen, die eine Bank eigentlich nichts angehen.

Sehr viel diskreter ist der Umgang mit Bitcoin, wenn Sie Ihr *Wallet* auf dem eigenen Computer haben oder ein externes *Hardware-Wallet* wie etwa *Ledger* oder *Trezor* nutzen, was dann aber wieder die Zahlung mit Bitcoin im Alltag erschwert. Auch wenn Bitcoin Papiergeld nicht ersetzt, kann es sicher nicht schaden, wenn Sie sich auf die Weise ein *Wallet* einrichten und von Ihren Kunden auch Zahlungen in Bitcoin akzeptieren.

Die Eröffnung Ihres privaten Kontos auf Ihren eigenen Namen ist in der Regel einfacher als das Firmenkonto – wobei es ein Unterschied ist, ob Sie mit 10.000 Euro ankommen oder mit einer Million. Am besten suchen Sie sich für Ihre Ersparnisse – oder genauer gesagt den Teil davon, den Sie nicht in Sachwerten anlegen – eine klassische Bank in einem guten Land, in der noch Menschen mit Ihnen sprechen und sich, falls nötig, um Ihre Angelegenheiten kümmern. Je nach Höhe der Summe, über die Sie verfügen, brauchen Sie mehrere Konten bei mehreren Banken und möglichst in verschiedenen Ländern. Lassen Sie bei keiner Bank in der EU mehr als 100.000 Euro auf dem Konto. Suchen Sie sich auch Alternativen außerhalb der EU. Zusätzlich brauchen Sie eventuell eines oder mehrere Brokerkonten, je nachdem, ob und an welchen Börsen Sie aktiv sind. Solche Konten haben Sie eventuell schon und können sie beibehalten, aber auch da ist es sinnvoll, den Wohnsitzwechsel mitzuteilen.

Das klassische Konto beim Nachbarn in der Schweiz oder in Liechtenstein kriegen Sie heute nur noch, wenn Sie eine entsprechend große Menge Geld mitbringen und die Bank möglichst wenig Arbeit mit Ihnen hat. Natürlich dürfen Sie heute nirgends Diskretion erwarten, aber das ist nicht die Schuld der Banken. Also versuchen Sie auch gar nicht erst, Ihr Geld in einem Land zu verstecken, nur weil es noch nicht beim automatischen Austausch von Kontodaten mitmacht, wozu die OECD inzwischen über 100 Länder gewonnen hat. Viele Länder wie Deutschland und andere große EU-Länder sind in der Hinsicht eher Täter als Opfer, andere machen eher widerwillig mit. Vor allem kleine Staaten mit menschenfreundlichem Steuerrecht werden knallhart erpresst, auf diplomatischem Weg und wirtschaftlich, auf schwarze Listen gesetzt und mit Sanktionen bedroht, bis sie irgendwann aufgeben.

Die Risiken für Ihr Geld sind vielfältiger geworden. Neben dem Risiko einer Bankenpleite, das es schon immer gab, haben Sie beim aktuellen Rhythmus der Geldschaffung aus dem Nichts das Risiko steigender Inflation bis zur Hyperinflation, in der – wie es der Ökonom und Autor Dr. Markus Krall bildhaft beschreibt – ein Salatkopf seinen Wert länger hält als ein Geldschein. Dazu kommt das Risiko, dass im Rahmen der Bankenunion europäische Pleitebanken mit Ihrem Geld gerettet werden. Noch größer ist vielleicht das Risiko, dass der Staat einfach in Ihr Konto greift, in Form einer Sondersteuer oder Vermögensabgabe von vielleicht 10 Prozent, wie es Christine

Lagarde, Präsidentin der Europäischen Zentralbank und verurteilte Kriminelle in Frankreich, wiederholt vorgeschlagen hat, als sie noch Chefin des Internationalen Währungsfonds IWF war. Einen wohlklingenden Namen, der den Tatbestand des Diebstahls verschleiert, werden sie sich schon einfallen lassen. Spanien hat als erstes Land der EU übrigens schon vor mehreren Jahren so eine Steuer auf Bankguthaben eingeführt, wenn auch bisher im Promillebereich.

Bei all diesen Risiken dürfen Sie das größte von allen nicht vergessen, und seit Corona ist es nicht kleiner geworden: die Tatsache, dass unser komplettes Finanzsystem womöglich mehr oder weniger auf der Kippe steht. Alle großen US-Banken sowie die *Deutsche Bank* haben so viele Billionen Dollar an riskanten Derivaten in ihren Büchern stehen, dass die Staatsschulden Griechenlands und selbst der USA dagegen wie ein Trinkgeld wirken. Alle diese Bankgiganten gelten als *too big to fail*: zu groß, als dass sie ihre Regierung den Bach runtergehen läßt, wie es mit *Lehman Brothers* passiert ist. Wobei sich die Frage aufdrängt, wie die Politik so eine Bank eigentlich retten will und womit, wenn sich herausstellt, dass sie trotz allem Insiderwissen mit ihren Wetten schieflag. Unser Finanzsystem ist längst global vernetzt, und Ihre Chance ist groß, dass Sie beim Bankrott eines dieser Giganten die Folgen auch bei Ihrer Bank irgendwie spüren, selbst wenn Sie mangels Masse kein *Family Office* bei *Goldman Sachs* oder der *Deutschen Bank* haben.

Daraus folgt für Sie, wenn Sie über ernsthaftes Vermögen verfügen, dass Sie einen Großteil davon lieber außerhalb des Bankensystems aufbewahren. Gold und Silber in Münzen und kleinen Barren bieten sich da vor allem an, aber auch Unternehmensbeteiligungen, Bitcoin und andere Kryptowährungen, Immobilien oder weniger alltägliche Dinge wie Kunst, Antiquitäten, Edelsteine, Oldtimer, teure Weine und wertvolle Whiskysorten, wenn Sie etwas davon verstehen. Und, falls wir zum Tauschhandel zurückkehren sollten, gerne auch billiger Wodka und sonstige wichtige Dinge des Lebens. Bei einem Leben nach meinen Vorschlägen sind solche Sachen allerdings eher unpraktisch. Außer natürlich, Sie sind ein Experte auf so einem Gebiet und finanzieren mit dem Handel solcher Dinge Ihr gutes Leben im Luxus. Auch Kryptowährungen sind eine Anlage außerhalb des Finanzsystems, die heute jeder Geldanleger auf seinem Radar haben sollte. Einen Teil in Bitcoin, Ethereum und anderen Coins zu halten kann kein Schaden sein. Inzwischen gibt es ja auch allerlei Anlagen in Bitcoin, wobei ich vor allem mit einer sehr zufrieden bin, die Monat für Monat Gewinne um die zehn Prozent erzielt. Den Namen nenne ich in dem Fall aber nicht, weil das alles über Nacht ganz anders aussehen kann.

So machen Sie ein kleines Vermögen, ohne ein großes mitzubringen

Kein Zweifel, am besten funktioniert das hier beschriebene Leben im Ausland, wenn Sie von den Erträgen aus Ihrem Vermögen leben. Sind Sie schon so weit? Einfach war finanzielle Freiheit noch nie, und in den letzten Jahren ist es noch schwerer geworden. Bei Zinsen nahe null ist Umdenken gefragt. Wer jetzt von seiner Rendite leben will, braucht entweder ein gewaltiges Vermögen oder ein großes Talent als Stockpicker an der Börse. Leider sieht die Praxis für die meisten von uns so aus, dass es bei immer neuen Bedrohungen für unser Geld auf der Bank, speziell im Euroraum, schon ein Erfolg ist, wenn die Ersparnisse nicht weniger werden.

Vom Ertrag aus einem Vermögen zu leben ist nicht so einfach, wie viele meinen, die kein Vermögen haben. Besonders schwer ist es, wenn das vorhandene Kapital nicht sehr groß ist. Dann müssen Sie, um davon zu leben, ungewöhnlich hohe Renditen erzielen, wie sie mit risikoarmen Geldanlagen nicht möglich sind. Das hat sich inzwischen erledigt, denn ohne Zinsen gibt es keine risikoarmen Anlageformen mehr. Spätestens jetzt müsste der Letzte kapieren, dass die Börse dem Sparbuch vorzuziehen ist. Da ist Ihr Geld zwar auch den bekannten Risiken ausgesetzt, aber Sie haben wenigstens die Chance auf Gewinn. Dagegen ist mit Geld auf der Bank heute nur der Verlust sicher, ohne jede Chance auf Gewinn. Die bei Deutschen so beliebte kapitalvernichtende Lebensversicherung funktioniert ohne Zinsen auch nicht mehr, und es kommen auch nicht genug neue Verträge nach, um so ein Schneeballsystem am Laufen zu halten. Ein Skandalurteil der BGH-Richter, das es Versicherern erlaubt, einfach nichts auszuzahlen, wenn sie knapp bei Kasse sind, garantiert aktuell ihr Überleben – aber wie lange noch?

Ihr Geld auf dem Konto wird ohne Zinsen immer weniger wert, während Ihre Bank mit Ihrer Einlage das Zehnfache oder mehr aus dem Nichts schaffen, als Kredit vergeben oder an den Finanzmärkten mit Derivaten verzocken kann. Langsam, aber sicher fressen Inflation und Minuszinsen Ihr Geld auf. Es kann aber auch schnell gehen, etwa bei einem Euro-Crash oder wenn Ihre Bank vor der Pleite steht. Seit Zypern wissen wir, dass sich die Bank in so einem Fall das Geld ihrer Kunden einstecken darf. Nicht mit Ihnen, denn Sie sind Kunde einer seriösen, konservativen Bank, die nicht zockt? Das hilft Ihnen heute auch nur bedingt, denn durch die Bankenunion haften inzwischen gute Banken für die schlechten mit. Diese Risiken mindern Sie, indem Sie Ihr Geld auf mehrere Konten in mehreren Ländern verteilen, auch außerhalb der Eurozone, und indem Sie einen Großteil Ihres Papiergeldes in Sachwerte investieren. So schützen Sie sich vor schnellen, hohen Verlusten, aber Erträge, aus denen Sie Ihr tägliches Leben bestreiten, erzielen Sie damit nicht unbedingt. Wer heute nicht millionenschwer ist und trotzdem von seinen Ersparnissen leben will, hat zwei Möglichkeiten: Er kann an der Börse Aktien von Unternehmen kaufen, auf die er keinen Einfluss hat, oder er steckt sein Geld in eigene Unternehmen, die er selbst kontrolliert. In beiden Fällen gibt es gute Gründe dafür und dagegen.

Praktiker wie der Autor W. G. Hill, dessen wichtigste Bücher ich auf Deutsch herausgebe und über den ich Ihnen später noch mehr berichte, hält wenig von sogenannten passiven Einkommen. Er plädiert dafür, Geld in eigene Geschäfte zu stecken. In Immobilien zum Beispiel, mit denen schon viele große Vermögen gemacht und vermehrt wurden. Dagegen ist nichts zu sagen – außer dass auch aktive

Geschäfte selten ohne jedes Risiko sind. Aber Sie können es beeinflussen und mindern. Egal ob Sie Bücher verkaufen, Häuser bauen, eine Automarke vertreten oder eine Würstchenbude aufmachen: Sie entscheiden, wie Sie Ihr Geschäft führen. Welche Mitarbeiter Sie beschäftigen, wie viel Gehalt Sie entnehmen, wie Ihre Werbung aussieht. Wenn keiner Ihre Würste kauft, hängen Sie ein größeres Schild an Ihre Bude. Sie setzen den Preis runter, geben Ihren Würstchen einen anderen Namen oder werfen Kräuter ins Feuer, damit der leckere Geruch Kunden anzieht. Hilft alles nichts, geben Sie zwei Würstchen zum Preis von einem her, führen eine Würstchen-Flatrate ein oder nennen sie Gourmet-Würstchen und kassieren das Doppelte. Sie kontrollieren Ihr Geschäft. Sie tun, was Ihrer Meinung nach am besten funktioniert. Wenn es nicht klappt, ändern Sie es so lange, bis es klappt.

Aber was können Sie dagegen tun, wenn der japanische Börsenindex einbricht, der Ihnen vorher empfohlen wurde? Es gibt zwar Leute, die das gewusst haben, aber sie melden sich immer erst hinterher. Oder sie warnen seit 15 Jahren, und irgendwann ist es dann eingetroffen. Wir müssen gar nicht bis nach Japan. In Deutschland haben Sie auch nicht mehr Einfluss. Da kann der Markt auch einbrechen, eine ganze Branche geht den Bach runter, oder alles geht gut, aber Sie setzen auf das falsche Unternehmen, wie der schwäbische Milliardär Adolf Merckle, der sich nach einem Millionenverlust mit Volkswagen vor einen Zug legte. Eine ziemlich drastische Lösung, von der ich Ihnen abrate.

Wem allerdings für Geschäfte und eigene Unternehmen Wissen, Entschlusskraft und Ideen fehlen, dem bleibt nur die Börse. Da muss er sich zuerst darüber klar werden, welche Erwartungen er damit verbindet. Es heißt ja, es sei leichter, ein Vermögen zu machen, als es zu erhalten. Da ist viel Wahres dran. Bei der Erhaltung und Mehrung von Vermögen kommen unweigerlich die Finanzmärkte ins Spiel. Unternehmer, die einen Teil ihrer Überschüsse gewinnbringend anlegen wollen, überlassen das in der Regel Fachleuten. Der eine oder andere wird aber auch selber an der Börse aktiv, und nicht selten stellt sich dabei heraus, dass Unternehmer und Börse nicht wirklich optimal zusammenpassen. Wer eine Firma leitet, ist es gewohnt, die Abläufe zu kontrollieren – aber an der Börse bleibt er immer nur ein Zuschauer. Er hat keinen Einfluss darauf, was im Unternehmen passiert, auf das er mit seinem Geld wettet. Sein Einfluss beschränkt sich auf kaufen und verkaufen. Er blickt nicht hinter die Kulissen der fraglichen Unternehmen und muss sich auf Informationen verlassen, die er nicht aus erster Hand erhält. Ob sie stimmen, weiß er nicht, und eher früher als später stellt er fest, dass es nicht so einfach ist, die richtige Entscheidung zu treffen. Oder den richtigen Zeitpunkt zu finden. Dabei sieht alles so einfach aus, aber leider erst hinterher. Dann melden sich immer klügere Menschen zu Wort, die alles schon lange kommen sahen.

Im Geschäftsleben läuft vieles nach logischen Regeln und Gesetzmäßigkeiten ab, während an der Börse längst nicht immer passiert, was logisch wäre. Das und der Umstand, die Entwicklung nicht beeinflussen zu können, macht gerade Unternehmern an der Börse zu schaffen. Intelligente Menschen, die gewohnt sind, ihr Leben und ihr Umfeld zu kontrollieren, tun sich besonders schwer, wenn etwas nicht läuft, wie es ihrer Meinung nach laufen müsste. Je früher Sie sich an unerklärliche Kurse gewöhnen, desto eher werden Sie mit Ihren Ergebnissen zufrieden sein. Großbanken, Zentralbanken und Spekulanten mit hohen Einsätzen bewegen bestimmte Werte in die gewünschte Richtung, ohne von einer Börsenaufsicht belästigt zu werden. Der Goldpreis wird von Geschäfts- und Zentralbanken manipuliert, um das Siechtum des Finanzsystems immer weiter hinauszuzögern. Hedgefonds wetten auf oder gegen diese oder jene Aktie oder Währung. Große Investmentbanken wie *Goldman Sachs*, *Bank of America*, *JPMorgan Chase* oder *Morgan Stanley* kontrollieren die Märkte, kassieren ab und diktieren womöglich auch noch Washington und Brüssel die Gesetzestexte, die dort in gültiges Recht verwandelt werden. »Die Börse ist also eher so was wie ein Casino?«, habe ich einmal *Geldbrief*-Herausgeber Hans-Peter Holbach gefragt. »Nein«, sagte er, »im Casino gibt es Regeln.«

Sie wären nicht der Erste, den die Börse krank macht, weil Ihre Erwartungen zu groß sind. Viele lassen dann die Finger davon. Andere sind irgendwann zufrieden, wenn sie Jahr für Jahr einen Gewinn machen, der etwas über der Inflationsrate liegt. Wenn das kleine Plus für Ihren Lebensunterhalt reicht, ohne dass dabei Ihr Kapital aufgezehrt wird, machen Sie es gar nicht schlecht.

Es wird so viel darüber gesagt und geschrieben, wie Sie an der Börse Geld verdienen, dass Sie den Rest Ihres Lebens damit verbringen könnten, all die schlechten und guten Ratschläge zu lesen. Dabei ist das Prinzip gar nicht so schwer: Sie müssen nur eine Aktie zu einem niedrigen Preis kaufen und zu einem höheren wieder verkaufen. Oft denke ich, dass gerade dieses Überangebot an Information ein Problem ist. Es wird immer schwerer, sinnvolle Informationen von dem vielen Geschwätz zu trennen. Wem sollen Sie da noch glauben? Am besten wenden Sie folgendes Kriterium an:

Hat der Experte, der Ihnen erklärt, wie Sie ein Vermögen an der Börse verdienen, eigentlich selbst ein eigenes Vermögen gemacht? Oder ist das, worüber er da schreibt, für ihn Theorie? Bücher, Magazine, Anleitungen, Briefe und vertrauliche Strategien, wie Sie reich werden, gibt es so viele, dass heute jeder reich sein müsste. Solche Werke können Sie in zwei Kategorien unterteilen:

— Bücher von Praktikern, die nicht unbedingt eine Ausbildung in der Finanzbranche haben, aber nachweislich als Unternehmer Erfolg hatten und aus ihrer Erfahrung berichten. Donald Trump oder Napoleon Hill sind solche Beispiele, aber auch Hans-Peter Holbach mit seinem eher konservativen *Geldbrief*, denn er kauft alle empfohlenen Aktien selbst und hat damit viel Geld verdient.

— Bücher von Theoretikern. Zum Anlageberater beförderte Bankkaufleute, studierte Wirtschaftsfachleute oder einfach Lebenskünstler, die selbst gern ein Vermögen machen würden. Sie schreiben Anlagetipps, um Geld zu verdienen. Das müssen keine schlechten Tipps sein. Nur sind die Autoren meistens selber nicht finanziell unabhängig, und trotzdem schreiben sie, wie das gehen soll.

Die Messlatte jeder Börse ist der Index. Der Durchschnitt der Resultate einer kleinen Zahl großer Unternehmen der jeweiligen Börse, aus denen *Dax* oder *Dow Jones* errechnet werden. Über die Jahre macht ein Index mehr Gewinn, als Anleihen oder Festgeld, erst recht in unserer Zeit ohne Zinsen. Wenn es Ihnen reicht, so gut wie der Markt abzuschneiden, finden Sie an jeder Börse einfache Indexprodukte. Aber damit sind Sie nicht zufrieden. Sie sind gewohnt, mehr zu verdienen als die Masse. Sie setzen sich auch an der Börse ehrgeizigere Ziele, die oft unrealistisch sind. Wenn es nicht klappt, reagieren sie trotzig. Sie wollen den Erfolg erzwingen und fallen in die Verlustzone. Von allen Expertentipps stimmen die beiden:

— Bleiben Sie auf dem Teppich. Setzen Sie sich realistische Ziele. Wenn Sie jedes Jahr fünf bis zehn Prozent Gewinn machen, sind Sie besser als 95 Prozent aller anderen Aktienkäufer.

— Nehmen Sie Verluste nicht persönlich. Es sind keine persönlichen Niederlagen. Da sitzt niemand im Hintergrund, der Sie fertigmachen will. Es ist kein Duell, Sie gegen die Börse.

Wenn Sie sich die Ergebnisse aller selbst ernannten Gurus ansehen, werden Sie merken, dass nur wenige von ihnen regelmäßig den Index schlagen. Manche hatten irgendwann spektakuläre Erfolge, aber eine Garantie ist das nicht. Dass ein Fondsmanager 2020 am besten abschnitt, ist keine Garantie, dass es sich 2021 wiederholt. Ein Anhaltspunkt ist es schon. Wenn Fonds 20 Jahre lang den Index schlugen, sind Ihre Chancen gut, dass es so ähnlich weitergeht.

Es gibt viele Wege, Geld anzulegen. Welcher für Sie der beste ist, hängt von Ihren Kenntnissen und Nerven ab. Drei Beispiele:

— Sie legen Ihr Vermögen in die Hand eines Bänkers oder Anlageberaters. Dem sagen Sie, was Sie von ihm erwarten und was Sie riskieren wollen. Die Einzelheiten überlassen Sie ihm.

— Sie treffen die Entscheidungen zusammen mit Ihrem Bänker oder Broker und kaufen zum Beispiel langjährig erprobte und deshalb relativ zuverlässige Fonds, und dazu vielleicht den einen oder anderen nicht allzu riskanten Einzeltitel.

— Sie führen ein Konto bei einem Onlinebroker und entscheiden selbst, welche Titel Sie kaufen. Ihre Entscheidungen treffen Sie nach eigener Kenntnis und Erfahrung, oder Sie verlassen sich auf den Rat von Börsenbriefen, mit denen Sie schon länger gute Erfahrungen machen. Aber es ist gar nicht selten, dass Sie sich auf einen guten Börsenbrief verlassen, und am Ende des Jahres liegen Sie doch unter dem dort verkündeten Ergebnis. Das kann zwei Gründe haben:

1. Finanzbriefe sagen nicht immer die Wahrheit. Oft lassen sie ihre Verlierer bei der Abrechnung unter den Tisch fallen.

2. Kaum ein Anleger hält sich 100-prozentig an die Vorgaben eines Börsenbriefes. Nicht weil er meint, er weiß es besser. Meistens ist es reine Bequemlichkeit. Oder Nervosität, Angst oder Gier.

Er liest in seinem Börsenbrief, er soll die Aktie XY kaufen, sobald sie unter 5,50 Euro fällt. Als Kursziel nennt der Brief 12 Euro. In den nächsten Tagen nähert sich die Aktie oft dem Einstiegskurs, geht aber nie ganz auf 5,50 Euro runter. Ist doch egal, denken Sie, wenn die Aktie auf 12 Dollar steigt, kann ich sie auch für 5,70 kaufen. Das tun Sie dann auch, weil Sie ungeduldig sind. Nach Ihrem Kauf beginnt die Aktie zu fallen. Sie wird schon wieder steigen, denken Sie. Als der halbe Einsatz weg ist, verkaufen Sie entnervt – und beschweren sich über den Tipp. Dabei hätten Sie die Aktie gar nicht kaufen dürfen oder zumindest den Verlust durch ein *Stop-Loss* begrenzen müssen.

Oder Sie haben Glück: Eine Ihrer Aktien steigt und steigt. Sie ist 40 Prozent im Plus. Das Kursziel hat Ihr Tippgeber bei 60 Prozent Gewinn gesetzt. Plötzlich schwächelt die Aktie und fällt. Sie werden nervös und verkaufen. Wenig später steigt die Aktie wieder. Es war eine ganz normale Korrektur, stellt sich heraus. Bald ist das Kursziel Ihres Ratgebers erreicht. Leider ohne Sie.

Solche Beispiele gibt es ohne Ende. Wer spekulative Einzeltitel kauft, weiß wovon ich rede. Irgendwann glauben Sie, da sitzt irgendwo eine Art Börsenteufel, der Sie ganz allein beobachtet, um Ihre Aktien immer in die verkehrte Richtung zu schicken. Vielleicht tröstet es Sie, dass Sie mit dem Gedanken nicht allein sind. Wenn Sie irgendwann von der Idee besessen sind, dass Ihre eigenen kleinen

Käufe einen Gegentrend auslösen, dann machen Sie sich lieber Gedanken über eine Pause.

Das alles hat damit zu tun, dass Investoren Menschen sind – und die sind nun mal gierig, ungeduldig, inkonsequent, bequem, ängstlich. Sie nehmen sich immer wieder das Gegenteil vor, aber wenn es so weit ist, siegt wieder die Gier. Oder die Angst. Und Sie verkaufen, obwohl Sie eigentlich kaufen müssten. Dabei hätten Sie schon viel früher verkaufen müssen. Sie haben es nicht getan, weil niemand gern Verluste realisiert. Oft verkaufen Anleger erst, wenn es zu spät ist – und springen dann ohne groß nachzudenken auf einen anderen Zug auf, der längst ohne sie abgefahren ist. Wenn sie sehen, wie eine Aktie ohne sie steigt und steigt, setzt oft die Gier ein. Da kaufen sie oft zu Preisen, zu denen kein emotionsloser Mensch mehr kaufen würde. Aber sie ertragen es einfach nicht, dass eine Aktie immer weiter steigt, und sie sind nicht dabei.

Jeder Anleger ärgert sich, wenn er auf das falsche Pferd setzt. Einen Verlust zugeben heißt für manchen, eine Niederlage akzeptieren. Dabei ist es gar keine Niederlage. Sie können nicht alle Fakten über den Markt, die Branche und das Unternehmen kennen, die bewirken, ob eine Aktie steigt oder fällt. Niemand kann das, und ein Privatmann schon gar nicht. Unentschlossenheit hält Anleger oft ab, das Richtige zu tun. Oder überhaupt etwas zu tun. Sie machen es wie früher Kohl und heute Merkel und sitzen die Dinge aus. Nur lief bei Kohl und Merkel das Gehalt weiter, und wenn Sie das Falsche tun, ist das Geld weg. An der Börse gibt es aber kein Gehalt, da ist Aussitzen selten eine gute Lösung. Was fällt, steigt auch wieder, entschuldigen Anleger gern ihre Untätigkeit – und vergessen, dass sie, um 50 Prozent Verlust auszugleichen, 100 Prozent Gewinn machen müssen.

Geduld kann eine gute Eigenschaft bei der Geldanlage sein, wenn Sie in etablierte Unternehmen investieren, deren Dividendenaktien Sie über Jahre halten. Verwechseln Sie aber Geduld nicht mit der Tatenlosigkeit, die dazu führt, dass Sie mit abenteuerlichen Zockerpapieren pleitegehen, nur weil Sie nicht akzeptieren wollen, dass diese Klitschen längst am Ende sind. Wenn Sie dauerhaft an der Börse Erfolg haben wollen – und mit Erfolg meine ich, dass nach dem Ausgleich der Inflation noch ein kleiner Gewinn übrig ist –, dann kann es nicht schaden, die menschlichen, aber schädlichen Eigenschaften Gier, Unsicherheit, Angst und Ungeduld durch folgende Qualitäten zu ersetzen:

— 1. Bescheidenheit: Sie werden kaum der beste Investor der Welt. Müssen Sie auch nicht. Setzen Sie sich realistische Ziele. Freuen Sie sich, wenn Sie diesen nahekommen, statt sich zu ärgern, weil mit dieser oder jener Aktie etwas mehr drin gewesen wäre. Oder dass Sie manchen Verlust etwas spät begrenzt haben. Vergessen Sie nie: Ganz einfach sieht alles erst hinterher aus.

— 2. Sinn für Realität: Sie können nicht in die Zukunft sehen. Keiner kann das. Planen Sie Flops ein, aber mindern Sie den Schaden durch *Stop-Loss*-Marken, die Sie auch einhalten.

— 3. Konsequenz: Wer dauerhaften Erfolg an der Börse hat, folgt meistens einem vernünftigen System. Egal, ob Sie es von anderen übernehmen oder selbst daran arbeiten: Finden Sie das am besten für Sie, Ihre Mentalität, Ihre Ziele und Ihre Risikobereitschaft geeignete Vorgehen – und dann halten Sie sich konsequent daran.

Mit Gewinnen um 10 Prozent werden Sie nicht über Nacht reich. Aber mit Verlusten erst recht nicht. Wenn Sie sich an die drei Eigenschaften halten, siehe oben, haben Sie gute Chancen, besser als der Durchschnitt aller Anleger an der Börse abzuschneiden. Den besten Zeitpunkt zum Verkauf zu erwischen, ist nie einfach. Die Versuchung ist groß, eine langsam fallende Aktie länger als nötig zu halten. Vor der Versuchung rettet Sie ein *Trailing Stop*. Verkaufen Sie jede Aktie zum Beispiel dann, wenn sie 25 Prozent unter den Höchstpreis fällt, zu dem sie in Ihrem Besitz war. Zwei Beispiele:

— Sie kaufen eine Aktie für 40 Euro. Sie beginnt zu fallen. Mit einem *Trailing Stop* bei 25 Prozent verkaufen Sie, sobald Sie unter 30 Euro fällt. Sie haben Ihren Verlust begrenzt.

— Sie kaufen eine Aktie für 40 Euro. Als Kursziel setzen Sie sich 70 Euro. Die Aktie steigt bis auf 60 Euro. Dann beginnt sie zu fallen.

In dem Fall verkaufen Sie, wenn sie unter 45 Euro fällt. So nehmen Sie noch einen kleinen Gewinn mit.

Warum 25 Prozent? Wenn sie weniger riskieren wollen, setzen Sie die Marge enger. 25 Prozent sind ein guter Mittelwert. Sie wollen ja auch nicht zu früh ausgestoppt werden, bevor eine Aktie vielleicht wieder steigt. Aber am Ende entscheiden natürlich Sie, wie viel Verlust Sie riskieren wollen. Das Risiko jedes *Stop-Loss* ist, dass Sie eine Aktie verkaufen, die hinterher steigt und steigt. Dieses Risiko müssen Sie eingehen, wenn Sie Ihr Vermögen sichern wollen.

Die Bewegung einer Aktie ist von so vielen Faktoren abhängig, die der beste Analyst nicht alle in Betracht ziehen kann. Wirtschaftliche, finanzielle, politische Faktoren, Momentum durch Medienberichte, zufällige Ereignisse und nicht zuletzt die individuellen Entscheidungen von Millionen von Anlegern. Ob die Börse oder gar eine einzelne Aktie steigt oder fällt, ist eine Folge unzähliger Ereignisse, Entscheidungen, Handlungen, Manipulationen und Zufällen, die alle irgendeine Wirkung haben, und die gewiss nicht alle vorhersehbar sind. Egal wie gut Ihr System oder Ihr Experte ist, es gibt keinen Weg, um dauerhaft die Börse verlässlich vorauszusagen. Beste Systeme versagen ab und zu, und auch Profis liegen immer wieder mal falsch. Ein kluger Stockpicker wird dann sagen: »Diese Aktie hat sich nicht so entwickelt, wie ich dachte. Ich nehme an, da ist irgendwas passiert, wovon ich nichts wusste ...«

Neben konsequenten Stop-Marken gibt es eine Reihe weiterer Wege, um Risiken an der Börse zu mindern, wobei automatisch die Chancen auf hohe Gewinne sinken:

— Richtig diversifizieren: Investieren Sie in verschiedene Branchen, Märkte und Länder. Zwei Aktien verschiedener Ölmultis zu kaufen hat nichts mit Diversifizieren zu tun. Setzen Sie den größten Teil Ihrer Gesamtanlage auf verlässliche Werte mit niedrigem Risiko. Spekulieren und zocken ist kein Problem, aber am besten nur mit einem kleinen Teil Ihres Einsatzes.

— Halten Sie Reserven. Sie sollten immer genug Geld flüssig haben, um handlungsfähig zu bleiben. Nicht dass Sie mangels Cash einen Wert verkaufen müssen, den Sie eigentlich halten wollten. Auch wenn Sie meistens auf die richtigen Werte setzen, ist das Risiko höher, wenn Sie immer voll investiert sind.
— Gewöhnen Sie sich ab, den Markt überlisten zu wollen. Hören Sie nicht auf Ratgeber ohne langfristigen Erfolg. Und ganz wichtig: Investieren Sie nie nach Gefühl. In manchen Lebenslagen mag Bauchgefühl gut sein. An der Börse nicht – damit Sie nicht, um ein kleines Vermögen zu machen, ein großes einsetzen müssen.

Wenn Sie kein Vermögen besitzen und trotzdem ein freies Leben in aller Welt führen wollen, ist es sinnvoller, wenn Sie sich auf Geschäfte im Internet oder mit Immobilien konzentrieren. Bei einem klugen Online-Unternehmen kann Ihr Investment nahe null sein. Mit Immobilien dürfen Sie mit Gewinnen zwischen 30 und 60 Prozent rechnen, wenn Sie keine Fehler machen. Wenn Sie zur richtigen Zeit am richtigen Ort aktiv sind, wie in den letzten 25 Jahren unter anderem auf Mallorca, in Irland, Panama, Argentinien oder diversen Ländern vor dem Beitritt zur EU, liegen Ihre Gewinne auch mal bei 100 oder 200 Prozent. Wenn Sie geschickt vorgehen, brauchen Sie weniger Eigenkapital, als die meisten Menschen glauben.

Wie solche Gewinne möglich sind, steht weiter oben: Weil es Ihr Unternehmen ist, dessen Zusammenhänge Sie kennen und beeinflussen – was als Aktionär eines Unternehmens nicht möglich ist. An der Börse gibt es neben dem Erhalt des Vermögens ein zweites Ziel: Schonen Sie Ihre Nerven. Dazu diese Tipps, die Ihnen vielleicht trivial erscheinen und trotzdem oft vergessen werden:
— Investieren Sie einfach und unspektakulär in Indexfonds, zum Beispiel der US-Märkte. Damit haben Sie gute Chancen, über zehn Prozent Gewinn zu machen. Außerdem sparen Sie gegenüber herkömmlichen Aktienfonds im Schnitt drei Prozent Gebühren.
Ausnahme-Investoren wie Warren Buffet oder der legendäre Fondsmanager Peter Lynch stimmen überein: »Acht von zehn aktiv

gemanagten Fonds schneiden schlechter ab als der Marktindex. Wenn Sie einzelne Titel kaufen, treten Sie gegen Profis an. Die profitieren von den Fehlern der Amateure, und nicht einmal so können viele von ihnen den Index schlagen.«

Die meisten Anleger merken laut Buffet früher oder später, dass sie am besten in Indexfonds mit minimalen Gebühren investieren sollten. Wer das tut, schlage nach Abzug aller Gebühren und versteckten Kosten die meisten professionellen Fondsmanager.

Gebühren sind ein Thema, das Ihr Bänker oder Broker nie von sich aus anspricht, aus gutem Grund. Mal angenommen, Sie investieren 10.000 Euro in einen normalen Aktienfonds. Da kommen zu den meist sechs Prozent Kaufprovision oft auch noch Kosten pro Trade sowie ein Erfolgshonorar hinzu. Das heißt, wenn ein Fondsmanager tut, was seine Aufgabe ist – nämlich Ihr Geld vermehren –, dann will er dafür ein zusätzliches Honorar haben. Wenn Sie 10.000 Euro anlegen, sind oft 1.000 Euro Gebühren weg, bevor Sie einen Cent verdienen. Dagegen stehen Indexfonds großer Anbieter wie *Fidelity Investments* oder *Vanguard Group*, die die Gebühren für Anlagen ab 100.000 Dollar auf bescheidene 0,1 Prozent gesenkt haben.

Wenn Sie viele Käufe und Verkäufe tätigen, werden die Gebühren schnell zum ernsthaften Kostenfaktor. Zum Glück müssen Sie heute nicht mehr Ihrem Bänker ein Fax schicken, und der berechnet Ihnen dann 50 bis 100 Euro Provision für die Ausführung. Wickeln Sie Ihr Börsengeschäft einfach mit einem Onlinebroker wie *Ameritrade* oder *Flatex* ab, wo Sie pro Vorgang nur eine Handvoll Dollar oder Euro zahlen. Natürlich legen Sie nicht Ihr ganzes Geld auf das Konto eines Onlinebrokers. Wie bei einer Bank kann auch hier Diversifizieren nicht schaden. Wenn Sie an den Börsen mehrerer Länder handeln, brauchen Sie sowieso oft mehrere Onlinebroker.

Zum Schluss Praxistipps von Kultautor Hill, mit denen er selbst sein Vermögen jahrelang extrem effektiv und vor allem nervenschonend verwalten ließ: »Vergessen Sie alle Aktientipps, die Sie unaufgefordert per E-Mail kriegen. Hören Sie auf keinen ungebetenen Anrufer, der Ihnen Investments in Schiffe, Filmprojekte, Teakholzplantagen, Schweinehälften oder sonst was aufschwatzen will, das gerade in Mode ist. Solche Anrufe gehen sowieso drastisch zurück, wenn Sie im Ausland leben«, rät er und hat einen nervenschonenden Tipp: »Lassen Sie Ihr Geld von bewährten Profis verwalten. Um dafür die Besten zu finden, suchen Sie sich drei konservative, erfahrene Vermögensverwalter bei guten Banken in Liechtenstein oder der Schweiz. Vertrauen Sie jedem von ihnen ein Drittel Ihres Vermögens an. Sagen Sie allen, wer über einen Zeitraum von drei Jahren am besten abschneidet, bekommt hinterher mehr Geld in sein Depot. Der schlechteste fliegt raus und wird durch einen neuen ersetzt.«

Kleines Problem: Das funktioniert nur bei größeren Vermögen. Wenn Sie die haben, und Hills Strategie gefällt Ihnen, müssen Sie ein anderes Prinzip missachten, nämlich auf keinem Konto mehr als 100.000 Euro zu halten. Denn dafür werden Sie bei keiner ernsthaften Bank einen persönlichen Vermögensverwalter finden.

Brauchen Sie einen Zweitpass?

Thaksin Shinawatra war von 2001 bis 2006 Premierminister von Thailand, und heute ist er Bürger von Montenegro. Wie das? Ganz einfach: Der Mann wurde 2008 von einem Gericht in Thailand in Abwesenheit wegen Korruption verurteilt. Um nicht ausgeliefert zu werden und ins Gefängnis zu gehen, nutzte er den günstigen Umstand aus, dass das kleine Montenegro, früher Teil von Jugoslawien, damals jedem Ausländer, der 500.000 Euro im Land investierte, den Pass des Landes kostenlos obendrauf gab, sozusagen als Werbegeschenk. Einen eigenen Staatsbürger, was der Thai-Politiker jetzt ist, liefert Montenegro natürlich nicht an ein fremdes Land aus. Dass der Pass von Montenegro für Geld zu haben war, sprach sich schnell herum. Brüssel war wenig erfreut, und nach der Kritik speziell aus Deutschland und der Drohung, Bürgern aus Montenegro die Reisefreiheit in der EU wieder wegzunehmen, stellte die Regierung Podgorica 2010 das lukrative Geschäft aus dem Verkauf von Pässen offiziell wieder ein.

Die Nachfrage nach Pässen gibt es natürlich immer noch, und es sind keinesfalls immer nur Justizflüchtlinge, die aus irgendeinem Grund Bürger eines anderen Landes werden wollen. So wurde das Angebot von Montenegro in erster Linie von reichen Russen und Chinesen genutzt, die sich auf diese Weise die Reisefreiheit im vereinten Europa sicherten. Seit sich Montenegro aus diesem Business verabschiedet hat, müssen sie sich woanders umsehen. Weit suchen müssen sie freilich nicht, denn Anbieter gibt es immer noch eine ganze Reihe. Mazedonien zum Beispiel, das seit Februar 2019 Nordmazedonien heißt, soll für die Staatsbürgerschaft eine Investition von 400.000 Euro sowie die Schaffung von sieben Arbeitsplätzen verlangen. Ein Jahr später könne dann der Antrag auf Einbürgerung gestellt werden, der in drei Monaten bearbeitet werde. Künftige Pläne sehen angeblich vor, dass es auch mit einer Spende von 120.000 Euro für ein Sozialprojekt oder einer 200.000-Euro-Beteiligung an einem privaten Investmentfonds getan sein soll.

Billiger geht es nur in Moldawien, der Republik Moldau, wo die Staatsangehörigkeit und der Pass ab 100.000 Euro zu haben sind. Entweder zahlen Sie die 100 Riesen in den staatlichen Investmentfonds für nachhaltige Entwicklung ein, oder Sie nehmen 250.000 Euro in die Hand und kaufen dafür entweder Staatsanleihen mit fünf Jahren Laufzeit oder Immobilien. Dafür kriegen Sie entweder eine schöne Villa zur eigenen Nutzung oder eine große Wohnung für sich selbst, sowie zwei kleinere Apartments, die Sie vermieten können.

Was Menschen mit einem Moldau-Pass wirklich wollen, ist die Staatsbürgerschaft des EU-Landes Rumänien, und das geht ziemlich einfach. Jeder Mensch in Moldawien, der Rumäne werden will, findet irgendeinen Rumänen unter seinen Vorfahren, was für die Einbürgerung reicht. Weil Rumänien Interesse an neuen Einwohnern hat – mehr Menschen heißt mehr EU-Mittel –, werden Interessenten kaum Knüppel zwischen die Beine geworfen. Eine Bescheinigung aus dem Moldauer Staatsarchiv reicht, um die Abstammung zu bestätigen, was mit den richtigen Helfern kein Problem ist. Kritiker in Bukarest sprechen zwar von einer Pass-Industrie, in der korrupte Beamte mit Vermittlern kooperieren, die vor dem rumänischen Konsulat in Chişinău ihre Dienste anbieten. Für 700 Euro soll es rumänische Papiere in 15 Monaten geben, für 1.000 Euro in zehn Monaten, und für 1.500 Euro winke die Express-Einbürgerung in fünf Monaten, versprechen sie. Nach weiteren zehn Tagen und 95 Euro gebe es dann den Pass, und für weitere 140 Euro den Personalausweis, den viele Antragsteller bevorzugen, weil aus ihm nicht hervorgehe, wie lange der Halter bereits die rumänische Staatsbürgerschaft besitzt. Natürlich können Sie auch alle im Vorfeld nötigen Papiere kaufen, von der Bestätigung geeigneter Vorfahren bis zum blütenweißen Führungszeugnis. Das Komplettpaket soll je nach Vermittler und Verhandlungsgeschick 300 bis 500 Euro kosten, wobei diese Preise aus 2019 stammen.

Wir dürfen deswegen nicht abschätzig auf Montenegro, Mazedonien oder Moldau herabsehen, denn genau genommen ist der Pass fast jeden Landes für Geld zu haben, wie fast alles im Leben. Wer prominent genug ist, erhält einen Pass auch schon mal gratis, wie Gérard Depardieu, dem Putin den russischen Pass schenkte. Für weniger bekannte Menschen liegt der Unterschied zwischen einem Pass von Moldawien oder dem eines EU-Landes nur in der Höhe des Preises. Genauso wie Sie sich mit der entsprechend hohen Spende auch an deutschen Universitäten Ihren Ehrendoktor kaufen können, müssen Sie für den deutschen oder österreichischen Pass eben dickere Geldbündel auf den Tisch blättern, wobei selbst ernannte seriöse Länder wie Deutschland dem ganzen Vorgang einen schöneren Namen geben. Da müssen Interessenten an einer Einbürgerung außer der Reihe eben einen wesentlichen kulturellen, wissenschaftlichen, wirtschaftlichen oder sportlichen Beitrag leisten, so wird das vornehm umschrieben. Der wirtschaftliche Beitrag besteht dann halt aus der Zahlung einer Summe X, die je nach Status eines Landes unterschiedlich hoch ist. So müssen Sie angeblich, um Österreicher zu werden, ab drei Millionen Euro aufwärts lockermachen. Zypern soll es für zwei Millionen machen und Malta für 800.000 Euro. Diese Zahlen sind schon einige Jahre alt, und es sind eher Richtwerte. Alles ist verhandelbar. Legen Sie mich also bitte nicht auf den Euro genau fest, denn bei diesen Geschäften gibt es in der Regel keine Preislisten. Außer eben in der Republik Moldau.

Neben Russen und Asiaten, die Zugang zur EU wünschen, haben vermutlich Amerikaner die meisten guten Gründe, sich eine andere Staatsangehörigkeit zu besorgen und ihren US-Pass zurückzugeben. Sie werden von ihrer Regierung in aller Welt besteuert, nur weil sie Amerikaner sind. Wenn Banken in der Schweiz bei der Eröffnung eines Kontos ganz besonders vorsichtig sind, dann bei Staatsbürgern der USA. Wenn Menschen irgendwo auf der Welt Opfer von Terroristen werden, ist ein US-Pass nicht gerade ein Empfehlungsschreiben, wie bei der Entführung des italienischen Kreuzfahrtschiffes *Achille Lauro*. Da warfen die Täter aus Palästina, um sich Respekt zu verschaffen, gleich mal einen Rollstuhlfahrer über Bord, und ihr Opfer wählten sie nach seinem US-Pass aus. Und wie sieht es mit Menschen aus Europa aus? Brauchen Sie einen anderen Pass, wenn Sie in ein anderes Land ziehen? Oder ist ein Zweitpass sinnvoll? Sagen wir so: Schaden kann ein zweiter Pass eines anderen Landes nie – aber für einen Auswanderer aus Deutschland, Österreich oder der Schweiz haben Bemühungen um einen anderen Pass nicht unbedingt erste Priorität.

Der deutsche Pass ist ein sehr guter Pass, weil Sie damit in viele Länder der Welt ohne Visum einreisen können. Das gilt inzwischen für fast alle EU-Pässe. Er wäre ein sehr schlechter Pass, falls sich die Regierung Berlin wirklich eines Tages entschließen sollte, von Deutschen in aller Welt eine Steuer zu kassieren, nur weil sie Deutsche sind. Der Vorschlag der Besteuerung nach Staatsbürgerschaft wird ja immer wieder mal gemacht. Auch Frau Merkel ist einmal in einem Wahlkampf damit angekommen. 2005 hat sie angekündigt, Deutsche auch dann zu besteuern, wenn sie gar nicht in Deutschland wohnen. Das war 2005. Seitdem sind 16 Jahre vergangen, und nichts ist passiert. Vielleicht kann das ein einzelner EU-Staat gar nicht im Alleingang umsetzen. Aber wer weiß, was die Zukunft bringt, wenn Berlin und Brüssel in ihrer Geldnot und ihrem Machthunger immer neue Steuerquellen auftun wollen. Falls die Besteuerung nach Staatsangehörigkeit in Europa einmal Realität wird, ist es ein großer Vorteil, wenn Sie Ihren Zweitpass schon haben, damit Sie Ihren deutschen kurzfristig zurückgeben könnten. Ein Zweitpass ist eine Art Versicherung: Normalerweise brauchen Sie diese auch nicht, aber wenn der Notfall eintritt, hilft sie nur, wenn Sie sie in dem Moment schon haben. Ein Argument, das Thema Zweitpass nicht hinauszuschieben, ist die Tatsache, dass der Pass vieler guter Länder für wenig Geld zu haben ist, wenn Sie sich recht zeitig darum bemühen – während schnell mehrere 100.000 Euro fällig werden, wenn es schnell gehen muss, und dafür kriegen Sie keinen Pass aus einem Land erster Wahl. Wenn Sie dagegen recht zeitig planen, können Sie sich in Ruhe ein Land aussuchen, dessen Politiker ihre Bürger nicht als persönliches Eigentum betrachten.

Was passiert mit Ihrem deutschen Pass, wenn Sie einen Pass eines anderen Landes bekommen? Prinzipiell ist die doppelte Staatsbürgerschaft im deutschen Recht nicht selbstverständlich. Zum Glück setzt sich aber immer mehr die Praxis durch, dass solche Fälle auf Antrag genehmigt werden. Solange es nicht weltweit steuerschädlich ist, Deutscher zu sein, können Sie Ihre deutsche Nationalität neben der neuen in vielen Fällen ganz offiziell behalten. Das war nicht immer so. Wer früher Staatsbürger eines anderen Landes wurde, verlor seine deutsche Nationalität, und wenn er das nicht wollte, blieb ihm nur die Möglichkeit, dies gegenüber deutschen Behörden zu verschweigen. Heute können Sie die Ausnahme der doppelten Staatsangehörigkeit vorher beantragen und begründen, warum Sie noch Bindungen zu Deutschland haben und trotzdem einen anderen Pass brauchen. Zum Beispiel, weil Sie in einem Land schon lange leben und es für Sie geschäftliche Vorteile hat, Staatsbürger zu sein.

Wie hoch Sie als Europäer die Bedrohung einer Besteuerung nach US-Vorbild einschätzen, müssen Sie entscheiden. Aber wenn Sie einen Zweitpass wollen, beginnen Sie möglichst bald mit dem Papierkram. In keinem Land der Welt geht eine legale Einbürgerung in ein paar Monaten über die Bühne – und an andere Lösungen denken

Sie am besten gar nicht erst. Je mehr Zeit Sie haben, desto billiger ist Ihr neuer Pass. Der Behördenweg kostet nur die üblichen Gebühren, die sich auf mehrere Hundert oder vielleicht Tausend Euro oder Dollar summieren. Eine Blitzeinbürgerung dagegen ist teuer oder illegal oder beides. Wenn es schnell gehen muss, geht kaum etwas unter 100.000 Euro, nach oben offen. Je schneller es gehen muss, desto teurer wird der neue Pass.

Bleibt die Frage, welche Länder sich für Staatsangehörigkeit und Pass anbieten. Vermutlich wollen Sie nicht den Pass von Sierra Leone oder Liberia, den Ihnen vielleicht ein Diplomat oder Beamter für ein paar Tausend Euro ausstellt, wenn Sie damit für viele Länder ein Visum brauchen und jeder Grenzübertritt zum Abenteuer wird. Sie müssen das beste Land für Ihren Zweck finden. Wie beim offiziellen Wohnsitz ist auch hier nicht wichtig, wo es Ihnen am besten gefällt. Dass Sie sich für den Pass eines Landes entscheiden, heißt ja nicht, dass Sie ständig dort leben müssen, sobald Sie ihn einmal haben. Gerade das sollen Sie nicht tun. Wenn Sie mit einem argentinischen Pass in Argentinien leben oder mit einem kanadischen Pass in Kanada, sind Sie dort kein Ausländer mehr. Sie würden dort in die Mühlen der Bürokratie geraten und müssten dort Ihre Steuern zahlen. Da können Sie sich das Auswandern gleich sparen. Steuervorteile und Ruhe vor Beamten und Behörden haben Sie immer nur als ausländischer Besucher, egal wo auf der Welt.

Wenn Sie sich für einen Zweitpass entscheiden, dann wählen Sie einen, den Sie so problemlos und preiswert wie möglich bekommen und der Ihnen bequemes Reisen und unkomplizierten Aufenthalt in den Ländern ermöglicht, in denen Sie künftig überwiegend wohnen. Diese schnellen Pässe für viel Geld sollten Sie meiden, ich erwähne sie eher der Vollständigkeit halber:

— Commonwealth of Dominica ist der offizielle Name des Inselstaates, in dem Sie für 175.000 US-Dollar Investment und 15.000 Dollar Gebühren schnell und unproblematisch einen Pass erhalten, mit dem Sie visafrei in über 100 Länder reisen können.

— St. Kitts & Nevis: In diesem Staat bei Puerto Rico, das auch aus zwei Inseln besteht, ist für einen Pass ein Investment in Höhe von 250.000 Dollar nötig, plus Kauf einer Immobilie für mindestens 400.000 Dollar und Gebühren von 57.500 Dollar. Dazu kommen noch die Anwaltskosten von etwa 15.000 Dollar.

— Laut Henley & Partners gibt es außerdem den Pass von Antigua and Barbuda sowie St. Lucia für jeweils 100.000 Dollar, sowie den Pass von Grenada für 150.000 Dollar, wobei jeweils Gebühren in beträchtlicher Höhe dazukommen. Der Vorgang dauert angeblich drei bis sechs Monate.

— Henley & Partners sind es auch, die ab drei Millionen Euro aufwärts mit einer Wartezeit von zwei bis drei Jahren auch österreichische Pässe anbieten, sowie Pässe aus Malta, Montenegro und der Türkei.

Nun haben viele Menschen keine Million, oder sie haben sie gerade nicht flüssig, und wenn sie sie hätten, würden sie die Kohle für alles Mögliche ausgeben, aber nicht unbedingt für einen Pass. Das ist kein Problem, wenn Sie rechtzeitig planen. In vielen Ländern sieht das Gesetz vor, dass Sie zuerst Ihre Aufenthaltserlaubnis erhalten und zwei bis fünf Jahre später auf dem Verwaltungsweg die Staatsbürgerschaft zu ganz normalen Gebühren. Wer sich ernsthaft für einen Zweitpass interessiert, wählt am besten diesen einfachen, korrekten und preiswerten Weg. Wer der Meinung ist, der Pass eines anderen EU-Landes sei vorteilhafter als der deutsche Pass, zieht einfach in das Land seiner Wahl, meldet sich dort an und kann nach drei Jahren (Belgien), vier Jahren (Italien), fünf Jahren (Frankreich) oder zehn Jahren (Spanien) die Staatsbürgerschaft beantragen. Fast immer gibt es Wege, das zu beschleunigen, zum Beispiel mit Ahnen aus dem entsprechenden Land oder im Fall einer Heirat. In Spanien verkürzt eine Ehe die Wartezeit von zehn Jahren auf ein Jahr.

In Großbritannien ist seit dem Brexit die Aufenthaltserlaubnis für EU-Bürger komplizierter geworden. Residenten müssen fünf Jahre warten, bis sie Engländer werden. Eine britische Besonderheit ist es, dass Sie ziemlich einfach Ihren Namen ändern können und Ihren britischen Pass dann gleich auf den neuen Namen bekommen.

In den USA dürfen Sie sich als Besucher in der Regel vier Monate aufhalten. Wenn Sie länger dortbleiben wollen, zum Beispiel im sonnigen und ziemlich liberalen Florida, dann brauchen Sie dafür nicht unbedingt eine *Green Card*. Wenn Sie einen kanadischen Pass haben, brauchen Sie für die USA kein Visum und dürfen jedes Jahr sechs Monate bleiben. Wenn Sie Ihr halbes Jahr nicht voll ausnutzen und die anderen sechs Monate nicht komplett in Kanada verbringen – indem Sie zum Beispiel einen Monat eine Reise machen –, sind Sie de facto in beiden Ländern von der Steuer befreit.

Der Weg zum kanadischen Pass, der als einer der besten der Welt gilt, führt über die normale Aufenthaltserlaubnis. Für die gibt es, wenn Sie es nicht eilig haben, eine ganze Reihe landesweiter Programme sowie viele zusätzliche Chancen in den einzelnen Provinzen. Wer es eilig hat, steckt als Investor etwa 200.000 bis 400.000 US-Dollar in ein nützliches Projekt. Je nach Bedarf werden aktuelle Listen mit gesuchten Berufen veröffentlicht. Wenn Sie in einem solchen eine gewisse Erfahrung nachweisen, kann es recht schnell gehen. Auf die Einbürgerung müssen Sie drei Jahre warten, von denen Sie jedes Jahr sechs Monate in Kanada zubringen müssen.

Ziele vieler Auswanderer sind auch Australien und Neuseeland. Für einen Europäer, der den Pass eines Landes will, sind die beiden Länder am Ende der Welt wegen ihrer umständlichen Aufenthaltsregeln aber eher uninteressant. Der lange Weg führt über ein ungewisses Punkteprogramm, in dem Jugend, persönliche Fähigkeiten oder besonders gesuchte Berufe zählen. Schneller und teurer geht es als Investor. Während sich Australien bei seinem aktiven Business Investment auf keine konkrete Summe festlegt, ist in Neuseeland ein Minimum von drei Millionen Neuseeland-Dollar gefragt, ungefähr 1,76 Millionen Euro. Das sind Peanuts für einen wie Kim »Dotcom« Schmitz, dessen Fall immerhin zeigt, dass Neuseeland bei der Auslieferung von Neubürgern an die USA keinen vorauseilenden Gehorsam an den Tag legt. Die Staatsbürgerschaft winkt in Neuseeland nach drei Jahren und in Australien schon nach zwei Jahren.

Wie so oft werden Europäer auch auf der Suche nach einem einfachen, preiswerten und hochwertigen Pass in Südamerika fündig. Das schöne und unproblematische Paraguay sollte jeder in Betracht ziehen, der sich für einen Zweitpass interessiert. Paraguays Politik der Einwanderung und Einbürgerung ist ziemlich einzigartig. Jeder Europäer und Ami mit sauberem Führungszeugnis, Aidsfrei-Attest und 4.000 Euro auf der Bank kann in Paraguay wohnen und nach drei Jahren die Staatsbürgerschaft beantragen, ohne dass er die ganze Zeit im Land bleiben muss, was übrigens durchaus angenehm ist.

Wer gut Spanisch spricht, reichlich Geduld hat und den Umgang mit Ämtern nicht scheut, kann sich seine Paraguay-Papiere im Prinzip selber regeln. Wer keine Lust hat, vor Beamten Männchen zu machen, beauftragt einen örtlichen Helfer wie Robert Schulze, der die Angelegenheit für rund 1.500 Euro zuverlässig erledigt.

Wenn es um einen Zweitpass geht, fällt oft der Name Dominikanische Republik. Was ist dran? Theoretisch ist es so, dass Sie mit gültiger Residencia nur sechs Monate auf Ihre Einbürgerung warten müssen, falls Sie einen heimischen Ehepartner haben oder eine Immobilie besitzen, für die kein Preis vorgeschrieben ist. Ohne Partner oder Immobilie dauert es von zwei Jahren aufwärts. Praktisch kann es aber auch mit eigenem Haus zwei Jahre dauern, weil die Bürokratie, wenn Sie nicht an der richtigen Stelle etwas nachhelfen, zäh vorangeht. Es wird aber auch erzählt, dass ein Pass in Santo Domingo ohne lange Wartezeit für einige Tausend Dollar zu haben sei. Genau da liegt das Problem, ganz egal, ob die Story vom schnellen Billigpass heute noch stimmt oder nicht. Ein dominikanischer Pass hat genau deshalb einen ziemlich schlechten Ruf. Tausend halblegale oder illegale Pässe sollen im Umlauf sein. Also wird immer streng kontrolliert, sodass Sie sich keinen Gefallen tun, wenn Sie mit so einem Reisedokument in der Welt unterwegs sind. Lassen Sie lieber die Finger davon – womit ausdrücklich nichts gegen das angenehme Leben in diesem schönen Land gesagt sein soll.

Argentinien ist ein Klassiker für Einwanderer, in dem Sie eigentlich gar keine Papiere brauchen. »Die meisten Ausländer fahren alle drei Monate mit der Fähre nach Uruguay und kommen ein paar Tage später zurück, so geht's am einfachsten«, klärte mich eine bildhübsche Argentinierin auf, die ausgerechnet in der Einwanderungsbehörde am Hafen von Buenos Aires arbeitete. Wenn Sie einen argentinischen Pass wollen, brauchen Sie freilich eine Residencia, und für die sind Pass, Geburtsurkunde, Adresse, Führungszeugnis und ein Einkommen nötig, dessen Höhe in Euro sich durch den schwankenden Peso-Kurs ständig ändert. Nach zwei Jahren mit offiziellem Wohnsitz im Land beantragen Sie Ihren Pass, und ein gutes Jahr später kriegen Sie ihn dann. Die Gebühren sind niedrig, das Honorar Ihres Anwalts (den Sie lieber einschalten) ist Verhandlungssache.

Mein persönliches Fazit zum Thema Zweitpass: Ja, er kann nützlich sein, aber höchste Priorität hat das Thema nicht wirklich.

Drei Fälle aus der Praxis

Wenn Sie bisher noch nie von dieser Art, das Leben gnadenlos zu vereinfachen, gehört haben, mag dieses Kapitel auf den ersten Blick etwas viel auf einmal gewesen sein. Deshalb folgt später noch eine Checkliste, und hier drei Fälle aus der Praxis, wie solche Null-Steuer-Lösungen im richtigen Leben aussehen – wobei Steuersatz Null nicht ganz korrekt ist, denn indirekte Steuern im täglichen Leben, beim Einkauf oder an der Tankstelle, treffen jeden. In vielen Ländern sieht die Mehrwertsteuer-Praxis übrigens so aus, dass sich Dienstleister aller Art, zum Beispiel Handwerker, und Ihre Auftraggeber oft darauf einigen, bestimmte Arbeiten ohne Rechnung zu machen und in bar zu bezahlen, womit die Mehrwertsteuer entfällt. Das gilt vor allem bei Arbeiten mit hohem Anteil an Stundenlöhnen. Wenn der Anteil der Materialkosten sehr hoch ist, oder wenn technisches Gerät nötig ist, das der Handwerker nicht ohne Rechnung bekommt, wird oft nur eine Rechnung über einen Teilbetrag ausgestellt und der Rest bar bezahlt. Die Regierungen der Länder, in denen solche Praktiken sehr viel häufiger vorkommen, als etwa in Deutschland, wehren sich, indem Sie Handwerkern und kleineren Betrieben wie Friseuren oder Ladengeschäften die Zahlung einer Mehrwertsteuer-Pauschale anbieten. Da muss der Kleinunternehmer die erhaltene Mehrwertsteuer nicht mehr aufwendig abrechnen, und was er an Umsatzsteuer einnimmt, darf er behalten. Logisch, dass in dem Fall die Bereitschaft für Geschäfte ohne Rechnungen deutlich niedriger ist. Hier drei Fälle aus der Praxis. Die Namen sind geändert; es handelt sich um deutsche bzw. europäische Staatsbürger:

— Fall 1: Hans Müller hat einen Wohnsitz in einem Land, das sich nicht für Einkommen seiner Bürger aus dem Ausland interessiert. Paraguay, wo er offiziell wohnt und sich auch jedes Jahr mehrere Monate aufhält, ist so ein Land. Als er seine Residencia dort beantragte, musste er ein Konto eröffnen und etwa 5.000 Euro in der Landeswährung Guarani einzahlen. Dieses Guthaben hat sich im Lauf der Jahre beträchtlich vermehrt, dank der hohen Zinsen im Land. Seine Firma, mit der er internationalen Handel treibt, hat ihren Sitz in Panama, wo er auch ein Firmenkonto hat. Dort fällt keine Steuer auf die Firmengewinne an, wenn er keine Geschäfte in Panama selbst macht, was er tunlichst vermeidet. Die Offshore-Firma in Panama zahlt nur eine akzeptable jährliche Pauschale.

Seine Gewinne hat er viele Jahre lang aus Panama auf ein Privatkonto nach Andorra überwiesen. Von der Bank dort hat er eine Kreditkarte, mit der er das Geld abhebt, das er zum Leben braucht. Das Fürstentum in den Pyrenäen macht inzwischen beim automatischen Austausch von Kontoinformationen mit, was aber kein Problem ist, weil sich an seinem Wohnsitz Paraguay niemand für diese Kontomitteilungen interessiert. An Andorra stört ihn viel mehr, dass das Land gerade dabei ist, sich als Finanzzentrum selbst abzuschaffen, wie ein Fall aus dem Jahr 2015 zeigt: Da hatte die Regierung des kleinen Fürstentums haltlose Geldwäsche-Vorwürfe aus den USA gegenüber einer Privatbank des Landes zum Anlass genommen, diese Bank plattzumachen. Hans Müller war nie Kunde der betroffenen Bank, aber zu seiner Beruhigung hat der Vorfall nicht beigetragen. Seitdem nutzt er sein Konto in Andorra nur noch selten. Er hatte mit steigenden Ersparnissen ein zweites Konto in Georgien eröffnet, sowie ein drittes bei einem *Fintech*. Auf diese beiden Konten überweist er seit 2015 den Großteil seiner Gewinne. Nebenbei hat er ein Konto bei einem Onlinebroker in den USA, mit dem er US-Aktien an der Wall Street und am Nasdaq handelt.

Alle Privatkonten laufen auf seinen eigenen Namen. Umständliche Konstruktionen zur Steigerung der Diskretion sind in seinem Fall nicht nötig. Wo er sich das Jahr über aufhält, ist seine Sache. Jedes Land der Welt steht ihm offen, und nirgends interessiert sich jemand für ihn, solange er nicht auffällt und nicht länger bleibt, als er als Urlauber darf. In Paraguay kann er bleiben, solange er will.

— Fall 2: Klaus Schmidt hat überhaupt keinen offiziellen Wohnsitz. Er reist gern und fühlt sich an vielen Orten wohl, wo er nie länger bleibt als ein Langzeiturlauber, also etwa drei Monate. In Mexiko, Panama, Uruguay und Bolivien könnte er sechs Monate bleiben und in Georgien sogar ein Jahr, aber er liebt die Abwechslung. An seinen Wohnorten unterhält er preiswerte Apartments mit Telefon und Internetanschluss. Die Jahresmiete ist in Thailand, Argentinien oder Brasilien niedriger als drei Monate Aufenthalt in einem guten Hotel.

Seine Honorare als freier Texter und Berater für Marketing und PR rechnet er über eine Gesellschaft mit Sitz in Gibraltar ab, wo er seit vielen Jahren ein Firmenkonto hat. Firma und Konto hat er vor vielen Jahren gegründet, als er noch nebenan in Marbella eine Wohnung hatte, wo er sich jedes Jahr sieben bis acht Monate als Urlauber aufhielt. Seine Ersparnisse lagen bis vor Kurzem auf seinem Privatkonto bei einer Bank in St. Gallen. Als diese vor einem Jahr ohne jede Begründung sein Konto kündigte, eröffnete er zwei Privatkonten bei *Fintech*-Unternehmen. Als Adressen gab er die seiner Wohnungen in Thailand und Argentinien an, wo er Mietverträge hat und Rechnungen für Strom und Internet vorzeigen kann.

Klaus Schmidt will einige Dinge ändern. In Gibraltar muss er inzwischen statt einer kleinen Pauschale 10 Prozent Steuern zahlen und Steuererklärungen abgeben; das soll so nicht weitergehen, meint er. Als Ersatz für die Gibraltar-Firma gibt es mehrere Alternativen, die sich aber alle in den letzten Jahren etwas kompliziert haben. Vom früher sehr preiswerten Standort Belize hat ihm ein Firmengründer abgeraten. Jetzt wägt er gerade die Standorte Seychellen und Delaware gegeneinander ab, wo er beim Thema Firmenkonto vermutlich auch auf *Fintechs* zurückgreifen wird. Dafür will er sich allerdings andere suchen, denn sein Privatkonto und das Firmenkonto will er nicht beim gleichen Anbieter führen. Er ist dabei, sich an den Gedanken zu gewöhnen, dass er irgendwann einen offiziellen Wohnsitz brauchen wird. Aber aktuell geht er noch davon aus, dass er Banken oder *Fintechs* findet, die sich als Wohnsitznachweis mit einem seiner Mietverträge zufriedengeben und keine offiziellen Wohnsitzpapiere sehen wollen.

— Fall 3: Werner Meier hat sich mit seinem Online-Unternehmen den Standort Luxemburg ausgesucht. Was für *Amazon* gut ist, kann für mich auch nicht schlecht sein, dachte er vielleicht. Tatsächlich ist es keine schlechte Lösung, aber es gäbe sicher noch einfachere. Sein Firmenkonto hat er ebenfalls in Luxemburg.

Meier ist der Meinung, dass früher oder später ein zweiter Pass nicht schaden kann. Er hat sich deshalb in Argentinien um einen offiziellen Wohnsitz bemüht, denn da kann er schon nach zwei oder drei Jahren den Pass beantragen. Seinen deutschen Pass will er trotzdem behalten, solange das nicht steuerschädlich ist. Er hält sich auch tatsächlich die meiste Zeit des Jahres in Buenos Aires auf, wo es ihm ganz ausgezeichnet gefällt.

Sein Webshop geht gut, aber Millionär wird er damit nicht. Er setzt damit jedes Jahr 100.000 bis 150.000 Euro um und hat kaum

Kosten. Trotzdem schafft es sein Luxemburger Berater immer, dass die Steuern dort zu vernachlässigen sind. Tatsächlich ist dessen Rechnung höher als die Zahlung ans Finanzamt. Das ärgert ihn immer, und er nimmt sich vor, es zu ändern. Aber dann verschiebt er es immer wieder, und ehe er sichs versieht, ist wieder ein Jahr vergangen.

Werner Meier ist erst fünf Jahre aus Deutschland weg. Er hat dort noch ein Konto bei der Sparkasse, die ihm jetzt die Auszüge jeden Monat nach Buenos Aires schickt. Ein Großteil seiner Einnahmen geht für die Kosten des täglichen Lebens sowie diverse Reisen und Transatlantikflüge drauf. Was übrig bleibt, überweist er aus Luxemburg auf sein Konto in Deutschland. Sein Wohnsitz Argentinien besteuert zwar das weltweite Einkommen seiner Bürger, aber weil weder auf seinem Firmenkonto noch auf seinem Privatkonto auch nur annähernd 250.000 Euro liegen, geht er davon aus, dass er beim Austausch von Kontoinformationen durchs Raster fällt. Sollte das nicht der Fall sein, verlässt er sich auf die Nachlässigkeit der argentinischen Bürokratie. Meier weiß, dass seine Situation an der einen oder anderen Stelle etwas nachgebessert werden müsste, aber das lässt er jetzt einfach mal auf sich zukommen ...

So weit drei Beispiele aus der Praxis, die mir im Laufe der Jahre bekannt wurden. Ich könnte hier noch viele andere Fälle aufzählen, aber alle gleichen sich irgendwie. Einzelne Länder sind vielfach austauschbar. Sinnvolle Kombinationen gibt es in großer Auswahl, wobei es immer gut ist zu wissen, was in welchem Land geht und was Sie lieber bleiben lassen. In keinem der genannten Fälle fallen nennenswerte Steuern an. Weder auf Einkommen noch auf Erträge aus Geldanlagen. Die Bürokratie im Zusammenhang mit den Unternehmen ist außer im Fall Luxemburg auf ein Minimum beschränkt. Wichtig ist vor allem, dass Sie für keine Bank, bei der Sie ein Konto mit nennenswertem Guthaben führen, als Bürger eines EU-Staates gelten.

Checkliste

Ihr Ausstieg mit System: die Blaupause für Ihr freies Leben ohne Steuern

Vielleicht war ja das letzte Kapitel etwas viel auf einmal. Deshalb hier noch mal eine Übersicht über die wichtigsten Punkte, wie Sie Ihr besseres Leben im Ausland planen und in die Tat umsetzen. Hier also auf einen Blick: Woran Sie denken müssen, damit Ihr Neustart in einem anderen Land in jeder Hinsicht ein voller Erfolg wird.

1. Auswanderer hat es immer gegeben. Aber es war noch nie so einfach wie heute, in ein anderes Land umzuziehen und im Ausland zu leben. Einreise und Aufenthalt sind für einen Bürger im vereinten Europa in alle EU-Länder und in viele andere Länder der Welt ohne Visum möglich. Durch die heutige Technik der Kommunikation sind wir in den entlegensten Winkeln der Welt erreichbar, wenn wir wollen. Das Internet liefert uns Informationen über jedes Land der Welt, und es gibt uns die Möglichkeit, in aller Welt Geld zu verdienen und unabhängig vom Aufenthaltsort Einkommen zu generieren, falls unsere Ersparnisse noch nicht ganz zur finanziellen Freiheit reichen.

2. Wenn Sie Pläne dieser Art haben, dann tun Sie's einfach. Tun Sie es lieber heute als morgen. Wer einmal anfängt, Dinge zu verschieben, erledigt sie womöglich nie. Vernünftige Gründe, die für ein Leben im Ausland sprechen, gibt es viele. Je früher Sie sich entscheiden, desto eher genießen Sie Ihre neue Freiheit und das angenehme Leben in einem Land, in dem sich Arbeit noch lohnt und Ihr Geld mehr wert ist als in Deutschland und den meisten Ländern in der EU.

3. Gründe für ein Leben in einem besseren Land gibt es viele, und doch sehen sie für jeden Einzelnen etwas anders aus. Deshalb ist es wichtig für den Erfolg Ihres Neustarts im Ausland, dass Sie sich über Ihre ganz persönlichen Motive klar werden und nüchtern und ehrlich sich selbst gegenüber abwägen, ob Ihre Pläne und Vorstellungen auch wirklich realistisch sind.

4. Es gibt keine objektiv richtigen oder falschen Gründe. Es gibt nur persönliche Motive – was zum Problem werden kann, wenn Sie Ihr Abenteuer Ausland zusammen mit einem Partner anpacken wollen. Da ist es ganz normal, dass jeder andere Vorstellungen hat, was dazu führen kann, dass einer von beiden vom neuen Leben enttäuscht ist. Noch schlimmer ist es, wenn einer der Partner nur mitgemacht hat, weil es der andere so wollte. Also treffen Sie die Entscheidung gemeinsam, ob und wohin Sie auswandern. Wenn Sie keine Einigung erzielen, lassen Sie es bleiben, oder suchen Sie sich einen neuen Partner.

5. Die wichtigsten Gründe, warum Menschen ins Ausland ziehen:

— Sie suchen mehr Lebensqualität, wollen glücklicher und gesünder leben, vielleicht weniger beruflichen Stress haben.

— Sie wünschen sich besseres Wetter, wollen nie mehr Schnee schaufeln, nie mehr Eis von der Windschutzscheibe kratzen und nie mehr Heizöl und Winterkleidung kaufen.

— Sie wollen raus aus ihrem täglichen Hamsterrad, wollen statt geregelter Arbeit als Angestellter ihr eigener Chef werden. Sie wollen nicht schon mit 18 wissen, was sie mit 67 tun. Sie wollen Sachen anpacken, von denen sie bisher immer nur träumten – oder gar nichts mehr, wenn das Geld reicht.

— Sie wollen mehr Zeit mit der Familie verbringen, endlich das Buch schreiben, das sie schon lange im Kopf haben, oder einfach ihrem Hobby nachgehen, ohne Wecker spät aufstehen, Golf spielen, gut essen und trinken, angeln, wandern oder am Strand liegen.

— Sie wollen mehr Luxus und Komfort haben als zu Hause, und das möglichst für einen Bruchteil der Kosten in Deutschland.

— Sie wollen weg, weil ihnen das eigene Land immer fremder und unerträglicher wird, die Politik immer weniger verständlich.

— Wer in einer Stadt lebt, wo die Kriminalität immer schlimmere Ausmaße annimmt, meistens durch die beabsichtigte Überfremdung der Bevölkerung, wünscht sich eine Oase der Ruhe.

— Sie haben eine Geschäftsidee und sind bereit, dafür hart zu arbeiten. Aber es soll sich auch lohnen. Sie suchen ein Land mit weniger Vorschriften und niedrigeren oder gar keinen Steuern, damit sie die Früchte ihrer Arbeit und Anstrengung selber genießen.

— Sie entschließen sich für ein boomendes Land, um bei dessen Aufschwung dabei zu sein und daran mit zu verdienen.

— Sie wollen ihre finanziellen und privaten Angelegenheiten so regeln, dass sie künftig weniger oder gar keine Steuern zahlen und nicht auf Schritt und Tritt überwacht werden wie bisher.

— Sie haben Lust am Abenteuer: Sie suchen einen neuen Kick, eine neue Herausforderung, neue Freunde, einen neuen Partner, eine neue Sprache, eine neue Umgebung: die neue Freude am Leben, das immer mehr zur Routine geworden ist.

— Nach den Entwicklungen unter der Regierung Merkel mit bewusster Überfremdung, Spaltung der Bevölkerung und Corona-Terror inklusive Abschaffung minimaler menschlicher Grundrechte sehen sie im aktuellen, durch grünen Sozialismus bedrohten Deutschland weder Planungssicherheit eine noch Zukunft: es ist nicht mehr ihr Land.

6. Irgendwo auf der Welt gibt es eines oder mehrere Länder, die ihren Vorstellungen am nächsten kommen. Viele Menschen vergessen dabei aber die Kehrseite: Jeder Neustart im Ausland, womöglich in einer völlig fremden Kultur mit Menschen fremder Mentalität, macht oft eine radikale Umstellung nötig, die eine komplette Änderung der persönlichen Einstellung und des Charakters erfordert. Wer in ein anderes Land zieht und denkt, die Menschen dort werden sich schon nach ihm richten, wird ein Problem bekommen.

7. Es gibt auch weniger realistische Vorstellungen von einem Leben in anderen Ländern. Wenn der Wegzug eher eine Flucht ist, werden früher oder später Probleme auftauchen. Wer seinen Problemen davonlaufen will, den holen sie irgendwann ein. Wer selbst das Problem ist, der nimmt es ins Ausland mit. Wer eine Beziehung in der Krise durch

ein neues Leben auf Mallorca oder in der Südsee reparieren will, sieht die Sache vermutlich etwas blauäugig. Wer vor seinen Schulden oder berechtigten Unterhaltszahlungen davonläuft, wird seinen Charakter kaum im Ausland ändern, wo irgendwann ähnliche Probleme auf ihn zukommen. Wer noch nie in seinem Leben Erfolg hatte, darf nicht darauf hoffen, dass sich dieser im Ausland automatisch einstellt. Viele Dinge verfolgen uns, wo immer wir sind. Das sind ziemlich schlechte Voraussetzungen für ein zufriedenes Leben in einem anderen Land.

8. Sehen Sie sich die Liste der vernünftigen Gründe genau an. Fehlt etwas, das auf Sie zutrifft? Streichen Sie sich die Motive an, die Sie bewegen. Stellen Sie daraus eine Liste Ihrer persönlichen Prioritäten zusammen. Behalten Sie diese immer vor Augen, wenn Sie sich auf die Suche nach Ihrem optimal geeigneten Land machen.

9. Bleiben Sie realistisch, was Sie im Ausland erwarten. Setzen Sie nicht als selbstverständlich voraus, dass alle positiven Dinge Ihres Heimatlandes überall genauso gut funktionieren, oder Sie werden viele Enttäuschungen erleben. Unrealistisch ist auch, ein Land zu suchen, das in jeder Beziehung Ihrer Erwartung entspricht.

10. In Deutschland und Mitteleuropa mag zwar politisch vieles nicht in Ordnung sein, Tendenz negativ, aber viele Menschen führen hier ein ziemlich komfortables und sorgloses Leben. Ist Ihnen klar, dass Sie für ein Plus an Freiheit und Sonne manche bequemen Dinge des täglichen Lebens aufgeben, die in Ihrer Heimat gut funktionieren? Und ganz wichtig: Orientieren Sie sich auf keinen Fall daran, was sich Ausländer in Deutschland alles erlauben dürfen. Leiten Sie daraus nie ab, dass man Ihnen das in anderen Ländern auch durchgehen lässt.

11. Machen Sie auch eine Liste, was Sie an Deutschland schätzen und nicht überall auf der Welt als gegeben voraussetzen dürfen. Machen Sie für jedes Land Ihrer näheren Wahl eine Liste mit Vor- und Nachteilen. Notieren Sie alles, was Sie woanders vermutlich vermissen, in der Spalte der Nachteile. Gehen Sie von diesen Fakten aus:

— Das perfekte Paradies gibt es nicht. In den Tropen gibt es auch Moskitos. Es ist verdammt heiß und schwül dort, und eine Klimaanlage auf Hochtouren steckt nicht jeder problemlos weg.

— Es gibt kein einziges Land mit einer ehrlichen Regierung. Jeder Staat hat Politiker, Polizisten, Bürokraten, Richter und Journalisten, und im Prinzip ticken sie alle gleich. Deutschland ist nicht weniger korrupt, aber anders. Korruption kriegen Sie in Lateinamerika sehr viel direkter mit. Wenn sich in Berlin der korrupte Abgeordnete vom korrupten Lobbyisten bestechen lässt, oder der korrupte Richter oder Redakteur vom korrupten Minister oder Regierungschef, dann spüren Sie das längst nicht so direkt, wie wenn Sie in Mexiko oder Nicaragua dreimal in der Woche oder dreimal am Tag einem korrupten Polizisten einen 10-Dollar-Schein in den Führerschein legen müssen, damit die Verkehrskontrolle nur fünf Minuten statt drei Stunden dauert. Die Kehrseite ist, dass dort Ihre Chancen, etwa aus einer positiven Alkoholkontrolle mit ein paar Geldscheinen heil herauskommen, sehr viel größer sind, als wenn Sie versuchen, einem deutschen Polizisten einen Hunderter zuzustecken.

— Es gibt kein Land ohne Kriminalität. Diebe und Betrüger gibt es überall. In ärmeren Metropolen gibt es womöglich mehr Einbrüche, als Sie es aus einer Kleinstadt in Deutschland gewohnt sind.

— Es gibt kein perfektes Klima. Viele wunderschöne Länder in Ihrer engeren Wahl haben eventuell ein hohes Risiko an Erdbeben, Hurrikans, Tsunamis oder Vulkanausbrüchen.

12. Jedes Land hat Licht und Schattenseiten. Ihre Aufgabe ist es, sich darüber vor Ihrer Abreise gründlich zu informieren und mit Ihren eigenen Prioritäten zu vergleichen. Ein Leben in den Bergen schenkt Ihnen klare Luft und wunderbaren Panoramablick, aber Sie sind eben nicht in zehn Minuten am Strand. Neuseeland bietet herrliche Natur und relativ preiswertes Leben, aber wenn Sie mal in die Heimat wollen, sitzen Sie 24 Stunden im Flugzeug. Von Mallorca aus sind Sie in zwei Stunden in Deutschland, aber dafür ist es dort ziemlich teuer geworden, und ein guter Ort für den Winter ist es auch nicht wirklich. Wie gesagt, Vor- und Nachteile überall. Entscheidend ist ganz allein, was für Sie persönlich am wichtigsten ist.

13. Bereiten Sie Ihre Abreise vor – mit diesen 12 Schritten. Es ist keine perfekte Liste, die jede Kleinigkeit enthält, die womöglich ge-

rade für Ihren Fall wichtig ist. Aber wenn Sie die folgenden 12 Schritte sorgfältig abarbeiten, sind Sie relativ sicher vor größeren Enttäuschungen bei Ihrem Neustart in einem anderen Land.

Schritt 1: Stellen Sie eine Liste Ihrer Prioritäten und Vorlieben zusammen. »Wo ist der beste Ort zum Leben?«, fragen mich neue Leser immer wieder. Tatsache ist, ich habe keine Ahnung. Jeder fühlt sich woanders am wohlsten. Ich bin sicher, für jeden von Ihnen gibt es den persönlich besten Ort, aber Sie werden einige Zeit und allerlei Reisen brauchen, um ihn zu finden. Am besten fangen Sie damit an, Ihre Anforderungen an Ihr künftiges Land nach ihrer Wichtigkeit zu ordnen. Was sind für Sie Grundvoraussetzungen, und worauf können Sie notfalls verzichten? Hier einige der wichtigsten Dinge, die bei allen Überlegungen eines Lebens im Ausland eine Rolle spielen:

Lebenshaltungskosten, politische Situation, Bürokratie für Ausländer, Wetter und Klima, Qualität und Kosten medizinischer Versorgung, Infrastruktur, Schule und Universität, Sicherheit vor Kriminalität, Steuerbelastung, eine leicht erlernbare Sprache, Kultur- und Freizeitangebot, Erreichbarkeit, Flüge, Vorteile für ältere Menschen, Kosten für Miete und Kauf eines Hauses oder einer Wohnung.

Wichtig ist, dass Sie alle Punkte in Betracht ziehen – plus weitere, hier nicht genannte, die speziell für Sie wichtig sind. Ich kenne eine Reihe Menschen, die aus einem einzigen wichtigen Grund ausgewandert sind. Wegen der Steuer, des Wetters oder einer billigen Immobilie. Dieser eine Punkt hat dann geklappt, aber dafür wurden sie aus anderen Gründen nicht glücklich, an die sie vorher nicht gedacht hatten.

Ordnen Sie die Punkte auf dieser Liste danach, wie wichtig jeder einzelne für Sie ist. So wird mit zunehmendem Alter meistens das Thema Gesundheit immer wichtiger. Wenn Sie nur einen festen Geldbetrag zum Leben zur Verfügung haben, wie etwa Ihre Rente, sind die Kosten des täglichen Lebens entscheidend. Sind Sie geschäftlich tätig oder gar als Daytrader, ist schnelles und verlässliches Internet unverzichtbar. Wenn Sie keine Sprache lernen wollen, können Sie nur in ein Land ziehen, in dem Deutsch gesprochen wird. Wenn Sie

Ihre Eltern, Kinder, Enkel oder Freunde immer wieder mal sehen wollen, brauchen Sie gute und preiswerte Flüge.

Schritt 2: Machen Sie eine Liste aller Länder, die für Sie in die engere Wahl kommen. Weil Sie sie aus dem Urlaub kennen, weil Sie viel davon gehört haben, weil Sie dort Freunde oder Bekannte haben oder warum auch immer. Hier als Anregung eine Liste der wichtigsten Länder, in denen Auswanderer nach meiner Information überwiegend positive Erfahrungen gemacht haben – was natürlich für keinen neuen Auswanderer irgendeine Garantie ist:

In Europa am Meer: Italien mit Sizilien, Sardinien und den kleineren Inseln, Spanien mit Balearen und Kanarischen Inseln, Portugal mit Madeira, Griechenland und Kroatien mit den vielen Inseln.

Amerika: Kanada, Florida (USA), Yucatán in Mexiko, Costa Rica, Panama, Dominikanische Republik, Argentinien, Brasilien, Uruguay, Paraguay, Bolivien, Chile.

Asien: Thailand, Philippinen, Kambodscha, Vietnam.

Südpazifik: Australien, Neuseeland.

Das ist eine grobe Übersicht. Auswanderer tendieren eher nach Süden. Natürlich gibt es viele andere Länder in aller Welt, die für Sie genau richtig sein mögen.

Schritt 3: Vergleichen Sie Vor- und Nachteile jedes Landes auf Ihrer Liste mit Ihren persönlichen Prioritäten und Anforderungen. Das Internet ist voller Berichte von Auswanderern. Unzählige Blogs über einzelne Länder enthalten viele nützliche Informationen. Nutzen Sie *duckduckgo.com* für Ihre Internetsuche, wenn Sie nicht wollen, dass Google früher weiß als Sie selbst, wo Sie künftig zu finden sind. Scheuen Sie sich nicht, Menschen im jeweiligen Land, auf die Sie im Internet aufmerksam wurden, anzuschreiben oder anzurufen und Ihnen Ihre Fragen zu stellen, wobei eine gewisse Menschenkenntnis nicht schaden kann. Verlieren Sie nie Ihre Prioritäten aus den Augen. Lassen Sie sich nicht von dem vielen Unsinn ablenken, den Sie im Internet natürlich auch über jedes Land finden. Wenn Sie statt eines festen

Zieles eher ein Leben in mehreren Ländern reizt, so wie ich es hier empfehle, brauchen Sie statt einem Land drei oder vier Länder, in denen Sie sich überwiegend aufhalten. Untersuchen Sie in dem Fall einfach jedes Land Ihrer Wahl auf seine Tauglichkeit für diese Lebensart. Zum Beispiel, wie lange Sie sich dort als Urlauber aufhalten dürfen, wie teuer das Leben ist und so weiter.

Schritt 4: Reduzieren Sie die infrage kommenden Länder Ihrer Liste auf drei oder vier und ordnen Sie Ihre Favoriten auf der Basis Ihrer bisherigen Recherchen. Jetzt ist die Zeit gekommen, dass Sie sich diese Länder der Reihe nach selber ansehen. Das Internet ersetzt keine persönliche Erfahrung – was in dem Fall heißt, dass Sie einige Wochen dort verbringen und versuchen, wie ein Einheimischer zu leben. Auch wenn Sie das eine oder andere Land bereits aus Ihrem Urlaub kennen, so ist das eine ganz andere Situation, als wenn Sie längere Zeit dort wohnen. Achten Sie darauf, dass Ihr kurzer Testaufenthalt in einem Land einem Leben dort ähnlich ist. Mieten Sie eine Wohnung, statt ins Hotel zu gehen. Tun Sie ganz alltägliche Dinge, statt ein Besichtigungsprogramm für Urlauber zu absolvieren oder den ganzen Tag am Strand zu liegen.

Ärgern Sie sich nicht, wenn Sie merken, dass ein Land doch nicht das Richtige für Sie ist. Diese Erkenntnis ist viel Geld wert, und sie erspart Ihnen viel künftigen Ärger. Machen Sie sich nicht selbst etwas vor, indem Sie plötzlich vom Wetter oder der tollen Landschaft schwärmen, wenn diese Punkte bei Ihrer Planung gar nicht so wichtig waren. Stellt sich ein Land bei Ihrem Besuch als Irrtum heraus, dann wandeln Sie Ihren Aufenthalt in ein paar schöne Urlaubstage um und konzentrieren sich auf das nächste Land auf Ihrer Liste.

Schritt 5: Vielleicht treffen Sie schon bei Ihrem Besuch im ersten Land Ihre Entscheidung. Ideal ist das nicht, denn in ein paar Wochen lernt kaum jemand ein Land richtig kennen; er weiß höchstens, dass er irgendwo auf keinen Fall leben will. Am besten ist es, Sie streichen Ihre Liste nach dem Besuch aller Länder auf zwei zusammen, die Sie sich noch einmal mehrere Monate genau ansehen. Tatsächlich ist das schon eine Art Leben auf Probe, was Sie da machen. So fällt dieser Test am aussagekräftigsten aus:

— Legen Sie Ihren Aufenthalt in die am wenigsten attraktive Jahreszeit am Ort Ihres Interesses. Nur so erleben Sie, was da im schlimmsten Fall alles auf Sie zukommen kann.

— Kommen Sie mit verschiedenen Landsleuten ins Gespräch, nicht nur mit den Stammgästen der bekanntesten Ausländerkneipe. Versuchen Sie aber auch, Menschen des Landes kennenzulernen, zum Beispiel aus Ihrer Branche, wenn Sie planen, dort als Unternehmer tätig zu werden.

— Machen Sie sich mit dem Angebot an Immobilien vertraut, indem Sie die Anzeigen der örtlichen Zeitungen lesen und so viele Makler wie möglich besuchen. Gewinnen Sie einen Überblick über den Markt, indem Sie sich möglichst viele Häuser und Wohnungen ansehen, die zum Kauf oder zur Miete angeboten werden.

Sollte sich herausstellen, dass Sie sich hinterher nicht zwischen den beiden Favoriten auf Ihrer Liste entscheiden können, so ist das überhaupt kein Problem: Sie müssen sich ja nicht das ganze Jahr am gleichen Ort aufhalten.

Schritt 6: Klären Sie die steuerlichen Aspekte Ihres Wegzugs ab, die von Ihrer finanziellen Lage und von Ihren künftigen Plänen abhängen. Lesen Sie, wenn nötig, das Doppelbesteuerungs-Abkommen zwischen Ihrem alten und neuen Land. Stellen Sie sicher, dass Sie alle Voraussetzungen erfüllen, um Ihre Steuerpflicht aus dem alten Leben zu beenden. Klären Sie mit Ihrem deutschen Steuerberater, dass künftige Post für Sie zu ihm geht und dass er die letzten offenen Dinge mit dem Finanzamt abwickelt.

Ob Sie im neuen Land einen Steuerberater brauchen, hängt ganz von Ihren Plänen ab. Ein informelles Gespräch kann auf keinen Fall schaden. Ein Berater, der Erfahrung mit Ausländern hat, nennt Ihnen auch die Voraussetzungen im Zusammenhang mit dem Papierkram, falls Sie eine Aufenthaltserlaubnis beantragen wollen.

Schritt 7: Entscheiden Sie sich, wie definitiv Ihr Ausstieg werden soll. Wollen Sie sofort alle Brücken hinter sich abbrechen und alle Bindungen zu Ihrem alten Land beenden, oder denken Sie mehr an einen fließenden Übergang? In dem Fall verbringen Sie vielleicht erst mal einige Monate im neuen Land und behalten in Ihrer Heimat zunächst einen Wohnsitz, ein Konto und diverse Versicherungen bei.

Denken Sie daran, dass jede Entscheidung steuerliche Konsequenzen hat. In Deutschland endet eine Steuerpflicht definitiv nur, wenn Sie kein bewohnbares Domizil mehr dort haben, sich nicht mehr langfristig dort aufhalten und am besten keine wirtschaftlichen Interessen mehr in Deutschland haben. Im Klartext: Wenn Sie eine Immobilie besitzen, verkaufen Sie diese am besten, weil deutsche Mieteinnahmen ein Leben im Ausland steuerlich komplizieren.

Für die Dauer Ihres künftigen Aufenthalts kann es auch eine Rolle spielen, ob Sie womöglich für das Land Ihrer Wahl ein Visum brauchen. Probieren Sie aus, wie reibungslos das funktioniert, und ob Sie sich das künftig antun wollen.

Schritt 8: Klären Sie, welche Visa oder sonstigen Papiere Sie brauchen, um im Land Ihrer Wahl zu leben oder zu arbeiten. Dieser Punkt entfällt weitgehend, wenn Sie als Europäer in ein anderes Land der EU ziehen oder wenn Sie überall immer nur ein Besucher bleiben wollen. Wenn Sie länger als drei oder sechs Monate bleiben und vielleicht auch arbeiten oder als Unternehmer am Ort tätig werden wollen, sind in den meisten Ländern eine Aufenthaltserlaubnis und Arbeitsgenehmigung nötig. Oft brauchen Sie dafür Dokumente, die Sie schon vor der Einreise besorgen, übersetzen und bei der Botschaft Ihres neuen Landes in Ihrer Heimat beglaubigen lassen müssen. Fast immer brauchen Sie Ihre Geburtsurkunde und ein Führungszeugnis. Darum müssen Sie sich selber kümmern, auch wenn Sie sich Ihre Papiere im neuen Land von einem Anwalt oder Helfer besorgen lassen. Meistens wird auch eine ärztliche Untersuchung verlangt, wobei Menschen mit Aids selten willkommen sind. Die Untersuchung können Sie meistens im neuen Land machen lassen.

Wenn Sie in Ihrem neuen Land akademische oder technische Titel oder Abschlüsse brauchen, weil Sie zum Beispiel als Arzt, Anwalt oder Architekt tätig werden wollen, erkundigen Sie sich am besten vorher bei der dortigen Standesorganisation, welche Unterlagen für Ihre Anerkennung genau nötig sind.

Schritt 9: Treffen Sie Ihre Entscheidung für das Land Ihrer Wahl. Setzen Sie ein Datum fest. Entscheiden Sie, was Sie mitnehmen oder im Land kaufen. Ob es Sinn macht, Haushalt, Auto oder Arbeitsgeräte mitzunehmen, hängt auch davon ab, ob Sie diese Dinge mit Ihrem Umzug zollfrei einführen dürfen. Generell ist es ratsam, sich von Dingen zu trennen, die am Ende das ganze Leben belasten. Wer einmal umgezogen ist, hat sich beim Auspacken gefragt, warum er dieses oder jenes eigentlich mitgenommen hat. Die Frage ist, was billiger ist, Transport oder Neukauf am neuen Wohnsitz. Am besten ist es meistens, so viel wie möglich zu verkaufen oder, falls unverkäuflich, zu verschenken oder sonst wie zu entsorgen. Beim Auto kann sich die (zollfreie) Einfuhr in vielen Ländern allerdings lohnen.

Dinge, die Sie sofort dringend brauchen, nehmen Sie auf Ihrer Flugreise mit, notfalls als Übergepäck. Was Sie nicht in den ersten Tagen brauchen, aber in den ersten Wochen, lassen Sie mit einem ziemlich teuren Express-Transport kommen – und die vielen Dinge, die Sie eigentlich gar nicht brauchen, auf die Sie aber ungern verzichten, reisen in Europa im Umzugs-LKW und bei weiterer Entfernung im Seecontainer. Wegen der Größe gilt das auch fürs Auto. Gehen Sie davon aus, dass Sie Ihren Container frühestens in drei Monaten wiedersehen, wobei meistens der Weg durch den Zoll das Problem ist. Auch wenn die Einfuhr zollfrei ist, fällt immer Papierkram an, und je nach Land Schmiergeld.

Schritt 10: Richten Sie Ihr virtuelles, länderunabhängiges Büro im Internet ein und reduzieren Sie Ihre Telefonkosten auf null oder nahe null. Mit Skype oder Zoom telefonieren Sie kostenlos, und mit Telegram obendrein abhörsicher. Wenn Sie jemand auf die Weise nicht erreichen und ein Handy oder Festtelefon anrufen müssen, ist *Voice over IP* sinnvoll, zum Beispiel bei *Sipgate.de*, wo Gespräche nach Deutschland ungefähr einen Cent pro Minute kosten.

Richten Sie sich ein oder mehrere Konten bei *Fintechs* ein, die Sie über Onlinebanking kontrollieren. Das sollte bereits funktionieren, bevor Sie abreisen. Ein Konto an Ihrem neuen Wohnort richten Sie persönlich ein, wenn Sie dort sind.

Schritt 11: Wenn Sie in einem Land ausprobieren, wie sich das Leben dort anfühlt, informieren Sie sich über das dortige Gesundheitssystem und die Angebote örtlicher Krankenversicherungen. Dabei werden Sie schnell merken, dass Versicherungen, für die Sie in Deutschland 400 bis 600 Euro im Monat zahlen, in anderen Ländern Europas für 80 Euro zu haben sind. In Südamerika, wo viele Menschen überhaupt nicht krankenversichert sind, ist es noch billiger. Und keine Angst, die Menschen sind dort auch nicht kränker und medizinische Leistungen nicht schlechter, jedenfalls in den Städten.

Vielleicht ist ja eine internationale Krankenversicherung Ihre Lösung, wenn Sie oft in mehreren Ländern unterwegs sind und überall abgesichert sein wollen. Falls Sie sich besser fühlen, wenn Sie im Notfall nach Deutschland geflogen werden – was ich nicht automatisch für einen Vorteil halte –, müssen Sie das eben mit versichern.

Schritt 12: Mieten Sie ein Haus oder eine Wohnung am Ort Ihrer Wahl. Kaufen Sie sich keine Immobilie, bis Sie sicher sind, dass Sie die richtige Wahl getroffen haben. Es ist besser, Sie wohnen erst mal ein halbes Jahr oder ein Jahr zur Miete, bevor Sie sich durch einen Kauf voreilig festlegen. Es ist zwar lästig, noch mal umzuziehen, aber es ist einfach sicherer. Das Risiko, bei einem schnellen Kauf einen Fehler zu machen oder zu viel zu bezahlen, ist hoch. Die Auswahl der richtigen Stadt für Ihr neues Leben ist ein Kinderspiel im Vergleich zur Auswahl des richtigen Stadtteils, heißt es. Ein möglicher Nachteil kann eine Mietwohnung an einem Ort sein, wo Immobilien boomen und die Preise gefühlt täglich steigen. Aber da ist es ganz besonders schwer, nicht zu viel zu zahlen, wenn Sie den örtlichen Markt nicht sehr genau kennen.

Ganz wichtig: Gehen Sie logisch vor bei Ihrem Wegzug und machen Sie sich nicht verrückt. Wer bei der Planung übertriebenen Perfektionismus an den Tag legt, läuft Gefahr, dass er sich nie entscheidet. Ins Ausland umziehen ist ein wichtiger Schritt, aber kein endgültiger. Sie können ihn jederzeit rückgängig machen. Jeder darf seine Meinung ändern. Am Ende ist es auch nur ein Umzug. War Ihr Ziel die falsche Wahl, finden Sie ein besseres. War es ein Fehler, kommen Sie zurück. Leben Sie besser im Ausland? Wenn Sie es nicht ausprobieren, werden Sie es nie erfahren. Halten Sie sich lieber nicht jahrelang mit Information und Vorbereitung auf, denn das sind alles Jahre, die Sie in Ihrem neuen, besseren Leben verlieren.

Sie wissen, wo es hingeht. Der Tag der Abreise kommt näher. Immer noch sind viele Dinge zu tun, was von Fall zu Fall verschieden ist, oder von Land zu Land. Einige Dinge zur Erinnerung:
— Wenn Sie ein Visum brauchen, sind meistens Vorbereitungen beim Konsulat des Landes zu treffen, das für Ihren alten Wohnsitz zuständig ist. Papiere wie Geburtsurkunde und Führungszeugnis sind von offiziellen Übersetzern in die Landessprache zu übersetzen und beim Konsulat zu beglaubigen. Planen Sie genug Zeit dafür ein. Das Führungszeugnis darf selten älter als drei Monate sein.
— Sehen Sie nach, wie lange Ihr Pass noch gültig ist. Wenn Sie dieses Thema zehn Jahre lang vergessen wollen, lassen Sie sich vor der Abreise einen neuen ausstellen. Es kann aber auch sinnvoll sein, diesen beim deutschen Konsulat an Ihrem neuen Wohnort zu beantragen. Dann steht das Konsulat des Landes als Aussteller in Ihrem neuen Pass, was im Zweifelsfall ein Indiz sein kann, dass Sie wirklich im Ausland wohnen, falls das einmal jemand in Deutschland anzweifeln sollte, etwa im Zusammenhang mit dem Thema Steuern.
— Klären Sie beim Konsulat oder einem Anwalt oder Helfer ab, ob Sie ein Gesundheitszeugnis brauchen, was drin stehen muss oder

ob Sie es lieber nach Ihrer Einreise im Zielland machen lassen. Das ist meistens billiger und erspart die Übersetzung.

— Einkommensbelege oder Rentenbescheinigungen sind ebenfalls wichtigste Papiere. Im Falle einer Arbeitssuche auch Nachweise über Ausbildung, Berufserfahrung, Arbeitsnachweise, Abschlüsse, akademische Titel, Fortbildung und so weiter.

— Lassen Sie ein Passfoto machen und nehmen Sie reichlich Abzüge in allen gängigen Größen mit.

— Oft ist es hilfreich, wenn Sie versuchen, beim für Sie zuständigen Konsulat einen Sachbearbeiter persönlich zu kontaktieren, damit er sich an Sie erinnert. Natürlich sollen Sie ihm nicht auf die Nerven gehen, deshalb wird das oft vom Konsulat abgelehnt.

— Wollen Sie Ihr Konto in Deutschland erst mal noch behalten? Bisher spricht nichts dagegen. Teilen Sie der Bank Ihre neue Adresse mit und sorgen Sie dafür, dass es als Ausländerkonto gilt. Wie solche Konten behandelt werden, wenn der deutsche Staat einmal hineingreift und sich bedient, oder wenn Ihr Guthaben für die Haftung im Rahmen der Bankenunion in Anspruch genommen wird, werden wir erfahren, wenn es einmal so weit ist. Falls Sie erst mal eine Wohnung beibehalten wollen, brauchen Sie ja sowieso ein deutsches Konto.

— Brauchen Sie eine deutsche Adresse mit Nachsendeservice? Ich meine nicht, aber es ist Ihre Entscheidung. Der Wechsel Ihrer Adresse erspart Ihnen jede Menge unerwünschte Post. Mit wem Sie in Kontakt bleiben wollen, dem geben Sie Ihre neue Anschrift.

— Kaufen Sie Dinge, die an Ihrer neuen Adresse schwer zu kriegen sind. Vielleicht ist Elektronik teurer. Wenn Sie Medikamente brauchen, nehmen Sie einen kleinen Vorrat mit, damit Sie nicht gleich zum Arzt oder in die Apotheke müssen – wobei vieles im Ausland frei erhältlich ist, wofür Sie in Deutschland ein Rezept brauchen. Nehmen Sie eine zweite Brille oder Ersatz-Kontaktlinsen mit. Informieren Sie sich bei anderen Auswanderern oder in Internetforen, wonach dort Bedarf besteht.

— Lassen Sie sich von Ihrem Arzt und Zahnarzt durchchecken, solange es Ihre alte Versicherung zahlt. Suchen Sie bei Bedarf

Fachärzte auf. Machen Sie vorgeschriebene Impfungen, etwa gegen Gelbfieber. Seien Sie vorsichtig mit der Corona-Impfung, solange wir aus den Medien keine ehrlichen Informationen über deren vielfache, oft lebensbedrohliche Risiken erhalten. Wenn Ihre alte Versicherung Zahnersatz deckt, lassen Sie Ihre Zähne auf Vordermann bringen. Wenn Sie einen hohen Anteil zuzahlen müssen, ist Zahnersatz eventuell in Ihrem neuen Land preiswerter.

— Wenn Sie schulpflichtige Kinder haben, fragen Sie bei der neuen Schule an, was an Papieren mitzubringen ist.

— Bereiten Sie Ihren Umzug vor. Holen Sie Angebote ein. Entscheiden Sie sich für einen Anbieter. Machen Sie eine Liste aller Dinge, die Sie mitnehmen, für den Spediteur und im Fall zollfreier Einfuhr. Nehmen Sie so wenig wie möglich mit, denn bei vielen Dingen ist ein Neukauf preiswerter als der Transport. Beim Einpacken sollten Sie dabei sein. Notieren Sie auf einer Inventarliste, was in welcher Kiste ist. In Ihrem neuen Land sollten Sie bei der Inspektion durch den Zoll und beim Auspacken dabei sein.

— Falls Sie Haustiere mitnehmen, buchen Sie rechtzeitig deren Flug, da Platz für Tiere oft begrenzt ist. Es gibt große Unterschiede bei der Verladung von Tieren; informieren Sie sich, wie das bei der Airline Ihrer Wahl abläuft. Stellen Sie sicher, dass Sie alle nötigen Papiere vom Tierarzt dabeihaben, die nicht zu alt sein dürfen. Wenn Ihnen was an Ihrem Tier liegt, meiden Sie Länder, die bei der Einreise Quarantäne vorschreiben. Infos dazu finden Sie auf den Webseiten *www.petsontour.de*, *www.pettravel.com* und *pet-express.com*. Oder geben Sie »Reisen mit Tieren« bei *duckduckgo.com* ein.

— Steuerliche Vorbereitungen sind hier zu komplex. Wenn Sie sichergehen wollen, dass Sie künftig in Deutschland nicht mehr steuerpflichtig sind, ist es wichtig, dass Sie weder ein bewohnbares Domizil noch Einkommen oder finanzielle Interessen im Land haben. Eigene Immobilien verkaufen Sie am besten.

— Entsorgen Sie alles, was Sie nicht mitnehmen. Verkaufen Sie, was Ihnen einer abkauft (Kleinanzeigen, Internet). Den Rest verschenken Sie. Was nicht mal geschenkt weggeht, auf den Müll.

— Kündigen Sie den Mietvertrag Ihrer Wohnung sowie Strom, Wasser, Telefon, Internet, Zeitungsabos, Versicherungen, Vereinsmitgliedschaften. Wenn Sie ganz sichergehen wollen, dass keine unerwünschten Abbuchungen nachkommen, lösen Sie Ihr Konto auf.

— Melden Sie sich beim Einwohnermeldeamt ab. Wenn nach Ihrem Ziel gefragt wird, tragen Sie ein EU-Land am Mittelmeer ein.

— Nehmen Sie ein paar Tausend Euro Bargeld mit, je nach Ziel zum Teil in Dollar oder Landeswährung. Falls es in Ihrem neuen Land einen besseren Kurs am Schwarzmarkt gibt, nehmen Sie in der Landeswährung nur das Allernötigste mit.

Im neuen Leben angekommen: Und jetzt?

Irgendwann ist es so weit. Ihr Haus ist leer, Ihr Umzugsgut unterwegs, die Koffer gepackt, Sie haben alle nötigen Papiere und fahren zum Flughafen. Nach einigen Stunden dann die Landung in Ihrem neuen Leben. Und jetzt? Je nach Vorbereitung ziehen Sie in Ihr gemietetes oder gekauftes Haus – oder ins Hotel, um sich auf Wohnungssuche zu machen. Hier einige Dinge, um die Sie sich ganz am Anfang kümmern müssen:

— Wenn Sie nicht in einer völlig anonymen Wohngegend leben, stellen Sie sich bei Ihren Nachbarn vor. Mancher hilft Ihnen sicher gern mit Auskünften.

— Falls noch nicht bei einem Ihrer früheren Besuche geschehen, eröffnen Sie ein Bankkonto. Zahlen Sie etwas Geld ein oder geben Sie eine Überweisung in Auftrag.

— Kümmern Sie sich um Strom, Wasser, Telefon, Internet. Richten Sie, falls vorgesehen, Abbuchung ein, wenn Sie nicht jeden Monat mit dem Geld in der Hand Schlange stehen wollen. Bei einer Mietwohnung ist es oft üblich, dass die Rechnungen weiter auf den Vermieter laufen, der dann kassieren kommt. Melden Sie sich wenn möglich unter Ihrem Namen bei den Versorgern an, weil die Stromrechnung auf den eigenen Namen heute wichtig ist.

— Nehmen Sie sich einen Mietwagen, wenn Sie sich nicht gleich ein Auto kaufen wollen. Steuern und Versicherung sind fast überall billiger als zu Hause, Autos und vor allem Gebrauchtwagen oft teuer. Wenn Taxifahren billig ist, brauchen Sie vielleicht gar kein Auto.

— Machen Sie erste Einkäufe. Entsprechende Läden kennen Sie sicher von Ihren Besuchen. Machen Sie sich Einkaufslisten, und notieren Sie Dinge, die nicht so einfach zu bekommen sind. Notieren Sie sich Telefonnummern von Läden für Waren, die Sie nicht im Supermarkt finden.

— Kümmern Sie sich um Ihre Papiere für den Aufenthalt, wenn Sie sich wirklich anmelden wollen. Nehmen Sie dabei professionelle Hilfe in Anspruch, wenn es sinnvoll ist. Vergleichen Sie die Preise der Anbieter. Lassen Sie sich genau zusichern, was Sie für Ihr Geld bekommen. Vorsicht mit Vorkasse. Es muss nicht immer ein Anwalt sein. Einheimische, die solche Dienste anbieten, sind oft günstiger als im Land lebende Ausländer, die allein aufgrund der Tatsache, dass sich Neuankömmlinge im Ausland gern in Ihrer eigenen Sprache unterhalten, nicht selten ihren Service teuer berechnen. Vorsicht ist mit Ausländern geboten, die oft aus Geldnot auf neue Einwanderer lauern, um sich irgendwie die Zeche für den nächsten Monat zu sichern. Vorsicht auch mit Empfehlungen und heißen Insidertipps, denn die sind oft mit einer Provision verbunden. Dagegen ist prinzipiell nichts einzuwenden, nur sollte ein Service nicht teurer werden, nur weil der Dienstleister jemanden am Umsatz beteiligen muss.

— Nehmen Sie Sprachunterricht. Die Sprache lernen Sie automatisch, meinen Sie? Das ist ein weit verbreiteter Irrtum. Wenige Menschen lernen eine Sprache richtig, ohne Unterricht zu nehmen. Wer die Sprache nicht richtig spricht, wird nie wirklich ernst genommen. Am besten fangen Sie schon in Deutschland mit dem Lernen an. Besuchen Sie Abendkurse an der Volkshochschule oder wenden Sie sich an *Berlitz*, die es mit der Grammatik genau nehmen, oder *Pimsleur*, wo mehr Wert auf einen schnellen Wortschatz gelegt wird.

— Suchen Sie Kontakte zu ernsthaften Landsleuten, das kann manchen nützlichen Tipp und viele praktische Information bringen, wie die Dinge am Ort funktionieren. Landsleute finden Sie in Ausländerclubs oder beim Sprachunterricht, und die Adressen der bekanntesten Ausländerkneipen finden Sie sicher schnell heraus.

— Kleine Kinder lernen eine neue Sprache am schnellsten. Je jünger, desto besser. Achten Sie aber auch darauf, dass sie ihre Muttersprache nicht verlernen. Am besten ist es, wenn Kinder von Auswanderern zwei- oder dreisprachig aufwachsen. Mit Spanisch und Englisch neben Ihrer Muttersprache kommen Sie heute ziemlich weit in der Welt. Vorsicht ist in Spanien vor den vielen Regionalsprachen und Dialekten geboten, mit denen sich ein Ausländer nicht wirklich belasten sollte und die das Lernen der wichtigen spanischen Sprache nur erschweren.

— Lesen Sie örtliche Zeitungen, auch wenn's anfangs schwerfällt. Sie lernen die Sprache und machen sich mit lokalen Besonderheiten vertraut. Sie kriegen mit, was an Ihrem Wohnort abläuft, lesen Verkaufsanzeigen und Hinweise auf Veranstaltungen aller Art.

— Schauen Sie immer vorwärts und nicht zurück. Die Vergangenheit ist, wie schon der Name sagt, vergangen und vorbei. Vielleicht fragen Sie sich irgendwann in einer trüben Laune, was Sie eigentlich hier machen. Aber so was geht vorbei, und zwar am schnellsten, wenn Sie neue Ideen haben und Projekte beginnen, oder wenn Sie sich für Ihre neue Umgebung interessieren und einleben. Zum Beispiel, indem Sie sich die Dinge ansehen, wegen denen andere Menschen als Urlauber in dieses Land reisen.

— Lassen Sie sich nicht von pessimistischen Gedanken die Laune verderben. Probleme gibt es überall, damit muss jeder fertigwerden. Sie leben jetzt hier, also machen Sie das Beste daraus. Andererseits: Wenn ernsthafte Probleme auftauchen, zum Beispiel, weil Ihr geplantes Geschäft nicht funktioniert und das Geld knapp wird, dann vergessen Sie nie, dass daran keiner schuld ist, außer Sie selbst. Vielleicht haben Sie ja von Anfang an nicht realistisch geplant.

Was tun in so einem Fall? Sie können sich ein anderes Land suchen – was aber keine Garantie ist, dass dort alles nach Ihren Wünschen und Plänen läuft. Als letzter Ausweg steht Ihnen immer die

Rückkehr in Ihr Heimatland offen. Da wären Sie nicht der Erste. In diesem Fall wissen Sie jetzt, dass ein Leben im Ausland nichts für Sie ist. Aber Sie haben es wenigstens versucht. Das ist besser, als immer nur davon zu reden und zu träumen und es nie zu tun, aus Angst, weil Sie ja vielleicht scheitern könnten.

Auf einen Blick: Was vor der Abreise zu tun ist ...

1. Sehen Sie nach, wie lange Ihr Pass gültig ist. Besorgen Sie sich eventuell vor der Abreise einen neuen.
2. Klären Sie beim Konsulat, ob Sie ein Visum brauchen und welche Dokumente dafür nötig sind.
3. Besorgen Sie sich Geburtsurkunde, Heiratsurkunde etc.
4. Klären Sie, wie es mit dem Gesundheitszeugnis aussieht.
5. Beantragen Sie ein Führungszeugnis.
6. Besorgen Sie Rentenbescheinigung, Nachweise über Einkommen, Ausbildung, Fortbildung, Arbeitsverhältnisse.
7. Machen Sie die nötigen Übersetzungen und Beglaubigungen.
8. Reichen Sie Ihren Visumsantrag mit allen übersetzten und beglaubigten Unterlagen beim Konsulat des Landes ein.
9. Wenn Sie Ihr Konto weiterführen, reden Sie mit Ihrer Bank, damit Sie diese unter Ihrer neuen Adresse als Auslandskunden führt.
10. Eröffnen Sie eines oder mehrere Konten in verlässlichen Drittländern. Überweisen Sie einen Teil Ihrer Ersparnisse und lassen Sie sich Kreditkarten ausstellen.
11. Legen Sie sich bei Bedarf eine Adresse in Ihrem bisherigen Land zu, und organisieren Sie die Nachsendung per Fax oder E-Mail.
12. Besorgen Sie sich einen Provider für *Voice over IP*-Telefonie.
13. Kaufen Sie Dinge, die in Ihrem neuen Land schwer zu kriegen oder teurer sind. Ebenso wichtige Medikamente, Ersatzbrille etc.
14. Lassen Sie sich vom Arzt und Zahnarzt gründlich durchchecken. Machen Sie vorgeschriebene Impfungen.
15. Bereiten Sie Ihren Umzug vor. Machen Sie eine Inventarliste.

16. Haustiere nicht vergessen: Flug und Papiere besorgen.
17. Klären Sie steuerliche Dinge mit Ihrem Steuerberater. Lassen Sie offene Vorgänge durch ihn abwickeln.
18. Verkaufen oder entsorgen Sie alles, was Sie nicht mitnehmen.
19. Kündigen Sie Ihre Wohnung und alle Verträge. Wenn Sie Bedenken wegen unrechtmäßiger Abbuchungen haben, lösen Sie am besten Ihr Konto auf.
20. Melden Sie sich bei Ihrem Einwohnermeldeamt ab. Tragen Sie als Ziel ein EU-Land am Mittelmeer ein.
21. Nehmen Sie Bargeld in Euro, Dollar und Landeswährung mit.

... und gleich nach Ihrer Ankunft:

1. Stellen Sie sich bei Ihren Nachbarn vor.
2. Eröffnen Sie ein Bankkonto.
3. Kümmern Sie sich um Strom, Wasser, Telefon, Internet.
4. Nehmen Sie einen Mietwagen, wenn Sie sich nicht gleich ein Auto kaufen wollen. Wenn Taxis billig sind, brauchen Sie kein Auto.
5. Machen Sie Ihre ersten Einkäufe.
6. Kümmern Sie sich um Ihre Aufenthaltspapiere, falls Sie sich in dem Land offiziell anmelden wollen.
7. Nehmen Sie spätestens jetzt Sprachunterricht.
8. Suchen Sie Kontakt zu Landsleuten und Einheimischen.
9. Achten Sie darauf, dass Ihre Kinder die neue Sprache lernen und ihre Muttersprache nicht verlernen.
10. Lesen Sie örtliche Presse.
11. Leben Sie in der Gegenwart. Beschäftigen Sie sich mit neuen Ideen und Projekten.
12. Interessieren Sie sich für Ihre neue Umgebung. Sehen Sie sich das Land und seine Städte an.
13. Meistern Sie Probleme des Alltags. Brechen Sie Ihr neues Leben nur ab, wenn es wegen gravierender Ereignisse wirklich nicht mehr anders gehen sollte.

Finanzielle Freiheit im Ausland

Geben Sie nicht unnötig Geld aus und suchen Sie sich nie einen Job

Die Frau eines erfolgreichen Unternehmers, der nach dem in diesem Buch beschriebenen Konzept lebt, stellte ihrem Mann die Frage, die in den Ehen vieler Menschen auftaucht, die ihr Leben nach diesem Prinzip führen: »Warum können wir eigentlich nicht so leben wie jeder andere auch?«

»Was genau meinst du damit?« fragte ihr Mann.

»Warum leben wir nicht in einer komfortablen Villa mit Hausangestellten? Warum verbringen wir unsere Freizeit nicht in einem schönen Country Club? Warum immer diese lästigen Umstände mit den Steuerparadiesen und Auslandskonten? Warum die ständigen Reisen in Länder, wo es mir überhaupt nicht gefällt? Was haben wir denn von deinem Geld, wenn wir es immer nur verstecken?«

Die Antwort des Mannes war einfach und verständlich, aber überzeugt hat sie seine Frau nicht wirklich: »Weil uns sehr viel weniger Geld übrig bliebe, wenn wir so leben würden, wie du sagst. Und was mich betrifft, so hätte ich nicht viel Zeit für den Country Club, weil ich dann den größten Teil meiner Freizeit mit Anwälten und Steuerberatern verbringen müsste.«

Die Geschichte hat mir W. G. Hill erzählt, der Anwalt, der Ihnen sagt, wie Sie im Leben ohne Anwälte auskommen – und der Autor, dem vor über 30 Jahren mit seiner Trilogie über die hier geschilderte Lebensweise ein gigantischer Underground-Bestseller gelang. Als ich Jahre später seine Bücher las, war mir schnell klar, dass ich schon lange selber auf die Weise lebte, mehr oder weniger jedenfalls und ohne zu wissen, dass diese Art Leben als Konzept in Büchern beschrieben ist. Hill nennt das Konzept *Perpetual Traveller*. Ich mag die Bezeichnung nicht, deshalb habe ich sie bisher vermieden. Sie trifft einfach nicht zu. *Perpetual Traveller*, der ständig Reisende? Das mag für einen internationalen Geschäftsmann passen, für den Manager eines Weltkonzerns, einen Außenminister und jeden x-beliebigen Menschen, der sich das ziemlich dämliche Ziel gesetzt hat, möglichst viele Stempel im Pass zu haben, ohne dass er viel über die dazugehörigen Länder weiß, weil er ja immer nur ein paar Tage dort ist. Mit dem Leben, von dem hier die Rede ist, hat das nichts zu tun.

Andere sprechen von der *Flaggen-Theorie*, was auch Unsinn ist. Was bitte hat das mit Flaggen zu tun, und wieso Theorie? Es ist genau das Gegenteil davon: eine überaus nützliche Praxis, nach der nur wenige Menschen leben, und das ist auch gut so. Natürlich weiß ich aus dem Marketing-Einmaleins für Anfänger, dass es sinnvoll ist, für das, worüber ich schreibe, einen zündenden Namen zu finden. Sie kennen das aus der Werbung, wo es manchmal funktioniert und oft auch nicht, und Sie kennen es aus der Politik. Regierungen, Parteien oder ihre Werbeagenturen sind Meister darin, für oft sehr hässliche Pläne und menschenfeindliche Entscheidungen Namen zu finden, die uns unseren Untergang als angenehm und vorteilhaft verkaufen sollen. Manche nennen das *Orwell'schen Neusprech*. Ich weiß, was Namen bewirken, aber ich habe für dieses sinnvolle Konzept einfach keine sinnvolle Bezeichnung gefunden, die es wirklich trifft – außer eben *Richtig Auswandern*, denn darum geht es ja.

Mit Hill traf ich mich 2007 in Nizza, wo er den Sommer verbrachte. Ich wollte die aktuelle Neuauflage seiner Trilogie übersetzen und auf Deutsch vertreiben. Keine Namen, keine Einzelheiten, keine Fotos – das waren seine Bedingungen für dieses Treffen. Wenn Sie seine Trilogie gelesen haben, verstehen Sie, warum. Es war eine zähe Unterhaltung. Er erzählte mir aus seinem Leben. Nach jedem zweiten

Satz sagte er mir, ich soll das lieber nicht schreiben. Wir saßen in der Cafeteria meines Hotels. Er bestellte ein Wasser und einen Salat in fließendem Französisch, das ist nicht alltäglich für einen Ami. Amerikaner? »Schreib lieber Engländer«, sagte er mir.

Er hat Jura studiert, erzählte er, sogar mit Doktortitel. Ob in England oder USA, verriet er nicht. Er arbeitete als junger Anwalt in einer bekannten US-Kanzlei. Er liebte das gute Leben, sagte er. Autos. Frauen. Honorarkonsul eines afrikanischen Staates. Er verriet mir sogar den Namen des Landes, »aber schreib das lieber nicht ...«. Diskretion? Sinnvolle Vorsicht? Paranoia? Na ja, Sie wissen ja: Dass wir unter Verfolgungswahn leiden, heißt noch lange nicht, dass keiner hinter uns her ist.

Frauen, sagte er, haben sein Leben verändert. Um genau zu sein, die Scheidungen von ihnen. Trennungen sind teuer in den USA. Er musste mehr Unterhalt zahlen, als er verdiente. Er war pleite. Ein halbes Leben sei das inzwischen her. Wie alt war der Mann eigentlich? Schwer zu sagen. 75 plus, schätzte ich.

Hill verließ die USA, zog in der Welt herum. Er gab seinen Pass zurück, besorgte sich einen anderen. Er verdiente ein Vermögen mit Immobilien und anderen Geschäften, später als Autor. Wie er das gemacht hat, hat er genau aufgeschrieben. Er lebte in einigen Dutzend Ländern. Das Spiel mit den Pässen wurde sein Hobby. Er sammelte sie, wie manche Männer Bierdeckel. Über 50 hatte er in seinem Leben, sagte er, und alle legal. Kein Wunder, dass er das Thema der Zweitpässe so ausführlich in seinen Büchern beschreibt. Er habe sogar ein paar Monate in einem Kloster unter Mönchen gelebt, um einen thailändischen Pass zu bekommen, das sei damals noch möglich gewesen.

»Weißt du was, eigentlich kannst du alles schreiben«, überraschte er mich, als wir uns über seine Trilogie einig waren, »Hill ist sowieso nicht mein richtiger Name.« Namen sind Schall und Rauch, da werden Sie zustimmen, wenn Sie seine drei Bände irgendwann lesen. Wir tranken noch ein Bier und gingen ein paar Schritte durch die engen Gassen der Altstadt von Nizza. Er drückte mir einen Stapel

Manuskripte in die Hand, zum Abdruck in meinem Infobrief. »Viel Glück«, sagte er, bevor er im Gewirr des Feierabends verschwand. Immerhin hatte ich ja seine E-Mail-Adresse und die Nummer seines uralten Nokia-Telefons, das meistens ausgeschaltet war.

Im Zug nach Barcelona hatte ich acht Stunden Zeit. Ich blätterte in seinen Manuskripten. *Save your ass and your assets!* stand als Titel über einem davon: Rette deinen Arsch und deinen Besitz. Ich begann zu lesen. Hill hatte in allen Einzelheiten aufgeschrieben, wie er selbst zum *Perpetual Traveller* wurde. Sein Anlass, auf so praktische Art zu leben, war ein Rechtsstreit. Oder drei, um genau zu sein. Es ging darum, dass er schon mit dreißig zwei Scheidungen hinter sich hatte und viel Geld an zwei Frauen überweisen musste, plus Unterhalt für diverse Kinder. Dann kam die dritte Scheidung, in dem Fall nur eine Trennung. Seine dritte Zahlung fiel hoch aus: Er musste 1.000 Dollar pro Woche an seine Expartnerin zahlen. Das war so viel, wie er als junger Anwalt verdiente, mit einem kleinen Unternehmen nebenbei. In den USA wurde damals in Wochen gerechnet. Wochenlohn, Wochenmiete, wöchentliche Alimente. Als er protestierte, gab ihm der Richter den Rat, er müsse halt mehr verdienen.

Es kam noch schlimmer. Als seine ersten Exfrauen von dem Urteil erfuhren, klagten sie mit Erfolg auf höhere Zahlungen: Die Gerichte erhöhten ihren wöchentlichen Scheck von 200 auf 1.000 Dollar. Jetzt hatte Hill feste Kosten von 3.000 Dollar pro Woche, bei 1.000 Dollar Einnahmen nach Steuern. Zum Leben brauchte er ungefähr 500 Dollar, also machte er jede Woche 2.500 Dollar Verlust. Wo sollte er das Geld herkriegen? Und wovon sollte er leben? Sein Problem interessierte die Richter nicht, weil seine Exfrauen behaupteten, er hätte genug Schwarzgeld. Richtig war, dass er hier und da etwas Geld ohne Rechnung kassierte. Das hätte er ihnen nicht erzählen sollen. Aber diese Einnahmen waren nicht regelmäßig. Sie reichten bei Weitem nicht aus, um jede Woche 3.000 Dollar Unterhalt zu zahlen.

Das Gericht gab die Aussagen seiner Exfrauen ans Finanzamt weiter, und dann ging alles sehr schnell. Ehe er sichs versah, waren seine Wohnung und sein Auto weg und die Konten gesperrt. Die Anwälte seiner Frauen stritten sich mit der Steuerbehörde um das wenige, was übrig war. Hill war pleite, außer einem kleinen Sparkonto im Ausland, von dem er keinem erzählt hatte. Seine Geschäfte gingen den Bach runter. Der Tiefpunkt kam, als ihn einer der Richter drei Tage ins Gefängnis schickte, zur Warnung, falls er nicht pünktlich zahlte. Seine Freiheit war in der Hand von drei Richtern. Er hatte keine Wohnung, kein Auto und keinen Ausweg. Oder doch?

Seit einiger Zeit flatterte ihm Werbung ins Haus, in der ein Newsletter Lösungen für Probleme versprach, wie Hill sie hatte. Der Plan, wie sich ein junger Aussteiger ein Leben an der französischen Riviera leisten konnte, erschien ihm absurd und wäre normalerweise im Müll gelandet. Aber seine Lage war alles andere als normal. Vielleicht waren ja ungewöhnliche Maßnahmen gefragt ...

Er füllte die Bestellung aus und bekam den *Harry Schultz Letter*. Der Rat darin war eine einfache Form seines späteren Konzepts als *Perpetual Traveller*. Das Fazit lautete: »Wenn du mit der Steuer Probleme hast, deren Lösung viele Jahre deines Lebens in Anspruch nehmen kann, dann zieh einfach weg. Verschwinde aus dem Land, das Geld von dir will, und deine Probleme lösen sich in Luft auf.«

Harry Schultz gab noch andere Tipps, die Hill nützlich vorkamen: Such dir einen Wohnsitz, wo es keine oder kaum Steuern gibt ... zieh in ein Land, das absurde Gerichtsurteile anderer Länder ignoriert und Justizopfer nicht ausliefert ... nutze einen der vielen Wege, um im Ausland Geld zu verdienen ... stell dein Leben auf internationale Füße ... verlege rechtzeitig deinen Besitz in Länder, wo das Bankgeheimnis, das Wetter, die geschäftlichen Chancen, die Sexualmoral, das Justizsystem und alles, was auch immer dir nicht passt, deinen Vorstellungen eher entspricht als in der Gegenwart.

Das hat Harry Schultz vor über 60 Jahren geschrieben. Heute ist es etwas komplizierter. Damals zog Hill die Sache durch. Wenig später hatte er einen legalen neuen Pass und ein Geschäft, das er überallhin mitnehmen konnte. Er lebte in Dutzenden Ländern. Er ist überzeugt, dass es die beste Entscheidung seines Lebens war. Seine Notlage hatte ihm den Weg zu einem besseren Leben gezeigt. Seinen Kindern schickte er aus dem Ausland so viel Geld, wie er übrig hatte. Später besuchten sie ihn ab und zu in Asien, Südamerika oder Europa. Zwei der drei Mütter rechnen es ihm heute hoch an, dass er seinen Teil zu den Kosten beisteuerte. Im Ausland konnte er neu anfangen. Er konnte zwar nicht so viel zahlen, wie den Kindern nach Meinung der Richter zustand, aber wenn es nach der US-Justiz gegangen wäre, hätte keines der Kinder jemals einen Cent von ihm gesehen.

Hill rät jedem, auf die gleiche Weise ein freieres Leben zu führen. Er wollte nicht länger von Bürokraten und Richtern schikaniert werden. Er konnte sich nicht leisten, seine Verteidigung zum Fulltime-Job zu machen und seine Ersparnisse gierigen Anwälten in den Rachen zu werfen. Er hatte keine Lust, sich jahrelang nur darum zu kümmern, wie er den Gang hinter Gitter vermeiden konnte, je nach Lust und Laune eines Richters. So wie er damals sollte jeder sein Leben zu seinem eigenen Schutz und Nutzen gestalten, meint er.

Warten Sie nicht, bis Sie jemand fertigmachen will, rät er. Es sei ja nicht unangenehm oder beschwerlich, die nötigen Schritte zum Selbstschutz vor der Obrigkeit zu tun. Dieser ganze Weg bis hin zum Idealzustand sei voller interessanter Abenteuer, neuer Erkenntnisse und angenehmer Bekanntschaften. Am Ende stünden wichtige Ziele: Höheres Einkommen, ohne dafür mehr zu arbeiten. Weniger Steuern. Neue Freunde und Bekannte. Und vor allem sage Ihnen keiner mehr, was Sie zu tun haben. Jetzt seien Sie Ihr eigener Herr.

Jeder könne aus seinem fremdbestimmten Leben ausbrechen. Vieles von dem, was uns Eltern und Lehrer eintrichtern und an Lebensweisheiten oder »normalem« Verhalten mit auf den Weg geben, sei schlichtweg falsch. Unser Schicksal sei nicht vorherbestimmt. Wir könnten es in die Hand nehmen. Wir könnten aus einer trüben, aussichtslosen Existenz an einem todlangweiligen Ort ausbrechen. Wir könnten aus einer misslungenen Partnerschaft ausbrechen und unser Glück finden, auch in höherem Alter. Es gebe keinen Grund, nicht den Koffer zu packen und sich von einem Ort, an dem wir unzufrieden sind, an einen anderen umzuziehen, an dem wir schon immer leben wollten.

Für die meisten von uns – von Ihnen – gebe es ein Paradies irgendwo da draußen. Wenn Sie es finden, könne sich Ihr Leben von Grund auf ändern. Es gebe Paradiese zum Geldverdienen, Paradiese für Naturfreunde, Sexparadiese, Paradiese für den Lieblingssport. Strände mit Sonne und weißem Sand, perfekte Wellen für Surfer, besten Pulverschnee für Skifahrer, wunderschöne Natur für Wanderer. Wenn Ihr Glück davon abhängt, täglich Ihren Joint zu rauchen, gebe es auch dafür Orte wie Amsterdam oder Kathmandu, wo es kein Gesetz verbiete. Sogar Menschen dürfen Sie ungestraft umbringen, wenn Sie das befriedigt: In dem Fall seien Sie richtig in der Army, beim Geheimdienst oder in der hohen Politik.

Hills Rat: Halten Sie sich immer ans Gesetz – aber vergessen Sie nie, dass Gesetze von Menschen gemacht sind. Jedes Land habe andere Gesetze, zum Teil mit drastischen Unterschieden. Irgendwo gebe es immer ein Land, wo Sie ungestraft tun dürfen, was zu Hause verboten ist. Wenn es in der Heimat Gesetze gibt, mit denen Sie nicht einverstanden sind, oder wenn Ihr Land Ansprüche an Sie stellt, die Sie nicht erfüllen können oder wollen, warum leben Sie dann noch da? Wenn Sie in Ihrem Land irgendwas nervt, das Sie nicht länger mitmachen wollen – ja dann packen Sie doch einfach Ihren Koffer.

Ganz wichtig zu wissen sei, dass Ihr Geld Ihnen gehört. In vielen Ländern überwiege die Ansicht, es sei Aufgabe der Regierung, Vermögen umzuverteilen von den produktiven Bürgern in die Hände der Bürokraten und Politiker. Was die nicht selber einstecken, lande bei den weniger Begünstigten oder bei der ohnehin unermesslich reichen Geldelite. Es sei nichts gegen ein Leben in einem sozialistischen Land zu sagen, wenn es das ist, woran jemand glaube und womit er glücklich sei. Wer freilich als Geschäftsmann Erfolg haben und die Früchte seiner Arbeit genießen will, der denke immer daran, dass erfolgreiche Geschäftsleute aus Norwegen, Schweden und Finnland, wo Steuern und Regulierung unerträglich seien, früher oder später alle ihr Land verlassen. Ingvar Kamprad wäre nie mit einer Billigschreinerei einer der reichsten Männer der Welt geworden, wenn er in Schweden geblieben wäre, statt frühzeitig in die Schweiz zu ziehen. Der Trend, wie ihn Ayn Rand in ihrem Klassiker *Atlas Shrugged* beschreibt – auf Deutsch *Der Streik* – sei in den USA und der EU nicht mehr zu übersehen. Reiche und Produktive verschwinden aus den Hochsteuerländern, und mit ihnen ihr Vermögen und ihr Wissen. Zurück blieben die Faulen, Unfähigen, Unproduktiven – der Bodensatz eines jeden Landes, der gewohnt sei, als Parasiten von dem zu leben, was andere verdienen, und mit ihnen sozialistische Politiker, die das alles möglich machen. Die würden inzwischen überall den Ton angeben, auch bei den sogenannten Konservativen.

Gibt es irgendwas auf der Welt, was Sie gern tun oder sehen würden? Nehmen Sie sich ein Stück Papier. Schreiben Sie Ihren Wunschzettel, rät Hill. Was würden Sie tun, wenn Sie nicht durch Beruf, Geschäft, Familie oder Schulden gebunden wären? Wenn Sie glasklar sehen, was Sie wollen, gehen Sie ins Detail und arbeiten Ihren Plan aus. Vermutlich werden Sie feststellen, dass es Mittel und Wege gibt, wie Sie Ihre Ziele in relativ kurzer Zeit in die Tat umsetzen.

Wenn Sie sich immer nur treiben lassen, ohne zu wissen, was Sie wollen und in der Hoffnung, die Chance Ihres Lebens werde sich schon irgendwann bei Ihnen melden, sei Besserung eher nicht in Sicht. Auf die Weise machen Sie sich Ihre Zukunft selber kaputt. Erfolgreiche Menschen hätten klare Ziele und konkrete Pläne, wie sie diese erreichen. Wenn Sie was erreichen wollen, sollten Sie wenigstens wissen, was es ist. Also tun Sie's jetzt. Schreiben Sie auf, was Sie erreichen wollen, und die realistischen Wege dorthin. Nichts könne Sie aufhalten, wenn Sie sich nicht aufhalten lassen. Lassen Sie nicht zu, dass Ihr Zögern Ihre Zukunft ruiniert.

Ein Problem in unserer westlichen Welt sei es, dass unsere Regierungen keine freien Bürger wollen. Sie mögen nicht, dass Menschen ihr Geld und ihr Leben selber kontrollieren. Sie zwingen uns, unser Einkommen für Buchhalter und Berater auszugeben und unsere Zeit mit dem Ausfüllen von Formularen und Erklärungen zu vergeuden. Wenn wir genug Geld verdienen, können wir zwar leben, wie es die meisten Reichen tun. Aber wir müssten in Kauf nehmen, weit mehr als die Hälfte unseres Einkommens unserer Regierung zu geben. Doch selbst wenn wir das tun, wenn wir die besten Berater bezahlen, um bei den vielen Steuern ja keinen Fehler zu machen, sei das noch lange keine Garantie gegen falsche Vorwürfe, Beschuldigungen und Anklagen. Die westliche Welt sei voller ehrgeiziger Staatsanwälte, die aus ihrer Anonymität heraus Karriere machen wollen. Nicht selten suchten sie selbst den Absprung in die Politik, und ein guter Weg dahin sei es, ein paar reiche und prominente Opfer fertigzumachen. In Deutschland, England, vielen anderen EU-Ländern und den USA müsse jeder bekannte und vermögende Bürger ohne Beziehungen in die hohe Politik mit dieser ständigen Bedrohung leben.

Der Ausweg sei ein unauffälliges Leben, so wie er es führe, ist Hill überzeugt. Wer so unvernünftig ist und einen Ferrari vor seiner Villa braucht, ziehe am besten in ein Steuerparadies. Dort müsse er sich zwar auch Sorgen wegen der üblichen Einbrecher, Entführer, Räuber und Betrüger machen, aber wenigstens falle die Bedrohung und Belästigung durch die Behörden weg.

Diese Lebensart, von der wir hier reden, sei wie geschaffen für die Minderheit vernünftiger Menschen mit hohen und mittleren Einkommen. Geld verdienen, ohne Aufsehen zu erregen, sei Teil dieses Konzepts. Viele würden es gerne umsetzen, aber sie könnten sich nicht vorstellen, wie sie in Ländern, in denen sie sich überhaupt nicht auskennen, ihren Lebensunterhalt verdienen sollten, geschweige denn vermögend und finanziell unabhängig werden. Für sie alle hat Hill den Rat, den ich nur unterschreiben kann:

Tun Sie's einfach! Schieben Sie Ihre Bedenken beiseite. Mieten Sie sich sechs Monate ein Apartment in einer europäischen Metropole, die Ihnen gefällt. Meistens trete bald eine wunderbare Verwandlung ein. Sie würden Zuversicht und Selbstvertrauen entwickeln. Eine neue Welt tue sich auf, mit unbekannten Chancen, wenn Sie

Ihre neue Umgebung mit offenen Augen sehen. Neue Geschäftsideen und Kontakte würden in Ihr Leben treten. Wenn Sie etwas Geschick dafür entwickeln, die richtigen Menschen miteinander in Kontakt zu bringen, könnten Sie ein komfortables Leben als Vermittler führen. Laut Hill habe schon Ernest Hemingway gestaunt, wie er in jedem Straßencafé in Paris mehr interessante Menschen getroffen habe als in seinem ganzen Leben vorher. Das ist viele Jahre her, aber das Prinzip stimme noch heute. Wenn Sie Ihr neues Leben aufgeschlossen angehen, würden Sie bald merken, dass Sie in aller Welt auf mehr internationale, ortsunabhängige Geschäfte stoßen, als Sie jemals abzuwickeln in der Lage seien.

Irgendwann würden Sie sich mit Freude an den Tag erinnern, als Sie Ihren Job verloren: Es sei Ihr Glückstag! Ihre Entscheidung, nie mehr für einen Chef zu arbeiten, sei der erste Schritt zu einem zufriedenen Leben in finanzieller Unabhängigkeit. Dabei sei unwichtig, ob der Schritt freiwillig zustande komme oder nicht. Egal ob Sie rausfliegen oder Ihr Arbeitgeber pleitegeht, es bleibe immer die Tatsache, dass Sie von der Entwicklung profitierten. Nach Hills Erfahrung sei es in zwei Jahren zu schaffen, finanziell unabhängig zu werden. Bei einigen gehe es auch schneller. Andere schaffen es nie.

Zwei Jahre ab wann? Laut Hill ab dem Tag, an dem Sie sich das Ziel gesetzt haben und alles dafür tun, um es zu erreichen. Von dem Tag an, an dem Sie Ihre Zeit und Energie dafür verwenden, Ihre Marktlücke zu finden und eine bestimmte Zielgruppe mit einem Produkt oder einem Service zu versorgen, wovon Sie etwas verstehen, wozu Sie stehen und was Ihnen Spaß macht.

Es gebe keine goldene Regel für Erfolg und Zufriedenheit im Leben, die für jeden gilt. Die einen führen mit wenig Geld ein glückliches Leben. Sie haben wenig Ansprüche, brauchen keinen Luxus. Sie geben wenig Geld aus und setzen sich nicht selbst unter Erfolgsdruck. Andere brauchen gerade diesen Zwang. Bei ihnen stellt sich Erfolg nur ein, wenn sie dazu gezwungen werden. Jeder müsse seinen Weg selbst finden – aber es könne so falsch nicht sein, wenn Sie sich vor jeder Geldausgabe überlegen, ob diese wirklich nötig ist. Finanziell unabhängig werde nur, wer dauerhaft mehr Geld einnimmt, als er glaubt, ausgeben zu müssen.

Wenn Sie den Absprung aus dem Job und dem Alltag schaffen, würden Sie von Ihren Freunden und Kollegen viele Zweifel und Bedenken hören. Viele würden Sie um Ihr neues Leben beneiden, aber nur wenige würden Ihnen das sagen. Sie würden Sie fragen, wie Sie das jetzt mit der Rente machen. Oder ob Sie noch ganz dicht sind, in dieses oder jenes Land zu ziehen. Alle hassen ihre 40-Stunden-Woche, ihren Vorgesetzten und die viel zu hohen Steuern, aber die wenigsten würden daraus die Konsequenzen ziehen. Das Leben der Masse sei die Routine und ihr Ziel der Ruhestand. Wer als Geschäftsmann Erfolg haben will, müsse sich eine weit verbreitete Unsitte abgewöhnen: Er müsse aufhören, ein Konsument zu sein, wie ihn sich Politik und Geschäftswelt wünschen. Niemand komme zu Vermögen, wenn er sich darauf konzentriert, Statussymbole zu sammeln. Noch schlimmer sei ein Konsumentenkredit. Ratenkauf sei der sicherste Weg in die Abhängigkeit von Bank und Arbeitgeber. Glücklich würden Sie damit nur Ihren Staat machen, denn der liebe abhängige Arbeitstiere und Steuersklaven.

Der erste Schritt raus aus Ihrer Tretmühle in ein freieres Leben sei es, mit dieser Abhängigkeit Schluss zu machen. Das beginne damit, dass Sie Geld ab sofort nur noch investieren – und nie mehr für Dinge ausgeben, die sofort nach dem Kauf an Wert verlieren. Viele verbänden finanzielle Freiheit mit einer Luxusvilla, Hausangestellten, teuren Autos und einer Yacht. Dabei sei das alles nur Fassade, die abhängig mache. Freiheit dagegen sei Unabhängigkeit: vom Arbeitgeber, vom Gehalt am Ende des Monats, von der Bank, vom Finanzminister. Freiheit sei es zu tun, was Ihnen Spaß macht, was auch immer das sein mag: Reisen, Schreiben, Lesen, kreativ tätig sein, ein aktiveres Liebesleben oder was auch immer. Besitztümer, Haustiere, Angestellte, Internate für die Kids und der Rolls Royce in der Garage würden Sie unnötig festnageln.

Hill fällt es schwer, den Sinn des Lebens darin zu sehen, die Nachbarn zu beeindrucken und die Mutter stolz auf ihren Sohn zu machen.

Hill sagt absichtlich Sohn, weil Frauen, die es zu etwas bringen, seiner Meinung nach vernünftiger handeln. Sie hätten es nicht nötig, Männer zu beeindrucken. Hill weiß, was er da sagt, denn das war sein eigenes Leben, als er jünger war, vor seinen diversen Scheidungen. Gebracht hat es ihm nichts. Auf die Art Eindruck zu machen koste nur Geld und schaffe Neid, weiß er heute aus Erfahrung.

Wichtig sei, dass Sie Ihre Energie effektiv nutzen. Es gebe Geschäfte, da komme schon nach wenigen Tagen Geld herein. Mit einem einzigen Anruf, kostenlos per Skype, würden Sie oft mehr verdienen, als Ihnen nach zehn Jahren Arbeit als Angestellter übrig bleibe. Zuerst müssten Sie aber aufhören, wie ein Verbraucher zu denken und zu handeln. Wenn Sie den ganzen Tag nur von den schönen Dingen träumen, die Sie sich bald kaufen, würden Sie das Pferd vom Schwanz her aufzäumen. Natürlich sollten Sie nicht wie ein Bettler leben. Sie könnten Dinge kaufen, die Spaß machen oder das Leben erleichtern. Es dürfe aber nie Ihr Ziel sein. Ihr Denken müsse dahin gehen, wie Sie Produkte und Dienstleistungen verkaufen – und nicht, wie Sie diese konsumieren. Nur so würden Sie ein Unternehmen aufbauen, das Sie finanziell unabhängig macht.

Geben Sie nur Geld aus, wenn es eine Rendite erzielt. Geben Sie nur einen Euro aus, wenn Sie damit zwei Euro einnehmen. Für Unternehmer sei Geld ein Werkzeug. Das werfe kein kluger Mensch weg. Keiner gebe es freiwillig aus der Hand. Benutzen Sie es mit Verstand, damit es seinen Zweck erfüllt. Machen Sie eine Liste Ihrer laufenden Kosten. Überlegen Sie, wie Sie diese reduzieren. Beginnen Sie bei den großen Posten, wie der Krankenversicherung. Dafür geben Deutsche mehr als in jedem anderen Land der Welt aus, mit Ausnahme der Amerikaner. Dabei zahle die teure Versicherung ohne Wohnsitz in Deutschland gar nicht so einfach.

Das Reduzieren laufender Kosten sei genauso wichtig wie das höhere Einkommen. Menschen neigten dazu, mit mehr Geld mehr unnötige Dinge zu kaufen. Wer mehr verdient, gibt mehr aus, so die Praxis. Aber nur wer von seinem Einkommen einen Großteil mit Gewinn anlegt, habe irgendwann die Freiheit, eine Auszeit zu nehmen, die Welt kennenzulernen und neue, internationale Unternehmungen zu starten. Der erste Schritt zu finanzieller Freiheit sei es, kein Geld für Dinge auszugeben, die Sie nicht haben müssen. Fassen Sie diese Vorsätze und bleiben Sie standhaft:

— Zahlen Sie nie mehr die Schulden auf Ihrer Kreditkarte in mehreren Monatsraten. Kaufen Sie nie mehr Reisen, Konsumgüter und Statussymbole auf Kredit.

— Nutzen Sie jede Möglichkeit, laufende Kosten zu senken. Werfen Sie nie mehr Geld für unnötigen Firlefanz zum Fenster raus.

— Besorgen Sie sich Dinge, die Sie nicht unbedingt brauchen, im Tausch gegen eigene Waren oder Dienstleistungen. Wenn Ihnen das nicht gelingt, verzichten Sie lieber darauf.

Beginnen Sie Ihr neues Leben mit diesen Prinzipien, oder Sie kommen finanziell auf keinen grünen Zweig. Wer für Schnickschnack mehr ausgibt, als er einnimmt, werde scheitern. Wer als sein eigener Chef dauerhaft Erfolg haben will, könne nicht von der Hand in den Mund leben. Er brauche Rücklagen für Investitionen, Fehler und falsche Entscheidungen, für Krisen und Durststrecken, das zeigt gerade Corona ganz deutlich. Sollten Sie aktuell ohne Einkommen sein und Geldsorgen haben, weiß Hill ebenfalls Rat:

— Leisten Sie sich immer noch Dinge, die Sie nicht brauchen? Wenn für Ihr Auto Raten offen sind, geben Sie es der Bank. Vor allem in großen Städten muss keiner unbedingt ein Auto haben.

— Vielleicht können Sie mietfrei wohnen, indem Sie an Ihrem Gebäude Hausmeisterarbeiten erledigen. Das geht auch im Ausland, indem Sie bei längerer Abwesenheit der Bewohner auf Häuser aufpassen und den Garten in Ordnung halten.

— Wenn Sie lohnende Arbeit finden, nehmen Sie sie an. Arbeiten Sie gleichzeitig am eigenen Unternehmen. Speziell im Internet ist es oft sinnvoll, das eigene Projekt zu beginnen, während Sie einem Job nachgehen. Erst wenn der Erfolg da ist, werfen Sie den Job hin.

— Erste Schritte zum eigenen Unternehmen dürfen nicht Miete und edle Ausstattung eines Büros sein. Der Punkt ist, ein Produkt oder eine Dienstleistung zu finden, wofür Bedarf da ist. Danach überlegen Sie sich, wie Ihr Angebot am besten zum Kunden kommt. Das alles sind Dinge, die keinen Cent kosten und für die Sie erst mal kein Büro brauchen. Ein Online-Unternehmen können Sie auch später problemlos aus der eigenen Wohnung führen.

— Erst wenn Ihr Unternehmen die Startphase überwunden hat und Sie Ihre Chancen positiv sehen, ziehen Sie in Erwägung, einen Teil Ihrer Erträge nachzuschießen, um den Umsatz zu steigern.

— In der Zwischenzeit machen Sie es wie die meisten reichen Menschen zu Beginn Ihrer Karriere: Gehen Sie nicht planlos einkaufen. Kommen Sie nicht mit Spontankäufen heim. Wenn Sie eine Markenjeans für 200 Euro brauchen, kaufen Sie die gleiche Jeans auf dem Flohmarkt oder im Secondhandshop für 20 Euro.

Was Hill bei unserem ersten Treffen am Leib trug, sah ordentlich aus und hat keine 100 Euro gekostet. Niemand hielt ihn für einen Vagabunden, aber er fiel auch keinem auf. Das sei gut so, sagt er. Wer aus der Menge heraussticht, habe größere Chancen, als Opfer ausgesucht zu werden. Hill verhält sich wie ein Chamäleon. Sein Einkommen ist unsichtbar. Wer ihn sieht, kommt nicht auf die Idee, dass er überhaupt ein Einkommen hat. Er hat nichts von den Dingen, die für viele Menschen der Mittelschicht so wichtig sind, dass sie sich dafür verschulden: keine Markenkleidung, keine teuren Zigarren, keine Nike-Turnschuhe für die Kinder, kein Netflix, kein Tablet der neuesten Generation, keinen Mercedes oder BMW und keine Harley-Davidson für den Sommer. Nichts, was für viele unverzichtbar ist.

Aber er legt Wert auf gutes Essen mit hochwertigen Zutaten. Er kocht oft selbst, das kostet 10 Prozent im Vergleich zum Gourmettempel. Und er reist viel. Er folgt dem Sommer von Europa nach Asien oder Südamerika. Natürlich sucht er günstige Angebote, etwa Plätze auf Kreuzfahrtschiffen, die im Herbst von Europa aus in wärmere Meere fahren und über den Winter dort bleiben. Guten Wein hat er sich auf Jahre gesichert, indem er einem Freund in Italien bei der Ernte der Trauben half. Da war er an der frischen Luft und hatte

Spaß. Das war für ihn keine Arbeit, aber jetzt sei er zu alt dafür. »Bin ich deshalb ein Schnorrer oder armer Schlucker?«, fragt er. Es ist eine rhetorische Frage. Er fühlt sich nicht so. Er macht sich einen Spaß daraus, von einem Bruchteil seines Einkommens gut zu leben. Wer ihn nicht kennt, würde nie auf die Idee kommen, dass er ein nicht unerhebliches Einkommen bezieht und locker von den Erträgen seiner Anlagen leben könnte, ohne einen Finger krumm zu machen. Von seiner Trilogie hat er über tausend Exemplare für 500 Dollar verkauft, sagt er. Wenn er Interessenten persönlich berät, macht er es nicht unter 15.000 Euro.

Für alles gebe es auf der Welt irgendwo einen Markt – das sei das Erste, was Ihnen in Ihrem neuen Leben klar werden müsse. Die Welt ist klein geworden, dank Internet. Wenn Sie ein Mensch einfacher Bedürfnisse sind, können Sie im richtigen Land mit einem Einkommen aus einer Teilzeitarbeit gut leben. Da bleibt Ihnen viel Zeit für alles, was Ihnen Spaß macht. Tun Sie einfach, was Sie schon immer tun wollten, rät Hill. Wollten Sie immer wie Dalí Bilder malen und mit Ihrem Aktmodel ins Bett gehen? Tun Sie's einfach. Anders sehe es aus, wenn Sie vom Verkauf der Bilder leben wollen. Da könne ein Kunststudium nicht schaden, oder wenigstens etwas Kreativität und handwerkliche Begabung – und wie in jeder Branche Talent als Verkäufer und die Fähigkeit, sich selbst zu vermarkten.

Das sei mit allem so, was Spaß macht. Als Hobbygärtner können Sie pflanzen, was Sie wollen. Wenn Sie dagegen von Blumen, Gemüse, Edelholz oder Cannabis leben wollen, bräuchten Sie Kenntnisse als Verkäufer. Da werde Vergnügen schnell zur Arbeit. Viele Kleinunternehmer bewegen sich laut Hill auf dem schmalen Grat, zum Sklaven ihrer Kunden zu werden. Wenn ein Unternehmer von wenigen großen Kunden abhängig ist, sagt ihm jeder von denen, was er zu tun habe – und nimmt so die Rolle des ungeliebten Chefs ein.

Mit der Freiheit als Kleinunternehmer sei es so, dass Sie, wenn Sie nicht höllisch aufpassen, plötzlich statt einem Chef viele haben: Ihre Kunden. Nur wenn Sie diese mit Ihrem Angebot zufriedenstellen, werden aus ihnen Stammkunden. Die Zufriedenheit Ihrer Kunden entscheide also am Ende darüber, ob Ihr Traum vom erfolgreichen Unternehmer in Erfüllung geht.

Trotz oder wegen seiner hohen Honorare hat Hill unzählige Menschen beraten, die mit irgendeinem Aspekt ihres Lebens unzufrieden sind. Oft haben die Probleme mit Partnerschaft zu tun, da klingt sein Rat vor dem Hintergrund teurer Scheidungen für viele etwas drastisch. Wenn Ihr Partner nicht mitzieht, suchen Sie sich einen neuen, sagte er auch dem am Anfang dieses Kapitels erwähnten Klienten. Er hat seinen Rat befolgt. Heute ist er ein glücklicher Single.

Andere Menschen in Hills Alter sind längst in Rente oder tot. Ihn hält der Umgang mit Menschen jung und geistig fit. Dass er nie in eine Rentenversicherung einbezahlt hat, die es ihm ermöglicht hätte, ab sechzig auf dem Sofa zu liegen oder im Park die Tauben zu füttern, hat sich für ihn als Segen erwiesen.

Geben Sie Ihren Job auf, ziehen Sie ins Ausland und denken Sie nicht länger wie ein Angestellter und Konsument, sondern ab sofort wie ein erfolgreicher Unternehmer, sagt er und rät aus der Praxis:

1. Finden Sie einen Bedarf und decken Sie diesen. Das ist das Prinzip jedes erfolgreichen Unternehmens. Hier die Einzelheiten ...

2. Stellen Sie sicher, dass Ihre geplante Aktivität keine spezielle Lizenz, Genehmigung, Ausbildung oder akademischen Titel benötigt. Wenn die Regierung oder Stadtverwaltung am Ort Ihrer Wahl Wert darauf legt, Ihre Branche besonders zu regulieren und mit speziellen Auflagen zu komplizieren, lassen Sie die Finger davon. Lassen Sie sich nie auf Kraftproben ein, die Sie nicht gewinnen können. So was kostet nur Ihre Nerven und Ihr Geld.

3. Entscheiden Sie sich für ein Geschäft, für das Sie keine teuren Anschaffungen brauchen. Auch wenn Sie das Geld dafür haben, kaufen Sie am Anfang weder Immobilien noch teure Maschinen oder Firmenautos. Richten Sie kein Büro und keinen Laden ein. Wenn von kaufen die Rede ist, so gilt das auch für leasen. Verzichten Sie am Anfang auf Angestellte. Was Sie nicht selber erledigen wollen oder können, vergeben Sie an selbstständige Subunternehmer.

4. Entscheiden Sie sich für ein Geschäft, bei dem Umsatz und Gewinn nach oben offen sind. Wenn Sie ein Restaurant betreiben, haben Sie eine begrenzte Anzahl Sitzplätze, die Sie maximal zweimal oder dreimal am Abend besetzen können. Verkaufen Sie dagegen das neuartige Konzept Ihres Restaurants als Franchise-System, ist die Zahl potenzieller Kunden unbegrenzt. In dem Fall steht Ihnen mit der richtigen Organisation die ganze Welt offen.

5. Was auch immer Sie tun, sollte an anderen Orten im In- und Ausland beliebig wiederholbar sein. Vergeuden Sie Ihre Energie nicht mit Dingen, nach denen nur ein kleiner regionaler Bedarf besteht.

6. Vermeiden Sie Dinge, die zu spezifisches Fachwissen erfordern, wenn Sie nicht selbst ein Fachmann auf dem Gebiet sind.

7. Mit der Konkurrenz ist es so eine Sache. Viele halten es für einen Vorteil, wenn sie mit Ihrem Angebot konkurrenzlos sind. Aber gerade im Internet zeigt die Zahl vorhandener Anbieter, ob es überhaupt einen Markt für Ihre Geschäftsidee gibt. Sie wären nicht der Erste, der mit einer neuen Idee an einem Ort zu früh dran war. Wenn Sie einen handwerklichen Service anbieten, werden Sie selten der Erste sein. In dem Fall reicht es meistens, wenn Sie zuverlässiger und ehrlicher arbeiten als andere.

8. Finden Sie den richtigen Mittelweg zwischen wichtigem Marketing und unnötigem Aufsehen. Die natürlichen Feinde jedes erfolgreichen Unternehmers sind Konkurrenten, Neider, Bürokraten und Behörden, Trittbrettfahrer und Nachahmer, Diebe, Betrüger und Schutzgelderpresser. Je früher Sie mit solchen Leuten Probleme kriegen, desto gefährlicher ist das für ein Unternehmen in der Aufbauphase. Gerade kann am Anfang in unbekannter Umgebung aggressive Werbung gefährlich sein – außer im Internet.

9. Vergessen Sie nie, dass Ihnen Ihre Tätigkeit Spaß machen muss. Verdienen Sie Ihr Geld mit Dingen, die Sie interessieren und begeistern. Die Sie notfalls sogar tun würden, wenn Sie nicht dafür bezahlt werden. Sind Sie ein guter Organisator? Sind Sie ein kreativer Mensch? Ein guter Verkäufer, der den Umgang mit Menschen liebt? Tun Sie, was Ihnen gefällt und am besten liegt.

10. Gehen Sie nichts so verbissen an, dass Sie es nicht aufgeben können, wenn es nicht funktioniert. Läuft ein Unternehmen nicht wie erwartet, prüfen Sie ganz emotionslos, ob es nicht besser ist, es einzustellen. Die Aufgabe eines Geschäfts ist keine Niederlage. Sie ist oft die richtige kaufmännische Entscheidung. Versuchen Sie, aus einem gescheiterten Projekt mit möglichst wenig finanziellem und emotionalem Schaden herauszukommen. Sehen Sie nicht den Verlust, sondern den Gewinn an Erfahrung. Und ganz besonders wichtig: Zögern Sie das Ende eines gescheiterten Unternehmens nie künstlich hinaus, indem Sie sich Geld von der Bank leihen und dafür eigenen Besitz als Sicherheit einsetzen.

11. Tun Sie nichts, was gegen die Gesetze und Vorschriften in dem Land oder am Ort verstößt, an dem Sie sich aufhalten. Kein schneller Gewinn ist es wert, dafür ins Gefängnis zu gehen.

Unter diesen elf Regeln sind eine ganze Reihe Ratschläge, was Sie nicht tun sollen. Da lässt sich mancher, der keine Erfahrung mit selbstständiger Tätigkeit hat, womöglich entmutigen. Bevor Sie jetzt vor lauter Risiken und möglichen Problemen und angesichts drohender Gefahren mit dem Gedanken spielen, sich doch lieber eine feste Arbeit als Angestellter zu suchen, hier die letzte und mit Abstand wichtigste Regel von allen:

12. Suchen Sie nie mehr einen Job, wenn Sie jemals wirklich Geld verdienen wollen.

Scheinaussteiger

Warum unbemerkt leben im eigenen Land keine gute Idee ist

Ein Leben ohne Ärger mit Ämtern und Behörden und ohne Steuer: Wenn das in aller Welt funktioniert, warum soll es dann nicht auch in Deutschland möglich sein, fragen Sie sich vielleicht schon die ganze Zeit. Klare Antwort: Natürlich geht das. Es wird ja tausendfach praktiziert – von unzähligen Ausländern in Deutschland, und auch von vielen Deutschen, über die es freilich keine Statistik gibt. Manchmal fliegt der eine oder andere von ihnen bei seinem Versuch auf, in Deutschland steuerfrei unter dem Radar der Behörden zu leben. Zwei von Ihnen kennen Sie sicher, denn ihre Fälle gingen durch die Presse. Der eine: Boris Becker. Der andere: ein unauffälliger älterer Herr aus München-Schwabing, dazu gleich mehr.

Wie soll das also funktionieren, als Scheinaussteiger im eigenen Land zu leben? Eins vorneweg: Es ist keine Empfehlung – sondern eher eine Warnung. Denn unsichtbar für Behörden an einem Ort in Deutschland leben ist zwar möglich, aber es ist nicht legal. Da verstoßen Sie gegen allerlei Gesetze und leben ständig mit dem Risiko, erwischt zu werden. Vielleicht beruhigt es ja, dass Sie damit nicht alleine sind. Was rund 800.000 illegale Einwanderer schaffen, müsste doch ein Deutscher auch hinkriegen, oder?

Das Prinzip ist nicht neu. Von der Steuer geschröpfte belgische Zahnärzte lebten jahrelang unter Briefkasten-Adressen in Luxemburg und ließen auch ihre teuren Autos dort zu, mit denen Sie in Belgien als Touristen herumfuhren. Speziell in der Nähe von Landesgrenzen gibt es unzählige Varianten, wie sich Pendler auf die Art Vorteile erschleichen. In die Kategorie der Scheinaussteiger gehörte auch Boris Becker. Bei ihm begann es damit, dass ihm sein cleverer Manager Ion Țiriac nach den ersten Tenniserfolgen riet, wegen der Steuer den Wohnsitz nach Monaco zu verlegen, was Becker tat. So weit war alles in Ordnung. Sein Problem war, dass er sich sehr viel weniger am Mittelmeer aufhielt als in München – wo in seinem Fall erschwerend dazu kam, dass mindestens jeden zweiten Tag ein Foto von ihm als Gast einer Party oder eines Münchner Promi-Lokals in der *Bildzeitung* oder *Abendzeitung* erschien. Das machte einem aufgeweckten Mitarbeiter beim Finanzamt München die Arbeit leicht und lehrt uns die wichtigste Regel für jeden, der auf diese illegale Art und Weise Steuern sparen will: Wer unentdeckt leben will, sollte nicht in der Öffentlichkeit stehen und möglichst wenig auffallen. Jeden Tag ein Foto in der Zeitung ist für ein diskretes Leben wenig nützlich.

Dass es trotzdem schiefgehen kann, auch wenn Sie sich vernünftig verhalten und penibel an die Regeln halten, zeigt uns ein anderer Fall, der 2013 als Sensation durch die Medien ging. Es ist die Geschichte des unauffälligen älteren Herren, der bis zum 80. Lebensjahr diskret als Scheinaussteiger in München lebte, bevor er durch einen dummen Zufall doch noch aufflog. Sie erinnern sich: Rolf Nikolaus Cornelius Gurlitt lebte unauffällig in Schwabing in einer 87-qm-Wohnung, die seine Mutter 1960 gekauft hatte. Nachbarn wussten wenig von dem weißhaarigen Mann im schwarzen Anzug. Sie sahen ihn selten. Dann grüßte er immer höflich, mehr nicht. Nur das kleine Schild an der Türklingel verriet seinen Nachnamen.

Gurlitt hatte niemals in seinem Leben gearbeitet. Außer für seine Wohnung hatte er nie Steuern bezahlt. Er war in München nicht gemeldet. Bei keinem einzigen Amt war er bekannt, hatte weder Steuernummer noch Krankenversicherung, bezog keine Rente und kein Hartz IV. Er hatte einen österreichischen und einen deutschen Pass, den er immer im deutschen Konsulat in Salzburg verlängern ließ. Dort war er gemeldet und besaß ein Häuschen, in dem er so gut wie nie nie gesehen wurde. Er führte ein einfaches Leben, wie es unscheinbarer nicht sein konnte. Was konnte da schiefgehen? Und wovon lebte er?

Cornelius Gurlitt war der Sohn des jüdischen Nazikunsthändlers Hildebrand Gurlitt, der ihm einen riesigen Kunstschatz hinterlassen hatte. 1.406 Gemälde lagerte er in der Wohnung in München, stellte sich heraus, als die Polizei seine Wohnung stürmte. Wert der Kunstwerke über eine Milliarde Euro. Wenn er Geld brauchte, verkaufte er irgendein Exemplar in der Schweiz, kassierte meistens in bar und brachte immer etwas Bargeld für sein bescheidenes Leben mit nach München. Er hatte keine Kreditkarte, und von seinem Konto wurden nur die Rechnungen für Wasser und Strom abgebucht. Wie waren sie auf ihn aufmerksam geworden?

Im September 2010 saß Gurlitt wieder mal im Zug von Zürich nach München. Bei einer Kontrolle hinter der Grenze bei Lindau soll er sich angeblich nervös benommen haben. Er wies sich mit einem österreichischen Pass aus. Die Zöllner durchsuchten ihn und fanden in seiner Tasche einen Briefumschlag mit 18 druckfrischen Scheinen von je 500 Euro. Zusammen 9.000 Euro, und damit deutlich unter der Meldepflicht. Alles legal. Er durfte weiterfahren – aber hinter seinem Rücken begannen die Ermittlungen. Im Februar 2012 stürmten 30 Polizisten seine Wohnung und schleppten vier Tage lang seine Bilder raus. Als das Gericht endlich urteilte, dass der Besitz der Kunstwerke rechtens war, war Gurlitt bereits tot.

Sie können alles richtig machen und trotzdem auffallen, dass ist Ihr Risiko, wenn Sie sich entschließen sollten, ein Leben wie das hier beschriebene in Ihrem eigenen Land zu führen. Deshalb ist es aus meiner Sicht nicht sinnvoll, ganz davon abgesehen, dass es verboten ist – aber wie gesagt, der eine oder andere geht eben dieses Risiko ein. Natürlich lebt er dann nicht dort, wo er geboren wurde und wo ihn jeder kennt. Umziehen muss er mindestens, am besten in eine möglichst große, anonyme Stadt. Auch da ist nicht garantiert, dass es dauerhaft funktioniert, weshalb Sie das bitte nicht als Rat oder

Aufforderung verstehen, sondern als Beschreibung, was manche Menschen nun mal tun, auch wenn sie damit die eine oder andere Vorschrift missachten.

Wer Pläne dieser Art hat, kann diese in vielen Ländern der Welt realisieren. In einem fremden Land ist es sicher weniger riskant, weshalb manchem Türken in Berlin das Risiko, irgendwann als illegal im Land lebender Ausländer erwischt zu werden, keine schlaflosen Nächte bereiten wird. In England, Frankreich und den USA gibt es mangels Meldepflicht ein Gesetz weniger, gegen das einer verstößt, der auf die Art lebt. Gerade in den USA ist diese Praxis ziemlich verbreitet. Viele Amerikaner tauchen unter, ohne ihr eigenes Land zu verlassen. Millionen Latinos aus Mittel- und Südamerika leben und arbeiten ohne Papiere im Land. Auch im vereinten Europa ist so ein Leben einfacher geworden, seit durch die Schengen-Regeln solche Dinge nur noch selten kontrolliert werden. Wer also nach dem Konzept dieses Buches leben will und keine Lust hat, alle drei Monate das Land zu wechseln, weil es ihm zum Beispiel in Portugal oder Spanien oder Italien oder Griechenland besonders gut gefällt, dessen Risiko ist überschaubar, auch wenn er seinen Aufenthalt als Urlauber dort jedes Jahr um neun Monate überzieht.

Aber hier geht es ja um den Extremfall, im eigenen Land als Scheinaussteiger zu leben. Wer das vorhat, vielleicht weil ihn Briefe von Behörden nerven oder weil er nicht länger die hohen deutschen Steuern zahlen will, der hat zwei Möglichkeiten. Die eine ist sehr einfach, die andere etwas aufwendiger, aber sicherer. Die einfache besteht darin, sich am bisherigen Wohnort unter dem Vorwand, ins Ausland zu ziehen, abzumelden und den Wohnsitz aufzulösen – und dann statt ins Ausland ganz einfach in eine andere, möglichst große und anonyme deutsche Stadt zu ziehen. Viel mehr ist dazu nicht zu sagen, außer dass so ein Kandidat die wichtigsten Regeln der Diskretion kennen und – was nicht so einfach ist, wie es klingt – auch über die Jahre konsequent einhalten muss. Er müsste eine Wohnung mieten, die er bar zahlen kann. Er könnte keine offizielle Arbeit annehmen, womit nur Schwarzarbeit übrig bliebe, mit dem Geld bar auf die Hand. Ein Auto auf den eigenen Namen ginge auch nicht. Um die vielen großen und kleinen Details zu lernen, die bei so einem vermutlich nicht ganz einfachen Leben zu beachten sind, lässt sich ein Interessent am besten von einem der unzähligen Ausländer beraten, die auf die Weise in Deutschland leben.

Eine Alternative wäre ein Einkommen aus dem Internet, das über eine Firma im Ausland läuft. Weil ein Internetzugang auf den eigenen Namen ausgeschlossen ist, wäre er bei seiner Arbeit auf Freunde angewiesen, oder auf Kneipen mit Internet, die er immer wieder mal wechseln sollte, um nicht die ganze Woche in einem einzigen Lokal zu verbringen. Sein Geld bekäme er mit einer Kredit- oder Debitkarte der Auslandsbank, bei der seine Einnahmen aus dem Internet eingehen. Aber auch wenn er vorsichtig ist und ständig den Geldautomaten wechselt, ist das alles nach Jahren noch nachvollziehbar, falls er aus irgendeinem dummen Zufall einmal auffällt und es zu einer Untersuchung kommt. Der Erfolg würde davon abhängen, niemals aufzufallen und keine Behörde auf sich aufmerksam zu machen.

Damit sind wir bei dem Teil des Plans, der für die meisten Menschen der schwerste sein dürfte. Wer so was erfolgreich durchziehen will, müsste mit seinem bisherigen Leben radikal abschließen. Im Gegensatz zum Wohnsitz im Ausland, wo alte Freunde und Freundinnen gern zu Besuch kommen, dürfte er in so einem Fall keinem aus seinem alten Bekanntenkreis von seinen Plänen erzählen. Alle Kontakte aus seinem früheren Leben müsste er abbrechen.

Er dürfte weder mit alten noch mit neuen Freunden über seine Situation sprechen. Mit Zufallsbekannten nach dem fünften Bier in der Kneipe schon gar nicht. Nicht einmal der neuen Lebensgefährtin oder dem Lebensabschnittspartner dürfte er seine Geschichte erzählen, denn Partnerschaften sind ja bekanntlich nicht alle für die Ewigkeit gemacht. Eine Trennung geht nicht immer friedlich über die Bühne, und da ist es einer ruhigen Zukunft ohne Briefe vom Amt wenig dienlich, wenn der künftige Expartner und womöglich neue Feind über derart sensible Einzelheiten informiert ist.

Erfolg oder Misserfolg hängen davon ab, nicht aufzufallen. Ist eine Behörde erst mal aufmerksam geworden, sind die Probleme da – wobei wie im Fall Gurlitt ein paar Jahre vergehen können, bis es ernst wird. Sobald gegen einen Verdächtigen ermittelt wird, ist der Nachweis, wie lange er an welchem Ort war, heute eine Kleinigkeit. Das geht von den Rechnungen für Strom und Telefon, wie bei Boris Becker, über Internetzugang und Onlineaktivität bis zur Handy-Überwachung, wo die anonyme Prepaidkarte auch keine absolute Sicherheit bietet. Wenn das alles nicht reichen sollte, müsste ein Steuerfahnder nur in der Umgebung herumfragen.

Ein Familienleben mit Kindern ist auf die Weise kaum vorstellbar. Wer so lebt, wäre zwar in Deutschland, aber um welchen Preis? Die angenehmen Dinge des täglichen Lebens sind für die meisten Menschen Bekannte, Freunde, Kontakte, Unterhaltungen, Gespräche, der Stammtisch und so weiter. All das gäbe es für einen Scheinaussteiger nicht wirklich. Es wäre eine Art Leben auf der Flucht, was wenige Menschen auf die Dauer ertragen.

Zum Glück gibt es einen sehr einfachen Weg, wie jeder herausfindet, ob sich so ein trauriges Leben wirklich lohnt, nur um keine Steuern zu zahlen: Er muss es ja nur ausprobieren. Wenn er dann früher oder später merkt, dass er sich das anders vorgestellt hat, kann er ziemlich einfach zurück in die Legalität. Er muss sich nur anmelden und sagen, er komme gerade aus dem Ausland zurück. Und wenn einem sein konspirativer Wohnsitz in der Großstadt nicht gefällt, zieht er eben wieder dahin, wo er hergekommen ist.

Die zweite Variante erfordert etwas mehr Planung und Aufwand. Sie ist aber sicherer und eröffnet unter Umständen im Notfall einige Auswege. Sie beginnt damit, dass Sie Ihr Dasein als Scheinaussteiger genauso planen wie eine Auswanderung. Also exakt wie oben beschrieben. Mit Beendigung der deutschen Steuerpflicht, einem offiziellen Wohnsitz im Ausland, einem oder mehreren Konten im Ausland, einem unabhängigen Einkommen über eine Auslandsfirma, im Idealfall in einer unkomplizierten Steueroase. Die Reisen in die nötigen Länder werden tatsächlich unternommen, und der Interessent baut sich entweder auf dem Papier oder besser in der Realität eine oder mehrere Adressen im Ausland auf.

Der Unterschied zum echten Auswanderer liegt darin, dass der Scheinaussteiger nach einiger Zeit, in der ihn deutsche Behörden vergessen, ausbuchen und von ihren Listen streichen, sein Auslandsabenteuer abbricht und wieder nach Deutschland zieht, wo er sich freilich nicht anmeldet. Am besten wäre es, wenn er ein Domizil in einem anderen Land beibehält und ab und zu etwas Zeit dort verbringt, so wie es unzählige Deutsche in ihren Ferienwohnungen in den Bergen oder am Mittelmeer tun.

Wäre Deutschland ein ganz normales Land, so wäre das eine ganz normale und legale Situation, in der ein Deutscher seine Einkünfte im Ausland versteuert, weil er dort seinen Hauptwohnsitz hat und mehr Zeit zubringt als im eigenen Land. In vielen Staaten der Welt, auch in der EU, kommen in so einem Fall die berühmten 183 Tage im Jahr ins Spiel, die sich jemand aufhalten kann, ohne steuerpflichtig zu werden. Wenn einer dabei ein paar Tage überzieht, ist es meistens auch nicht tragisch, wenn er nicht gerade viele Millionen schwer ist und der Fiskus jeden seiner Schritte peinlich genau überwacht. Davon abgesehen macht sich kaum ein Finanzbeamter die Mühe, über einen Menschen genauer zu ermitteln, den er nicht mal mehr in seiner Kartei hat.

Leider ist Deutschland kein normales Land. Während sich Auswanderer anderer Länder problemlos gewisse Zeit im eigenen Land aufhalten und dort auch meistens eine eigene Wohnung besitzen dürfen, ohne dass sie diese steuerpflichtig macht, kann ein im Ausland lebender Deutscher bereits steuerpflichtig werden, wenn er nur über ein bewohnbares Domizil im eigenen Land verfügt.

Bei einer so strikten Regelung wird es fast verständlich, wenn jemand sein Glück als Scheinaussteiger versucht. Mit einer nachweisbaren Adresse im Ausland, an der er auch ab und zu etwas Zeit verbringt, kann er sich im Fall eines Falles erst mal als Auslandsdeutscher ausgeben, der Urlaub in seiner Heimat macht. Für eine Behörde lebt jemand zunächst einmal dort, wo auf dem Papier sein Wohnsitz ist. Noch besser ist es natürlich, wenn eine Behörde erst gar nicht aufmerksam wird und auf die Idee kommt, sich näher mit einem zu befassen. Der häufigste Grund, warum Behörden anfangen zu ermitteln, sind übrigens anonyme Anzeigen, die nicht selten aus dem persönlichen Umfeld kommen.

Erstes Problem für einen Auswanderer, der nach Deutschland zurückkommt und sich nicht anmelden will, ist die Wohnung. Da muss er oft lange suchen und viel verhandeln. Lösungen gibt es immer, wenn einer hartnäckig sucht. Er braucht einen Vermieter, der die Miete in bar kassiert, nicht auf einer Anmeldung besteht, Strom und Wasser auf seinen Namen laufen lässt und keine Fragen stellt. Das sind viele Voraussetzungen auf einmal, und bei Klärung der Lage wirkt oft eine längere Mietvorauszahlung Wunder.

Vor Jahren, als meine Tochter meinte, sie müsse ein halbes Jahr in Berlin verbringen, flog ich mit ihr hin, um ihr bei der Wohnungssuche zu helfen. Kein Problem, sagten mir Freunde, in Berlin stehen 100.000 Wohnungen leer. Was Sie nicht erwähnten, war die Tatsache, dass alle diese Wohnungen irgendwo waren, wo keiner hin will. Am Ende lösten wir die Sache so, dass wir vom Besitzer des kleinen Hotels, in dem wir zehn Tage wohnten, eines der Apartments mieteten, die er neben dem Hotel besaß. Der Preis war in Ordnung, und sie konnte sofort einziehen, ohne auch nur einen Löffel selber zu kaufen. Sogar Internet gab es und war im Preis inbegriffen. Ich zahlte drei Monate im Voraus bar; mehr interessierte den Vermieter nicht. Es ist nur ein Beispiel, aber es zeigt, dass sich immer irgendeine Lösung findet.

Das gilt auch für das Auto. Vielleicht ist es ja gar nicht nötig in einer Großstadt. Öffentliche Verkehrsmittel sind die einfachste Lösung, denn ein Auto schafft viele Probleme. »Wer die ganze Härte des Gesetzes kennenlernen will, muss nur falsch parken«, sagt Deutschlands bekanntester Polizist Rainer Wendt. Wer aus irgendeinem Grund einmal ein Auto braucht, nimmt sich einen Leihwagen. Oder er bringt ein Auto aus dem Ausland mit. Wer in Spanien nur eine Ferienwohnung mietet, kann dort ein Auto auf seinen Namen anmelden, ohne dass er selbst gemeldet ist. Wenn er damit nach Deutschland fährt, wird sich in Berlin kaum einer darum kümmern, wie lange dieses Auto schon in der Stadt ist.

Ein ortsunabhängiges Einkommen sollte vorhanden sein, bevor sich jemand auf ein Abenteuer als Scheinaussteiger einlässt. Natürlich bietet das Internet die meisten Vorteile, aber es kann auch jedes andere Geschäft sein, das keine persönliche Anwesenheit erfordert. Örtliche Geschäfte sind nicht ratsam, aber es spricht nichts dagegen, als Deutscher mit Wohnsitz im Ausland in irgendeiner Stadt in Deutschland den Bau eines Hauses in Auftrag zu geben und dieses dann als Privatmann zu verkaufen. Deutsche bauen auch Häuser in Spanien, ohne ständig anwesend zu sein; warum soll also ein Deutscher mit Wohnsitz in Paraguay und Ferienwohnung in Spanien kein Haus in Deutschland bauen und es dann verkaufen.

Trotzdem: Auch wenn ein Scheinaussteiger jede Einzelheit plant und alles richtig macht, bleibt immer das Restrisiko nicht vorhersehbarer Ereignisse. Da ist es dann wichtig, wie überzeugend er die Rolle des Auswanderers spielt, der gerade Urlaub im eigenen Land macht oder geschäftlich unterwegs ist. Da können Erfahrung im Ausland und eine gute Kenntnis des Landes, in dem er offiziell wohnt, kein Schaden sein. Nur Karl May ist in Gedanken zum Weltreisenden geworden. *Learning by doing* gilt auch in dem Fall, und Reisen ist ja keine Strafe. Wer für den Notfall vorsorgen will, legt Spuren in andere Länder und vor allem in das Land des offiziellen Wohnsitzes. Fliegen Sie jedes Jahr hin. Besuchen Sie auch die Nachbarländer. Nutzen Sie dort eine Kreditkarte auf Ihren Namen, die Sie sonst nirgends nutzen. Als ordentlicher Mensch heben Sie die Belege auf.

Wenn alles normal läuft und der Scheinaussteiger nicht durch dumme Fehler unnötig auf sich aufmerksam macht, wird sich keine Behörde für ihn interessieren. Er existiert ja nicht mehr im Land. Er ist aus den Computern der Behörden verschwunden. Mit seiner früheren Auswanderung endete seine Steuerpflicht. Wenn der Mann – oder die Frau – außerdem noch einen Ausweis und dazu vielleicht einen Führerschein aus seinem Wohnsitzland vorzeigt, muss es sich schon um sehr schwere Vorwürfe handeln, damit gründlichere Ermittlungen eingeleitet werden.

So weit in groben Zügen das Leben eines Scheinaussteigers. Wer so leben will, muss wissen, dass das Leben immer Überraschungen bereithält, und die muss er in Kauf nehmen. Zusätzlich zu den Sorgen des täglichen Lebens, wie sie heute jeder hat, muss er noch einige andere Dinge beachten. Er hält sich in Deutschland auf, weil er nicht weg will, was viel einfacher wäre. Behörden haben ihn nicht mehr im Computer, also interessiert sich auch keine für ihn. Wenn er alle zehn Jahre einen neuen Pass braucht, beantragt er ihn über die deutsche Botschaft im Land seines offiziellen Wohnsitzes im Ausland. Wie gesagt, ich halte nicht viel von dieser Art Leben in Deutschland. Ich rate keinem, es zu versuchen. Aber dem einen oder anderen gefällt die Idee vielleicht, wenn er gern schwarz arbeitet oder irgendein ortsunabhängiges Einkommen hat. Ein Angestellter, der von acht bis fünf seinem Job nachgeht, wird eher verständnislos mit dem Kopf schütteln – aber einem Job sollte sowieso keiner nachgehen, der seine Freiheit liebt. Ich weiß, viele Menschen hängen an ihrem Job. Sie vergessen, dass der Tag, an dem sie ihn verlieren, ihr Glückstag sein kann, an dem ihr besseres Leben beginnt.

Lesen Sie im nächsten Kapitel, was einem Scheinaussteiger entgeht, der um nichts in der Welt aus Deutschland weg will ...

Wo sich die Politik möglichst wenig in Dinge einmischt, die sie nichts angehen

Die besten Länder für Ihr Leben in Freiheit

Sie sind weg aus Deutschland und nicht mehr steuerpflichtig. Sie haben einen Wohnsitz in einem Land, dessen Regierung noch Respekt vor ihren Bürgern hat. Sie beziehen ein Einkommen über Ihre Firma in einem anderen Land, dem Ihre Gewinne egal sind. Wenn Sie wollen, können Sie sich das ganze Jahr an Ihrem neuen Wohnsitz aufhalten. Wenn Sie das nicht wollen, müssen Sie jetzt noch eine Entscheidung treffen: Wo Sie das ganze Jahr leben wollen. In welchem Land und in welcher Stadt Sie sich so wohlfühlen, dass Sie sich dort gerne mehrere Monate im Jahr aufhalten.

Wo Sie wohnen, ist Geschmacksache. Das entscheiden Sie allein. Wichtig für ein problemfreies Lebens ist nur, dass Sie sich dort weder anmelden, noch auf frischer Tat bei der Arbeit erwischen lassen. Bleiben Sie immer ein Urlauber. Mit einem Ausländer, der mit seinem woanders verdienten Geld die Wirtschaft ankurbelt, legt sich keine Behörde an – solange er sich in Ländern, wo Ein- und Ausreise kontrolliert werden, nicht länger aufhält, als es ein Besucher darf. Aber Geschmacksache hin oder her: Allen Vorlieben und Abneigungen zum Trotz gibt es in jedem Land bestimmte Dinge, die Sie wissen sollten, weil sie für oder gegen einen längeren Aufenthalt sprechen. Wenn Sie gesundheitlich nicht auf der Höhe sind, werden Sie ja kaum an einen abgelegenen Ort ohne medizinische Versorgung ziehen. Und für uns alle ist Sicherheit vor Verbrechen an jedem Ort der Welt ein

Thema. Aber was heißt schon Sicherheit in einer Zeit, in der ganz normale Kriminelle das kleinste Übel sind, weil Islamisten und sonstige Wirrköpfe unser Leben bedrohen, in einigen Ländern sogar die Regierung stellen und obendrein, wie im Fall Palästina, von der EU auch noch aus unseren Steuergeldern finanziert werden.

Immer öfter müssen wir uns entscheiden zwischen prinzipiell sicheren Ländern, in denen gerade ein Psychopath in einer Schlüsselposition sitzt – oder eine Psychopathin, nur um niemanden zu vergessen –, und Regierungen, die komplett aus Verrückten bestehen. Das macht es nicht einfacher, einen Ort zu finden, wo die Welt noch halbwegs in Ordnung ist. Gerade übernehmen die Taliban die Macht in Afghanistan, mit der Folge, dass wieder ein paar Millionen Afghanen mehr zu uns kommen. Sie fühlen sich in Europa sicherer, das ist verständlich. Dumm nur, dass das auf Kosten der Sicherheit europäischer Frauen vor Vergewaltigung geht, und europäischer Männer vor einem Messer im Bauch. Es ist eben alles relativ, wusste schon Einstein, auch unsere Sicherheit.

Sehr relativ sind auch die Gefahren, die uns an vielen Orten der Welt drohen. Da gibt es viele Vorurteile. Bürgerkrieg in Nicaragua? Seit über 40 Jahren vorbei! In Medellín geraten Sie nicht an jeder Ecke in einen Bandenkrieg. Nicht jede Kreuzung in Mexiko gehört einem Polizisten, der bei Ihnen Kasse machen darf. Oder nehmen Sie New York. Die Bürger dieser tollen Stadt werden dreimal in ihrem Leben Opfer eines Überfalls, statistisch gesehen. Dabei holen sich Räuber die Brieftasche und machen im Schnitt 50 Dollar Beute. Weiterer Schaden entsteht selten. Eventuell zahlt die Versicherung.

In Krimis im Fernsehen wird uns New York oft als gefährlichste Stadt der Welt verkauft. Jetzt frage ich Sie: Was sind drei Überfälle im Leben, mit 150 Dollar Verlust, im Vergleich zu Deutschland, wo Ihnen Ihre Politiker, gleich welcher Partei, im Lauf Ihres Lebens fast zwei Drittel Ihrer ganzen Lebenseinkünfte wegnehmen? Ihr Risiko, in Deutschland Opfer laufender Krötenwanderung von Ihrer Tasche in die Ihres Finanzministers zu werden, liegt ungefähr bei 100 Prozent. Egal, wie gefährlich die Länder sind, in denen Sie künftig leben – das Risiko eines Anschlags auf Ihren Privatbesitz ist überall geringer als bei Ihnen in Deutschland, und auch vor tätlichen Anschlägen durch Triebtäter, Kindermörder und sonstige Gewaltverbrecher schützen Sie deutsche Richter nicht wirklich.

Bürgerkriege und Terrorismus, Krawalle und Randale, Wehrdienst und sonstige ungesunde Folgen politischer Beschlüsse können Ihnen egal sein, wenn Sie sich das Land Ihrer Wahl mit gesundem Selbsterhaltungstrieb aussuchen, und gewissem Sicherheitsdenken. Ernsten Gefahren gehen Sie mit etwas Weitsicht aus dem Weg. Wenn Sie sich Sorgen über Kriege oder nukleare Verseuchung machen, sichern Sie sich lieber einen Wohnsitz in einem neutralen, weit abgelegenen Land oder auf einer strategisch unwichtigen Insel. Da keiner weiß, was die Zukunft bringt, kann es kein Schaden sein, wenn Sie sich so viele Ausweichziele zulegen, wie Sie sich leisten können.

Sollte einmal so ein Notfall eintreten, ist es wichtig, dass Sie Ihre Vorbereitungen getroffen haben, bevor der Ansturm auf solche Ziele einsetzt. Unter dem Aspekt mögen Papiere für Neuseeland manchem das gute Gefühl geben, etwas Vernünftiges getan zu haben, statt den Kopf weiter in den Sand zu stecken. Wem statt seiner Zukunft in Deutschland das Schicksal der ganzen Welt Sorgen macht, verkauft sein Haus lieber heute als morgen, um wie Gauguin vor 130 Jahren in die Südsee zu ziehen, um den Rest seines Lebens Bilder heimischer Schönheiten zu malen. Auf den Fidschi-Inseln soll das Leben angenehm sein. Zu abgelegen für Sie? Nicht, wenn Sie es so sehen wie die Einwohner dieser schönen Inseln. Auf deren Landkarten ist Fidschi der Nabel der Welt, und Europa ist ziemlich weit abgelegen. Es ist halt alles nur eine Frage des Blickwinkels.

Eine tropische Insel kann eine herrliche Erfahrung sein. Wenn Ihnen langweilig wird, machen Sie einfach eine Reise und leben als Kontrastprogramm ein paar Monate in einer spannenden Metropole. Die Vorteile, an keinen Ort fest gebunden zu sein, sind endlos. Zuerst sind Sie noch Ihren Job oder Ihr Geschäft gewohnt, Ihre Termine für Bilanzen oder Steuererklärungen. Das war bisher selbstverständlich in Ihrem Leben. Ich wette, wenn Sie erst mal ein paar Monate ohne diese lästigen Pflichten ausgekommen sind, können Sie sich gar nicht mehr vorstellen, wie das einmal Teil Ihres Lebens sein konnte. Schnell werden Sie Ihre neue Lebensart lieben. Diesen Luxus, sich die schönsten Orte der Welt zum Leben auszusuchen, kann sich nicht einmal ein Staatschef leisten, jedenfalls solange er im Amt ist.

Sie werden in aller Welt neue Freunde finden. Wenn Sie etwas kontaktfreudig sind, werden Sie in einer Woche öfter eingeladen als zu Hause in einem Jahr. Den Kontakt zu alten Freunden müssen Sie nicht abbrechen. Wenn es gute Freunde sind, besuchen sie Sie an Ihrem neuen Wohnort. Da haben Sie in zwei Wochen Urlaub mehr Zeit für ein Gespräch als früher, als sich jedes zweite Wort immer nur um den Beruf und die Firma drehte.

Viele Menschen blicken nie über den Horizont ihrer Heimatstadt hinaus. Das ist in Ordnung, wenn sie auf die Art zufrieden sind und es sie nicht stört, wie draußen das Leben an ihnen vorbeizieht. Leider sind die meisten nicht zufrieden. Sie jammern ihr Leben lang und tun nichts, um ihre Lage zu ändern. Einige sehen sich Reiseberichte im Fernsehen an, machen ab und zu eine Busrundreise mit deutschem Reiseleiter und sind überzeugt, dass sie sich in der Welt auskennen. Zur internationalen Lebensart gehört es aber gerade, dass Sie sich die Welt auf eigene Faust ansehen, dass Sie Sprachen lernen und mit Menschen in aller Welt reden. Auch wenn Sie irgendwo im Urlaub sind: Machen Sie sich Gedanken, wie es wäre, da zu leben. Wie würde ihnen eine große Stadt gefallen, wenn Sie heute auf dem Dorf wohnen? Oder könnten Sie sich als Asphaltcowboy auch ein Leben am Land vorstellen? Wenn Sie es wirklich wissen wollen, gibt es nur einen Weg, um es herauszufinden: Probieren Sie es einfach aus ...

Es gehört sicher eine ganz spezielle Mentalität dazu, um wie Swen Lorenz 365 Tage im Jahr auf einer fünf Kilometer langen Insel wie Sark zu verbringen. Oder nehmen Sie Formentera: Für meinen Freund Nik Schmid, der in einer Finca bei Kilometer 18 wohnt und spannende Krimis schreibt, sind die Fahrten mit dem Mofa in die

Hauptstadt San Francisco oder in die *Fonda Pepe* in San Fernando Touren, die gut überlegt sein wollen. Ein Ausflug in die Provinzhauptstadt Palma de Mallorca ist eine Reise, die geplant und vorbereitet sein will. Andorra war mal ein Steuerparadies. Heute ist es ein Urlaubsziel für Wanderer, Bergsteiger und Skifahrer. Aber abends, wenn die Läden zumachen, kann es schon etwas einsam werden. Auch die Bahamas sind auf Dauer langweilig, wenn Sie nicht ab und zu mit dem Boot oder Flugzeug einen Abstecher auf andere Karibikinseln machen, oder nach Miami oder Mittelamerika.

Wenn Sie unentschlossen sind, hilft nur reisen und ausprobieren. Sehen Sie sich einfach genug Länder und Städte an, da finden Sie sicher drei oder vier Orte, an denen Sie sich gern ein paar Monate im Jahr aufhalten würden. Wollen Sie nie mehr grauen Himmel sehen? Machen Sie es wie Hill und reisen Sie der Sonne nach. Fahren Sie gern Ski? Auch kein Problem. Alles, was Sie brauchen, ist die beste Kombination für alles, was Sie gern tun. Dabei sollten Sie sich übrigens nicht auf die Medien verlassen, die gern Ranglisten über die Lebensqualität in diversen Ländern abdrucken. Gut, in einem sind sich fast alle einig: Nach Liberia oder Haiti müssen Sie nicht wirklich. Vielleicht wollten Sie da auch gar nicht hin. Unklar ist, warum auf den Vorderplätzen solcher Ranglisten so oft skandinavische Länder stehen. Ausländer, die einige Zeit da gelebt haben, werden Ihnen versichern, dass es kaum Länder gibt, wo Sie mehr Alkoholiker finden, je nach Tageszeit aggressiv, depressiv oder schnarchend. »Der einzige Grund, warum Schweden seine Grenzen nicht mit Stacheldraht und Tretminen sichern muss, um eine Massenabwanderung zu verhindern, ist die Gehirnwäsche der kompletten Bevölkerung, mit der es hier schon im Kindergarten losgeht«, sagt ein schwedischer Geschäftsmann, der seit vielen Jahren in Spanien lebt.

Das perfekte Land zum Leben gibt es so wenig wie den perfekten Partner. Eine Stadt wie Rio de Janeiro ist für den einen das Paradies und für den anderen die Hölle. Der eine sieht dort nur die tollen Frauen, der andere die Slums und Kinderbanden. Dazu kommt, dass sich persönliche Bedürfnisse und Geschmäcker mit steigendem Lebensalter wandeln. Was Sie als junger Mensch aufregend fanden, kann später lästig sein. Gerade deswegen kann ja der Schlüssel zur Zufriedenheit darin liegen, dass Sie immer flexibel bleiben. Das schließt ein, dass Sie immer auf dem Laufenden über die politischen Entwicklungen in den Ländern sind, die Sie näher interessieren. Bei den ersten Anzeichen politischer Probleme ist es nicht selten die beste Lösung, wenn Sie sich eine andere Adresse suchen.

Die Beispiele sind vielfältig. Reiche Perser haben es getan, als die Ajatollahs kamen. Reiche Kubaner verließen ihre Zuckerinsel, als Castro siegte. Wer in Nicaragua Geld hatte, zog nach der Machtergreifung der Sandinisten nach Florida und sah von dort aus zu, wie aus einer relativ harmlosen rechten Diktatur eine sehr viel schlimmere linke wurde. Und unzählige Hongkong-Chinesen suchten sich einen Wohnsitz in Vancouver, bevor die Briten die Kolonie an China zurückgaben. Heften Sie so was einfach als neue Erfahrung ab – und lernen Sie daraus, dass es in so einem Fall nie gut ist, wenn Sie in einem Land zu viele Besitztümer angesammelt haben, die nicht in ihr Handgepäck im Flugzeug passen. Oder im Fall Kuba auf ein Floß.

Auch wenn Sie sich Ihre zwei oder drei Favoriten für den Wohnsitz ausgesucht haben, kann es nie schaden, sich jedes Jahr ein oder zwei neue Ziele anzusehen. Das erweitert den Horizont, hält jung und geistig wach, und Spaß macht es obendrein. Neue Länder sind eine interessante Erfahrung für jeden aufgeschlossenen Menschen. Nur so lernen Sie neue Menschen und Denkweisen kennen, andere Sitten und Moralbegriffe, und nicht zuletzt eine andere Küche. Sehen Sie regelmäßige Reisen als Herausforderung an, die Ihrem Leben eine gewisse Spannung gibt. Sagen Sie ja nicht, dafür seien Sie zu alt. Natürlich ist es ein Vorteil, schon in jungen Jahren zu reisen und andere Sprachen zu lernen, aber zu spät ist es dafür nie. Ausruhen können Sie sich lange genug, wenn Sie tot sind.

*2 Top-Tipps für ein freies und
preiswertes Leben*

Paraguay – das Land, wo es für alles eine Lösung gibt

Macht es wirklich noch Sinn, im angeblich so reichen Deutschland zu leben, wo für den Bürger und Steuerzahler so wenig übrig bleibt wie sonst fast nirgends in der EU? Wenn die Menschen dann auch noch unter dem Vorwand von Corona eingesperrt werden, nicht mehr arbeiten oder ihren Geschäften nachgehen dürfen und weiterhin die höchsten Steuern der Welt zahlen, macht sich mancher Gedanken, ob das wirklich so sein muss. Die gute Nachricht: Muss es nicht! Zum Glück gibt es unzählige sehr viel bessere Länder. Das beste von allen, die ich kenne, ist Paraguay.

Es ist weiß Gott kein Wunder, dass das kleine Binnenland im Zentrum von Südamerika, das nur über den Río Paraná mit dem Atlantik verbunden ist, in den letzten Jahren eine wahre Flut an Einwanderern erlebt. Im Gegensatz zu Einwanderern in Deutschland handelt es sich in Paraguay um legale Neubürger, die meistens eine gute Ausbildung und mehr oder weniger Geld mitbringen. Das brauchen sie hier auch, denn ein Sozialsystem kommt in Paraguay nicht für sie auf, und ein Handy kriegen sie zur Begrüßung auch nicht geschenkt. Dafür gibt es eine ganze Reihe sehr guter unternehmerischer Chancen in diesem Land, und die Regierung mischt sich nicht mehr als unbedingt nötig ins Leben und in die Geschäfte der Menschen ein. Wer nach Paraguay zieht, hat gute Chancen, dass er nie mehr in seinem Leben Post von irgendeiner Behörde bekommt.

Paraguay ist so groß wie Deutschland, die Schweiz und Luxemburg zusammen und hat gerade mal sieben Millionen Einwohner. Bescheidene 10 Prozent Steuern auf Unternehmensgewinne sind ein guter Anreiz, sein eigener Chef zu sein – wobei Einkommen aus dem Ausland völlig steuerfrei sind, egal ob es die Rente ist oder der aus einer Firma im Ausland nach Paraguay überwiesene Gewinn. Dass auch die Mehrwertsteuer nur bescheidene 10 Prozent ausmacht, ist einer der Gründe für das relativ preiswerte Leben in diesem Land. Obwohl auch hier alles teurer wird und vor allem die Preise für Immobilien steigen, ist ein ordentliches Leben für 1.000 bis 1.200 Euro im Monat durchaus realistisch. »Hier leben Sie wie ein Millionär, ohne einer zu sein«, sagt der deutsche Unternehmerberater Horst Deckert, der seit 20 Jahren in Paraguay wohnt. Ein Problem für sein Geschäft ist der abgelegene Standort nicht: Seine überwiegend deutschen Klienten besuchen ihn gerne in Asunción, und immer mehr von ihnen bleiben am liebsten gleich da. Um sie qualitativ gut unterzubringen, entschloss er sich vor zwei Jahren, zwölf Wohnungen zu bauen – daraus sind 48 geworden. Für alle Einwanderer, die weniger Geld ausgeben wollen, baut er preiswerte Häuschen in Encarnación, der Sommerhauptstadt von Paraguay am Río Paraná.

Deutsche Medien berichten selten über Paraguay. Und wenn, dann negativ. Paraguay ist ein konservatives Land mit niedrigen Steuern; das sind gleich zwei schwere Mängel für deutsche Journalisten. Für alle, die sich nie mit Paraguay befasst haben: Die Diktatur unter Alfredo Stroessner, Sohn eines Einwanderers aus dem oberfränkischen Hof, Träger des bayerischen Verdienstordens und wegen seiner antikommunistischen Haltung ein Protegé der USA, endete 1989. Seine Partei, die konservative *Partido Colorado*, stellt allerdings die meisten demokratisch gewählten Präsidenten des Landes, darunter auch den aktuellen Staatschef Mario Abdo Benítez.

Einen Ausrutscher hat es gegeben: 2008 wurde der Sozialist Fernando Lugo Präsident, weshalb er seinen Job als Priester an den Nagel hängte. Kurz vor Ende seiner Amtszeit wurde er durch ein Misstrauensvotum gestürzt, was internationale Organisationen und

Medien fälschlicherweise als Staatsstreich hinstellten. Das ist fast zehn Jahre her, und es war vermutlich das letzte Mal, dass deutsche Zeitungsleser etwas über Paraguay erfuhren. Seitdem scheint Paraguay vom Sozialismus geheilt; kein Grund also für *Tagesschau* und Komplizen, das an die große Glocke zu hängen. Immerhin war es vielen eine kurze Meldung wert, dass sich der frühere US-Präsident George W. Bush 39.600 Hektar Farmland an den Grenzen zu Bolivien und Brasilien gekauft hat. Eine ähnliche Nachricht hält sich hartnäckig im Internet, obwohl sie nie bestätigt wurde, und sie klingt eher wie eine Drohung für alle Paraguayfreunde: Auch Angela Merkel bzw. ihr Ehemann Joachim Sauer soll sich schon vor Jahren Land in Paraguay gekauft haben.

Mal abgesehen von der fehlenden Rundumversorgung ist Paraguay das Eldorado für Einwanderer aus Europa oder den USA. Für die Ausstellung der *Cedula* – des Ausweises von Paraguay – sind nur wenige Papiere nötig. Die Geburtsurkunde, ein Führungszeugnis aus den letzten drei Monaten sowie umgerechnet rund 4.000 Euro auf einem Konto in Paraguay sind die wichtigsten Bedingungen – womit Paraguay das ideale Land ist, um Ihren offiziellen Wohnsitz zu beantragen. Ob Sie dann überwiegend dort leben oder nicht, ist Ihre Sache. Wer Spanisch spricht und kein Problem mit Amtsgängen hat, kann sich selber um seine Papiere kümmern. Wer keine Lust auf Schlangestehen hat, beauftragt für rund 1.500 Euro einen professionellen Helfer wie den Deutschen Robert Schulze, der seit vielen Jahren im Land wohnt und unzähligen Deutschen und Amerikanern zu ihren legalen Papieren für ihr Leben in Paraguay verholfen hat. Die Betonung liegt auf legal, denn von Angeboten illegaler Dokumente ist ganz klar abzuraten – das kann Brasiliens Fußballstar Ronaldinho bestätigen, der wegen seiner Einreise mit einem gefälschten Paraguay-Pass einen vollen Monat im Gefängnis saß und erst gegen 800.000 Dollar Kaution freikam. Bei seinem Bekanntheitsgrad ist ein falscher Pass erst recht keine gute Idee.

So eine *Cedula* von Paraguay berechtigt auch zur Einreise ohne

Pass in viele andere Länder Südamerikas. Und während die meisten Länder der Welt die Vergabe der Aufenthaltserlaubnis an Ausländer an allerlei Bedingungen knüpfen und einen jährlichen Mindestaufenthalt vorschreiben, gibt es für eine Paraguay-*Cedula* kein Ablaufdatum, keine sonstigen Beschränkungen und kein lästiges Kleingedrucktes. Die Bürokratie ist überhaupt sehr erträglich in dem Land, wobei es nie schaden kann, überall jemanden zu kennen. Oder einen zu kennen, der überall jemanden kennt. Ein deutscher Führerschein wird zwar nicht umgeschrieben, aber wer sich entsprechend angemeldet bei der Führerscheinbehörde präsentiert, hat zwei Stunden später seine *Licencia de conducir* in Form einer Scheckkarte in der Hand. In der kurzen Zeit hat er einen Test mit 30 Fragen beantwortet, es wurde ein Foto gemacht und Blut zur Bestimmung der Blutgruppe abgenommen, die für den Notfall im Führerschein steht.

Klammheimlich erlebt das kleine Paraguay seit einigen Jahren einen wirtschaftlichen Boom. In zehn Jahren ist die Wirtschaft um das 17-Fache gewachsen. Energie zu günstigen Preisen sorgt dafür, dass sich auch energieaufwendige Unternehmen ansiedeln. In Paraguay wächst Nahrung für 80 Millionen Menschen in aller Welt. Das Land exportiert inzwischen die doppelte Menge bestes Rindfleisch als der sechsmal größere Nachbar Argentinien. Der Bestand an Rindern in Paraguay wächst jedes Jahr um fünf Prozent. Rinderzüchter erzielen sehr gute Renditen bei niedrigen Steuern – aber wer jetzt von einer Zukunft als Rinderbaron in Paraguay träumt, sollte mindestens 1,5 Millionen Euro mitbringen. Etwas Erfahrung im Umgang mit Menschen und Tieren kann auch nicht schaden.

Paraguay ist weltweit Nummer eins als Exporteur von Energie, denn nur 13 Prozent des Stroms aus den großen Wasserkraftwerken werden im Land verbraucht. Unter den zehn größten Exporteuren weltweit liegt Paraguay bei Zucker aus Zuckerrohr, Stevia, Mais, Weizen, Reis, Matetee, Soja, Mandioca und Salbeisamen – und das mit einer Fläche, die nur knapp fünf Prozent von Brasilien ausmacht.

Paraguay hat hinter den USA und China die drittgrößte Binnenflotte. Investoren erzielen hier im Schnitt Renditen von 22 Prozent; das ist Platz 2 in Lateinamerika und weltweit Platz 10. Wegen seiner angenehmen Lebensbedingungen, dem subtropisch-angenehmen Klima, niedrigen Steuern, attraktiven Immobilien und der unbürokratischen Einwanderung nannte die FAZ Paraguay einmal die Schweiz Südamerikas.

Paraguay ist aber nicht nur für Industrielle und Multimillionäre interessant. Viele Einwanderer bringen ihr großes und kleines Geschäft, in dem sie sich auskennen, mit nach Paraguay. Darunter sind auch viele Handwerker. Der Schreiner, der Deckerts Apartments ausbaut, ist vor zwölf Jahren aus Deutschland gekommen. Ihm bleibt in Paraguay viel mehr Geld übrig, weil er weniger ausgibt und kaum Steuern zahlt. Viele bringen auch ihr Internet-Business mit, fakturieren über eine geeignete Auslandsfirma und genießen völlig legal einen sehr angenehmen Steuersatz Null. Wenn Ihre Spanischkenntnisse fürs Geschäftsleben reichen, bieten sich auch Online-Dienstleistungen in Paraguay selbst an. Danach besteht eine hohe Nachfrage, und die Kosten fürs Personal sind sehr niedrig.

Ideal ist Paraguay freilich für jeden, der am liebsten gar nichts mehr tun will und an seinen freien Abenden am liebsten siebenmal in der Woche das exzellente Rindfleisch des Landes im *Paulista* genießt, der wohl besten unter allen ausgezeichneten Churrasquerías der Hauptstadt. Wovon lebt hier einer, der nicht arbeitet?

Ganz einfach: Vor allem im Großraum Asunción gibt es eine Variante von Banken, die sogenannten *Cooperativas*, die auf Festgeldanlagen je nach Dauer und Höhe heute noch Zinsen bis 16 Prozent zahlen. Interessant ist auch die Abwicklung: Das Geld muss in den meisten Fällen in bar eingezahlt werden, und die Zinsen sind ebenfalls in bar abzuholen. Zumindest in Paraguay scheint Bargeld also noch ein langes Leben vor sich zu haben. Diese *Cooperativas* erwirtschaften ihre Renditen durch cash-intensive Unternehmen sowie die Vergabe langfristiger Kredite zu noch höheren Zinsen, wobei den Kreditnehmer weder Zinsen noch Laufzeit stören, solange nur die

Monatsraten so niedrig wie möglich sind. Andere Aktivitäten dieser *Cooperativas* sind beliebte Freizeiteinrichtungen mit hohem Cashflow, wie Schwimmbäder, Country Clubs oder Golfclubs.

Bei monatlichen Kosten um die 1.000 Euro heißt das: Wer nach Paraguay umzieht und etwas Geld in der Größenordnung eines deutschen Reihenhauses mitbringt, muss sein Erspartes einfach nur auf ein Konto bei so einer *Cooperativa* legen – oder zur Sicherheit auf mehrere Konten bei mehreren *Cooperativas* –, um allein von seinen Zinsen ganz ordentlich zu leben. Er muss nur einmal im Monat persönlich vorbeischauen und die Kohle in bar abholen.

Georgien: Land für Unternehmer ohne Bock auf unsinnige Vorschriften

Wer ein freies Leben liebt, zieht nach Paraguay – und wem das zu weit ist, zum Beispiel, weil er gerne öfter mal in die alte Heimat fliegt, wählt Georgien. Das Land am Kaukasus ist so was wie das Paraguay Europas, wenn wir mal von der Kleinigkeit absehen, dass es zum großen Teil in Asien liegt. Natürlich gibt es einige Unterschiede, dazu gleich mehr. Ich selbst habe sehr schöne Erinnerungen an Georgien, denn es war meine letzte Reise, kurz bevor wir alle wegen Corona von der Politik weggesperrt wurden. In Batumi am Schwarzen Meer besuchte ich meinen Bekannten Peter Krzyzewski, der dort zusammen mit dem Georgier Giorgi Bejuashvili Wohnungen ausbaut. Ende Oktober war es deutlich wärmer als am Mittelmeer. Sogar in Tiflis gingen die Menschen abends noch im T-Shirt aus.

Georgien ist ein friedliches Land mit friedlichen Menschen, die gerne gut und viel essen, trinken und feiern. Außer sie fühlen sich genervt, dann ist mit Georgiern nicht zu spaßen. Genau das passierte beim Treffen christlich-orthodoxer Abgeordneter aus aller Welt in Tiflis im Mai vor zwei Jahren. Da geschah etwas, was später als Protokollfehler durch die Presse ging: Ausgerechnet ein russischer Abgeordneter setzte sich im Parlament auf den Stuhl des Präsidenten und sprach die Versammlung auch noch auf Russisch an. Kann ja mal passieren, meinen Sie? Nicht in Georgien. Wenn Russen im Spiel sind, hört in Tiflis der Spaß auf.

Der regierende Parteienbund *Georgischer Traum* brach das Treffen sofort ab. Der Russe, um den es ging, musste in Sicherheit gebracht werden, um Schlimmeres zu verhindern. Die Opposition zettelte einen Sturm der Entrüstung an und rief zu Protesten auf. Mehrere Wochen demonstrierten Zehntausende Georgier gegen die ungehörige russische Einmischung in innere Angelegenheiten. Die Polizei setzte Tränengas und Gummigeschosse ein, was die Lage nicht wirklich beruhigt hat. Es gab 300 Verletzte und 400 Festnahmen. Auch der Rücktritt von Parlamentspräsident Kobachidse half wenig. Der Nachbar Russland ist nun mal für die meisten Georgier ein rotes Tuch, spätestens seit Putin 2008 den georgischen Regionen Abchasien und Südossetien bei der Abspaltung von Tiflis geholfen hatte und es dabei zu Kampfhandlungen gekommen war.

Freunde werden Russen und Georgier so schnell nicht mehr, auch wenn der *Georgische Traum* des Milliardärs Bidzina Iwanischwili alles Mögliche versucht, um die Beziehung zwischen beiden Nachbarn zu normalisieren. Jetzt revanchierte sich Putin, den die Annäherung Georgiens an den Westen stört, mit dem Stopp direkter Flugverbindungen und neuen Auflagen beim Import georgischen Weins. Das ist für Tiflis ein Problem, denn die unzähligen Weinsorten im Land sind eines der wichtigsten Exportgüter. Eine russisch-georgische Lösung ist nicht in Sicht. Das harte Vorgehen der Polizei gegen Demonstranten hat der relativ jungen Regierung im eigenen Land geschadet. Aber die alten Gesichter der Politik, die immer wieder in neuer Verkleidung auftauchen, will auch keiner mehr sehen. Politiker sind generell diskreditiert, damit sind Georgier von der Einsicht her ein gutes Stück weiter als Deutsche. Die Politik in Georgien kapiert es und mischt sich möglichst wenig ein.

Die Proteste wegen des Russen waren noch im Gang, als das nächste Ärgernis auftauchte: die Genehmigung der Loveparade *Tbilissi Pride*, was viele Georgier auf die Barrikaden trieb und seltsame Koalitionen formte. Freunde um Unternehmer Vasadse, einem bekannten Rugbyspieler, kämpften an der Seite besorgter Moslems und dem georgisch-orthodoxen Patriarchat gegen den, wie sie sagen, Moralterror aus dem Ausland. »In Georgien lassen wir uns nicht die globalistische, neoliberale Weltsicht aufzwingen, wie es der Rest der christlichen westliche Welt mit sich geschehen lässt!«, versprach Vasadse. Als Hintermänner beschuldigt er Angehörige der US-Botschaft, die noch aus der Ära Obama stammen. Für Barack Hussein soll eine Gayparade in Tiflis Chefsache gewesen sein, wird dort erzählt. Daran hätten auch die Botschaften diverser EU-Länder gearbeitet, sowie mehrere NGOs von Milliardär Soros, den hier auch keiner mag. In Georgien könne jeder leben, wie er wolle, versicherte Erzbischof Jakob. Eine Unterdrückung von Lesben und Schwulen gebe es nicht. Aber auf öffentlichen Straßen müsse dafür nicht auch noch Werbung gemacht werden.

Diese Wochen rabiater Proteste zeichnen leicht ein falsches Bild dieses Landes von der Größe Bayerns, in dem die Welt in vieler Hinsicht noch in Ordnung ist. Tatsächlich ist das vier Flugstunden von Deutschland entfernte eurasische Georgien zwischen Kaukasus und Schwarzem Meer, das geschichtlich, kulturell und sportlich eher mit Europa verbunden ist, eines der liberalsten Länder unserer Zeit, auch oder gerade für Ausländer. In Georgien gilt der einzelne Bürger und Mensch noch etwas, und von der stillschweigenden Übereinkunft internationaler *Thinktanks* mit den Medien und der Politik, wie bestimmte Dinge heute auf der ganzen Welt zu funktionieren hätten, lässt sich Georgien nicht so schnell überrumpeln. Und von Sozialisten wie Obama und seinen Nachfolgern schon gar nicht.

Über Georgien ist relativ wenig bekannt in Westeuropa, aber den prominentesten Georgier kennen Sie alle: den 1878 in Gori geborenen Iosseb Bessarionis dse Dschughaschwili. Iosseb wer? Dass mit dem Namen keine Karriere zu machen ist, war ihm selber klar, also legte er sich einen Künstlernamen zu: Josef Stalin, der Stählerne, das knallte eher rein. »Stalin ging zum Studieren nach Moskau, und als er zurückkam, hatte er die Rote Armee dabei«, witzeln Georgier. Der Hass auf Stalin ist dem Geschäftssinn gewichen: Heute können Sie ihn in der Altstadt von Tiflis rund um den *Maidan*-Platz an jeder Ecke als Puppe oder auf T-Shirts kaufen.

Vermutlich hat es mit dem Drang der Georgier nach Freiheit zu tun, dass sich das Land schon einige Monate vor dem Zerfall der Sowjetunion unabhängig erklärte. Damit war leider nicht von einem Tag auf den anderen alles in bester Ordnung. Die 90er-Jahre gelten als dunkles Jahrzehnt, nicht nur wegen vieler Stromausfälle. Gut eine Million Georgier verließ das Land in Richtung Europa, USA und Russland. Die Abhängigkeit von Moskau blieb, die ersten beiden Präsidenten Gamsachurdia und Schewardnadse wurden weggeputscht. Gewisse Besserung trat 2004 unter Micheil Saakaschwili ein: Schulden wurden reduziert, Bürokratie wurde abgebaut, Korruption bekämpft. Durch die Entlassung von 16.000 Polizisten soll angeblich eine georgische Mafia in Westeuropa entstanden sein. Aber auch Saakaschwili war umstritten. Auf internationalen Druck soll es erste freie Wahlen mit friedlichem Machtwechsel erst 2012 gegeben haben. Die absolute Mehrheit holte dabei der *Georgische Traum*, ein gerade gegründetes Bündnis aus zehn Parteien, das bis heute die Regierung stellt.

Dass Georgien heute so ein liberales Land für Unternehmer ist, die wenig Lust auf hohe Steuern und unsinnige Vorschriften haben, verdankt es Geschäftsmann Iwanischwili, der 2012 den *Georgischen Traum* gründete und dessen erster Premierminister wurde. Der Mann weiß, was sich ein Unternehmer von der Politik wünscht und wie ein Land Firmen aus dem Ausland anlockt. Ein Jahr später löste ihn sein Außenminister ab, nachdem eine inaktive Offshore-Firma des Regierungschefs auf den British Virgin Islands bekannt wurde. Seine Offshore-Aktivitäten nehmen ihm die Georgier nicht übel: 2018 holte sein *Georgischer Traum* fast 77 Prozent der Stimmen und stellt den aktuellen Regierungschef Irakli Gharibaschwili, Nachfolger von Giorgi Gacharia, der für die Lufthansa-Tochter *LSG Sky Chefs* in

Russland und Osteuropa arbeitete. Aktuell deutet nichts darauf hin, dass sich an der Unternehmer-Dominanz in der Politik von Georgien etwas ändern könnte. Hier einige Beispiele für Freiheit und unkompliziertes Leben in Georgien:

— Beim automatischen Austausch der OECD von Kontoinformationen macht Tiflis nicht mit. Wer als Ausländer in Georgien ein Konto eröffnet – was nicht zum SEPA-Raum gehört und wo dieser Vorgang wie in Deutschland vor 25 Jahren ohne dumme Fragen funktioniert –, dessen Wohnsitzland erhält seinen Kontostand nicht jedes Jahr frei Haus geliefert; das ist eine wohltuende Achtung der Privatsphäre in einer Zeit, in der dieses Menschenrecht immer mehr verloren geht. Die persönliche Anwesenheit bei der Kontoeröffnung kann durch Vollmacht an eine Vertrauensperson umgangen werden. Konten werden in heimischen Lari, Dollar oder Euro geführt, eine Debitkarte gibt es gleich nach der Eröffnung mit dazu.

— Um Georgien als Urlauber zu besuchen, reicht der Ausweis. Ein Besucher darf ein ganzes Jahr lang bleiben, ohne dass er sich um Papiere kümmern muss oder von Behörden belästigt wird. Natürlich kann er sich auch eine Wohnung oder ein Haus mieten oder kaufen. Wenn es ihm so gut gefällt, dass er länger bleiben will, muss er nur kurz mal in die Türkei, nach Baku oder Eriwan ausreisen. Wenn er am nächsten Tag zurückkommt, beginnt die Jahresfrist von Neuem. Ein gutes Transportmittel ist die Bahn, von der die Deutsche Bahn in puncto Bequemlichkeit und Pünktlichkeit viel lernen kann. Von den Preisen gar nicht zu reden.

Ein Nachteil in Georgien ist leider – wenn wir mal beim Vergleich mit Paraguay bleiben –, dass eine offizielle Aufenthaltserlaubnis deutlich umständlicher ist. Damit bietet sich das Land am Kaukasus weniger als offizieller Wohnsitz an, während der tatsächliche Aufenthalt durch die Jahresfrist unkomplizierter ist.

— Die Regierung hat nicht, wie in vielen EU-Ländern üblich, die Enteignung ihrer Bürger zum Ziel ausgerufen. Handwerker und kleinere Firmen müssen sich mit dem Thema Steuern praktisch gar nicht befassen. Wer sein Geld im Ausland verdient, auch nicht: Versteuert wird in Georgien nur, was im Land selbst verdient wird. Auch geschäftliche Aktivitäten im Krypto-Bereich werden nicht besteuert. IT-Lizenzen sind relativ einfach zu bekommen und führen zur Steuerfreiheit auch im Inland.

— Wenn Sie für Ihr Handy eine georgische SIM-Karte wollen, fragt Sie keiner nach Ihrem Namen oder Ausweis. Bei der Ankunft am Flughafen Kutaisi gibt es solche Karten kostenlos. Telefonieren kostet nur Centbeträge; auch internationale Gespräche sind billig.

— Wer Geld aus dem Ausland bezieht, für den ist Georgien sehr preiswert. Viele Dinge des täglichen Lebens und Essen im Restaurant sind ein Drittel bis zur Hälfte billiger als in Deutschland.

— Kleiner Nachteil: Georgisch lernen ist schwer. Kaum ein Wort wird Ihnen irgendwie bekannt vorkommen. Aber viele Georgier sprechen Englisch. Vor allem junge Leute lernen sehr eifrig Sprachen, viele auch Deutsch oder Spanisch. Russisch sowieso. Als Besucher kommen Sie mit Englisch gut zurecht. Geschäftsreisende sollten sich einen Übersetzer besorgen.

Wohin in Georgien? Da kommen beim ersten Besuch vor allem zwei Städte infrage, und für einen Daueraufenthalt vermutlich auch: Die Millionenstadt Tiflis und die spektakuläre Hafenstadt Batumi, die wegen ihrer Glaspaläste, Nachtclubs und Spielcasinos als Las Vegas am Schwarzen Meer gilt. Ganz klar, es ist eine Übertreibung. Die Unterschiede zum Original in Nevada sind groß – und die angenehme Überraschung sind die Preise. Wer sich keine Shows ansieht und nicht zockt, kommt zwar in Las Vegas auch billig über die Runden, aber die Differenz merkt er spätestens, wenn er sich Wohnungen ansieht. Das geht in Las Vegas ins Geld, während in Batumi der Kauf eines Apartments die Ersparnisse nicht wesentlich mindert – wovon immer mehr deutsche Käufer Gebrauch machen.

Moderne Wohnungen mit Meerblick in neuen Glaspalästen kosten pro Quadratmeter unter 1.000 Euro. Wem ein kleines Studio für den Urlaub oder zur rentablen Vermietung reicht, der muss nicht einmal eine Anzahlung leisten. Die zinslose Finanzierung übernehmen hier viele Bauträger selbst. Wer vier Jahre lang jeden Monat knapp 600 Euro hinblättert, wird ohne viel Aufhebens Besitzer eines kleinen Apartments von ungefähr 30 bis 35 Quadratmetern. Es ist allerdings sinnvoll, diese Raten regelmäßig zu zahlen. Wenn jemand in Verzug gerät, kann der Verkäufer nämlich das Objekt zurückfordern, und das bisher gezahlte Geld ist verloren.

Ebenfalls sehr angenehm für Besucher: Georgier genießen den Tag und vor allem die Nacht, das ist ansteckend. Die Küche ist deftig, würzig, mit vielen Kräutern – und unglaublich preiswert. Im *Pirosmani* in Batumi kostete so ein Abend für sechs Gäste, wobei nichts fehlte, gerade mal 80 Euro. Und der Clou: Jedes Restaurant bietet zum Abendessen Livemusik an. Je nach Restaurant gibt es zur Unterhaltung einen Sänger, einen Klavierspieler oder eine ganze Band. In Tiflis im *Tsiskvili*, einer der besten Adressen der Stadt, begrüßte uns ein Drehorgelspieler gleich mal mit einer Runde Schnaps. Ein Restaurant, das auf sich hält, bietet seinen Gästen ein aufwendiges Tanz- und Showprogramm an. Dazu fließt viel vom guten georgischen Wein, und danach wird getanzt – so wird jedes Essen zu einem kleinen und nicht selten auch größeren Fest.

Obwohl *Georgien* kein reiches Land ist, sehen Sie in Tiflis keine Armut und kaum Bettler. Die vielen Restaurants und Barterrassen sind gut gefüllt, viele Gäste trinken Cocktails zu westlichen Preisen. Bei näherem Hinsehen fällt auf, dass in der Altstadt viele Häuser dringend eine Renovierung nötig haben. Mein kleines Hotel *Doors Maidan* war nur zwei Minuten vom *Maidan*-Platz entfernt, da war ich viel zu Fuß unterwegs. Bei den vielen Kneipen kam ich leider nicht dazu, mir viel anzusehen. Am Ende reichte es nicht einmal zu einem Schwefelbad in einem der vielen Badehäuser. Dann eben das nächste Mal …

*Noch 3 Länder, die Sie
kennen sollten*

Nordzypern: Leben im Land, das es gar nicht gibt

Haben Sie schon einmal daran gedacht, in einem Land zu leben, das es offiziell gar nicht gibt? Es ist gar nicht so schwer: Eines der interessantesten wäre nur drei Flugstunden von Deutschland entfernt, wenn es Flüge dahin gäbe: der türkische Norden der Insel Zypern, offiziell die Türkische Republik Nordzypern, die gut ein Drittel der Inselfläche einnimmt und weltweit nur von der Türkei als Staat anerkannt wird. Das ändert nichts daran, dass sie de facto ein eigenes Land ist, seit am 20. Juli 1974 türkische Streitkräfte den Norden besetzten – zum Schutz der türkischen Zyprioten, wie es hieß, die zunehmend von den griechischen Inselbewohnern unterdrückt wurden. Seitdem ist Zypern eine geteilte Insel, und die Hauptstadt Nikosia ist durch eine Mauer geteilt, wie früher Berlin, aber immerhin ohne Schießbefehl und Mauertote.

Die Grenze zwischen Norden und Süden ist die heutige *Green Line*, eine von UNO-Soldaten überwachte Pufferzone. In diesem Niemandsland liegt Varosha, ein Stadtteil von Famagusta, der früher ein nobles Reiseziel war. Wo bis 1974 Paul Newman, Richard Burton und Liz Taylor in der Sonne lagen, verfallen seitdem Häuser, Läden, Restaurants und über 100 Strandhotels. Seit 47 Jahren ist das Betreten verboten, eine UN-Resolution verbietet die erneute Besiedlung. Es ist der längste Lockdown der Geschichte, Varosha die größte Geisterstadt am Mittelmeer – und genau das soll sich jetzt ändern.

Vergangenen Herbst durften wieder Menschen an den Strand von Varosha. Auf Initiative von Präsident Ersin Tatar sollen frühere Besitzer aus dem Süden ihre Häuser zurückkriegen. Wenn sie den Besitz nachweisen, würden sie im Grundbuch von Nordzypern eingetragen. Die Frage ist, was machen sie mit ihrem Besitz? Die Häuser sind nicht bewohnbar. Sie müssen abgerissen werden. Gut, das Grundstück hat auch einen Wert, vor allem, wenn es am Strand liegt. Aber Tatsache ist, dass viele Zypern-Griechen von einem Besitz überrascht werden, der zwar in der Nähe liegt, aber in einem anderen Land. Ein Haus, das sie – wenn sie unter fünfzig sind – nur aus Erzählungen ihrer vielleicht schon verstorbenen Eltern kennen. Was werden sie damit machen?

Die Ruine abreißen, neu bauen und in den Norden ziehen, wo doch ihre Heimat im Süden liegt? Ein Ferienhaus in einem anderen Land, obwohl sie selbst am Meer wohnen? Ich denke, viele werden die naheliegende Entscheidung treffen und ihren neuen Besitz verkaufen. Ich kann mir vorstellen, dass da in den nächsten Jahren viele Immobilien auf den Markt kommen, teure und billigere, je nachdem, wie nötig einer gerade Geld braucht. Wen Zypern interessiert, der sollte an diesem Thema dranbleiben.

Bezahlt wird im Norden mit der türkischen Lira. Deren Verfall in letzter Zeit macht ein Leben hier zu einem unglaublich billigen Vergnügen für jeden, der ein Einkommen aus dem Ausland hat. Das wird leider nicht ewig so bleiben. Wenn die Lira nicht wieder steigt, wird eben alles etwas teurer, und Immobilien werden sowieso in britischen Pfund gehandelt. Eines der preiswertesten Länder am Mittelmeer wird Nordzypern trotzdem bleiben.

Das Leben ist angenehm unkompliziert im Norden von Zypern. Von Brüssel und seinen Bürokraten werden Sie hier nicht belästigt, Sogar ganz normale Glühbirnen können Sie hier kaufen, so wie es sie früher auch bei uns gab. Dass nach der Sichtweise der EU das komplette Territorium Zyperns zum vereinten Europa gehört, ist ziemlich grotesk. Das hätten sie wohl gerne. Vermutlich geht Brüssel davon aus, dass es irgendwann einmal eine Wiedervereinigung der beiden Inselstaaten geben wird, worauf aktuell nicht das Geringste hindeutet. Wer freie Länder liebt und wenig von der EU in ihrer aktuellen Version hält, kann sich nur wünschen, dass es möglichst lange so bleibt. Seit sich griechische und türkische Zyprioten wieder gegenseitig besuchen dürfen, sind die meisten Menschen auf beiden Seiten der Insel mit der aktuellen Situation ebenfalls recht zufrieden.

Der größte Nachteil Nordzyperns war früher die umständliche Anreise über die Türkei, aber das geht heute einfacher. Seit 2003, als die Grenzen geöffnet wurden, buchen Sie einfach einen Charterflug in den Süden, am besten nach Larnaca. Dort nehmen Sie den Bus nach Nikosia, wo Sie vom Busbahnhof in 20 Minuten zum Grenzübergang laufen, an dem nur Fußgänger einreisen dürfen. Vorbei an Kneipen mit Namen wie *The Wall* oder *Checkpoint Charly* kommen Sie zur Passkontrolle, wo selten viele Menschen anstehen. Für Europäer reicht auch der Ausweis. Die Einreise mit dem Auto ist zehn Kilometer außerhalb der Stadt möglich, oder in der Nähe von Famagusta. Wenn Sie sich länger aufhalten wollen, macht es aber wenig Sinn, ein Auto aus dem Süden mitzubringen.

Wenn es Ihr erster Besuch in Nordzypern ist, fahren Sie am besten eine knappe halbe Stunde mit einem Minibus an die Nordküste nach Girne – Kyrenia auf Griechisch –, einem angenehmen Ort mit einem der schönsten Häfen am ganzen Mittelmeer. Es ist ein kreisrundes Hafenbecken mit einem guten Fischrestaurant neben dem anderen, deren Terrassen sich alle füllen, wenn es dunkel wird. Ich aß ganz ausgezeichnet im *Harbour Club* an einem Tisch direkt am Wasser. Ich bestellte ein kleines Bier und bekam einen halben Liter. Dann ein Wasser, eine Piña colada und einen türkischen Mokka. Wein meide ich oft, wenn ich keinen spanischen bekomme. Eine leckere Garnelensuppe, danach sechs große Garnelen in Knoblauchbutter mit Tomaten, Pilzen und Gemüse. Hinterher eine Art Seezunge, aus der die Gräten bereits entnommen waren. Die echte Überraschung war die Rechnung: 130 Lira kostete das alles zusammen, das waren im September 2018 ganze 18,40 Euro.

Nun kann ich mich nach einem Kurzbesuch natürlich nicht als Landeskenner ausgeben – weshalb ich die folgenden Informationen von zwei Menschen habe, die mehrere Jahre in Nordzypern wohnten bzw. noch wohnen. Beide haben etwas gemeinsam: der Norden gefiel ihnen so gut, dass sie sich dort niederließen – mit unterschiedlichem Ausgang. Sandra Kilic kommt aus Mittelfranken. Sie lebt seit 23 Jahren in Girne, und wie es aussieht, will sie auch nicht mehr weg. Sie ist dort verheiratet, betreibt das Maklerbüro *Landmark Estates Agency* und schwärmt von den vielen preiswerten Häusern in und um Girne, jetzt ganz besonders, weil durch den Brexit mehrere Engländer das Land verlassen hätten. Um kein Risiko einzugehen, warnt sie, sollten Ausländer nur Immobilien kaufen, deren Land vor der türkischen Invasion in Besitz eines Türken war, was im Grundbuch leicht festzustellen sei. So könne es keinen Ärger mit griechischen Vorbesitzern geben, falls es einmal eine Wiedervereinigung geben sollte.

Nordzypern sei für Ausländer höchst unproblematisch, versichert Sandra Kilic. Einige Tausend Engländer leben ständig dort, und etwa 500 Deutsche, die oft eigene Geschäfte betreiben. Es gebe englische Privatschulen, einen *Deutschen Verein* und einen *Harley Club* mit vielen Ausländern. Der Daueraufenthalt in Nordzypern sei unkompliziert. Wenn Sie sich gar nicht um Papiere kümmern wollen, müssen Sie alle drei Monate kurz nach Südzypern ausreisen. Sie können sich aber auch ganz einfach ordentliche Papiere besorgen. Ihr Aufenthaltsrecht ergebe sich allein aus der Tatsache, dass Sie ein Haus oder eine Wohnung kaufen oder mieten. Sie müssen nichts vorbereiten. Sie können ja sowieso nichts beglaubigen lassen mangels Botschaft in Deutschland, denn Berlin unterhält nun mal keine diplomatischen Beziehungen mit Ländern, die es nicht anerkennt. Falls Sie Nordzypern also interessiert, dann heißt das für Sie: Sie fliegen hin, mieten eine Wohnung und kriegen Ihre Aufenthaltspapiere.

Genau das tat ein mir bekanntes Ehepaar. Die beiden machten einmal Urlaub in Girne, und als sie Jahre später einen warmen Ort zum Leben suchten, fiel die Wahl auf Nordzypern. Sie sahen sich das ganze Land an und entschieden sich für das Städtchen Yeni Erenköy – auf griechisch Yialousa – an der Nordküste der langen und schmalen Halbinsel Karpaz, die auf der Landkarte wie ein Stinkefinger in Richtung Türkei zeigt. Karpaz ist wenig bevölkert, hat allerlei antike Stätten sowie *Golden Beach,* den einsamsten Strand der ganzen Insel. Die beiden fanden ein Haus zur Miete. Er ging seinem ortsunabhängigen Geschäft nach, die Menschen im 2.000-Einwohner-Städtchen waren hilfsbereit und freundlich. Die Sonne schien, sein Geld aus dem Ausland musste er nicht versteuern. Alles war perfekt – und doch brachen die beiden nach drei Jahren ihren Aufenthalt auf Zypern ab und zogen weg. Was hatte da nicht funktioniert?

Es waren eine ganze Reihe kleinerer Gründe. Alles begann damit, dass der Mann, der ihnen das Haus besorgt hatte, Geld unterschlug. Als sie ihn anzeigen wollten, zuckten die Polizisten nur mit den Schultern. Hussein sei nun mal ein stadtbekannter Betrüger, sagten sie. Das wisse doch jeder auf der Insel, da könne man nichts machen. Es hatte gar nichts damit zu tun, dass sie Ausländer waren. Auch Zyprioten täten sich schwer, Forderungen durchzusetzen. Es sei einfach nicht weit her mit der Rechtssicherheit. Nun sind ja Recht und Justiz überall auf der Welt eher Glücksache, aber in Nordzypern eben noch etwas mehr, so die Erfahrung der beiden.

Ein Problem war auch das Klima. Im Sommer sei es so brütend heiß gewesen, dass an Arbeit nicht zu denken war. Sie kauften Klimageräte für vier Zimmer, sodass Stromkosten von 1.200 Euro aufliefen. Die kurzen Winter waren bitterkalt, das Haus sei schlecht isoliert gewesen. Durch die Feuchtigkeit habe sich schwarzer Schimmel gebildet. Obendrein habe sich in drei Jahren der Grad der Islamisierung stark verändert. Den meisten Zyprioten sei der Islam egal, zum Leidwesen von Erdoğan, der viel Geld nach Nordzypern schickt, um das zu ändern. Da wurden Minarette mit Lautsprechern ausgerüstet und 200 Moscheen gebaut. Sogar in kleinen Orten stünden auf einmal zwei viel zu große Moscheen. Eheleute bekamen Geld, wenn sie nach den Regeln des Islam lebten, und bald seien vermummte Frauen aufgetaucht, was es früher nie gegeben habe. Die Toleranz Christen gegenüber sei etwas kleiner geworden, so der Eindruck der beiden. Alles zusammen sei ihnen ziemlich auf die Stimmung geschlagen, und sie entschieden sich für den Wegzug.

Nordzypern ist ein gutes Land, um mit wenig Geld angenehm zu leben und von den wenig hilfreichen Entscheidungen aus Brüssel verschont zu bleiben – aber gefallen muss es Ihnen schon im Land, sonst nützt das alles nichts. Wie die meisten Länder, in denen Sie preiswert leben, ist Nordzypern kein gutes Land zum Geldverdienen. Kommen Sie lieber nicht hierher, wenn Sie keine Ersparnisse auf der Bank haben oder ortsunabhängig Geld in einer harten Währung verdienen. Kommen Sie nicht auf die Idee, in Nordzypern einen Job zu suchen. In dem Land ist nicht viel Geld im Umlauf, und seit Corona noch weniger. Die Einheimischen drehen ihre Lira dreimal um, und auf den Tourismus können Sie sich auch nicht verlassen. Eine gute Lösung kann das Land dagegen für Menschen im Ruhestand sein, die mit ihrer kärglichen Rente in Deutschland nie bis ans Ende des Monats kommen.

Nach allem, was ich über Nordzypern weiß, und auch nach meinem eigenen Eindruck dort bin ich überzeugt: Wem Papierkram ein Gräuel ist und wer gern an der Sonne und am Meer lebt, sollte sich das Land ansehen, wenn er nichts von der EU hält und trotzdem nicht aus Europa weg will. Wer sich am Mittelmeer ein Haus oder eine Wohnung mieten oder kaufen und seinen Lebensmittelpunkt dort einrichten will, kann im Norden von Zypern kaum etwas falsch machen. Türkische Banken seien unkomplizierter als die in der EU, sind sich Ausländer in Nordzypern einig. Gute ärztliche Versorgung biete die Universitätsklinik Nikosia. An den Universitäten von Nikosia und Famagusta studieren unter anderem 100.000 Ausländer. Was kann schiefgehen? Im schlimmsten Fall – der Wiedervereinigung – werden Sie von der EU eingeholt, was erst mal eine Wertsteigerung Ihrer Immobilie zur Folge hätte, um es mal positiv zu sehen. Ob und wann dieser Fall eintritt, steht in den Sternen. Erfolglos verhandelt wird schon seit 44 Jahren ...

Bolivien – das oft unterschätzte Land für Menschen mit Pioniergeist

In Paraguay müssen Sie demnächst sowieso vorbeischauen, um Ihren Wohnsitz zu regeln. Mein Tipp: Bleiben Sie etwas länger – und ganz egal, ob es Ihnen in Asunción oder Encarnación gut gefällt oder nicht, sehen Sie sich auch Bolivien an, das gleich nebenan liegt. Besuchen Sie das tropische Santa Cruz im Tiefland, die Stadt Cochabamba im ewigen Frühling und die Hauptstadt Sucre, die wegen ihrer vielen weißen Häuser *Weiße Stadt* genannt wird. Sehen Sie sich auch das Städtchen Samaipata an, in dem Ausländer aus vielen Ländern hängen geblieben sind. Wenn Sie wollen, besuchen Sie ganz in der Nähe das herrliche Hochtal, auf dem ein Dorf für deutsche Auswanderer entsteht. Und auch wenn Che Guevara nicht Ihr Idol war, ist es doch ein interessanter Ausflug, wenn Sie sich im Ort Higuera die alte Schule ansehen – heute Museum –, vor der der argentinische Revoluzzer erschossen wurde, und, wo es schon mal am Weg liegt, auf dem Friedhof von Vallegrande den Grabstein seiner deutschen Guerilla-Freundin Tamara »Tania« Bunke. Ein Kreuz mit ihrem Namen haben sie für die Touristen stehen lassen, als ihr Leichnam vor 23 Jahren nach Kuba geschafft wurde.

Aber ist Bolivien nicht ein sozialistisches Land, fragen Sie sich jetzt sicher. Ja und nein. Je nach Region sind Rechte oder Linke in der Überzahl. In der geschäftigen Region Santa Cruz, die sich am liebsten von Bolivien abspalten würde, wollen sie mit Sozialismus nichts zu tun haben. Und sogar den bolivianischen Sozialisten müssen wir hoch anrechnen, dass sie gerade uns in Deutschland ein Lehrstück für den Umgang mit Politikern gezeigt haben, denen der Bezug zur Realität verloren ging. Das hatte mit dem Ex-Präsidenten Evo Morales zu tun. Es passierte im Herbst 2019 und lief so ab ...

Nach drei Wochen Aufruhr wegen Wahlbetrugs eskalierte die Situation derart, dass der drollige Cocabauer, den deutsche Medien so lieben, nach 14 Jahren im Amt bei Nacht und Nebel aus dem Land fliehen musste. Mexikos Präsident hatte Morales einen Gulfstream-Jet der Luftwaffe nach La Paz geschickt, der den Präsidenten nach Mexiko flog, nachdem Polizei und Militär auf die Seite der Bürger gewechselt waren und Evos Rücktritt gefordert hatten. Evo-Gegner hatten sein Haus angezündet und 50.000 Dollar Kopfgeld auf ihn ausgesetzt. Nach einem Monat in Mexiko machte Morales eine Art Tournee durch das sozialistische Lateinamerika. Er besuchte seinen Freund Raúl Castro auf Kuba, und kaum war in Argentinien das Duo Fernandez/Kirchner an der Macht, ließ er sich in Buenos Aires nieder. Aber wie zog sich der durchaus beliebte Evo Morales, ein zum Präsidenten aufgestiegener Cocabauer, der anfangs viel für Bolivien getan haben und sogar von politischen Gegnern respektiert worden sein soll, überhaupt den Zorn seiner Bürger zu?

Zwei Dinge brachten die Menschen gegen ihn auf: Erstens vergaß er immer öfter seine eigenen Prinzipien, die von Gewaltfreiheit, Rechtsstaatlichkeit und Mutter Natur handelten. Dazu wollte nicht so recht passen, dass er Proteste niederknüppeln ließ, die Justiz kaufte, genmanipuliertes Saatgut zuließ und die Rechte für den Lithium-Abbau an ein deutsches Unternehmen verscherbelte. Und was noch schlimmer war: Evo klebte hartnäckig an seinem Stuhl, obwohl in Bolivien die Amtszeit des Präsidenten auf zwei Perioden begrenzt ist. Dass er sich ein drittes Mandat ergaunerte, verziehen sie ihm noch. Weil er danach immer noch nicht gehen wollte, ließ er per Referendum über eine weitere Amtszeit abstimmen – und verlor. Da besetzte er das oberste Gericht durch seine Leute und erhielt prompt ein Urteil, das die Begrenzung seiner Amtszeit aus der Verfassung strich, weil sie angeblich die Menschenrechte eines Politikers verletzte – was die Laune seiner Gegner nicht besser machte.

Die Stimmung kochte hoch. Der Betrug bei der Auszählung, mit dem Evo eine Stichwahl vermeiden wollte, brachte das Fass zum Überlaufen. Damit machte er sich sogar die Menschen im Hochland zum Feind, die sonst immer hinter ihm standen. Denn Bolivien ist seit jeher gespalten: Auf der einen Seite das Tiefland, das sich lieber heute als morgen abspalten würde, mit der Metropole Santa Cruz, wo das Geld verdient wird – und auf der anderen Seite das Hochland mit der Hauptstadt Sucre und dem Regierungssitz La Paz, wo es Politiker und Beamte ausgeben. Positiv gesehen hat Evo geschafft, was in Bolivien undenkbar schien: Er hat Hochland und Tiefland vereint – im Kampf gegen seine vierte Amtszeit.

Mit Evo im Exil war die Drohung eines Präsidenten auf Lebenszeit vom Tisch. Die Wahl wurde wiederholt, da könnten auch die USA viel von Bolivien lernen. Alles schien in bester Ordnung, und dann die Überraschung: Evos Partei *Movimiento al Socialismo* oder kurz *MAS*, die Bewegung zum Sozialismus, wurde mit beinahe 54 Prozent Wahlsieger vor dem Konservativen Carlos Mesa mit 30,8 Prozent. Die Stimmen waren noch nicht mal ganz ausgezählt, da stand Evo schon wieder auf der Matte. Die Justiz hatte den Haftbefehl gegen ihn aufgehoben, und prompt eilte er aus Argentinien herbei, holte sich den Parteivorsitz zurück und den Vorsitz einer Gewerkschaft der Cocabauern.

Kritiker warnten, nicht der gewählte Luis Arce würde künftig Bolivien regieren, sondern immer noch Evo Morales. Arce dementierte halbherzig: Ein Regierungsamt werde es für Evo nicht geben. Immerhin steht Luis Arce für Erneuerung. Er hat die Sozialisten des Landes vor dem Untergang gerettet, den Evo verschuldete. Luis Arce, Ökonom mit Studium in London, war als Minister unter Morales für Wirtschaft und Finanzen zuständig. Er gilt als geistiger Vater des Aufschwungs seines armen Landes während der Morales-Jahre. Dass Evo auch unter seinen eigenen Sozialisten nicht nur Freunde hat, erlebte er kurz darauf bei einer Versammlung der Partei, deren Vorsitzender er ist. Da wurde er ausgepfiffen, beschimpft, mit Stühlen beworfen und rausgeschmissen.

Wie geht es weiter in Bolivien? Ungewiss! Sicher ist, für Deutsche und andere Europäer in Bolivien hat der Machtkampf zwischen Arce und Morales höchstens Unterhaltungswert. Auch die Frage links oder rechts ist für Ausländer im Land eher zweitrangig. Bolivien ist zwar dreimal so groß wie Deutschland, hat aber nur 12 Millionen Einwohner. Es ist ein armes Land. Da haben Sozialisten andere Probleme als in Europa – und sie sind leichter zu ertragen als Elite-Kommunistinnen an der Spitze Deutschlands, die sich auf der Suche nach der Macht bei den Konservativen einschleichen. Aber was machen eigentlich Deutsche in Bolivien – denn ein typisches Auswandererziel ist es ja eher nicht, oder? Dass allerlei Deutsche, Österreicher und Schweizer ihre Liebe zu Bolivien entdecken, hat einen Grund: In einem Hochtal in den Ausläufern der Anden entsteht gerade ein Dorf für deutschsprachige Auswanderer.

Die Brüder Enrique und Edward Rosenthal mit deutschem Vater und spanischer Mutter kommen vom Bodensee. Sie zogen 1993 nach Bolivien, um gut Spanisch zu lernen. In Cochabamba studierten sie Film und Fernsehen. Es gefiel ihnen dort, und sie sind dageblieben. Sie machten Dokumentarfilme, und Enrique verdiente Geld im Internet. Natürlich blieb ihm die ungute Entwicklung in Europa nicht verborgen, und 2016 hatte er eine Idee: Ein ganzes Dorf nur für Auswanderer – in einem Land, wo das Leben spottbillig ist, und Land auch. Wo Politiker andere Sorgen haben, als sich jeden Tag neue, absurde Plagen für ihre Bürger auszudenken oder ihre Untertanen ständig zu überwachen. In Bolivien.

Auf der Suche nach dem geeigneten Ort für seine Pläne wurde er zwischen Santa Cruz und Samaipata fündig. Ein saftig grünes, hügliges Hochtal in den Ausläufern der Anden, auf 1.600 Metern Höhe mit fruchtbarem Boden und mildem Klima, wo keiner Heizung oder Klimaanlage braucht – das war es, was er suchte. 40 Kilometer abseits der Landstraße von Santa Cruz nach Cochabamba, das fühlt sich an wie fernab der Zivilisation. Von unten ist das Hochtal nicht zu sehen. Ein natürliches Refugium. Ein Zufluchtsort, und so nennt Rosenthal sein Projekt auch. Kein Polizist käme auf die Idee, hier Corona-Maulkörbe zu kontrollieren. Corona-Verbote sind hier nicht so streng. Santa Cruz wird ohne Quarantäne angeflogen.

Ein ganzes Dorf mitten in der Natur, das klingt wie eine Utopie. Aber seit der Landreform durch Evo Morales sind Land und Besitzer registriert. Kleinbauern konnten das Land, auf dem sie lebten, auf ihren Namen eintragen, und so können sie es auch verkaufen. Erster Schritt war die Webseite *zufluchtsort.com*. Rosenthal fand schnell eine ganze Menge Interessenten. Viele Deutsche, Österreicher und Schweizer mit dem Traum von einem gesunden Leben in der Natur wollten Grundstücke kaufen, und einige beteiligten sich auch selber finanziell an dem Projekt, sodass sich Rosenthal bald die ersten Landstücke sichern konnte. Es ist eine Win-win-Situation. Immer mehr Europäer wollen offenbar raus aus der Zivilisation der EU, die dank der Politik in Brüssel, Berlin und Wien immer unerträglicher wird. Sie wollen lieber preiswert in einem einfachen Land leben, das seiner eigenen Bevölkerung noch nicht den Krieg erklärt hat – während es die meist schon ziemlich alten Kleinbauern zurück in die Zivilisation zieht. Sie verkaufen ihr Land gerne, weil eine Wohnung im nahen Samaipata für sie ein sozialer Aufstieg und ein bequemer Lebensabend ist.

Fast 2.000 Hektar umfasst das Projekt bereits. Jede Menge Wiesen, Weideland, Urwald, Bäche und Quellen, ein natürlicher Badesee mit Wasserfall, Schluchten und Höhlen. In einer dieser Höhlen hatte sich seinerzeit Che Guevara versteckt, bevor er nach Higuera weiterzog, wo er erschossen wurde, wusste ein alter Bauer zu berichten. Erstes Ziel am *Zufluchtsort* war es, Einnahmen aus der Landwirtschaft zu generieren. Hütten wurden mit Holz vom Ort gebaut. Heute gibt es 100 Rinder, 120 Bienenvölker, viele Obstplantagen, Weizenfelder, tropische Früchte, Mais und Kartoffeln. Vieles, was hier auf den Tisch kommt, ist direkt vor der Tür gewachsen. Es soll ein autarker Ort für Selbstversorger werden, das ist das Ziel von Rosenthal und seinen Partnern. Die Löhne sind niedrig in Bolivien, und so ernährt die Landwirtschaft am Ort schon 50 Mitarbeiter samt ihren Familien. Internet und TV per Satellit gibt es auch schon. Sauberes Wasser ist reichlich da. Strom kommt in den Häuschen der

Mitarbeiter schon per Solarenergie. Vor 5G-Internet muss sich hier niemand fürchten.

Mit seinem Angebot hat Rosenthal bei besorgten Deutschen ins Schwarze getroffen. Ihren Traum vom freien Leben auf dem Land können Sie an vielen Orten auf der Welt verwirklichen, aber selten so preiswert wie hier und in der Gesellschaft so vieler Gleichgesinnter. Corona gab dem Projekt einen zusätzlichen Schub. Fast 1.000 Hektar Land hat Rosenthal schon verkauft. Würden alle Käufer und ihre Familien hier wohnen, hätte das Dorf schon über 200 Einwohner. Ständig werden weitere Hektar Land dazugekauft. Fünf Jahre wurden Wege angelegt, es wurde gerodet, gepflanzt, vermessen. Jetzt stehen der Bau des Clubhauses und die ersten Häuser für Auswanderer auf dem Programm. Kleine Häuschen im Kolonialstil gibt es schon ab ungefähr 16.000 Euro. Um die Kosten niedrig zu halten, und wegen der Unabhängigkeit, werden Backsteine und Ziegel am Ort gebrannt. Holz gibt es im Überfluss. Der Hektar Land wird alle paar Monate etwas teurer, je nach Fortschritt am Ort. Aktuell kostet ein Hektar 7.000 Euro. Viele Interessenten kaufen gleich zwei oder mehr, um einen Teil davon für landwirtschaftliche Nutzung zur Verfügung zu stellen und sich damit regelmäßige Einnahmen zu sichern.

Panama: Angenehm leben und Geld mit Immobilien verdienen

Lassen Sie sich von dem Medienrummel um die *Panama Papers* nicht täuschen: Das Land am Kanal ist zwar ein Eldorado für Offshore-Firmen, aber nicht nur. Vor allem ist es ein herrliches Land zum Leben, wenn Sie das tropische Klima mit kurzen, kräftigen Regenschauern, Temperaturen um 30 Grad und hoher Luftfeuchtigkeit gut wegstecken und wenn Sie damit zurechtkommen, dass es keine Jahreszeiten gibt und die Sonne an jedem einzelnen Tag im Jahr um 6 Uhr früh aufgeht, also praktisch mitten in der Nacht, und schon Punkt 18 Uhr wieder unter. Die Bürokratie ist zwar nicht ganz so unkompliziert wie in Paraguay oder Georgien, und das Leben ist auch etwas teurer, aber alles in allem ist Panama eine sehr gute Option für jeden, der sich ein freies Leben wünscht – und vor allem für Menschen im Ruhestand. Für die gibt es nämlich eine vereinfachte Aufenthaltserlaubnis, und mit einem speziellen Ausweis als *Pensionista* kriegen Sie fast überall kräftige Rabatte.

Um in Panama zu leben, gibt es eine ganze Reihe verschiedener Visa. Welches das beste ist, hängt davon ab, was Sie dort vorhaben. Das Rentnervisum bekommt – und zwar schon ab 18 Jahren –, wer ein sicheres, lebenslanges Einkommen von mindestens 1.000 Dollar im Monat vorweisen kann – also eine Rente oder Betriebsrente, aber kein Gehalt. Dieses Visum ist zeitlich unbegrenzt gültig, führt aber nie zur Staatsbürgerschaft, und wenn Sie sich länger als 24 Monate außerhalb des Landes aufhalten, kann es Ihnen entzogen werden.

Wer dafür nicht infrage kommt oder später einen Panama-Pass will, für den ist das *Friendly Nations Visa* erste Wahl, auf das Bürger aus 50 Ländern Anspruch haben, darunter die meisten EU-Staaten, die Schweiz und Liechtenstein. Der einfachste Weg ist es, dass Sie in Panama wirtschaftliche Aktivitäten nachweisen, indem Sie eine Gesellschaft gründen, ein Konto im Land eröffnen und 10.000 Dollar einzahlen. Der US-Dollar ist offizielle Landeswährung.

Auch für Menschen aus Ländern, die nicht unter diese Regelung fallen, hat Panama neue Visa-Optionen geschaffen. Ein Weg ist der Kauf einer Immobilie für 300.000 Dollar bzw. ab Oktober 2022 für 500.000 Dollar. Die Immobilie darf fünf Jahre nicht verkauft werden, was in Panama hinterher in der Regel einen guten Gewinn abwirft. Alternativ können Interessenten 750.000 Dollar bei einer Panama-Bank fünf Jahre fest anlegen oder 500.000 Dollar auf fünf Jahre in Aktien von Unternehmen aus Panama investieren. All das wird gern von Russen und Chinesen genutzt, die für Panama eine interessante und zahlungskräftige Klientel sind.

Der Papierkram ist ziemlich lästig. Ihr Pass muss noch mindestens sechs Monate gültig sein, und Sie brauchen ein zweites Ausweisdokument oder eine Bescheinigung über Ihre Staatsangehörigkeit. Dazu ein Führungszeugnis aus Ihrem Land, das nicht älter als sechs Monate und von der Botschaft Panamas abgestempelt ist, ein Gesundheitszeugnis eines Arztes aus Panama, die Bestätigung einer Bank in Panama über ein Konto mit mindestens 5.000 Dollar Guthaben, zwei Bankschecks von Panama-Banken über 800 Dollar fürs Finanzamt sowie über 250 Dollar für die Einwanderungsbehörde und fünf Passfotos. Bei Ihrer ersten Reise eröffnen Sie ein Konto, lassen sich untersuchen, gründen eine Firma und reichen den Antrag ein, was mindestens zehn Tage dauert. Außerdem brauchen Sie ein Visum für mehrfache Einreise, weil Sie nach drei bis spätestens sechs Monaten wieder nach Panama müssen, um Ihre *Residencia permanente* abzuholen. Ohne Mehrfachvisum würde bei der Einreise eine Strafe fällig.

Ohne Anwalt kriegen Sie Ihre Papiere nur mit viel Geduld auf die Reihe, und wenn Sie gut Spanisch oder Englisch sprechen. Sie müssen allerlei Papiere vorbereiten und zweimal nach Panama fliegen. Vergessen Sie nicht, genug Geld mitzunehmen. Der Spaß kostet Sie rund 5.000 Dollar oder zu zweit etwas weniger als das Doppelte, und da ist noch nicht mal eine Arbeitsgenehmigung dabei. Ob Sie überhaupt Papiere für Panama brauchen, müssen Sie wissen. Als Besucher können Sie 180 Tage am Stück bleiben, und eine Immobilien kaufen und verkaufen können Sie genauso gut als Urlauber.

Die spektakuläre Metropole Panama City ist eine kosmopolitische, tropische Weltstadt mit der Skyline von New York und spanischem Flair. Ebenso spektakulär sind die 2.450 Kilometer Strand am Pazifik oder in der Karibik, wo das ganze Jahr die Sonne scheint. Das Leben ist angenehm und im Vergleich zu Europa relativ preiswert. In kleineren Städten leben Sie für 1.200 Dollar im Monat, ohne dass Sie jeden Dollar dreimal umdrehen müssen. Wem Panama City zu hektisch oder zu teuer ist, der zieht in eine kleinere Stadt wie David oder Almirante, oder auf eine der vielen schönen Inseln wie Bocas del Toro oder Contadora, wo der Schah von Persien seine letzten Jahre verbrachte. Wem 80 Prozent oder noch mehr Luftfeuchtigkeit zu schwül ist, der zieht in den ewigen Frühling der kühleren Berge nach Boquete oder Volcán.

Sie leben komfortabel an der Sonne, bei gesunder Ernährung mit Obst und Gemüse vom Bauern aus der Nähe und mit Fleisch von Rindern im Freien. In keinem anderen Land gibt es solche Preisnachlässe für Menschen im Ruhestand. Der ohnehin schon preiswerte Besuch beim Arzt ist für Rentner 20 Prozent billiger. Die Stromrechnung 25 Prozent, öffentliche Verkehrsmittel 30 Prozent, Sport, Kino und Unterhaltung die Hälfte. Auch Hotels und viele Restaurants geben in Panama Rentnern bis zu 50 Prozent Rabatt.

Das *Punta Pacífica Hospital* in der Hauptstadt ist eine Filiale der Johns-Hopkins-Klinik und auf dem technisch höchsten Stand in ganz Lateinamerika. Unter den vielen Ausländern in Panama sind Amerikaner am stärksten vertreten. Kein Wunder, denn Miami ist nur drei Flugstunden entfernt. Viele ältere Amis führen hier ein Leben, das sie sich zu Hause nicht leisten könnten – obwohl Panama einen mehr oder weniger kräftigen Boom erlebt, der zur Jahrtausendwende mit der Rückgabe des Kanals durch die USA begann. Wer Panama aus diesen Jahren kennt, würde es heute nicht wiedererkennen, denn seitdem wird gebaut. Die Autobahn an die Pazifische Riviera wird auf acht Spuren verbreitert. Eine vierte Brücke über den Panamakanal soll die Fahrt an die Strände abkürzen. Die U-Bahn wird unter dem Kanal hindurch bis in die westlichen Vororte verlängert, die nicht weit von der Küste entfernt sind. Und die Silhouette der Hauptstadt ändert sich monatlich – was ein interessantes Geschäftsmodell ermöglicht, wenn Sie gut bei Kasse sind: Kaufen Sie Wohnungen in den neuen Hochhäusern vom Plan und verkaufen Sie sie, wenn sie fertig sind. Auf die Art machte ein Bekannter von mir 72.000 Dollar Gewinn in etwas mehr als einem Jahr: Er kaufte ein kleines Studio auf dem Plan für 148.000 Dollar und verkaufte es bezugsfertig problemlos für 220.000 Dollar.

Wenn schon Immobilien in Panama, dann in der Hauptstadt, da können Sie schwer Fehler machen. Die Folgen der Finanzkrise von

2008 und von Corona waren, dass die Preise einige Monate nicht gestiegen sind. Gesunken sind sie nie. Preise für Immobilien haben zwei Treiber: hohe Nachfrage durch eine schnell wachsende Bevölkerung und knappes Land. Panama City hat beide. Seit 2010 wohnten eine Million mehr Menschen hier, darunter viele Unternehmer, Investoren und leitende Angestellte mit hohen Einkommen, was Nachfrage nach Wohnraum schafft. Die Stadt kann sich durch den Pazifik und den Kanal nur in eine Richtung ausdehnen, da wird die Fahrt ins Zentrum länger, Citylagen werden teurer. Dabei sind Panama-Immobilien im weltweiten Vergleich, etwa mit Singapur, fast lächerlich billig. Wer Geld hat und geduldig sucht, wird Angebote finden, mit denen er in kurzer Zeit viel Geld verdient.

Einer der wenigen Schandflecke Panamas ist aktuell die Regierung der linkspopulistischen Revolutionspartei, die seit 2019 an der Macht ist und während Corona bewies, dass sie von Menschenrechten so wenig hält wie Merkel. Das ging bis zum Alkoholverbot. Nicht mal Bier wurde verkauft und der Schwarzmarkt blühte. Keine Versammlungen, keine Partys, Ausgangssperren. Einkauf nach Uhrzeit und Passnummer, Männer durften an zwei und Frauen an drei Tagen in der Woche aus dem Haus. Die Polizei überwachte mit Drohnen und kassierte hohe Strafen von jedem, der Corona – und damit die Regierung – nicht ernst nahm. Aber im Gegensatz zu Europa war Corona in Panama nur eine kurze Zwangspause im Boom. Die Karriere von Panama City als Finanzplatz und Knotenpunkt für den Welthandel geht weiter, daran konnten weder Corona noch *Panama Papers* etwas ändern. Die Weltbank stuft Panama als Land hoher Einkommen ein. Die Metropole, in deren Großraum gut zwei der viereinhalb Millionen Menschen des Landes leben, ist ein Magnet für Konzerne, Geschäftsleute, Investoren und sehr viel Geld.

In Panama City gibt es 78 Banken, was aber Kleinkunden nicht viel hilft. Auch Banken in Panama sind bei der Eröffnung neuer Konten vorsichtig geworden. Immer öfter berufen sie sich auf Regulierung und Meldepflichten, wobei die Bürokratie einfacher wird, je mehr Geld im Spiel ist. Wer mit eher kleinen Vermögen oder Unternehmen daherkommt, wird zwar nicht so schief angesehen wie in Liechtenstein, Luxemburg oder der Schweiz, aber Panama ist auf dem besten Weg dahin.

Warum zieht Panama so viele Konzerne und Fachkräfte an, aber auch Menschen im Ruhestand? Da ist die optimale Lage zwischen Nord- und Südamerika, Pazifik und Karibik. Kein anderes Land hat so viele Direktflüge in alle Welt. Panama hat seine Lage zu Geld gemacht: mit dem Kanal, der Freihandelszone, den Steuervorteilen und als Finanzplatz. Für seine Einwohner ist Panama City ein Schmelztiegel. Nur in New York leben Menschen aus mehr Ländern an einem Ort friedlich zusammen. Aber im Gegensatz zum *Big Apple* kommt hier noch keiner auf die Idee, Krawalle auf den Straßen anzuzetteln, weil seiner Meinung nach nur schwarze Leben wichtig sind. Die gewachsene – und nicht Knall auf Fall importierte – Vielfalt an Rassen und Mentalitäten macht das Leben unterhaltsam. Es gibt kaum ein Land der Welt, dessen Küche hier nicht mit mehreren Restaurants vertreten ist. Shopping und Nachtleben bieten alles, was Sie sich vorstellen. Das alles macht das Leben auch anonym, denn da fällt keiner auf, weil er nicht dazupasst.

Panama ist sicher und politisch stabil. Auch die Sozialisten kennen ihre Grenzen. Die Menschen sind freundlich und lässig. Die Straßen in gutem Zustand, die Infrastruktur die beste in der Karibik und Mittelamerika. Sogar Wasser aus der Leitung können Sie trinken. Die ärztliche Versorgung ist nicht mal halb so teuer wie in den USA. Für Ausflüge bieten sich herrliche Inseln im eigenen Land an, und in einer guten Flugstunde sind Sie auf jeder größeren Insel der Karibik und in vielen Ländern Mittel- und Südamerikas.

Wo Sie in Panama leben, ist Geschmacksache. Berge oder Meer, Karibik oder Pazifik? Wenn Sie auf nichts verzichten wollen, ziehen Sie nach Panama City, genießen die Vorteile einer Weltstadt, fahren raus an den Strand oder setzen sich ins Flugzeug nach David oder Bocas del Toro. In einer Stunde sind Sie mit dem Auto am Pazifik, in 45 Minuten in Colón in der Karibik. 20 Minuten fliegen Sie mit einem Kleinflugzeug zu den Perleninseln im Golf von Panama oder zur karibischen Inselgruppe San Blas, die jetzt Guna Yala heißt. Es gibt einen Urwald mitten in der Stadt, den Metropolitan Park, wohin die Menschen der Hauptstadt zum Picknick fahren.

Kunst, Kultur, Vernissagen, Konzerte, Oper und Nationaltheater, Tanz- und Filmfestivals, Einkaufen bis zum Abwinken, Restaurants, Kneipen, Bars und Nachtleben lassen nicht zu, dass sich ein halbwegs geselliger Mensch hier langweilt. Kehrseite sind der Lärm des hektischen Verkehrs und die vielen Baustellen. Wirklich lästig ist es nur in der Rushhour zwischen 17 und 18 Uhr. Nachts haben Sie kein Problem mit Staus oder Parkplätzen.

Das tägliche Leben in Panama City ist nicht teurer als in vielen deutschen Städten. Viele Ausländer leisten sich den Luxus eines ganztägig beschäftigten Hausmädchens, das mit in der Wohnung lebt. Apartments haben ein Zimmer für Personal in der Nähe der Küche, meist mit eigenem Eingang. So ein Hausmädchen hält die Wohnung sauber, macht die Wäsche, bezieht alle drei Tage die Betten frisch, macht Frühstück, kocht mittags oder abends, spült ab, geht Einkaufen, macht Besorgungen und sorgt dafür, dass immer frisch gepresste Säfte im Kühlschrank sind. Es spart viel Zeit, wenn Sie sich nicht um diese Dinge kümmern müssen, und es ist kein Luxus. Rechnen Sie dafür mit 300 bis 500 Dollar im Monat.

*Weitere Länder, in denen ein gutes
Leben möglich ist – in Europa*

Spanien – mehr als Mallorca, Ibiza und Teneriffa

Es ist einige Jahre her, da war im Zusammenhang mit Spanien immer vom Florida Europas die Rede, dem *Sunshine State* des alten Kontinents, in dem Menschen aus Mitteleuropa oder weiter nördlich angenehm, sorglos und preiswert an der Sonne leben oder ihren Ruhestand auf dem Golfplatz verbringen, so wie es Amerikaner in Miami Beach und am Golf von Mexiko tun. Tatsächlich leben ja viele Ausländer auf Mallorca und Teneriffa, an der Costa Blanca und der Costa del Sol, wo das Leben inzwischen teurer ist als in deutschen Kleinstädten. Marbella war schon dabei, der Côte d'Azur den Rang abzulaufen, aber irgendwann war dann die Luft raus. Zum ganz großen Durchbruch ist es nie gekommen, und das ist vielleicht auch gut so, sonst würden die Preise womöglich noch weiter explodieren in den Bestlagen an den Küsten und Stränden.

Spanien ist ein seltsames Land. Tief gespalten in Sozialisten und Konservative, aktuell als einziges EU-Land von Kommunisten und Terroristen mitregiert, bedroht durch baskische und katalanische Separatisten, verkompliziert durch überflüssige Sprachen, von gewaltigen Einwandererströmen heimgesucht und trotzdem ein äußerst angenehmes Land zum Leben – wie ist so was möglich? Es hat mit der Mentalität der meisten Spanier zu tun, die irgendwo zwischen gleichgültig und tolerant angesiedelt ist. Vor allem, wenn Sie Ihren offiziellen Wohnsitz woanders eingerichtet haben, ist Spanien eine sehr gute Wahl für das tägliche Leben. Theoretisch dürfen Sie 90 Tage als Besucher im Land bleiben, aber es würde mich überraschen, wenn hier jemals ein Europäer gefragt würde, wie lange er schon da ist. Sie dürfen sich nur nie anmelden in Spanien, denn damit wären Sie drin in den Mühlen der Bürokratie: Da müssten Sie plötzlich Steuererklärungen abgeben und Ihren Führerschein umschreiben lassen, was einen gewaltigen Nachteil hat: Spanische Führerscheine müssen nämlich alle paar Jahre verlängert werden, mit ärztlicher Untersuchung und Sehtest. Also ganz wichtig: Spanien ja – aber immer nur als Besucher. Auf ein Bankkonto in Spanien verzichten Sie am besten auch, wenn Sie nicht wollen, dass Ihnen nicht bezahlte Strafzettel einfach vom Konto abgebucht werden. Schon kleine Verstöße kosten nämlich viel Geld: Da sind für Falschparken schnell mal 100 bis 200 Euro weg, ohne dass Sie jemanden behindert haben.

Deutsche lieben Spanien, da sind sie nicht die Einzigen. Seit Jahren strömen Menschen aus aller Welt ins Land. Wer sich heute noch ein Domizil an den Küsten leisten kann, kommt aus Mittel- und Nordeuropa, den USA oder aus Russland. Andere kommen bettelarm aus Südamerika oder mit dem Floß aus Afrika. Sie hoffen auf ein besseres Leben mit etwas Wohlstand. Sie verdienen mehr Geld als zu Hause, aber das Leben ist halt auch viel teurer, sodass viele enttäuscht in ihre Heimatländer zurückkehren. Steigende Preise machen auch vielen Europäern zu schaffen, denn nicht nur Privatiers, Unternehmer und Freiberufler ziehen nach Spanien, stecken die Füße in den Sand oder erledigen Ihren Job aus der Ferne. Gerade aus Deutschland ziehen auch immer mehr Menschen nach Spanien, die nicht die Taschen voller Geld haben, sondern finanziell eher ums Überleben kämpfen. Nach dem Motto, wenn schon hungern, dann wenigstens an der Sonne. Diese Vorteile sprechen für Spanien:

— Das Wetter ist auf den ersten Blick das wichtigste Argument, wenn ein Deutscher in den Süden zieht. Hier scheint die Sonne jedes Jahr 100 Tage mehr als in Deutschland. 100 Tage öfter blauer Himmel, während es im grauen Deutschland regnet oder schneit, Sie können sich gar nicht vorstellen, wie das die Laune hebt. Da macht sogar Arbeiten mehr Spaß.

— Die Lebensart: Mancher Deutsche, der zu Hause seine Nachbarn nach ihrem Auto beurteilt, fährt in Spanien einen kleinen Seat oder Citroën. Leben und leben lassen ist die Devise. Keiner schaut Sie schief an, wenn Sie sich nicht mit den üblichen Statussymbolen ausstatten. Und wenn Sie es doch tun, vielleicht weil es Ihnen Spaß macht, wird Sie keiner hinter Ihrem Rücken einen Angeber nennen.

— Die Toleranz: Spanier haben keine Probleme im Umgang mit Ausländern. Natürlich kann es auch auf Mallorca mal zum Streit unter Nachbarn kommen. Aber kaum ein Spanier hat etwas gegen alle Deutschen, nur weil ihn sein deutscher Nachbar nervt.

— Die Flugverbindungen: Von der Corona-Zwangspause mal abgesehen, haben Sie von den Balearen und Kanaren Direktflüge zu mehr deutschen Städten als von den meisten deutschen Flughäfen. Barcelona und vor allem Madrid, mit täglichen Linienflügen zu vielen deutschen Städten, sind Europas Drehscheibe nach Miami, Mittel- und Südamerika.

— Das Nachtleben: Ein gutes Abendessen dauert locker zwei Stunden, da ist es oft Mitternacht. In Gijón ging ich mal im Sommer mit Freunden um 23 Uhr in ein beliebtes Restaurant. Es war alles voll, da reservierten sie uns einen Tisch um halb zwei nachts. Diskotheken oder Clubs, wie das heute heißt, füllen sich selten vor Mitternacht, und wenn sie schließen, ist es längst hell. Viele Deutsche denken, auf Ibiza oder Mallorca sei viel los. Aber das ist eher harmlos, verglichen mit Madrid, Barcelona, Valencia, Sevilla oder Bilbao.

— Die Fiestas: Wer noch nie bei den *San Fermines* in Pamplona war (6. bis 14. Juli), hat definitiv etwas versäumt, wissen wir von Hemingway. So was gibt es freilich in jeder großen Stadt; die wichtigsten sind die *Romería de El Rocío* mit einer Million Pilger von Sevilla nach El Rocío beim Doñana-Nationalpark (Sonntag vor Pfingsten, Dauer gut eine Woche), *Las Fallas* in Valencia (14. bis 19. März), *La Feria de Abril* in Sevilla (eine Woche nach Ostern) und die *Fiestas del Pilar* in Saragossa (um den 12. Oktober).

— Das internationale Flair: Die Multikulti-Gesellschaft, über die Deutschland lange diskutiert hat, ist in Spanien ein alter Hut. Vor allem auf den Inseln und in den Metropolen. Längst gibt es auch Regionen, wo Sie sich nur unter Deutschen bewegen. Sollten Sie aber nicht, denn dadurch verpassen Sie die Vielfalt und den Charme, der Spanien so interessant macht.

— Einkaufen und Freizeit: Vom alten Tante-Emma-Laden bis zum Nobelkaufhaus *El Corte Inglés*: Shopping in spanischen Städten macht einfach Spaß. Und die Freizeit? Lecker essen und trinken in der einfachen Bodega oder im Sternerestaurant. Sport treiben oder ins Stadion zu Europas Top-Fußball und Tennis. Kunst vom Besten im Prado oder den Museen von Picasso und Dalí. Konzerte von Klassik bis Hardrock mit allem, was Sie sich vorstellen. Golfplätze und Yachthäfen in riesiger Auswahl. Es gibt einfach alles. Für jeden Geschmack und vom Allerfeinsten.

— Der Arbeitsstil: Wer in Spanien geschäftlichen Erfolg hat, arbeitet nicht weniger als in Deutschland, aber anders. Lockerer und entspannter. Anzug und Krawatte lassen viele im Schrank. Sogar Gebrauchtwagenhändler und Politiker verzichten oft darauf. Viele Geschäfte werden beim Essen gemacht. Vorsicht, Vorurteil: Auch in Spanien, vor allem im Norden, ist Pünktlichkeit eine gern gesehene Eigenschaft – was Deutsche oft vergessen.

— Die Immobilien: Trotz der enormen Nachfrage gibt es nach wie vor Häuser und Wohnungen aller Preisklassen und für jeden Geschmack. Wem das Geld für die Villa auf der Klippe fehlt, muss sich halt mit einer Wohnung in der zweiten oder dritten Reihe zufriedengeben. Geschickt verhandeln kann viel Geld sparen. Selber bauen ebenfalls.

— Die Steuern: Eine mit der GmbH vergleichbare *Sociedad Limitada* zahlt maximal 25 Prozent. Vermögensteuer gibt es in einigen autonomen Regionen. Als erstes Land in der EU hat Spanien 2014 eine Steuer in Höhe von 0,03 Prozent auf Bankguthaben eingeführt. Es gibt auch eine Reichensteuer, aber umgekehrt: Spanien ist eine Steueroase für Superreiche, denn die zahlen hier nur ein Prozent

Steuern auf ihre Renditen, wenn sie die Gesellschaftsform der *Sociedad de Inversión en Capital Variable* oder kurz *SICAV* nutzen. Mindestkapital sind 2,4 Millionen Euro, wofür sich oft viele Anleger zusammentun – das organisieren dann die Banken. Diese Gesellschaften unterstehen direkt dem Finanzminister. Sie werden weder vom Finanzamt noch von der Börsenaufsicht geprüft, die Namen der Aktionäre stehen nicht im Handelsregister.

Steuersätze sind in Spanien oft immer noch Theorie. Das hat mit den wenigen Steuerprüfern zu tun, die obendrein nur vormittags prüfen. In Ihrer vielen Freizeit verdienen sich die meisten etwas dazu, indem sie Firmen steuerlich beraten. Sollten Sie also eine Firma in Spanien gründen, dann sehen Sie zu, dass Sie als Steuerberater einen Mann oder gerne auch eine Frau vom Finanzamt finden.

Was die Bürokratie betrifft, kann Spanien mit Deutschland gut mithalten, jedenfalls theoretisch. Praktisch funktioniert manches besser und manches schlechter. Vieles wird in der Praxis nicht so heiß gegessen. Aber wie bei den Steuern läuft die Zeit auch hier gegen den Bürger. Ziemlich schnell gleichen sich die Lebensumstände in Spanien auf Druck der EU den deutschen Verhältnissen an, zum Schaden der Menschen. In zehn Jahren werden Sie in der Hinsicht keinen Unterschied mehr feststellen, behaupte ich einfach mal. Deshalb mein Rat: Ziehen Sie jetzt nach Spanien. Meiden Sie Katalonien und die Balearen wegen deren Sprachen, die keiner braucht. Lernen Sie fließend Spanisch – damit Sie möglichst bald fit sind für Ihr freieres Leben in Südamerika.

Ganz wichtig: Spanien ist mehr als Mallorca, Ibiza, Teneriffa und Gran Canaria. Wenn Sie das Leben in einer großen Stadt lieben, sind Madrid, Valencia und Sevilla nicht zu schlagen. Auch Barcelona wäre eine sehr angenehme Stadt, wenn dort nicht so viele junge Katalanisten wohnen würden, die seit gut 40 Jahren ab dem Kindergarten einer Gehirnwäsche unterzogen und dabei über ihre eigene Geschichte belogen werden, und über die spanische. Dass ihr geliebter Landesvater Jordi Pujol seine Untertanen im Laufe seiner diversen Amtszeiten laut spanischer Presse mit Mafiamethoden um 290 Millionen Euro gebracht hat, die von seinen diversen Söhnen oft im Rucksack nach Andorra transportiert wurden, fehlt im Unterrichtsstoff.

Das, was viele Deutsche unter spanischer Lebensart verstehen, finden Sie in Andalusien; sehen Sie sich Sevilla, Granada, Málaga, Córdoba, Marbella, Ronda und Cádiz an. Wenn Sie es nicht so warm mögen und Ihnen gutes Essen wichtig ist, ziehen Sie in den Norden nach Gijón ins grüne Asturien; da fühlen Sie sich wie in der Schweiz am Meer, und nur 30 Kilometer vom Atlantik sind Sie in den Bergen auf 2.600 Meter Höhe. Interessante Städte im Norden sind auch Bilbao und San Sebastián im Baskenland, Santander in Kantabrien sowie in Galizien die Städte La Coruña und Santiago de Compostela, Ziel des Jakobsweges. Also nicht vergessen: Spanien geht immer. Wohin Sie ziehen, ist Ihre Sache. Und ganz wichtig: Melden Sie sich nicht dort an. In Spanien leben Sie als Besucher besser.

Portugal: Reise in die Vergangenheit mit 10 Jahren ohne Steuern

Wenn Sie keine Lust haben, von Ihrer Rente oder dem Lohn Ihrer Arbeit einen Großteil bei Ihrem Finanzminister abzuliefern und wenn Sie obendrein sehr angenehm leben wollen, dann sehen Sie sich mal Portugal an. Wer in das Land zieht, zahlt zehn Jahre keine Steuern auf Renten, Pensionen, Zinsen, Dividenden und Lizenzgebühren. Nicht Ihr Fall? Es gibt auch eine Liste von Berufen, die nur einen reduzierten Steuersatz von 20 Prozent zahlen. Die gute Nachricht, falls Sie das interessiert: Es gibt kaum einen Beruf, der auf dieser Liste nicht mit draufsteht. Dazu gleich mehr.

Es macht zwar wenig Sinn, allein wegen der Steuern in irgendein Land zu ziehen. Aber Portugal ist in jeder Hinsicht ein angenehmes Land, in dem Sie recht preiswert leben. Hier sind die Preise am niedrigsten in der EU, mit Ausnahme von Rumänien und Bulgarien. Oft scheint die Sonne, und im Sommer ist es am Atlantik etwas frischer als beim Nachbarn Spanien am Mittelmeer. Wenn Sie also mit wenig

Geld leben wollen, ohne gleich nach Laos oder Bolivien zu ziehen, wenn Sie leckeres Essen lieben, ein gutes kulturelles Angebot mit Kunst und Konzerten schätzen und wenn für Sie Europas Vorteile wichtiger sind als seine Nachteile, dann ist womöglich Portugal die Lösung für Sie. Obwohl nicht besonders groß – etwa so wie Bayern und Hessen zusammen –, ist es sehr abwechslungsreich.

Die Sonne scheint nicht überall so heiß, wie Sie es von der Algarve kennen. Morgentau auf den Feldern, düstere Nadelwälder, tiefe Flusstäler im dichten Nebel, sodass Sie gar nicht sehen, wo die schwere Eisenbrücke hinführt, die Gustave Eiffel über den Douro gebaut hat. Das ist es nicht, was Sie sich unter Portugal vorstellen, oder? Aber der Norden ist so. Hier regnet es oft, genauso wie nebenan im spanischen Galizien.

Bei Portugal denkt jeder an Sonne, Strand, Golf und Shopping in Lissabon. An den wenig bekannten Norden werden Sie höchstens beim Betrachten der Weinregale im gut sortierten Supermarkt erinnert. Auch wenn süße Weine nicht Ihre Favoriten sind: Genießen Sie mal einen roten Portwein zu einem cremigen Camembert, Brie oder spanischen *Cabrales* – eine Delikatesse!

Portwein kommt aus dem Tal des Douro im Norden des Landes. Seinen Namen hat er von der alten Hafenstadt Porto, die in der Sprache des Landes Oporto heißt, genauso wie dort auch der Wein. Porto ist die zweitgrößte Stadt des Landes. 250.000 Menschen leben dort, im Großraum sind es 1,2 Millionen. Wunderschön die Altstadt am Fluss, die seit 1996 zum Weltkulturerbe zählt. Aber in Porto steht die Zeit nicht still: Es gibt eine für Städte dieser Größe nicht übliche U-Bahn, einige futuristische Einkaufszentren, einen modernen Flughafen. Portugals früher ruhiger Norden boomt. Überall wird gebaut und renoviert, nicht selten mit Geld aus Brüssel.

In Portugal ist das Leben preiswert und im Norden ganz besonders. Um bequem über die Runden zu kommen, braucht ein Ehepaar etwa 1.200 bis 1.500 Euro, je nachdem, wie viel davon für Miete, Restaurants und Nachtleben draufgeht. Lebensmittel im Laden sind gut ein Drittel billiger als in Deutschland, wenn Sie auf Importwaren verzichten. Kleidung kostet die Hälfte, mit Ausnahme der Nobelmarken. Natürlich werden Sie sich zuerst Lissabon ansehen, wenn Sie Portugal noch nicht kennen. Und natürlich die Algarve, das beliebte Sommerziel vieler deutscher und noch mehr britischer Urlauber. Mein Tipp: Besuchen Sie unbedingt auch Porto, bevor Sie eine Entscheidung treffen. Im Vergleich zur herrlichen Metropole Lissabon ist Porto klein und übersichtlich und etwas preiswerter. Vor allem Häuser und Wohnungen, egal ob Sie was mieten oder kaufen.

In Braga wird gebetet, in Lissabon und Coimbra gefeiert und in Porto gearbeitet, sagen Portugiesen. Für immer mehr Ausländer, die sich in den letzten Jahren hier niedergelassen haben, ist das kein Argument gegen Porto. Sie werden von der Atmosphäre der Stadt angezogen, und von der grünen Landschaft. Da nehmen sie sogar das nicht immer sonnige Wetter in Kauf, das für Menschen ideal ist, die Sonne und Hitze wie an der Algarve nicht so gut vertragen. Sie sehen das milde, eher kühle Seeklima mit nicht zu heißen Sommern und nicht zu kalten Wintern durchaus als Vorteil. Ziemlich oft weht ein frischer Wind vom Atlantik her, was viele Menschen hier als recht angenehm empfinden. Die Stadt hat eine übersichtliche Größe von 250.000 Einwohnern, die eine Herzlichkeit und Ruhe ausstrahlen, wie Sie es in den Metropolen eher nicht finden. Porto ist ideal, wenn Sie große Städte nicht so recht mögen.

Wohin in Portugal? Natürlich werden Sie sich Lissabon und Umgebung ansehen und die Algarve zwischen Lagos und Faro. Da wird auf den ersten Blick klar, was diese Küste so attraktiv macht: Auch wenn Sie noch nie dort waren, kennen Sie die herrlichen Fotos kleiner Badebuchten zwischen bizarren Felsen – und wenn Sie dort sind, lassen Sie sich in den kleinen Restaurants an den Stränden für wenig Geld frischen Fisch schmecken, mit einem kühlen Weißwein dazu. Fünf bis sieben Millionen Urlauber tun das jedes Jahr.

Nostalgische Menschen lieben Lissabon. Der Besuch vieler Stadtteile ist wie eine Reise in die Vergangenheit, vor allem wenn die Rechnung kommt. Der Euro hat zwar auch in Portugal alles teurer gemacht, aber kaum sonstwo sind die Kosten fürs tägliche Leben so bescheiden geblieben, auch in Lissabon. In Kleinstädten und auf dem Land erst recht. Meer und viel Sonne, niedrige Preise, gutes Essen, angenehme Lebensart: In Portugal stimmt fast alles. Hier leben Sie für einen guten Tausender im Monat ganz gut, wenn Sie Ihr Geld nicht mit vollen Händen ausgeben. Die verblichene Eleganz einer Metropole der alten Welt sehen Sie in Westeuropa nirgends so klar wie in Lissabon: Baufällige Häuser, deren kachelverzierte Balkone jeden Moment herabzufallen drohen, neben noblen Palästen vergangener Zeit, die auf ihre Restaurierung warten. Historische, mit Edelholz ausgestattete Straßen- und Standseilbahnen aus den 30er-Jahren fahren heute noch.

Miradouros heißen die Aussichtspunkte überall in der Stadt, mit spektakulärem Panoramablick von jedem der sieben Hügel auf Palmen, Kirchen, Terrakotta-Dächer und den Tejo. Fast immer gibt es einen Kiosk für ein Bier, ein Glas Wein und eine Tüte Krabben. In der Stunde vor Sonnenuntergang ist das Licht magisch. Die Fassaden der Häuser scheinen zu glühen, und der süffige *Vinho verde* sieht um die Zeit noch leckerer im Glas aus. *Cervejarias*, wie kleine und große Bierkneipen heißen, haben oft wahre Kunstwerke aus Fliesen an den Wänden und leckere *Tapas* mit allem, was das Meer hergibt. Einfache Kneipen schenken *Ginja* aus, einen süßen Weichsellikör, der gut runtergeht, wenn Sie sich daran gewöhnt haben. Zahnradbahnen klettern die gepflasterten Gassen ins *Bairro Alto* hinauf, die obere Stadt mit steilen Gassen, Lissabons bohemisches Herz, mit alternativer Kultur und vielen Touristenfallen. Einheimische und Ausländer ziehen hier bis Tagesanbruch von Bar zu Bar, da ist an Schlaf überhaupt nicht zu denken.

Ins alte *Alfama*-Viertel ziehen immer mehr Romantiker, die sich nicht von Rucksackreisenden und Souvenirläden abschrecken lassen. Lissabons Musik ist der *Fado*: wehmütige Lieder von fremden Ländern und *Lovern*, die im Meer ertranken. *Fado* wurde früher in Tavernen am Hafen improvisiert. Heute gibt es in *Alfama* ein billiges

Menü dazu und Urlauber zahlen 50 Euro Eintritt. Das ist viel Geld für Lissabon, aber sie haben keine Wahl, wenn sie den portugiesischen Blues hören wollen. Davon abgesehen, machen Sie was verkehrt, wenn Sie kein Mittagessen für zehn Euro finden. Abends ist es etwas teurer. Aber auch in edlen Restaurants geben Sie kaum mehr als 30 Euro aus, Wein inklusive. Ab 300 Euro mieten Sie in *Alfama* ein kleines Apartment, wenn Sie keinen Luxus brauchen.

Doch lieber Luxus? Ziehen Sie nach Oeiras in eine friedliche Wohngegend am Strand mit Villen in Blumengärten. Und gar nicht so teuer: Für 500 bis 600 Euro finden Sie eine Wohnung mit Balkon und Kamin. Im noblen Alcântara-Viertel, umgeben von Botschaften und teuren Hotels, finden Sie auch kleine Apartments ab 600 Euro aufwärts. Strom und Wasser kosten noch mal 100 Euro, der monatliche Einkauf 300 Euro, wenn Sie sparsam sind. Von Ihrem Fenster aus sehen Sie den Tejo, der 15 Kilometer weiter in den Atlantik mündet. Lissabon ist die preiswerteste Hauptstadt Westeuropas. Im schönsten Café der *Factory*, einem kreativen In-Treff mit Buchläden, Galerien, Cafés und guten Restaurants, zahlen Sie für einen *Café pingado* und ein Stück Kuchen nicht mal zwei Euro.

Drei Blocks weiter gibt es einen Bauern- und Fischmarkt, wo unzählige Arten Fische und Meerestiere auf Eis liegen, in einer Auswahl, wie Sie das aus spanischen Markthallen kennen – mit dem Unterschied, dass die Preise hier 30 bis 40 Prozent niedriger sind. Busse, Straßenbahnen und Züge bringen Sie in die entlegensten Ecken der Stadt und deren Umgebung. Von Alcântara fahren Züge nach Estoril und Cascais, wo sich im Sommer das Leben von Lissabon am Meer abspielt. Sehen Sie sich das UNESCO-Kulturerbe Évora an, wo Vasco da Gama wohnte, und auch Sintra mit seinen gotischen Villen und Märchenpalästen.

Zurück zu den Steuern: Wenn Sie von den oben genannten Vorteilen profitieren wollen, brauchen Sie ein Haus oder eine Wohnung im Land, wo Sie sich jedes Jahr mindesten 183 Tage aufhalten. Das ist freilich schwer zu kontrollieren, und vermutlich will es auch keiner so genau wissen. Als Bürger aus der EU oder der Schweiz müssen Sie sich spätestens nach drei Monaten Aufenthalt in Portugal beim Rathaus Ihres Wohnorts registrieren. Dann melden Sie sich unter Vorlage Ihrer Aufenthaltsbescheinigung als steuerlich Ansässiger an und beantragen den steuerlichen Sonderstatus des *Residente não habitual*. Wenn Sie das nicht alleine auf die Reihe kriegen, weil Sie nicht gut genug Portugiesisch sprechen, erledigt es ein Anwalt für Sie. Leider sind wir auch in Portugal in der EU, wo Lösungen nicht selten Scheinlösungen sind. In dem Fall heißt das konkret, dass die Steuerfreiheit für Menschen im Ruhestand nur für Bezieher deutscher Pensionen und Betriebsrenten wirklich sinnvoll ist, aber nicht bei Empfängern von Altersrenten.

Der normale steuerliche Rentnerdepp, dem sein ganzes Arbeitsleben lang ungefragt Geld abgezwackt wurde, wird nämlich, wenn er in Portugal keine Steuern zahlen muss, weiter vom deutschen Staat abgezockt, und das ohne jeden Freibetrag, also vom ersten Euro Rente an. Dieser Raubüberfall auf Kleinstrentner findet übrigens nicht nur im Fall Portugal statt, sondern immer, wenn sich ein Deutscher erdreistet, seine Rente ins Ausland überweisen zu lassen. Die deutsche Politik begründet das damit, dass Altersrenten eine Versicherungsleistung seien. Die Steueroase Portugal macht damit nur für deutsche Beamte oder Politiker im Ruhestand wirklich Sinn. Auch ein Martin Winterkorn könnte sich seine vielen, durch betrogene VW-Fahrer finanzierten Millionen für den Ruhestand an der Algarve steuerfrei in die Tasche stecken, wenn er nicht vorher weggesperrt wird. Bei Österreichern und Schweizern ist es genau umgekehrt. Da werden Pensionen in der Heimat besteuert, während im Ausland lebende Rentner aus beiden Ländern steuerfrei davonkommen.

Wer von Zinsen, Dividenden oder Lizenzgebühren lebt, muss für den steuerfreien Genuss seiner Einnahmen in Portugal nicht einmal Rentner sein. Die Kohle darf nur nicht aus Portugal selbst kommen. Der Betroffene muss also nur noch beachten, wie das Land, in dem seine Zinsen oder Dividenden anfallen, diese Einnahmen behandelt. In Deutschland gelten da 15 Prozent Quellensteuer, sagt der deutsche Anwalt Alexander Rathenau in Lagos an der Algarve mit Büros in Lissabon, Madeira und auf den Azoren. Alles richtig machen Sie immer, wenn das Unternehmen, das Ihnen Dividenden auszahlt, in einem Land ansässig ist, in dem solche Ausschüttungen ins Ausland den Fiskus überhaupt nicht interessieren.

Sie sind noch zu jung für die Rente und verdienen als Angestellter oder Freiberufler so viel, dass Sie der deutsche Fiskus in die Schublade der Großverdiener steckt und zum Spitzensteuersatz von 42 Prozent plus Soli abkassiert? Auch da ist ein Umzug ins schöne Portugal eine Überlegung wert, weil sich dort Ihre Steuern halbieren. Wer nach Portugal zieht und eine Tätigkeit ausübt, der das Gesetz eine gehobene Wertschöpfung wissenschaftlicher, künstlerischer oder technischer Art zuschreibt, der profitiert hier von einer Steuer-Flatrate von 20 Prozent, erklärt Anwalt Rathenau. Das klingt kompliziert und ist doch ganz einfach – Sie sehen es auf den ersten Blick auf der Liste der Berufe, denen Portugal gehobene Wertschöpfung zubilligt. Da ist alles dabei, vom Generaldirektoren eines Konzerns über Manager, Abteilungsleiter, Führungskräfte in Hotelgewerbe und Gastronomie, im Handel und in anderen Dienstleistungen sowie Physiker, Mathematiker, Ingenieure, Architekten, Designer, Ärzte, Zahnärzte, Dozenten, Techniker, Programmierer, Schriftsteller, Journalisten, Übersetzer, Künstler, Schauspieler, Musiker, Regisseure, Sänger, Chemiker, Geologen, Meteorologen, Land- und Forstwirte, Goldschmiede, Drucker, Installateure, Maler, Reinigungskräfte, Mechaniker, Elektriker, Fleischer, Bäcker, Schneider, Schuster, Taucher, Kraftfahrer – sie alle zahlen nur 20 Prozent Steuern, wenn sie aus dem Ausland kommen.

Der Nachteil: Wer in Portugal als Handwerker oder Freiberufler tätig werden will, muss sich an den Gedanken gewöhnen, niedrigere Preise zu verlangen als zu Hause. Die Suche nach einer Arbeit ist nicht ganz einfach, auch weil weder eine selbstständige Tätigkeit noch eine Beschäftigung als Angestellter ohne gute Sprachkenntnisse realistisch ist. Portugiesisch wird in Portugal und Brasilien gesprochen, auf den Kapverden und Macau sowie zum Teil in einigen früheren Kolonien in Afrika, wo Sie lieber nicht wohnen wollen. Aber allein wegen Portugal und Brasilien kann es kein Schaden sein, sich die Mühe zu machen und Portugiesisch zu lernen. Bis Sie es können, müssen Sie sich keine Sorge machen. Viele Portugiesen sprechen ganz gut Englisch oder Spanisch oder beides – und diese beiden Sprachen sollten Sie sowieso sprechen, wenn Sie sich für ein Leben im Ausland interessieren.

Italien ist keine Steueroase mehr – aber jetzt gibt es Geld geschenkt

Was kann ich Ihnen über Italien erzählen, das Sie noch nicht wissen? Vielleicht diese Geschichte, die einem Freund von mir genau so passiert ist. Sein halbes Leben ist er mit seiner Frau im Urlaub immer nur nach Apulien gefahren, in einen kleinen Ort in der Nähe von Lecce. Als der Ruhestand kam, gab es für ihn nicht viel zu überlegen. Er packte seine Sachen samt Ehefrau ins Auto, schlug deren Bedenken in den Wind und ab ging's nach Süden. Die beiden zogen in den hintersten Winkel Süditaliens und waren glücklich – bis es Herbst wurde. Da stellten sie erstaunt fest, dass es in der Nachbarschaft immer ruhiger wurde. Einer nach dem anderen verabschiedete sich bis zum nächsten Frühjahr. Wenige Wochen später waren sie die Letzten in einer Geisterstadt. Für eine Stange frisches Weißbrot, ein paar Scheiben Mortadella und einen *Sixpack* mussten sie 40 Kilometer zum nächsten offenen Laden fahren. Wie die Geschichte weiterging? Sie können sich denken, dass diese Italienpläne keine große Zukunft hatten – weshalb es sinnvoll ist, am Ort Ihrer Wahl erst mal einige Monate zur Probe zu wohnen, vor allem auch außerhalb der Saison, das gilt nicht nur für Italien.

Wer das Land von früher kennt und lange nicht mehr dort war, wird die eine oder andere Überraschung erleben. Italien hat sich verändert, nicht wirklich zu seinem Vorteil, und wie in Deutschland ist die Politik daran nicht ganz unschuldig. Wichtige Dinge sind anders geworden, aber das merken Sie erst, wenn Sie dort leben und arbeiten. Andere unschöne Veränderungen sehen Sie auf den ersten Blick. Dass Scharen illegaler Einwanderer aus Afrika und dem Nahen Osten die schöne Kathedrale *Santa Maria del Fiore* in Florenz immer mehr als Latrine nutzen, ohne dass jemand was dagegen tut, prangerte schon 2001 die große Journalistin Oriana Fallaci in ihrem Buch *Die Wut und der Stolz* an, als sie sich nach den Anschlägen von New York ihren Ärger über den Islam von der Seele schrieb – und dafür von der Kritik wahlweise ignoriert oder verrissen wurde. Politisch korrekt war es nämlich nicht wirklich, was sie da zum Besten gab. Für unsere heutige Sorte missratener Politiker und sonstige Gutmenschen war es ein harter Schlag unter die Gürtellinie – und der saß!

Ein Martini im Straßencafé in Rom, während elegant gekleidete Menschen vorbeiflanieren. Die Weinprobe auf einem schönen Weingut in Venetien. Entspannen auf der Liege am Schwimmbad Ihres alten Natursteinhauses in der Toskana, im Schatten Ihrer eigenen Zypressen und Olivenbäume. Jeder hat seinen eigenen, romantischen Traum von Italien. Das Gute dabei ist, Sie können sich auch heute noch fast jeden Ihrer Träume erfüllen in diesem Land mit seinen wunderschönen Landschaften, den Städten voller Kunst und Kultur, unzähligen malerischen Dörfern, Tausenden Kilometern Küste und dem hervorragenden Essen. Ganz egal, für welche Region Sie sich entscheiden: Italiens *Dolce Vita* ist für jeden Geschmack zu haben, und für jeden Geldbeutel. Die Lösung liegt darin, sich überall genau umzusehen, was ja allein schon ein großes Vergnügen ist.

Wer keine Lust hat, Italienisch zu lernen, zieht einfach nach Meran oder Kaltern, da wird Deutsch gesprochen. Wer freilich etwas auf sich hält, für den darf es nur die Toskana geben. Dort ist es deswegen so teuer geworden, dass sich mancher seine *Rustica* nicht mehr leisten kann – mit der Folge, dass bereits mindestens zwei Regionen – Umbrien und die Marken – von ihren Tourismus-Werbern als bessere und preiswertere Toskana angeboten werden. Dabei gibt es auch in der Toskana selbst – dem Original – noch eine ganze Reihe recht preiswerter Lagen, wenn es nicht unbedingt das noble und entsprechend kostspielige Dreieck zwischen Florenz, Pisa und Siena sein muss. Wer unbedingt Toskana auf seiner Visitenkarte stehen haben will und sich Florenz nicht leisten kann, sieht sich am besten im Norden zwischen Lucca und Licciana Nardi um.

Es ist noch gar nicht so lange her, da war Italien ein Eldorado für Unternehmer. Es hatte Steuergesetze wie Deutschland, aber in der Praxis war es eine Steueroase. Geschäftsleute zahlten einfach keine oder kaum Steuern, obwohl sie diese ihrer Regierung nach den Buchstaben des Gesetzes schuldeten. Schwarzgeld und Schattenwirtschaft blühten, und keiner tat etwas dagegen. Es wurde einfach nicht verfolgt. Alle paar Jahre brachte eine Amnestie die Steuerwelt wieder in Ordnung. Die Einzigen, die damals in Italien Steuern zahlten, waren Arbeitnehmer, Banken und Aktiengesellschaften.

Von der ziemlich legeren Auffassung von Steuerpflicht profitierten auch viele Ausländer, die jahrelang in Italien lebten und nie gefragt wurden, wie sie das eigentlich bezahlen. Die Besteuerung ihres Welteinkommens war für sie nur Theorie, solange sie sich an einige Regeln hielten und nicht mit Gewalt auf sich aufmerksam machten. Eine Millionenvilla sollten sie sich möglichst nicht kaufen, auch wenn sie es sich locker leisten konnten. Sie durften auch nicht mit ihrem Besitz und Vermögen prahlen, zum Beispiel durch spektakuläre Autos, dann konnte so ein Leben jahrelang gut gehen. Die Vorsichtigen unter Ihnen waren trotzdem immer auf einen kurzfristigen Ortswechsel vorbereitet. Sie mieteten deshalb lieber eine Wohnung, statt sich eine zu kaufen, und auf ihrem Konto in Italien hatten sie nie viel Geld liegen.

Gipfel dieser speziellen Art italienischer Steuerpraxis war Campione d' Italia, die italienische Exklave im Tessin in der Schweiz am Ufer des Luganer Sees, gegenüber von Lugano. Für Campione war steuerlich das Finanzamt in Como zuständig, das sich jahrelang nicht um den Hügel in der Schweiz kümmerte, sodass dieser bald zum Hügel der Millionäre wurde, damals, als eine Million noch was galt.

Auch reiche Deutsche nutzten jahrelang den angenehmen Umstand aus, dass sich steuerlich keiner für sie interessierte. Im täglichen Leben waren sie Bürger der Schweiz, wo Dinge wie Post, Telefon und Banken besser funktionierten als in Italien. Ganz nebenbei war der Schweizer Franken auch eine deutlich stabilere Währung als die Lira. Das alles ist schon lange Geschichte. Inzwischen kontrolliert Como auch Campione, aber da zieht schon seit Jahren kein reicher Mensch mehr hin. Das Casino des kleinen Ortes – das erste und früher mal eins der größten in ganz Europa – ist pleite, und mit ihm die ganze Gemeinde.

Ganz Italien ist noch nicht pleite, aber auf dem besten Weg dahin. Wenn früher die Wirtschaft lahmte, wurde einfach die Lira abgewertet. Aber dann kam der Euro und mit ihm die Finanzkrise als ständige Einrichtung. Irgendwann kam Druck aus Brüssel, und der italienische Fiskus fiel von einem Extrem ins andere. Steuerprüfer schießen seitdem gewaltig über das Ziel hinaus. In Italien eine Firma zu leiten mache keine Freude mehr, klagen immer mehr Unternehmer. Viele schmeißen hin und wandern nach Spanien aus. Sogar Silvio Berlusconi nannte Italien ein Scheißland – und bevor sie jetzt über ihn den Kopf schütteln, müssen Sie wissen, dass er nur deshalb so hartnäckig von der Justiz verfolgt werden kann, wie es bei Politikern in Deutschland unmöglich ist, weil Italien über eine sehr viel unabhängigere Justiz verfügt. Dafür ist das Land kaum noch eine Demokratie, denn die Regierungschefs werden immer öfter eingesetzt statt gewählt. Naja, man kann eben nicht alles haben.

Gleichzeitig hat sich Italien für eine andere Klientel wieder in ein Steuerparadies verwandelt, klammheimlich und mit Duldung aus Brüssel. Nach Portugal setzt auch Italien auf ältere Menschen aus aller Welt. Seit diese Vergünstigung 2019 in Kraft trat, genießen immer mehr Europäer und Amerikaner ihr Leben an der Sonne von Süditalien und profitieren dort von einer erträglichen Steuer-Flatrate von nur sieben Prozent. Der Steuersatz gilt für Ausländer im Ruhestand. Wie immer in der EU sind allerlei Bedingungen daran geknüpft, aber größere Hindernisse gibt es nicht. Besonders interessant ist, dass die Sieben-Prozent-Steuer nicht nur für die Rente und die Pension gilt, sondern auch für alle anderen Einkommen aus dem Ausland, die ein Mensch im Ruhestand so hat. Da werden also Ihre Aktiengewinne oder die Dividenden von Ihrer Firma in Panama auch nur mit sieben Prozent besteuert, falls dieses Einkommen in Italien überhaupt bekannt wird. Hier alle Einzelheiten:

— Die Sieben-Prozent-Steuer gilt für jeden Ausländer, dessen Heimatland ein Steuerabkommen mit Italien hat, was bei allen Ländern der EU sowie der Schweiz der Fall ist.

— Eine Altersbegrenzung gibt es nicht, aber es muss irgendeine Rente nachgewiesen werden. Das kann gerne auch eine Betriebsrente sein, die Ihnen Ihre eigene Firma zahlt.

— Wer das Angebot annehmen will, muss neu nach Italien kommen und darf in den vergangenen fünf Jahren nicht offiziell im Land gelebt haben. Das Angebot gilt übrigens auch für ausgewanderte Italiener, die wieder im eigenen Land leben wollen.

— Weniger verlockend ist, dass die Steuer-Flatrate nicht etwa auf Lebenszeit gilt, sondern nur für das Jahr des Umzugs und die folgenden fünf Jahre. Wer hinterher in Italien bleiben will und mehr als die steuerfreien rund 675 Euro Rente im Monat bezieht, zahlt die übliche Einkommensteuer des Landes, die je nach Höhe des Einkommens bzw. der Rente zwischen 23 und 43 Prozent beträgt. Wer dazu keine Lust hat, zieht einfach wieder weg; dann war seine Italien-Episode so was wie ein sechsjähriger Steuer-Urlaub.

— Das Angebot gilt nicht überall in Italien. Es kommt nur zum Tragen, wenn Sie in eine Stadt oder einen Ort mit weniger als 20.000 Einwohnern ziehen, der in den Abruzzen, der Molise, Basilicata, Kalabrien, Kampanien, Apulien, Sizilien oder auf Sardinien liegt und kein touristisches Highlight ist. Das muss kein Nachteil sein, wenn Sie nicht ein besessener Großstadtmensch sind. In all diesen Regionen ist das Leben angenehm und billig. Da kriegen Sie einen Espresso noch für 80 Cent, ein Glas Wein für einen Euro und eine Mahlzeit mit Vor- und Nachspeise und einem Getränk fast überall unter 20 Euro. Der eine oder andere sucht ja in fortgeschrittenem Alter Ruhe und Entspannung, und beides findet er in den Regionen.

Italiener verstehen das Prinzip *leben und leben lassen*; das haben sie mit den meisten anderen Menschen am Mittelmeer gemeinsam. Natürlich ist auch Italien eine Art EU-Land. Aber es gilt eine Faustregel: Je weiter Sie nach Süden kommen, desto mehr schwindet der Einfluss von Rom und damit auch der aus Brüssel – der schon in Rom längst nicht so hoch ist wie in Deutschland. Die Auswahl an kleinen Orten und Städten, die für diese Flatrate infrage kommen, ist unendlich groß in den genannten Regionen, und mit etwas Glück kriegen Sie zusätzlich noch eine dicke Belohnung obendrauf ...

Italiens Dörfern und Städtchen gehen die Menschen aus, vor allem im Süden. Die Alten sterben und die Jungen ziehen weg, entweder in die nächste größere Stadt oder gleich nach Rom. Um das Problem durch Zuwanderer aus dem Norden auszugleichen, haben sich viele Orte in den am meisten betroffenen Regionen Kalabrien, Apulien und Sizilien schon viel einfallen lassen. Da wurden renovierte Häuser für fünftausend Euro angeboten und nicht renovierte Häuser für einen Euro. Das alles hat eine Handvoll neue Einwohner gebracht, aber das Sterben der Orte hat es nicht aufgehalten. Jetzt haben sich neun Orte in Kalabrien abgesprochen und machen ein Angebot, das sich mancher ernsthaft überlegen wird: Wer nämlich in einen dieser Orte zieht und dort leben will, bekommt 28.000 Euro.

Zwei bis drei Jahre lang soll es dann jeden Monat 800 bis 1.000 Euro geben. Wenn sich ein Neubürger allerdings entschließt, am Ort seiner Wahl ein kleines Geschäft zu gründen oder zu übernehmen, zum Beispiel eine Pension, ein Restaurant, eine Bar oder einen Laden, soll er die ganzen 28.000 Euro auch sofort bekommen. Natürlich gibt es Bedingungen: Die Bewerber dürfen nicht älter als 40 Jahre sein, und wer die Zusage erhält, muss innerhalb von drei Monaten in das Dorf seiner Wahl umziehen und sich dort mit seinem ersten Wohnsitz anzumelden. Insgesamt stehen bisher 700.000 Euro für das Programm zur Verfügung, heißt es.

Die fraglichen Orte liegen nicht direkt am Meer, aber auch nicht weit entfernt. Es sind Santa Severina, Civita und Albidona am Ionischen Meer, Aieta und San Donato di Ninea am Tyrrhenischen Meer mit Blick auf Sizilien, Caccuri mitten im Land sowie drei Dörfer, die zum Stadtgebiet von Reggio di Calabria gehören: Samo, Sant'Agata del Bianco und das unter den zehn schönsten Dörfern Italiens gelistete Bova, die zur Stadt Reggio di Calabria gehören.

Stellen Sie sich vor, Sie leben in einem angenehmen Land der EU, wo Sie nur sieben Prozent Steuern auf Ihr Welteinkommen zahlen und obendrein 28.000 Euro bar auf die Hand bekommen: Dagegen ist schwer etwas zu sagen, oder?

Kroatien: Der EU-Beitritt war keine gute Idee

In meiner Jugend war es der schönste Teil Jugoslawiens, nur wenige Autostunden von Süddeutschland entfernt: da fuhren wir schnell mal mit dem Auto hin. Nach Istrien meistens, weil das am nächsten liegt. Poreč, Rijeka, Rovinj, das historische Seebad Opatija, Split und Dubrovnik waren meine Urlaubsziele, als ich 18 bis 21 war. Mir kam das damals alles wunderschön vor; dabei war es noch eine Art Kommunismus – dem allerdings die DDR-Führung nicht traute und ihre Bürger deshalb auch nicht hinfahren ließ. Wenn schon Unterdrückung, dann richtig, entschied Ostberlin. Ein bisschen Kommunismus ging genauso wenig wie ein bisschen schwanger.

Heute ist Kroatien immer noch schön und immer öfter auch sehr spektakulär. Dubrovnik wird von *Game-of-Thrones*-Fans überrannt, seit Szenen für *King's Landing* dort gedreht wurden. Eine Fahrt mit dem Segelboot zwischen den 1.246 Inseln, mit Stopps in den Häfen der vielen malerischen Orte, ist eine der schönsten Erfahrungen, die das Mittelmeer zu bieten hat. 47 dieser Inseln sind bewohnt. Wenn Sie Kroatien reizt, sehen Sie sich unbedingt Rab und Krk an, und auch Hvar und Brač weiter südlich vor Split.

1991 erklärte Zagreb seine Unabhängigkeit, aber bis es zur echten Abspaltung von Belgrad kam, waren vier Jahre brutaler Krieg nötig. 1995 war Kroatien endlich ein freies Land – aber die Unabhängigkeit dauerte gerade mal 18 Jahre, dann trat anstelle der Abhängigkeit von Belgrad die von Brüssel. Mussten dafür in Kroatien vier Jahre lang so viele Menschen sterben? Beschweren dürfen sich die Kroaten nicht. Sie sind nämlich selber schuld, denn sie durften sogar über ihren Beitritt abstimmen. Dabei gab es eine haushohe Mehrheit von 67 Prozent für die EU, aber nur 43 Prozent sind zur Wahl gegangen. Prompt blieben bei der ersten Europawahl 80 Prozent aller Wähler zu Hause. Ist den Kroaten wirklich alles egal? Oder dachten sie nach der Erfahrung mit Irland, sie würden sowieso so lange abstimmen müssen, bis endlich ein »Ja« dabei herauskommt?

Selten gab es beim EU-Beitritt eines Landes so viel Ärger auf beiden Seiten. Kritiker warnten, Kroatien sei wirtschaftlich nicht reif, und im Land selbst wollten eigentlich nur Bürokraten und Politiker rein in die EU, und zwar quer durch alle Parteien. Und heute? Acht Jahre später wird immer klarer, dass die Kritiker recht hatten. Das vorher blühende Kroatien sei unter dem Regime Brüssel zum Niedergang verurteilt, berichteten kritische Medien. Kroaten verlassen in Scharen ihr Land. Vor allem junge Menschen ziehen weg, weil es immer weniger Jobs gibt. Bei den Beitrittskandidaten Serbien und Bosnien ist es übrigens auch nicht besser. Offene Grenzen machen den Wegzug leicht. Junge Kroaten suchen Arbeit in Ländern, denen es wirtschaftlich besser geht. Zu Hause liegen die Einkommen im Schnitt bei 860 Euro – bei denen, die Arbeit haben. Offiziell haben seit dem EU-Beitritt 200.000 Kroaten ihr Land verlassen. Kritiker sprechen von 300.000 oder mehr. Statistisch steht Kroatien jetzt besser da. Durch die Abwanderung ist die Arbeitslosigkeit von über 20 auf acht Prozent gesunken – so hat eben alles auch gute Seiten.

Die Kroaten sind ihrer Obrigkeit gegenüber hilflos, klagen Kritiker. Sie wüssten nicht, wie sie das korrupte System in ihrem Land verändern sollen, das unter Brüssel nicht besser geworden sei. Korrupte Politiker seien heute genauso unantastbar wie früher unter Titos

Kommunismus. Arbeit gebe es höchstens saisonweise im Tourismus, da überlegen gut ausgebildete Kroaten nicht lange, wenn in Ländern wie Irland bestbezahlte Jobs in der IT-Branche winken. Mit dem Problem steht Kroatien im Osten übrigens nicht alleine da. Bulgarien geht es ähnlich. Aber Kroatien hat nur vier Millionen Einwohner, da macht sich die Abwanderung viel stärker bemerkbar.

Die Republik Kroatien heute: Die Landwirtschaft sei seit dem EU-Beitritt mit Abschaffung der Einfuhrzölle tot, sagt der Abgeordnete Ivan Pernar. Steuern seien gestiegen, Lebensmittel und Strom teurer geworden. Dinge des täglichen Lebens seien 30 bis 110 Prozent teurer als in Deutschland. Auf Immobilien soll eine neue Steuer kommen. Steuern auf Mieteinnahmen sollen um das Dreifache steigen, obwohl für die Menschen an der Küste Vermietung oft die einzige Geldquelle ist. Aus Brüssel, sagt Pernar, seien 2020 elf Milliarden nach Zagreb geflossen, aber ein großer Teil sei in den Taschen der Regierung verschwunden. Wenn Sie heute einen Kroaten fragen, so der Politiker, was ihm die EU nütze, so werde er antworten: »Nichts, außer dass ich möglichst schnell hier weg kann.«

Nur hat ja eine Situation oft zwei Seiten. Durch den Wegzug werden immer mehr Häuser und Wohnungen zum Verkauf angeboten, das ist eine Tatsache. Ist der Schaden des Landes womöglich ein Vorteil für alle Ausländer, die in das schöne Land am Mittelmeer ziehen wollen? Ist Kroatien schon so schlecht dran, dass Sie Immobilien dort für Kleingeld abstauben können? Ja und nein. Die gute Nachricht ist, dass es diese Häuser tatsächlich gibt. Die schlechte ist, dass sie meistens an Orten stehen, wo Sie eher nicht hinziehen wollen. Wenn Sie sich solche Orte ansehen wollen, müssen Sie oft gar nicht weit von der Küste weg. Biegen Sie einfach mal von der herrlichen Küstenstraße von Rijeka nach Dubrovnik ab und fahren Sie ins Land hinein. Je weiter Sie vom Meer wegkommen, desto billiger wird es. Da finden Sie heute noch Häuser für 20.000 oder 30.000 Euro, aber die will eben keiner haben.

An den Küsten dagegen sind die Preise der Verkäufer eher unrealistisch. Warum das so ist, erklärt Kroatienkenner Johannes Hoffrohne aus Bayern mit Maklerbüros in Erding, Pula, Zadar und Split, der 35 Jahre dort lebte, in Jugoslawien einen Yachtcharter gründete, seit der Jahrtausendwende kroatische Immobilien verkauft und für 900 bis 1.200 Euro pro Quadratmeter auch Häuser für Kunden baut: »Die Kroaten haben schnell gemerkt, dass Deutsche und Österreicher immer feilschen. Also schlagen sie vorher 30 oder 40 Prozent auf den Preis drauf, den sie wirklich haben wollen.«

Wirklich billig seien nur die ersten Jahre nach der Selbstständigkeit gewesen, erzählt Hoffrohne, da habe es so was ähnliches wie Schnäppchen gegeben. Bis 2010 seien die Preise stark gestiegen, danach wieder leicht gefallen. In letzter Zeit seien sie stabil, obwohl immer mehr angeboten und wenig gekauft werde. Nach seiner Erfahrung wollen wenige Deutsche ganz nach Kroatien ziehen, sagt er. Die meisten hätten lieber ein Ferienhaus am Meer, wo sie auch mal zum Wochenende hinfahren. Das geht in Istrien oder Zadar und auch noch in Split, aber Dubrovnik ist dafür zu weit weg.

Als Geldanlage sei nach Meinung Hoffrohnes ein Haus oder eine Wohnung in Kroatien nur sehr langfristig sinnvoll, mit einer Ausnahme: Wenn Sie für wenig Geld ein Haus in guter Lage finden, mit vielen Reparaturen, die Sie selber ausführen, dann sei ein hoher Gewinn möglich. Sie können auch heimische Handwerker beauftragen, die seien nicht teuer, aber selber mit dabei sein sollten Sie in dem Fall schon. Mit guter Lage meint er das nördliche Dalmatien am Meer oder wenigstens mit Meerblick. Da macht er selbst 95 Prozent seiner Umsätze, vor allem um Zadar, wo es ihm am besten gefällt. An der Küste bewegt sich durch die Urlauber am meisten. Wenn es Arbeit gibt, dann hier oder in der Hauptstadt Zagreb.

Nach Kroatien ziehen und dort arbeiten oder Geschäfte machen hält Hoffrohne heute für wenig sinnvoll. Sehr angenehm sei das Leben für Rentner mit ausreichender Rente – und für jeden, der das Mittelmeer liebt und sein Geld im Ausland verdient. Er selbst schätzt das ruhige Leben im Land. Kroaten wissen, dass sie auf Besucher angewiesen sind, sagt er. Behörden hüten sich deshalb, Ausländer durch unnötigen Papierkram zu vergraulen. In der Praxis heißt das wohl, Sie können sich als EU-Bürger so lange in Kroatien aufhalten, wie Sie Lust haben, ohne dass Ihnen jemand dumme Fragen stellt. Wenn Sie arbeiten wollen, brauchen Sie allerdings eine Erlaubnis, aber die sei genauso problemlos wie die Gründung einer Firma.

»Und wie leben Menschen mit einem Mindestlohn von 600 Euro oder mit ein paar Euro Arbeitslosengeld, wenn alles immer teurer wird?«, wollte ich von Hoffrohne wissen. Seine logische Antwort: »So wie überall. Die Familien helfen sich gegenseitig und es wird eben immer mehr schwarzgearbeitet. Einem Schwarzarbeiter sind die hohen Steuern egal, und wer weiß, vielleicht nimmt ja die Regierung mit jeder Steuererhöhung weniger Geld ein.«

Ungarn – wo Sie für wenig Geld in diesem freien Land gut leben

»Wir schreiben das Jahr 2021. Ganz Europa ist von linken Gutmenschen, Brüsseler Bürokraten und angepassten Karrierepolitikern besetzt, die noch nie in ihrem Leben einer ehrlichen Arbeit nachgegangen sind. Ganz Europa? Nein! Ein kleines Land am Rand Europas macht nicht jeden politisch korrekten Unsinn mit, und eine Handvoll Politiker hat sich dort Reste gesunden Menschenverstandes bewahrt ...«

Ja, es ist wie bei Asterix. Das Leben ist nicht leicht für die Eindringlinge aus Brüssel, wenn sie sich mit den Ungarn und deren streitbarem Viktor Orbán anlegen. Tatsächlich geht es, wenn wir in Deutschland etwas über Ungarn sehen oder lesen, meistens um Orbán, den in seinem Land geliebten und in Brüssel verhassten Regierungschef des Landes, der von Merkel, von der Leyen und ihren Leuten immer aus irgendeinem Grund beschimpft wird. Er habe die Pressefreiheit abgeschafft, hören wir über ihn, oder gleich die

Demokratie in Ungarn, und ein Diktator sei er sowieso. Dabei tut er eigentlich nur, was sinnvoll ist und den Menschen in seinem Land hilft – aber mit so einer Politik des gesunden Menschenverstandes kann sich einer heute in Brüssel und Berlin schnell einflussreiche Feinde machen.

Die EU will den Untergang Europas, warnt Orbán immer wieder mal, dafür wird er dann beschimpft, aber in der Sache widerspricht ihm keiner. Orbán hat Soros und dessen *Open Society* aus Ungarn verjagt. Der 1930 als György Schwartz in Budapest geborene Milliardär wolle die Bevölkerung in Europa austauschen und Brüssel helfe ihm dabei. Orbán ist stolz darauf, dass die Menschen in Ungarn als einzigem Land in der EU gefragt wurden, ob sie die Masseneinwanderung wollen – wie die Antwort lautete, ist bekannt. Die große, berechtigte Angst, die Brüssel vor Orbán haben muss, hat damit zu tun, dass er immer mehr Menschen zeigt, wie einfach und vernünftig Leben heute noch sein kann. Auch immer mehr Deutschen übrigens, die in sein angenehmes Land ziehen.

Orbán hatte auch vor der Wiederwahl versprochen, eine Steuer-Flatrate unter 10 Prozent einzuführen. Darauf mussten die Ungarn einige Jahre warten, dann war es so weit: Unternehmen in Ungarn, egal ob groß oder klein, zahlen heute einheitlich neun Prozent Steuern – das ist der niedrigste Steuersatz in ganz Europa, nicht nur in der EU. Billiger als Bulgarien, Zypern, Malta, Irland, Gibraltar und Andorra. Noch billiger ist nur eine kleine Insel, denn da gibt es überhaupt keine Steuern. Dazu gleich mehr ...

Schon unter den Kommunisten galten Ungarn als aufmüpfig, das Land als lustigste Baracke des Ostblocks. Die EU war also gewarnt. Seit die Ungarn 2010 den konservativen Orbán wählten, wurde die Konfrontation mit Brüssel zum Dauerzustand. Während die EU Familie, Nationalstaaten, Bargeld und Christentum am liebsten abschaffen würde, ließ Orbán eine neue Verfassung schreiben, die sich genau zu diesen Werten bekennt. In der Finanzkrise bettelten andere Länder den IWF an und machten sich damit erpressbar,

Orbán dagegen warf Lagarde und ihre Bande aus dem Land. Als Brüssel ein Verfahren eröffnete, weil Orbán angeblich Demokratie, Menschenrechte, freie Presse und unabhängige Justiz abschaffen wolle, drohte er mit Austritt, und schon war der Unsinn vom Tisch. Als Merkel über eine Million illegale Einwanderer aus aller Welt nach Deutschland lockte und dabei von Willkommenskultur faselte, zog er an seiner Grenze, die gleichzeitig eine EU-Außengrenze ist, einen Zaun hoch, wofür ihm Deutschland heute noch dankbar sein muss. Orbán und die meisten seiner Ungarn wollten sich weitere Bevormundung nicht gefallen lassen. 500.000 demonstrierten für Orbán und gegen Brüssel. Sie wollten keine EU, die sie an das alte Moskau im Ostblock erinnert, riefen sie. Das ist jetzt neun Jahre her. Seitdem ist die Meinung der meisten Ungarn über die EU nicht besser geworden.

Leben in Ungarn? Immer mehr Deutsche lieben das Land und das einfache, preiswerte Leben dort. Wer schon um die Jahrtausendwende nach Ungarn zog, fand in der Region um den Plattensee – auf Ungarisch *Balaton* – noch Häuschen ab 11.000 Mark, heute 5.500 Euro. Ich kenne Deutsche, die damals ihr Haus auf dem Land für 200.000 Mark verkauften und nach Ungarn zogen, was ihnen ein sorgloses Leben bis zur Rente garantierte. Eigentlich ist es ja nicht ratsam, so schnell etwas zu kaufen, aber bei diesem Preis ist das Risiko überschaubar.

Wer nach Ungarn zieht, will für wenig Geld gut leben. Er sucht sich meistens ein Haus in einem Dorf und fährt höchstens ab und zu mal zu Besuch nach Budapest, wo Wohnen deutlich teurer ist. Einer, der ebenfalls am *Balaton* wohnt und mir immer wieder mal schreibt, ist Willi Ibenthal, der dort von seiner Rente und seinen Gewinnen am Roulettetisch lebt. Er ermuntert alle, die schon mal über ein Leben in Ungarn nachgedacht haben, es einfach zu tun.

Mit seiner Wohnung am Plattensee habe er eine gute Wahl getroffen. Da machen nicht nur viele Österreicher, Deutsche, Schweizer, Holländer und Belgier Urlaub, sondern vor allem sehr viele Ungarn.

Die fahren nach dem Urlaub wieder nach Hause, im Gegensatz zu den vielen Ausländern, von denen viele bald wiederkommen und dableiben. Die politische Situation sei erst recht auf dem Land ruhig und friedlich, und die eher konservativen Ungarn seien sehr mit ihrem Präsidenten zufrieden. Auch die Corona-Lage sei längst wieder unter Kontrolle, und die Regierung mische sich kaum noch in das Leben der Menschen ein.

Kriminalität gebe es kaum. Keine illegalen Einwanderer, und keine Frau werde auf der Straße belästigt oder gar vergewaltigt und umgebracht. Rechte oder linke Extremisten, Islamisten oder Antifa seien keine Gefahr, und niemand kämpfe hier gegen den Kommunismus, indem er vorgibt, sich für kriminelle Schwarze einzusetzen, die ihm in Wirklichkeit völlig egal sind. Einwanderer am *Balaton* kommen fast alle aus Europa. Wer da mit einer gültigen Wohnsitzkarte lebt, hält sich legal im Land auf.

Ungarn und speziell die Gegend um den Plattensee seien gerade für deutsche Rentner ideal zum leben. Für einen Euro kriegen Sie fast 350 Forint, wodurch das Leben sogar in den Urlaubsorten höchstens halb so teuer ist wie in Deutschland. In anderen ländlichen Regionen ist es deutlich billiger. Die ärztliche Versorgung ist laut Ibenthal ordentlich. Viele Ärzte sprechen Deutsch, und auch viele Einheimische. Österreich ist ja nur 50 Kilometer entfernt, genau wie Slowenien und Kroatien. Nach Zagreb, Maribor, Wien, Graz oder Budapest sind es rund 130 Kilometer, und in drei Autostunden fahren Sie die 300 Kilometer ans Mittelmeer nach Opatija in Kroatien, ins slowenische Portoroz oder nach Triest in Italien.

Viele Deutsche denken sofort an den Kauf eines Hauses. Laut Willi Ibenthal sei es dagegen für deutsche Rentner viel interessanter, eine Wohnung oder ein Haus zu mieten. Für eine möblierte und gut ausgestattete Wohnung mit 90 Quadratmetern zahlen Sie nämlich nur 300 Euro, und ein gut möbliertes Einfamilienhaus mit einem kleinen Garten gibt es für 400 bis 600 Euro. Auch wer ein Pflegeheim braucht, sollte über Ungarn nachdenken, so Roulette-Rentner Ibenthal. Als Pflegefall würden Sie in Deutschland etwa bei der

Arbeiterwohlfahrt mit mindestens 3.000 Euro im Monat zur Kasse gebeten; dagegen zahlen Sie in Ungarn nur ungefähr 750 Euro, und die Pflege sei ganz bestimmt nicht schlechter.

Wer in Ungarn kocht, wird sich an Dinge erinnern, die er lange vergessen hat. Wenn Sie Fleisch in der Pfanne braten, liegt es nicht plötzlich im Wasser, wie so oft in Deutschland. Kartoffeln und Gemüse schmecken und riechen noch so, wie ältere Menschen das von früher kennen. Auch andere Dinge in Ungarn auf dem Land erinnern an vergangene Zeiten. Kinder haben noch Achtung vor älteren Menschen. Menschen grüßen sich, reden miteinander und zeigen Anteilnahme. Gegenseitige Hilfe ist üblich – aber all das ändert nichts daran, dass Sie ohne Geld ein Problem haben. Viel brauchen Sie nicht, aber gar nichts ist zu wenig, und Arbeit ist keine Lösung bei 476 Euro Mindestlohn und Stundensätzen, die an einen Ein-Euro-Job erinnern. Auf Sozialhilfe verlassen Sie sich lieber auch nicht bei nicht mal 100 Euro plus einigen kleineren Sachleistungen. Es gibt natürlich auch besser bezahlte Arbeit im Land, zum Beispiel bei deutschen und europäischen Konzernen in Budapest. Da brauchen Sie allerdings einen gerade gesuchten Beruf, und Ungarisch sollten Sie auch halbwegs fließend sprechen. Viele Ausländer regeln das Thema Einkommen auch so, dass sie in der Nähe der Grenze zu Österreich wohnen und dort als Pendler deutlich mehr verdienen.

Sark: Die Insel im Ärmelkanal, die von der Geschichte vergessen wurde

Diese kleine Insel im Ärmelkanal wird Ihnen gefallen. Sie gehört nicht zur EU und ist direkt der britischen Krone unterstellt. Bis 2008 war Sark der letzte Feudalstaat in Europa. Dann hat eine Reform einige Details geändert, aber die wichtigsten Vorteile gibt es heute noch: das ruhige Leben ohne Autos, die liberale Lebensart und das Fehlen aller Steuern auf Gewinne. Auch Arbeitsrecht oder Pflicht zur

Buchführung gibt es hier nicht. Seit die Art, wie Politiker mit Corona umgehen, unseren Alltag belastet, ist auf Sark noch ein Vorteil dazugekommen. Hier gab es keinen einzigen Corona-Kranken, und inzwischen gibt es auch keine Quarantäne mehr, aber die Anreise ist umständlich. Die Insel ist nur 544 Hektar groß. Sie hat keinen Flugplatz. Mit dem Boot wird Sark nur von der Nachbarinsel Guernsey aus angesteuert. Da gibt es einen Flughafen, aber direkte Charter aus München oder Düsseldorf gibt es nur im Sommer. Sonst ist eine Zwischenlandung in London fällig. Oder Sie fahren nach Saint-Malo in Frankreich und von dort mit der Fähre nach Guernsey und weiter nach Sark. Das alles bedeutet, dass Sark keine gute Lösung ist, wenn Sie viel unterwegs sind. Wenn Sie aber ein entspanntes Leben ohne Aufregung schätzen und den Vorteil, nie mehr von überflüssigen Behörden mit absurden Anliegen belästigt zu werden, wird es Ihnen auf Sark gefallen. Wenn Sie online Geld verdienen, ist Sark mit seinem schnellen Internet eine sehr gute Lösung. Wenn Sie so ein Geschäft zufällig gerade aufbauen, planen Sie mit Sark ...

Es ist noch nicht lange her, da hatte Sark 472 Einwohner, aber auf der Insel anwesend waren nur 360 davon. Es gibt keine großen Firmen und nicht viele Jobs. Da ziehen junge Menschen weg, und viele Ausländer, die auf der Insel wohnen, sind auch nicht das ganze Jahr da. In der Situation trat Fondsmanager Swen Lorenz mit einem verwegenen Plan an die Öffentlichkeit: Er wollte die Einwohnerzahl verdoppeln, was viel Echo in den Medien fand. Lorenz hat seit 2004 seinen Wohnsitz auf Sark, aber er war immer unterwegs. 2017 ist er dann ganz auf die Insel gezogen und hält sich weite Teile des Jahres da auf. Er präsentierte die Vorteile von Sark auf seiner Webseite und stellte für 1.400 Pfund ein Paket für Neubürger zusammen, das aus umfassender Information und praktischer Hilfe bestand. Medien in aller Welt berichteten, sodass Interessenten sogar aus Australien und Neuseeland in Sark aufschlugen. Die Initiative war ganz im Sinne von Major Christopher Beaumont, Seigneur und de facto Staatsoberhaupt von Sark, der über ein paar Hundert neue Inselbewohner nicht unglücklich wäre. Zur Verdopplung hat es zwar nicht gereicht, aber 112 Neubürger hat die Aktion gebracht, und 15 Familien haben sich entschlossen, ihr Leben komplett nach Sark zu verlagern, von da aus zu arbeiten und ihre Kinder zur Schule zu schicken.

Leben auf Sark – wie geht das? Es gibt viel Natur. Keine Autos und keine Teerstraßen. Der Arzt hat einen Traktor. Verkehrsmittel ist das Fahrrad. Es gibt auch Pferdekutschen, die vor allem von 60.000 Urlaubern genutzt werden, die jedes Jahr Sark besuchen. Es gibt ein paar Läden, zwei Filialen von Großbanken, die Schule, zwei Kirchen, eine Hochzeitskapelle, ein kleines Gefängnis, ein paar Polizisten. Dazu einige Hotels und ein gutes Dutzend Pubs und Restaurants, von denen im Winter viele schließen. Nachts ist es so dunkel, dass Sark von der internationalen *Dark-Sky*-Bewegung zur ersten *Dark-Sky*-Insel in Europa ernannt wurde.

Wenn Swen Lorenz 50 Schritte läuft, ist er im *Bel-Air*-Pub. Da kostet das Bier drei Pfund, zwei weniger als in London. 100 Meter weiter hat er die Wahl unter zwei Restaurants, *Nicole's* und *AJ's Café*, die im Winter offen sind. Wenn der *Mac* kaputtgeht oder ein Besuch beim Friseur fällig wird, muss er für 15 Pfund mit der Fähre 40 Minuten nach Guernsey fahren. Der Ausflug kommt den Menschen von Sark gelegen, wenn sie mal unter Leute wollen. Vom Hafen in St. Peter Port sind es nur wenige Schritte in die Innenstadt, was viele für einen Einkaufsbummel nutzen. Textilien gibt es auf Sark auch nicht zu kaufen. Dafür bietet die Insel andere Vorteile ...

— Keine Pflicht, das Einkommen oder Vermögen offenzulegen. Keine Einkommensteuer, steuerfreie Kapitalgewinne, keine Erbschaftsteuer, keine Mehrwertsteuer.

Die Steuerpflicht basiert auf der Größe Ihres Hauses oder Ihrer Wohnung, egal ob Besitz oder zur Miete. Die übliche Belastung für eine Wohnung mit einem Schlafzimmer sind 1.500 Pfund, etwa 1.750 Euro im Jahr. Für ein Haus mit Garten zahlen Sie 5.000 Pfund oder 5.900 Euro. Für jedes weitere Familienmitglied gibt es die Flatrate von 475 Pfund (560 Euro).

Buchführung ist nicht nötig. Arbeitsrecht ist nicht geregelt. Sie müssen kein Geld in ein Ponzi-System der Regierung einzahlen, das Ihre Rente oder Ihre Gesundheit regeln soll. Und Ihr Geld wird auch nicht von Brüssel umverteilt, denn dahin fließt kein Geld aus Sark. Für den Fall, dass Sie ein Unternehmen starten wollen, das eine Lizenz braucht – zum Beispiel Finanzdienstleistungen – müssen Sie die *Financial Services Commission* in Guernsey fragen.

Was niemand braucht, gibt es auf Sark nicht. Dafür gibt es hier eine Regierung mit Guthaben statt Schulden auf der Bank. Es gibt keine illegalen Wirtschaftseinwanderer aus der Dritten Welt, die der Bevölkerung als Flüchtlinge verkauft werden. Menschen auf Sark haben die freie Wahl unter den besten privaten Krankenversicherungen der Welt. Die eingesparten Steuern ermöglichen einen früheren Ruhestand durch private Rentenpläne. Die Regierung sieht keinen Bedarf, ihre Bürger auszuspionieren und deren Daten zu sammeln. Die 28 Abgeordneten beziehen kein Gehalt, es gibt keine politischen Parteien und auch die britische Kultur mit einem Schuss französischer Lebensart ist sehr angenehm. Oder einfach ausgedrückt: Sark ist der kleinste unabhängige Staat im britischen Commonwealth, und als Bürger von Sark sind Sie ein souveränes Individuum und nicht wie im vereinten Europa ein Sklave von Politik, Steuern und Bürokratie. Das ruhige Leben auf der kleinen Insel kommt zu all diesen Vorteilen noch dazu.

Wenn Sie jetzt Lust haben, sich Sark näher anzusehen, dann ist das kein Problem. Sie fahren hin, und wenn Sie länger bleiben als offiziell erlaubt, werden Sie sicher nicht gleich ausgewiesen. Wenn Sie aber Ihren offiziellen Wohnsitz auf Sark einrichten wollen, wird es kompliziert. Früher zogen Sie einfach um, aber das geht seit dem Brexit nicht mehr. Jetzt brauchen Sie ein Visum für den Daueraufenthalt. Da haben Sie folgende Alternativen:

— Das Visum für Arbeitnehmer. Das kriegen Sie, wenn Sie einen Job auf der Insel annehmen. Aber Jobs gibt es so gut wie keine.

— Das Visum für Unternehmer. Dazu müssen Sie eine Firma gründen, die nicht nur Ihnen wirtschaftliche Vorteile bringt, sondern auch der Insel. Zum Beispiel in Form von zwei Arbeitsplätzen für Einheimische, plus einer Investition von etwa 200.000 Pfund. So ein Visum hat ein Mann bekommen, der auf Sark eine Microbrauerei gründete und jetzt ein Bier mit dem Namen *Sark Settlers* braut.

— Das Visum für Investoren setzt voraus, dass Sie eine Million Pfund nachweisen und 750.000 davon in örtliche Unternehmen investieren, indem Sie zum Beispiel an der Börse der Kanalinseln deren Aktien kaufen. Der Kauf einer selbstgenutzten Immobilie zählt nicht, aber demnächst soll auch ein Immobilien-Fonds kommen.

— Das Visum für Künstler, Komponisten und Autoren hatte schon so lange keiner, dass auf Sark niemand mehr davon wusste. Swen Lorenz ist wieder darauf gestoßen. Es existiert wirklich. Wie es praktisch ausgelegt wird und ob ein Blog Sie als Autor ausweist, ist einen Versuch wert. Sark sucht Bürger, da werden Vorschriften oft großzügig ausgelegt. Es gibt immer Verhandlungsspielraum.

Mit Ihrem Visum für Sark gehen Sie dann zur deutschen Botschaft in London und beantragen einen neuen Pass und Ausweis. Im Pass steht dann als Wohnort »Sark« und als Aussteller die Botschaft. Das beweist, dass Sie nicht mehr in Deutschland – wo Sie sich natürlich abmelden müssen – wohnen und steuerpflichtig sind. In Sark kriegen Sie eine Steuernummer und sind damit steuerlich ansässig. Wie lange Sie sich im Jahr auf der Insel aufhalten müssen, ist nicht geregelt. Es soll Einwohner geben, die keinen einzigen Tag dort sind. Mit dem Visum unterschreiben Sie, dass Sie 180 Tage dort zubringen, aber das kontrolliert aktuell keiner. Irgendwann werde eine Regelung kommen, vielleicht 90 Tage, meint Swen Lorenz.

Wo Sie Ihr Unternehmen gründen, ist Ihre Sache. Lorenz rät zur Isle of Man, wo es keine Gewinnsteuer gibt; so zahlen Sie weder am Sitz der Gesellschaft noch auf Sark Steuern auf Ihre Gewinne. Genauso können Sie aber auch eine Offshore-Firma in der Karibik gründen, auf den Seychellen, in Delaware oder sonstwo auf der Welt. Aus der Sicht von Sark ist das unwichtig. Über Ihre Geschäfte und Gewinne müssen Sie niemandem Rechenschaft ablegen.

Wenn Sie merken, Sark ist was für Sie, suchen Sie sich eine dauerhafte Unterkunft – und lernen eins der wenigen Probleme auf Sark kennen: Häuser und Wohnungen sind knapp und damit teuer. Deshalb ist Sark auch keine Lösung für Rentner. Für sie gibt es kein Visum, und das Leben ist teurer als in Deutschland. Auch wenn Sie sparsam leben, ist ein Tausender für die Miete weg, und weitere 1.000 Pfund brauchen Sie mindestens zum Leben.

Andorra: Das letzte freie Land Europas hat aufgegeben

Eine Gefahr, die in vielen Ländern auf Auswanderer lauert, liegt darin, dass diese oft viele Jahre von ihrem früher einmal guten Ruf leben – und dass dieser längst nicht mehr gerechtfertigt ist, merken Sie erst, wenn Sie schon dort sind. So ein Fall ist Andorra. Es ist nicht lange her, da war das kleine Fürstentum in den Pyrenäen eines der letzten freien Länder in Europa, und seine Banken zählten zu den sichersten und diskretesten der Welt. Von der Freiheit ist wenig übrig, und mit den Banken ist es heute wie fast überall: Wer ein Konto will, muss eine lange Liste Fragen beantworten. Ein Steuerparadies ist Andorra schon lange nicht mehr. Sogar in den EU-Ländern wie Malta, Ungarn und Bulgarien ist die Steuerbelastung heute niedriger. Andorra, das für Bewohner und Unternehmer ein kleines Paradies war, hat sich in ein Traumland für Politiker und Überwacher verwandelt. Rechtssicherheit und Glaubwürdigkeit der Politik sind am Tiefpunkt, egal wer gerade die Regierung stellt.

Der größte unter Europas Zwergstaaten liegt in schöner Natur in einem Seitental der Pyrenäen zwischen Spanien und Frankreich. Von 75.000 Einwohnern sind nur 41.000 Andorraner, und 27.000 dürfen wählen. Nur vier von zehn Einwohnern sprechen als Muttersprache die Landessprache Katalanisch. Andorra ist ein Fürstentum ohne Fürst, dafür mit zwei Ausländern als Staatschefs. Der eine ist der Bischof im spanischen Seo de Urgel, der andere der jeweilige Präsident Frankreichs. Bis Anfang der 1990er-Jahre gaben die beiden in Andorra die Befehle und ließen sie durch Vögte umsetzen. Wo ein Bischof mitredete, hieß das: kein Glücksspiel, keine Prostitution. Aber auch keine Steuern – Andorra war nicht das unterhaltsamste Land, aber ein guter Ort für Unternehmer. Andorraner und Ausländer im Land machten steuerfreie Geschäfte im In- und Ausland. Firmen zahlten eine jährliche Pauschale und niemand wollte eine Buchführung sehen. So funktionierte es bis weit ins neue Jahrtausend.

Andorra früher: Es gab keine Gewaltenteilung. Politische Parteien und Gewerkschaften waren verboten. Das Land werde von einer Handvoll Familien regiert, hieß es. Eine Art Gesellschaft nach privatem Recht also, und keiner begehrte auf, weil es den Menschen gut ging. Es gab Schulen in Katalanisch, Spanisch und Französisch. Ein verlässliches Gesundheitswesen. Andorra war ein riesiger Duty-Free-Shop. Jeden Freitag setzten sich Autokolonnen aus Spanien und Frankreich zum Einkauf in Andorra in Bewegung. Am Sonntag ging es zurück, den Kofferraum voll mit Käse und Butter, Zigaretten und Elektronik. Die Einfuhrzölle auf diese Waren reichten dem kleinen Land ohne Politiker, sodass Steuern nicht nötig waren. Ab 1997 mussten Ausländer eine zinslose Kaution von 50.000 Mark hinterlegen und durften steuerfrei dort wohnen. Oder sie gründeten eine Firma, stellten sich selbst an, wohnten in Andorra und machten steuerfreie Geschäfte. Weil Ausländer nur ein Drittel an einer Firma halten durften, übernahm zwei Drittel ein heimischer Strohmann, der sogenannte *Prestanom*. Das war rechtlich alles andere als sicher, aber es hat viele Jahrzehnte gut funktioniert.

Der Niedergang begann am 28. Juli 1993. Dem Tag, an dem Andorra der UNO beitrat. Jetzt war das Fürstentum ein Staat, das löste Jubel aus. Aber plötzlich gab es Politiker und Parteien. Sie freuten sich über ihre neue Macht, wie Kinder über ein neues Spielzeug. Die ersten Regierungen waren ganz in Ordnung. Aber nach und nach zeigte sich, dass ein Staat selbst das Problem ist. Es folgte der langsame aber stetige Abstieg in die Richtung, die wir alle kennen –

zum Nutzen der Politik und zum Schaden der Bürger: Trotz vieler neuer Gesetze schwindet die Rechtssicherheit, es gibt immer mehr Überwachung und immer mehr Steuern, wo es früher gar keine gab.

Die Politik gab die Schuld der EU und der OECD, weil beide das kleine Land unter Druck setzten. Es war nur die halbe Wahrheit, denn die Politik gab immer mehr Geld aus. Sogar vom EU-Beitritt war die Rede, als 2010 kurz die Sozialisten regieren durften. Dann trat Toni Martí Petit, Bürgermeister von Escaldes-Engordany, mit einer Plattform gegen Einkommensteuern zur Wahl an. Seine *Demokraten für Andorra* gewannen 20 der 28 Sitze – und kurz nach ihrer Wahl beschlossen sie die Einführung der Steuer, gegen die sie angetreten waren. Seitdem ist der Abstieg des Landes mit dem Namen Toni Martí verbunden. Heute sieht es in Andorra so aus:

— Beispiel Steuern: Ausländer brauchen keinen Strohmann mehr, dafür zahlen sie jetzt zehn Prozent auf ihre Gewinne – wobei die Pauschale von rund 800 Euro nicht etwa wegfällt. Die persönliche Einkommensteuer liegt ab 24.000 Euro Einkommen bei fünf und ab 40.000 Euro bei zehn Prozent. Auf Gewinne aus Geldanlagen werden ab 3.000 Euro zehn Prozent Steuern fällig.

— Beispiel Wohnsitz: Wer heute als Ausländer in Andorra leben will, muss 350.000 Euro im Land investieren – in der Regel in eine Immobilie – und dazu 50.000 Euro als ständige Kaution hinterlegen, plus 10.000 Euro für jedes weitere Familienmitglied. Schlange stehen Ausländer seitdem eher nicht; nur vereinzelt taucht mal ein neureicher Russe auf, um sich mit seinem Andorra-Wohnsitz frei in der ganzen EU zu bewegen. Gegen den Kauf einer Immobilie spricht, dass die hinterher nicht so leicht verkäuflich ist, und dass es beim Eigentumsrecht große schwarze Löcher gibt. Etwa bei Enteignungen. Wer da sein legales Eigentum behalten will, muss der Gemeinde Entschädigung zahlen. Das könne kleine Eigentümer in den Ruin treiben, kritisiert die informative Webseite *andorra-intern.com*.

— Beispiel Rechtsunsicherheit: Wie die verloren geht, zeigt der Fall der Privatbank BPA. Die wurde ihren Besitzern weggenommen, für einen Bruchteil ihres Wertes verschleudert, weil die US-Agentur FinCEN mit dem Verdacht der Geldwäsche daherkam, der sich später als haltlos erwies. Aber da war es schon zu spät. Die Regierung hatte die Bank ohne Rechtsgrundlage kassiert, versteigert, und sich den Erlös in die Tasche gesteckt. Die BPA mit einem Wert von 300 bis 400 Millionen Euro ging für 29 Millionen Euro an den US-Fonds J.C. Flowers, und es entstand die neue Vall Banc mit den Kunden und dem Guthaben der plattgemachten BPA.

— Beispiel Privatsphäre: Kaum wiedergewählt, kaufte die Regierung für drei Millionen Euro modernste Abhör-Software, obwohl die Verfassung das Recht auf private Kommunikation garantiert. Auf einer Liste der Enthüllungsplattform *Cryptome* von Datenlieferanten der NSA standen auch die IP-Adressen der Andorra Telecom. Laut Toni Martí sollte Andorra ein *Smart Country* werden, ein *Andorra 2.0* sozusagen. Jeder Laden sollte Daten über jeden Kunden sammeln. Wer die Grenze passiert, sollte elektronisch erfasst werden. Ein dafür engagierter IT-Spezialist aus den USA jubelte: »Wir probieren hier Dinge aus, die woanders unmöglich sind! Andorra wird Welthauptstadt von Big-Data, ein ganzes Land als menschliches Versuchslabor!« Vorerst scheint die Sache im Sand verlaufen zu sein.

Andere groteske Dinge werden durchgezogen. Wegen der vielen Hundehäufchen auf Gehwegen wurden 10.000 Hunde im Fürstentum einem Gentest unterzogen. Mit den Proben wurde eine Datenbank eingerichtet, um bei besonders hohen Haufen den Halter zu ermitteln. Eine Zielfahndung kostet 129 Euro Gebühren, zuzüglich Strafe.

— Thema Virus: In die wunderschöne Bergwelt bei Ordino, die von der UNESCO als Biosphärenreservat geschützt werden soll, will die Pharmafirma Grifols aus Barcelona gerade ein Genlabor für Virensicherheit bauen: Risikostufe P3, das ist nur eine Stufe unter der Bedrohung von Wuhan. Die Anlieger sind nicht begeistert.

— Thema Sicherheit: In den Bergen von Sant Julià de Lòria baut ein französischer Ex-Legionär den Bauernhof eines einflussreichen Andorraners zur Kaserne um. Ziel soll offenbar die Ausbildung einer Truppe internationaler Elitesoldaten für die Terrorbekämpfung sein.

Die einflussreichen Familien von Andorra – die sogenannte Viererbande, obwohl es definitiv einige mehr sind – gibt es angeblich heute noch. Wenn die Regierung besonderen Mist baut, drohen sie ab und zu, mit ihren Vermögen das Land zu verlassen. Wie viel Einfluss sie heute auf die Politik haben, ist schwer zu sagen. Nicht wegzudiskutieren ist, dass es erfolgreiche Neubürger schwer haben in Andorra. Auch die Enteignung der BPA führen Insider darauf zurück, dass deren Besitzer Ausländer waren: Die Familie lebt nämlich erst seit etwas über siebzig Jahren in Andorra.

Wohin die Entwicklung geht, weiß keiner. Gefühlt täglich wird umgeplant. Da wird an einem Casino gebaut, aber eine Lizenz gibt es noch nicht. Bei Pas de la Casa an der Grenze zu Frankreich wollen Chinesen einen internationalen Flughafen bauen. Das wäre ein Fortschritt, aber auch ein Problem: Durch die internationale Anbindung würden die Grenzen nach Spanien und Frankreich echte Außengrenzen der EU – und damit viel schärfer kontrolliert.

Einflussreiche Unternehmer hatten die Nase voll, dass verlässliche Planung unmöglich ist, und gingen auf Konfrontationskurs zur Regierung. Sie befragten Menschen im In- und Ausland, was sie von Andorra hielten und welche Art Andorra sie künftig gerne hätten. Offenbar ist das Ergebnis so vernichtend ausgefallen, dass es bisher unter Verschluss gehalten wird.

Malta – wo Sie die gesparten Steuern bei Ihrem Steuerberater abliefern

Drei staubige Felsen im Mittelmeer, südlicher als Sizilien und Tunis, von der Sonne ausgedörrt und ohne Vegetation, halb so groß wie Ibiza, aber mit 515.000 Menschen drauf: Sehr verlockend klingt das nicht auf den ersten Blick. Aber Malta, kleinstes und am dichtesten bewohntes Land der EU, ist aus irgendeinem unverständlichen Grund bei Ausländern als Wohnsitz beliebt, und den Ruf einer Steueroase wird die kleine Insel sowieso nicht mehr los. Als solche galt

Malta schon lange vor dem EU-Beitritt im Jahr 2003, wobei mir der Grund dafür nie recht klar geworden ist. Aber warum auch immer, im Zusammenhang mit der EU darf ein Wort wie Steueroase sowieso nicht fallen, egal ob berechtigt oder nicht. Am Ende wurde das Thema zu aller Zufriedenheit offenbar so gelöst, dass der kleine Inselstaat auf den ersten Blick ein Hochsteuerland mit 35 Prozent Körperschaftsteuer wurde, und hinterher gibt es dann einen großen Teil der hohen Steuern auf Umwegen irgendwann wieder zurück, sodass am Ende angeblich nur fünf Prozent Steuern übrig bleiben.

Wie hat Malta das geschafft? Im Gegensatz zu den aufmüpfigen Ungarn, die gegen alles protestieren, was aus Brüssel kommt, bevorzuge Malta im Umgang mit der EU die mediterrane Art, Dinge zu regeln, habe ich mal gelesen. Die gehe so: Zu allem »Ja« sagen, um die Gegenseite zu beruhigen, und am Ende machen, was man will. Aber ob das wirklich auch beim Thema Steuern klappt? Gibraltar musste, um seine Steuer von 10 Prozent gegenüber Brüssel durchzusetzen, sogar vor das höchste europäische Gericht ziehen, und die sind bestimmt nicht weniger mediterran-verschlagen.

Ich muss gestehen, dass ich mich in dem Wirrwarr der Steuerregeln von Malta immer wieder verliere. Dann frage ich mich immer, warum ich mir mit dem Thema so den Kopf zerbreche, wo es doch viel einfacher geht. Vor allem frage ich mich, warum ich in Malta fünf Prozent Steuern zahlen soll, wenn ich woanders sehr viel einfacher gar keine bezahlen muss. Und erst recht frage ich mich, warum ich so viele Resultate sehe, wenn ich im Internet nach *Malta tax* oder *Malta company formation* suche. Wenn ich sehe, wie viele Anbieter da unterwegs sind, und wenn ich mir vorstelle, wie klein Malta ist, frage ich mich, ob die ganze Insel nur von Firmengründern und Steuerberatern bewohnt ist. Das erinnert mich immer an den Teil von Zypern, der zur EU gehört. Davon halte ich nämlich als Firmensitz genauso wenig. Bei Zypern und Malta habe ich immer den Eindruck, dass das Steuerrecht von den *Tax advisern* selber geschrieben wird, möglichst kompliziert, damit kein Unternehmer ohne sie auskommt und die eingesparten Steuern am Ende in ihren Kassen landen. Die Tatsache, dass es irgendwo so viele Firmengründer gibt, macht ein Land in meinen Augen sofort verdächtig. Der griechische Teil Zyperns und Malta gehören definitiv in diese Kategorie. Steuersparangebote gibt es da ohne Ende. Die meisten mögen korrekt sein, manche mögen bis zur nächsten Prüfung funktionieren, und allen gemeinsam ist, dass sie viel Geld kosten, am Anfang und dann jedes Jahr. Denn ohne Buchhaltung und Steuererklärung geht es hier nicht.

Nach dieser recht ausführlichen Einleitung ahnen Sie es vermutlich bereits: Ich habe noch nie viel von diesen umständlichen Malta-Lösungen gehalten, ganz im Gegensatz zu meinem leider früh verstorbenen früheren Ibizakumpel Horst Brandstätter, der schon 1976 einen Teil seiner Playmobil-Produktion nach Malta verlegt hat. Da hat er sich sicher was dabei gedacht, aber in seinem Fall war es ja auch eine ganz andere Größenordnung. Ich will es mal mit einer Erklärung versuchen ...

Sie zahlen also auf die Gewinne Ihrer Malta-Company erst mal stolze 35 Prozent Steuern. Dann, so das Versprechen, zahlt der Fiskus der Insel zwei Wochen später 85 Prozent wieder zurück, theoretisch jedenfalls. Praktisch gehe das nicht immer so glatt, warnen einige *Tax adviser* schon hier. Beim Thema Rückzahlung gebe es viel Kleingedrucktes. Wenn Sie keinen guten Rechtsbeistand haben, könnten aus den zwei Wochen locker zwei Monate werden, oder das Geld komme überhaupt nie an. Ein weiteres Problem resultiert daraus, dass das Geld nicht an die Firma zurückfließt, sondern zum großen Teil auf ein Konto des Unternehmers, der folglich selbst einen Wohnsitz in einem Steuerparadies braucht, oder in einem Land, das keine Einkommen aus dem Ausland besteuert.

Das alles soll dazu geführt haben, dass die Lösung mit der Rückzahlung nie so viele Freunde fand, wie sich Malta erhofft hatte. Es musste also was passieren, um dieses unmögliche Konstrukt besser verkaufen zu können, und wieder scheint die Lösung direkt aus der Feder der Firmengründer zu kommen: Eine zweite Firma muss her!

Weil die Steuerrückzahlung immer an den Unternehmer selbst fließt, braucht er für seine Malta-Gesellschaft eine Muttergesellschaft, die als Holding funktioniert. Wenn diese Holding ebenfalls auf Malta sitzt, dann darf sie die erstatteten Steuern für die Tochterfirma nach gewisser Wartezeit steuerfrei kassieren, so ein neues Gesetz.

Ab Mitte 2019 ging Malta noch einen Schritt weiter und hat das Verfahren abgekürzt. Seitdem zahlt die Tochter gleich fünf Prozent Steuern, die Rückzahlung entfällt. Die Muttergesellschaft ist nach wie vor nötig; sie muss zu 95 Prozent oder mehr Inhaber der Tochterfirma sein. Außerdem müssen die Steuerjahre übereinstimmen, dann können Mutter und Tochter eine gemeinsame Steuererklärung abgeben, was immerhin die Kosten für eine Erklärung spart. Alles klar? Für mich klingt das zuerst nach viel Bürokratie und hohen Berater-Rechnungen. Wer's braucht ...

Ist Wohnen auf Malta für Sie ein Thema? Warum nicht – wenn Ihnen die staubige Insel mit dem schönen Hafen von Valletta nicht zu klein und zu voll ist, und wenn 40 Grad im Sommer für Sie angenehm sind. EU-Bürger dürfen sich hier niederlassen und geschäftlich tätig werden. Nach drei Monaten müssen sie sich um offizielle Papiere bemühen, wobei die Aufenthaltsdauer auf so einer Insel sehr einfach zu kontrollieren ist.

Die Hälfte der Oberfläche ist bebaut. Sie erkennen kaum, wo hier eine Stadt endet und die nächste beginnt – was auch erklärt, dass Valletta nur 5.800 Einwohner hat. Die Altstadt aus dem 16. Jahrhundert ist Weltkulturerbe der UNESCO und statistisch ein beliebtes Reiseziel. Tatsächlich sind die meisten Besucher Kreuzfahrer, die nur wenige Stunden bleiben. Das sorgt tagsüber für viel Rummel, aber abends wird es ruhiger. In Valletta und Sliema ist das ganze Jahr Saison. Es gibt belebte Fußgängerzonen, gepflegte Parks, versteckte Jazzclubs und viele sehr gute Restaurants. Die Sonne scheint auf Malta 320 Tage im Jahr. Valletta ist die wärmste Hauptstadt Europas. Da ist Wasser knapp, das Leben geht einen sehr ruhigen Gang. Trotz britisch geprägter Geschichte dominiert die gesunde Lebensart am Mittelmeer. Auf Malta wird zwar links gefahren und auch eine Art Englisch gesprochen, aber zum Glück nicht englisch gekocht, was auch vielen überwiegend jungen Mittel- und Südeuropäern sowie Kanadiern zu verdanken ist, von denen sich der eine oder andere mit einer Bar oder einem Restaurant selbstständig gemacht hat.

Ältere Einwanderer zieht es eher nach St. Paul's Bay und Bugibba ans andere Ende der Insel. Hier ist es ruhiger, es gibt gepflegte Promenaden und schöne Restaurants am Meer. Das 300-Seelen-Dorf Mdina und das größere Rabat sind beliebte Ziele von Urlaubern, aber Ausländer wohnen hier nur wenige. Für einen, der ein ruhiges Leben unter Maltesern führen will, sind es gute Orte, in denen die Männer in den Bars ihren Kaffee oder Tee trinken, Zeitung lesen und die typischen Pastizzi knabbern. Besuchen Sie unbedingt auch die Nachbarinsel Gozo; Sie wären nicht der Erste, dem es da besser gefällt als auf der Hauptinsel.

Rumänien: Gut leben mit einem Einkommen aus dem Ausland

In Rumänien wird der Fluch der EU deutlich. Brüssel ist ein Segen für ausrangierte Politiker und Parteibonzen, aber für Menschen ohne Chance, selber in die Kasse zu greifen, ist das vereinte Europa ein Totalschaden. Besucher merken das nicht auf den ersten Blick. Sie sehen herrliche Landschaften von den Karpaten bis zum Donaudelta, schöne Städte in Siebenbürgen, wo noch vereinzelt Deutsch gesprochen wird, und die Urlaubsorte am Schwarzen Meer, wo das Leben am Strand so billig ist, wie sonst kaum in Europa. Noch billiger ist es in den Regionen, in die sich keine Besucher verirren. Für Deutsche, bei denen oft die Rente alle und noch viel vom Monat übrig ist, kann Rumänien ein Ausweg sein – und auch für einen, der unabhängig Geld verdient und nicht viel davon ausgeben will. Sollten Sie in Rumänien selbst als Unternehmer tätig werden wollen, sind 16 Prozent Steuern notfalls auch zu ertragen.

Früher waren die Rumänen ein stolzes Volk, erzählte mir Landeskenner Martin Schneider, das gegenüber Moskau immer wieder seinen Kopf durchsetzte. In 31 Jahren nach dem Mord an Ceaușescu haben es rumänische Politiker geschafft, aus einem Land ohne Auslandsschulden einen Pleitestaat mit 102 Milliarden Euro Schulden zu machen, und ein Land mit grenzenloser Korruption. Nur zwei Beispiele: Nachbar Bulgarien hat zum Autobahnbau die Summe X bekommen und 400 Kilometer gebaut; Rumänien baute für den gleichen Betrag 40 Kilometer. Das schneereiche Finnland plant für Schneeräumen im Winter 1.100 Euro pro Kilometer, und Rumänien setzt 6.000 Euro an, ohne die Straßen wirklich zu räumen.

Rumäniens Revolution hat Washington eingefädelt, heißt es. Die Rumänen sollten von Ceaușescu befreit werden und von ihren Bodenschätzen Erdgas, Braunkohle, Salz, Gold, Erdöl. Als Ceaușescu erschossen war, standen freundliche Politiker der alten Kader bereit, um beim Plündern zu helfen. Dann kam die neue Zeit: rechtsfrei, voller Unsicherheit, Hoffnung, Unternehmergeist. Das Vertrauen in die Regierung war groß. Das nutzten die Politiker und füllten sich die Taschen, während die Menschen ihre Arbeit verloren. Wie schaffen sie es zu überleben – und wie klappt das für Ausländer?

Heute lebt Rumänien vom IWF. Keinen Politiker interessieren die Folgen. Wer oben steht, hat sein Gehalt sicher. Viele Rumänen beneiden die Ungarn, wo Orbán Renten erhöht, Energiekosten und Steuern senkt und dem IWF gezeigt hat, wo die Tür ist. Lebensmittel sind teuer für Einheimische. Ein Sonderangebot, 250 Gramm Jacobs-Kaffee für zwei Euro, klingt gut – aber nicht für einen, der von 200 Euro im Monat lebt. Für einen Liter Sprit muss ein Rumäne eine Stunde arbeiten. Rentner leben von 100 Euro im Monat. In vielen Familien arbeitet einer im Westen, damit die Familie über die Runden kommt.

Trotz Rohstoffen, fruchtbaren Feldern und schönen Landschaften für Besucher hat die Politik aus Rumänien einen Sozialfall für Europa gemacht. Mit vielen Chancen und wenigen Menschen, die etwas zu Ende führen. Ausländer, die dazu Lust haben, sind willkommen.

Leben in Rumänien? Da sind Sie nicht er Erste. Um 1930 lebten 300.000 Deutsche in den Karpaten: die Siebenbürger Sachsen, die nicht aus Sachsen stammen, sondern aus Köln, Trier und Bayern. Heute hat Siebenbürgen 7,2 Millionen Einwohner: 75 Prozent Rumänen, 20 Prozent Ungarn, 3,5 Prozent Roma und 0,7 Prozent Sachsen. 14.000, um genau zu sein. Nach einer Welle der Auswanderung ab 1990 blieben nur die Alten, sodass Deutsche hier aussterben. Es bleiben alte Städte wie Klausenburg – auf Rumänisch Cluj –, Neumarkt – Târgu Mureș – und das 1150 gegründete Hermannstadt oder Sibiu, schönste Stadt Rumäniens mit bunten Patrizierhäusern, verwinkelten Gassen und Innenhöfen. 2007 war Sibiu Europas Kulturhauptstadt. Die Altstadt wurde für 100 Millionen Euro saniert. Deutsche Spuren überall: zweisprachige Schilder, das Bruckenthal-Gymnasium, die deutsche Bürgermeisterin Astrid Foder, gewählt von rumänischer Mehrheit, zeugen vom entspannten Zusammenleben.

2020 sind 826 Deutsche nach Rumänien ausgewandert, und 628 kamen wieder zurück. Wenn so ein Rumänien-Abenteuer gelingen soll, müssen Sie manche deutsche Unsitte ablegen. Auch Siebenbürgen ist Rumänien, da unterscheidet sich die Lebensweise kaum vom Rest des Landes. EU-Bürger sollten vor ihrem Antrag auf Daueraufenthalt Arbeit haben oder genug Geld nachweisen.

Rumänien hat ein angenehmes Klima: im Frühling warm, im Sommer trocken-heiß mit viel Sonne. Ausländer zieht es eher nach Mamaia ans Schwarze Meer oder nach Bukarest. Viele ziehen aufs Land, wo sie für ganz wenig Geld ein Häuschen mit Garten bekommen. Rumänisch ist leicht zu lernen. In vielen Städten gibt es auch deutschsprachige Schulen. Die Lebensart der Rumänen ist ähnlich wie am Mittelmeer, Hektik und Stress gibt es hier nicht. Sie treffen sich in Straßencafés, plaudern, spielen Backgammon und Karten.

Besonders billig sind Waren aus dem eigenen Land, die Bauern auf den Märkten anbieten: Obst, Gemüse, Fleisch, Wein. Wer das kauft, lebt wirklich billig. Importe sind oft billiger als im Ursprungsland, aber deutlich teurer als heimische Lebensmittel. Es gibt starke

Preisunterschiede zwischen Stadt und Land. Statistisch ist es in Rumänien 40 Prozent billiger als in Deutschland. Eine Zwei-Zimmer-Wohnung in Bukarest kostet 300 bis 500 Euro Miete. Wenn Sie was kaufen, zahlen Sie in der Innenstadt nicht mal 2.000 Euro pro Quadratmeter. Ein Liter Benzin kostet 1,10 Euro. Für sieben Euro gehen Sie gut Essen. Wenn es was Feines sein soll, rechnen Sie mit 30 Euro zu Zweit. Eine Fahrt im Stadtbus kostet in Bukarest 50 Cent.

Wer mit seiner Rente oder Geld aus dem Ausland kommt, hat viel bessere Voraussetzungen, als ein Rumäne im eigenen Land. Auf den Arbeitsmarkt verlassen Sie sich lieber nicht. Der Mindestlohn liegt bei 2,84 Euro pro Stunde, das macht im Schnitt 765 Euro im Monat. Fazit: Auf keinen Fall Arbeit suchen! Lassen Sie lieber arbeiten, indem Sie etwas Lohnintensives herstellen und exportieren. Als Firma hat sich die SRL durchgesetzt, die einer GmbH entspricht, nur preiswerter. Wer länger als ein halbes Jahr in Rumänien lebt, muss sein Welteinkommen hier versteuern, was bei 16 Prozent Flatrate interessant sein kann. Kleinunternehmen werden mit drei Prozent auf den Umsatz besteuert, auch wenn sie Verlust machen. Die Mehrwertsteuer liegt bei 19 Prozent mit ermäßigten Sätzen von neun und fünf Prozent. Dass auf Essen außer Brot die volle Mehrwertsteuer fällig wird, finden viele Rumänen besonders ungerecht. Sie wehren sich, indem sie viele Dinge an der Steuer vorbei verkaufen.

Norwegen: Der Verzicht auf Euro und EU garantiert Wohlstand für alle

Immer mehr Menschen wollen weg aus Deutschland und viele wissen nicht recht wohin. In ihrer Ratlosigkeit ziehen dann manche Statistiken zu Rate. Wer dabei auf den *Human Development Index* der Vereinten Nationen stößt, sieht seit Jahren ein Land an der Spitze, das wir alle kennen, von dem viele aber gar nicht so viel wissen: Es ist Norwegen, wo die Demokratie am besten funktioniert, die Menschen ziemlich viel Geld verdienen, ziemlich alt werden und die Kinder ziemlich gute Schulen besuchen. Weit vorne liegen auch immer die Schweiz, Irland und Island. Nicht selten regen sich bei Norwegen Zweifel. Ist es da nicht bitterkalt? Und vor allem – liegt das nicht in Skandinavien, wo die Steuern so hoch und der Alkohol so teuer ist, und wo es trotzdem so viele Alkoholiker gibt?

Kein Witz: Es gibt viele Menschen, die sich gerade für solche Länder interessieren, die ihnen alle Sorgen und alles Geld abnehmen und in jeder Lebenslage für sie denken und entscheiden – und Corona hat ihnen recht gegeben, denn das hat Schweden tatsächlich sehr viel besser hinbekommen als Deutschland. Tatsache ist auch, dass es zwischen Schweden und Finnland auf der einen Seite und Norwegen auf der anderen große Unterschiede gibt. Was sind also die Trümpfe dieses langen und schmalen Landes mit spektakulärer Natur und faszinierender Tier- und Pflanzenwelt, das vom vereinten Europa und dem Euro nichts wissen will – und in das Sie trotzdem problemlos umziehen dürfen, weil es zum Europäischen Wirtschaftsraum gehört, der freien Verkehr für Personen, Waren, Dienstleistungen und Kapital garantiert? Und vor allem: Warum sollten Sie dort wohnen wollen?

Bei Norwegen denken wir an Fjorde, endlose Wälder und Erdöl. Tatsächlich teilen sich hier 13 Einwohner einen Quadratkilometer, im Süden und an den Küsten mehr und im Rest des Landes noch weniger. Da sind Sie oft ziemlich lange unterwegs, wenn Sie einen Nachbarn besuchen wollen. Und kurios: Von Kristiansand im Süden des Landes aus ist es ins nördliche Hammerfest weiter als nach Genua in Italien. Zu Norwegen gehören auch 150.000 Inseln, was neben Buchten und Fjorden dazu führt, dass das Land über 80.000 Kilometer Atlantikküste hat, auf 2.650 Kilometern Luftlinie.

Skandinavien wird sich nicht einig. Finnland gehört zur EU und zur Eurozone, Schweden und Dänemark gehören zur EU, aber nicht zur Eurozone, und Norwegen will von beidem nichts wissen: Hier zahlen Sie in Kronen und Brüssel hat nichts zu melden. Wie die

Schweiz ist auch Norwegen diesem Club fern geblieben, in den ein Land leichter rein als wieder rauskommt. Die 5,4 Millionen Menschen im Königreich sind sehr skeptisch, wenn es um die EU geht. Deren absurde Regeln fürchten sie sehr viel mehr, als dass sie Vorteile erkennen. Weil Norwegen ein Rechtsstaat ist, wo die Demokratie funktioniert, treffen die Bürger solche wichtigen Entscheidungen selbst. Zweimal hat in Norwegen das Volk abgestimmt: 1972 über den Beitritt in die Europäische Wirtschaftsgemeinschaft und 1994 über den Beitritt zur Europäischen Union. Zweimal haben sie sich dagegen entschieden, weil sie in weiser Voraussicht Norwegens Souveränität bedroht sahen. Fischerei und Landwirtschaft würden in der EU leiden, so die Argumente der EU-Gegner, und der gut funktionierende Wohlfahrtsstaat stehe auf dem Spiel. Dazu kommt, dass die Wirtschaft stark und die Arbeitslosigkeit niedrig ist. Wer hier nicht arbeitet, hat es nicht nötig, oder er hat keine Lust. Die Norweger sahen überhaupt keinen Grund der EU beizutreten.

Durch die Vorkommen an Erdöl und Erdgas ist Norwegen ein reiches Land. Im Gegensatz zu arabischen Staaten, die ihre Ölmilliarden in Protzbauten, Formel-1-Strecken, eine Fußball-WM oder einfach in die Taschen der Scheichs stecken und vielfach Großkunden der Waffenindustrie sind, verwalten die Norweger ihren Reichtum mit kühlem Kopf. Weil die Ölreserven nur noch einige Jahrzehnte reichen, haben sie 1990, um ihren hohen Lebensstandard für die Zeit danach abzusichern, den Ölfonds gegründet, in den 80 Prozent der enormen Einnahmen aus dem Geschäft mit Öl und Gas fließen. In diesem Fonds, aus dem viele Sozialleistungen bezahlt werden, wurde bis Ende März 2021 der gigantische Betrag von über einer Billion Euro angespart, das sind über 400.000 Euro für jeden Haushalt im Land und gut 200.000 Euro für jeden einzelnen Norweger.

Die Tatsache, dass 98 Prozent Elektrizität mit heimischer Wasserkraft erzeugt werden, macht Norwegen auch auf dem Sektor unabhängig. Bei 20 Cent pro Kilowattstunde gibt es keinen Grund Strom zu sparen. Sogar geheizt wird elektrisch; das Öl geht fast komplett in den Export. Kein Wunder, dass Norwegen pro Kopf den höchsten Stromverbrauch auf der ganzen Welt hat. Ihre Währung, die Krone, würden die Norweger um nichts auf der Welt gegen eine Weichwährung wie den Euro tauschen. Für die Reise nach Norwegen müssen Sie also wieder mal Geld wechseln: Für einen Euro kriegen Sie zehn Kronen. Und wie lebt es sich in Norwegen?

Norwegen ist anders als alle bisher genannten Länder. Niemand zieht nach Norwegen, um im schönen Atlantik zu baden, wenn er sein Geld ortsunabhängig im Internet verdient und die ganze Welt zur Auswahl hat. Auch für einen Rentner mit knapper Rente wäre ein Umzug nach Norwegen wenig sinnvoll. Aber wer einen guten Beruf hat und keine Stelle, oder wer sich verbessern will, für den ist Norwegen immer eine Option. Wenn es für Ausländer irgendwo Sinn macht, sich nach einem Job umzusehen, dann hier. Wer Arbeit sucht, der findet sie auch. Die Menschen sprechen sich per Du an, und kaum einer lässt den Chef raushängen.

Wenn ein Ehepaar nach Norwegen zieht und beide einen Beruf gelernt haben, in dem sie dort arbeiten, verdienen sie im Schnitt etwa 8.000 bis 10.000 Euro im Monat. Davon gehen ungefähr 30 Prozent Steuern und Sozialversicherung ab, und je nach Größe der Stadt und der Wohnung 500 bis 1.000 Euro Miete – wobei langfristige Mieten ungewöhnlich sind. Acht von zehn Norwegern besitzen eine Wohnung oder ein Haus oder beides, und wer im Land bleiben will, sollte sich möglichst bald nach einem eigenen Domizil umsehen. Die gute Nachricht: Einen Notar, der eigentlich überall überflüssig ist, brauchen Sie hier für den Hauskauf nicht.

Nach Abzug aller Kosten bleiben gut 5.000 Euro zum Leben übrig; das reicht locker, auch wenn Norwegen, wie wir oft hören, teuer sei. Wie teuer ist es wirklich? Ja, es ist teurer als Deutschland, wenn wir von einem Einkommen in Euro ausgehen. Wenn Sie dagegen in Norwegen wohnen, arbeiten und Ihr meist deutlich höheres Gehalt in Kronen ausbezahlt bekommen, ist das Leben in Norwegen ähnlich teuer wie in Deutschland mit einem Eurogehalt.

In Norwegen findet angeblich jeder Ausländer einen Arbeitsplatz, auch ältere Arbeitnehmer, die in Deutschland keine Chance mehr haben. Gut seien die Angebote vor allem in den Branchen Mechanik und Metall, bei allem rund ums Auto, im Baugewerbe und Handwerk, aber auch Pfleger, Ärzte und Ingenieure sowie Akademiker aller Richtungen seien gesucht. Gehälter sind übrigens nicht gesetzlich festgelegt, Mindestlöhne gebe es nur im Hoch- und Tiefbau sowie im Schiffsbau. Die Bedingungen und Gehälter in allen anderen Branchen seien in klaren Arbeitsverträgen geregelt. Wo Tarifverträge zwischen Arbeitnehmer- und Arbeitgeberverbänden bestehen, muss ein Arbeitnehmer in der entsprechenden Gewerkschaft Mitglied sein, wenn er diese Rechte in Anspruch nehmen will.

Nach drei Monaten ist es Zeit für die Anmeldung. Dabei ist der Nachweis fällig, wovon einer lebt. Danach gibt es beim Einwohnermeldeamt die persönliche Nummer, ohne die hier kaum etwas geht. Mit der richten Sie ein Gehaltskonto ein und holen sich beim Finanzamt die Lohnsteuerkarte. Für diese Ämtergänge kann ein Übersetzer nicht schaden, denn im Gegensatz zum Nachbarn Schweden, wo fast alles über's Internet erledigt wird, erwartet das Königreich Norwegen auf all seinen Ämtern persönliches Erscheinen. Arbeitenden Ausländern zahlt der norwegische Staat einen Sprachkurs, denn von ihnen wird erwartet, dass sie in einem halben Jahr Norwegisch sprechen.

Wer als Selbstständiger einwandern will, braucht eine Beschreibung seiner Tätigkeit sowie Belege, dass die örtlichen Behörden die Tätigkeit genehmigen. Für Selbstständige ist die Behörde mit dem Namen *Brønnøysund Register* zuständig: *www.brreg.no*. Wenn Sie ein regelmäßiges Einkommen aus dem Ausland nachweisen sowie eine Krankenversicherung nach norwegischer Vorschrift, können Sie auch Ihren Wohnsitz nach Norwegen verlegen, ohne einer Arbeit nachzugehen. Aber warum sollten Sie das tun?

Viele Mitteleuropäer schreckt in Norwegen der Winter ab, dabei herrscht besonders an der Westküste ein ziemlich mildes Klima. Da wirkt der Golfstrom wie eine Zentralheizung und sorgt dafür, dass zum Beispiel die Stadt Bergen im Winter bei Temperaturen zwischen drei und minus fünf Grad weitgehend eisfrei bleibt. Allerdings regnet es hier mehr als in Deutschland. Weiter im Landesinneren, östlich der Gebirge, wird der Regen weniger und das Klima ist kontinentaler geprägt. Im Winter ist es kälter als an der Küste und die Sommer sind wärmer. Damit wir uns nicht falsch verstehen: Norwegen ist zwar längst nicht so schlimm wie allgemein befürchtet, aber es ist nichts für Menschen, die in Deutschland ab Herbst nur auf den nächsten Sommer hoffen. Eine Umstellung ist auch das Essen: Wichtigste Bestandteile sind diverse Fische und Hammelfleisch. Auf dem Teller ist beides kaum zu unterscheiden, denn da ist alles zu kleinen Hackbällchen verarbeitet und kommt oft mit einer Soße daher.

Jeden Freitag geht es spätestens um drei Uhr raus aus der Stadt zur Hütte in den Bergen. Die meisten Norweger haben irgendwo eine Hütte. Die ist meistens ziemlich schlicht eingerichtet, ohne fließendes Wasser, die Toilette ist in einem Häuschen daneben. Entscheidend seien Ruhe und Erholung, sagen Norweger. Überhaupt ist die Freizeitgestaltung gewöhnungsbedürftig für Menschen aus dem Süden – was in Norwegen fast jeder Ausländer ist. Für Autofahrer gilt die Null-Promille-Grenze. Norweger fahren vorsichtig. Wo Tempo 50 steht, fahren viele nur 40, das ist gut für die Sicherheit und schlecht für die Nerven ausländischer Autofahrer. Aber wer zu schnell fährt, ist schnell mal mit 500 Euro Bußgeld dabei.

Auf Alkohol über vier Prozent hat der Staat ein Monopol: Hochprozentiges gibt es nur in staatlichen Läden, den *Vinmonopolet*. Bier kriegen Sie auch in kleinen Supermärkten zu bei uns üblichen Preisen. Im Restaurant oder Biergarten kostet ein Glas Bier sechs bis zehn Euro. Weintrinker haben in Norwegen schlechte Karten. Der schlimmste Trondheimer Schüttelfrost kostet nicht unter 12 Euro, in denen 10 Euro Steuern enthalten sind.

Ich kenne einen Deutschen, der immer vier Monate im Jahr in Norwegen in einer Fischfabrik hart gearbeitet hat, und von seinem übrigen Geld hat er den Rest des Jahres in einem billigen Land gut gelebt. Er hat Norwegen genutzt, um Geld zu verdienen, aber besonders begeistert war er von dem Land eher nicht. Andere Ausländer, die dort Arbeit finden, sich einleben und irgendwann wie Norweger denken, sprechen gerne von der norwegischen, wahlweise auch skandinavischen Lebensqualität. Aber was ist das eigentlich genau?

Viele Ausländer ziehen nach Norwegen, hat mir mal einer erklärt, weil sie dort keine Zukunftsängste haben. Die Abzüge mögen hoch sein – sogar mit einer Vermögensteuer ab Ersparnissen von ungefähr 90.000 Euro, bei denen auch das Auto mitgezählt wird – aber der Staat tue nun mal was für seine Bürger, das koste eben Geld. Die Regierung habe Achtung vor den Menschen, da könnte sich angeblich kein Politiker lange halten, wenn er mit seinen Bürgern so umspringen würde wie Merkel oder Macron. Sogar Sozialisten würden nicht diese heuchlerisch-verlogene Scheinheiligkeit an den Tag legen, wie wir es in Mittel- und Südeuropa erleben. Die Staatsfinanzen seien gesund. Keiner müsse sich in Norwegen Sorgen um seine Rente machen. Dass das alles auch so bleibe, garantiere allein schon die natürliche Abneigung, in die EU einzutreten.

Türkei: Es muss nicht immer Antalya oder Alanya sein

Viele Deutsche haben ihre eigene Wohnung oder ihr Haus an der Türkischen Riviera. Sie schwärmen von Antalya oder Alanya, wo Sie zufrieden unter deutschen Nachbarn leben. Aber kann das die wirkliche Türkei sein? Gibt es die überhaupt? Ich denke, das Land ist viel zu groß, um von »der Türkei« zu sprechen. Genauso wenig, wie es »die USA« oder »ein Europa« gibt. Ein Türke aus Istanbul hat vermutlich mit einem Menschen jeder europäischen Metropole mehr gemeinsam, als mit einem türkischen Bauern in Anatolien.

Für viele Deutsche ist die Türkei mit jeder Menge Vorurteilen verbunden, aber gegen Wohnen in diesem Land ist nichts zu sagen. Das

Leben ist angenehm und sehr preiswert, und Deutsche im Ruhestand kommen hier deutlich weiter mit ihrem Geld. Die meisten staunen, wenn sie das Land zum ersten Mal bereisen. Wenn Istanbul das Ziel ist, sehen Sie weniger Kopftücher als in Köln oder Berlin. Im Gegensatz zu Deutschland, wo das Kopftuch sogar aufs biometrische Foto im Reisepass darf, war in der Türkei das Tragen eines Kopftuches in öffentlichen Gebäuden lange verboten. Frauen, die darauf nicht verzichten wollten, mussten eben in ein EU-Land wie Deutschland auswandern. Der frühere Zankapfel EU-Beitritt ist erstmal vom Tisch, mit zunehmender Konfrontation mit Erdoğan, und weil offenbar immer mehr Türken merken, dass Brüssel gar nicht das gelobte Land ist. Aber was viel wichtiger ist: Was erwartet Sie in der Türkei?

Wer sich für Städte interessiert, kennt Istanbul und Izmir. Und wer lieber ruhig und preiswert an der Sonne lebt, kennt sich in Antalya und Alanya aus; darüber kann ich Ihnen vermutlich nichts Neues sagen. Ich will Sie deshalb auf eine schöne Region aufmerksam machen, die bei Deutschen nicht so hoch im Kurs steht: den Westen der Türkischen Riviera um Bodrum und Dalaman mit ihren traumhaften Landschaften und Badebuchten. In Bodrum waren Sie sicher alle mal während einer Kreuzfahrt, aber da kennen Sie kaum mehr als die Umgebung des Hafens mit seinen Bars und Souvenirläden. Gar nicht weit weg vom Strand finden Sie übrigens ein Alpenpanorama mit Bergwiesen und Forellenseen, wo Wandern und Reiten durch weite Pinienwälder zum üblichen Zeitvertreib gehören. Aber deswegen kommen eher wenige Urlauber. Die meisten wollen hier Sonne, Strand und Party in Bodrum.

Auch Segler schätzen diese Region, in der noch in den 70er-Jahren viele kleine Fischerorte nur vom Meer her erreichbar waren. Noch heute sind viele versteckte Strände nur mit dem Boot erreichbar. Wenn Sie sich das zum ersten Mal ansehen, machen Sie einfach eine Rundfahrt mit einer dieser breiten, hölzernen *Gulets*, wie sie überall angeboten werden. Oder chartern Sie Ihre eigene, je nach Kenntnis mit oder ohne Skipper.

Die Strände hier sind nicht kilometerlang und breit, denn die Wälder gehen oft bis dicht ans Meer. Klein aber fein trifft es eher: Wo sonst liegen Sie auf blendend weißem Sand im Schatten eines Parlaments aus dem ersten Jahrhundert vor Christus – und wo sonst paddeln Sie mit Ihrem Kajak über Ruinen einer versunkenen Stadt? Überall in der Gegend stoßen Sie auf das Erbe lykischer Zivilisation. In Stein gehauene Gräber, große Theater und Tempel dieser geheimnisvollen Kultur stehen heute noch mitten in Städtchen wie Fethiye oder Kaş. Wenn Sie eine Erfahrung im Stil von Indiana Jones machen wollen, sehen Sie sich die uralten Bergorte Tlos oder Xanthos im Land hinter der Küste an. Die Region hieß früher Lykien. Ihre Bewohner hatten ihre eigene Sprache, ihr Alphabet und standen im Trojanischen Krieg auf der Seite von Troja.

Die meisten Inseln, die von der Küste aus greifbar nah scheinen, gehören bereits zu Griechenland, so wie Kos oder Rhodos. Das ist kein Grund, sie nicht mit dem Schiff anzusteuern. Täglich fahren mehrere Fähren für wenige Cent von Bodrum nach Rhodos oder Kastellorizo. Der Westen der Türkischen Riviera ist bei Deutschen nicht so populär wie die Region Antalya, aber auch der Flughafen Dalaman wird in der Saison regelmäßig von Ferienfliegern angeflogen. Tatsächlich ist es der internationale Flughafen, der Dalaman für Ausländer auf die Landkarte gebracht hat. Das Städtchen liegt hinter der Küste und ist längst nicht so bekannt wie Fethiye oder Marmaris.

Im Sommer wird es hier ziemlich heiß. Stellen Sie sich auf 30 bis 35 Grad ein. Nicht dass es nicht auszuhalten wäre am Meer bei einem frischen Efes-Bier, und in den Bergen hinter der Küste erst recht. Aber wenn Sie sich diese interessante Region zum ersten Mal ansehen, ist es vermutlich besser, die Reise auf den Frühling oder Herbst zu legen. Da ist es frischer und ruhiger, und die Kellner und Köche der vielen guten Restaurants sind nicht so gestresst.

Eine Busstunde von Dalaman liegt Fethiye, die wichtigste Stadt im Süden der Küste. Gebaut auf den Ruinen des antiken Telmessos, sehen Sie in dieser lebendigen Stadt mit 85.000 Menschen, vielen Märkten und dem belebten Hafen noch heute 2000 Jahre alte Gräber in den Felsen. Vor allem aber ist Fethiye Ausgangspunkt für eine der vielen langen und kurzen Bootstouren, die hier angeboten werden. Die Auswahl ist gar nicht so einfach. Am Hafen ist viel Betrieb. Am besten sehen Sie sich das alles erst mal von einem der begehrten Terrassencafés der Promenade an, während Sie Ihre Pläne machen. Einen guten Überblick finden Sie auf der Webseite *beforelunch.com*.

15 Minuten von Fethiye liegt Ölüdeniz, einer der berühmtesten Strände der Türkei, der aber im Sommer sehr überlaufen und kein reines Vergnügen ist. Zum Glück ist die Auswahl an Stränden groß. Ganz in der Nähe liegt der ruhigere Kidrak-Strand, wo Sie unter schattigen Pinien den vielen Drachenfliegern aus aller Welt zusehen, die hier von den Bergen bei Babadağ aufs Meer schweben.

Falls Sie lieber am Boden bleiben, mag Sie der lykische Wanderweg interessieren, der hier beginnt und 509 Kilometer über gut beschilderte Wege die bergige Küste entlang bis nach Hisarçandır in der Nähe von Antalya führt. Wanderfreaks sehen dafür 25 Tage vor. Die Landschaft der sieben Hügel im Süden von Ölüdeniz ist die am wenigsten erschlossene Küste der Türkei und eine der spektakulärsten. Wer das aus der Nähe sehen will, muss schon ziemlich gut zu Fuß sein. Näheres unter *cultureroutesinturkey.com*.

Für weniger anstrengendes Wandern bietet sich das verlassene Städtchen Kaya Köyü in den Hügeln hinter Fethiye an, wo nach dem Ersten Weltkrieg mal 2.000 Griechen lebten. Von Kaya Köyü führt eine dreistündige Wanderung nach Ölüdeniz, mit tollen Ausblicken auf das Meer und die Berge. Wenn Wandern keine Option ist, bringt Sie auch ein *Dolmus*-Taxi aus Fethiye hin, und Sie stärken sich in einem der Restaurants für die Rückfahrt.

Die Stadt Kalkan liegt eine gute Autostunde südlich von Fethiye an der Küste, aber zu sehen und zu tun gibt es da eher wenig. Weitere 20 Minuten südlich kommen Sie ins 8.000-Einwohner-Städtchen Kaş, das *Kash* gesprochen wird. Alleine die Fahrt lohnt sich und auch ein kürzerer oder längerer Aufenthalt. Gar nicht wenige Ausländer sind gleich für immer dageblieben. Kaş ist so, wie Sie sich ein türkisches Dorf vorstellen: weiße Häuschen mit hölzernen Fensterläden an engen Gassen, in schöner Lage zwischen Meer und hohen Klippen, in denen auch Felsengräber nicht fehlen. Von Kaş aus sind die Ruinen von Patara nicht weit, aber vor allem ist es der Ort selbst, der viele Europäer magisch anzieht. Kaş ist schicker als Fethiye und teurer. Viele Bootsleute bleiben hier hängen und ganz gegensätzliche Besucher aus vielen Ländern Europas. Restaurants wie das *Bi Lokma* finden Sie im kleinen Kaş mit allen Küchen der Welt, und den spektakulären Sonnenuntergang gibts gratis dazu.

Wenn Sie gern tauchen, erwarten Sie in Kaş 60 Tauchgründe, darunter die versunkene Stadt Dolikisthe auf der Insel Kekova, die 200 Jahre vor Christus einem Erdbeben zum Opfer fiel. Da sehen Sie einsame Gräber und laufen durch die Straßen einer Stadt mit Tempeln, Läden, Regierungsgebäuden und Badehäusern, wo vor 2250 Jahren reges Leben herrschte.

Viel über die Lykier ist unbekannt. Was blieb, sind ihre Städte, Dutzende in der Region verstreut. In Patara bei Kaş tauchten unter dem Sand eines 15 Kilometer langen Strandes die Reste der Hauptstadt des Lykischen Bundes auf, mit dem Parlamentsgebäude eines der ersten Staaten der Menschheit. Als die Gründerväter der USA ihre Verfassung schrieben, studierten sie das föderale Regierungssystem der Lykier auf der Suche nach Vorbildern.

Auf der Suche nach lykischen Ruinen können Sie wochenlang durch den Süden der Türkei ziehen. Sie können aber ebenso gut die spektakulärsten Stätten in eine Tagestour packen, mit Stopps in Xanthos, Tlos, Letoon und Patara. Xanthos ist die größte Stadt Lykiens, Letoon der romantischste Ort. Patara war die letzte Hauptstadt. Und wenn Sie die Sagen der Mythologie lieben, ist Tlos der Ort für Sie. Dort liegt der legendäre Held Bellerophon begraben, der mithilfe der Kriegsgöttin Athene das geflügelte Pferd Pegasus zähmte und mit dessen Hilfe die feuerspeiende Chimäre tötete, ein Unwesen mit dem

Körper einer Ziege, dem Schwanz einer Schlange und dem Kopf eines Löwen. Aber wie es so geht im Leben, stieg Bellerophon sein Ruhm zu Kopf, was Zeus ärgerte. Er schickte eine Fliege los, um Pegasus im Flug zu stechen. Bellerophon fiel verstümmelt ab, Pegasus verschwand in der Nacht und verwandelte sich in das gleichnamige Sternbild, oder so ähnlich. Wenn Ihnen dieser Teil der Türkei gefällt und Sie irgendwann mehr über Lykien wissen wollen, wird Sie diese Webseite interessieren: *lycianturkey.com*.

*Im schlimmsten Land des Kontinents
sind Sie freier als in Deutschland*

Leben in Amerika ist schnell erklärt: Tun Sie's einfach!

Kanada, die USA, Brasilien, Argentinien: Fast alle großen Ziele, die Auswanderer im Lauf der Jahrhunderte ansteuerten, liegen in Amerika. Noch heute wandern viele Deutsche in die USA aus. Viele träumen von Kanada. Immer mehr schätzen nützliche Ziele wie Paraguay oder billige Länder wie Bolivien, von denen schon ausführlich die Rede war. Nicht überall ist die Entwicklung gut und erst recht wird nicht über alle Länder in deutschen Medien sachlich berichtet. Über einige, Beispiel Nicaragua, wurde in der Vergangenheit sehr viel berichtet. Aber dann sind die Träume unserer linken Journalisten geplatzt und jetzt existiert Nicaragua für sie nicht mehr. Von Venezuela hören wir auch immer weniger, denn da kann kaum noch einer das gescheiterte sozialistische Projekt schönreden – aber scheidet Venezuela deshalb als Land zum Leben automatisch aus? Bei näherem Hinsehen stellen wir nämlich fest, dass Menschen in kommunistischen und sozialistischen Regimen in Südamerika freier leben als in vielen unserer selbst ernannten Rechtsstaaten in Europa.

Auswandern nach Amerika ist so ein vielfältiges Thema, dass dieses Kapitel eigentlich das längste im ganzen Buch sein müsste. Es könnte auch locker ein eigenes Buch werden – aber stattdessen ist es das kürzeste von allen. Wie das? Ganz einfach, das Leben in Amerika ist schnell erklärt. Ich kenne fast jedes Land auf dem amerikanischen Kontinent, und ich garantiere Ihnen, dass Sie aktuell in jedem einzelnen Land zwischen Alaska und Feuerland besser leben als in Deutschland unter wem auch immer. Sogar Maduros Kommunisten in Venezuela mischen sich weniger in Ihr Leben ein, und sie zwingen Sie schon gar nicht zu gefährlichen Impfungen, die bereits unzähligen kerngesunden Menschen den Tod brachten, was deutsche Medien nicht so sehr interessiert.

Venezuela ist Ihr Land, wenn Sie über Euros zum Tausch auf dem Schwarzmarkt verfügen. Tauschen Sie aber nie zu viel um, denn der heimische Bolivar stürzt stündlich ab. Wenn Sie das richtig machen, leben Sie in Venezuela wirklich für Kleingeld, mit dem Risiko, dass es gar nichts zu kaufen gibt. Sollte Sie das interessieren, rate ich ihnen dringend zur Isla Margarita, wo Sie bitte bei Margit Fiedler vorbeischauen, der früheren Wirtin einer meiner Stammkneipen in Oberfranken, die seit vielen Jahren im Norden der Isla Margarita das kleine Hotel *La Ventura* betreibt: *laventura2009@gmail.com*.

Immer mehr Länder in Amerika wählen linke Regierungen. Außer dem von Hugo Chávez und Nicolás Maduro heruntergewirtschafteten Venezuela werden auf dem Kontinent aktuell die USA, Mexiko, Belize, Nicaragua, Costa Rica, Panama, Ecuador, Bolivien und Argentinien sozialistisch regiert. Gerade ist auch noch Peru dazugekommen, und für Kanada gilt das mehr oder weniger schon immer. In den drei kleinen Ländern der Karibik gibt in Guyana ein sozialistischer Moslem den Ton an und im 1975 von Holland abgespaltenen Suriname eine linke Reformpartei. Französisch-Guayana ist Teil Frankreichs und der EU, mit Euro aber ohne Niederlassungsfreiheit. Im schönen Kolumbien, in Guatemala, Honduras, El Salvador, Chile, Brasilien und Uruguay sind ausnahmsweise mal keine Linken an der Reihe, und Paraguay hat sowieso konservative Tradition.

Sozialistische Länder sind eher nicht mein Traum, aber in Lateinamerika dürfen Sie sich Sozialismus nicht so schlimm vorstellen wie in Europa. Hier werden Politiker mehr mit echten Problemen wie Armut konfrontiert und haben keinen Nerv dafür, sich um Gender-Sternchen und ähnlichen Unsinn zu kümmern.

In den USA spricht alles für ein Leben in Florida, wo Gouverneur Ron DeSantis nie den Corona-Spuk mitgemacht und seinen Bürgern immer ein freies Leben mit eigenen Entscheidungen ermöglicht hat. Sollte Sie ein Aufenthalt im freien und sonnigen Florida reizen, müssen Sie sich aktuell zwei Wochen lang irgendwo anders auf dem Kontinent aufhalten, damit Sie in die USA einreisen dürfen – bis Europäer irgendwann wieder direkt hinfliegen können. Lassen Sie sich übrigens nicht von anderslautenden Presseberichten täuschen: In den USA genießen Sie mehr Freiheiten, als Sie sich in Deutschland und Europa jemals vorstellen können. Nicht einmal im immer faszinierenden New York, dessen demokratische Machthaber fast jeden linken Unsinn mitmachen, wollte einer meinen Ausweis sehen, als ich mir vor zwei Jahren eine Prepaid-SIM-Karte für mein Handy kaufte. Versuchen Sie das mal im Merkelland.

Kanada: Warum Sie niemals ohne Job-Angebot kommen sollten

Warum ich auf Kanada als einziges Land in Amerika näher eingehe? Weil das riesige Land zwischen Halifax und Vancouver für eine Menge Auswanderer der Traum schlechthin ist – und weil es womöglich ganz gewaltig überschätzt wird, das will ich hier nur zu bedenken geben. Gar kein Zweifel: Kanada ist ein wunderschönes Land mit jeder Menge Natur. Ich träume davon, mit dem Wohnmobil durch die faszinierende Landschaft zu fahren, aber Wohnen würde ich in Kanada nicht unbedingt wollen. Das ist natürlich Geschmacksache.

Wenn nicht gerade Corona regiert, ist Kanada ein Traumziel für Urlauber und Auswanderer aus aller Welt, wobei es Asiaten meistens an die Westküste nach Vancouver zieht. Dahin flohen Tausende Chinesen aus Hongkong vor Peking, weshalb Vancouver heute als größte chinesische Stadt außerhalb Chinas gilt. Deutsche und andere Europäer wählen lieber den Osten mit Nova Scotia, Toronto, Montreal und Quebec, auch wegen des kürzeren Fluges. Für ein Leben in

Kanada spricht der lockere, unkomplizierte Umgang miteinander. Das Angebot an Arbeit, die Tatsache, dass nützliche Einwanderer willkommen sind und im Fall der Einbürgerung einer der wertvollsten Pässe der Welt sind gute Argumente für Kanada. Wenn Sie von Kanada träumen, realisierten Sie Ihren Traum am ehesten über eines der vielen *Express-Entry*-Programme, die es von der kanadischen Regierung gibt, und auch von den einzelnen Provinzen wie Nova Scotia. Da kann die Hilfe eines Immigration-Anwalts nicht schaden.

Wenn Sie sich nicht sicher sind, ob sich Bürokratie und Anwaltshonorar lohnen, helfen Ihnen vielleicht die Bedenken des früher in Vancouver lebenden Journalisten Markus Gärtner bei Ihrer Entscheidung, der mich vor einigen Jahren auf einige Nachteile des Landes aufmerksam gemacht hat. Ja, sagt er, Kanada habe viele gute Seiten. Benzin, Reisen, Kleidung sind preiswert. Kanadier sind kinderfreundlich, sie gehen locker miteinander um, sprechen sich mit dem Vornamen an. Die Uhr ticke langsamer, Grillen mit Freunden stehe ganz oben. Aber es sei nicht alles Gold was glänzt, und die Broschüren der Anwälte gäben nicht die Realität wider.

Ergebnis der strikten Auswahl sei es, dass viele Einwanderer eine akademische Ausbildung mitbringen, das sei ein viel höherer Anteil als unter Kanadiern. Aber bei den Arbeitslosen lägen Einwanderer hoch über dem Durchschnitt. Sie verdienen weniger als Kanadier, weil sie oft weit unter ihrer Qualifikation arbeiten. Indische Kardiologen im Taxi, mexikanische Architekten als Busfahrer oder südamerikanische Zahnärzte als Möbelpacker seien die Regel. Die größte Barriere sei, was Arbeitgeber *kanadische Erfahrung* nennen. Was das genau ist, könne keiner genau sagen. Einwanderer täten sich schwer, sich einzufügen. Europäer kritisieren zu viel, Asiaten arbeiten zu fleißig. Für Ausländer ergebe sich ein Dilemma: Wer keine *kanadische Erfahrung* hat, findet keinen guten Job – und wer keinen guten Job hat, bekommt nie die gewünschte *kanadische Erfahrung*. Ein verbindliches Job-Angebot in der Tasche sei deshalb eine wichtige Voraussetzung, um in Kanada nicht enttäuscht zu werden.

*Haben wir nicht alle irgendwann mal
von der Karibik geträumt?*

Jamaika: Sonne, Meer, Reggae
Karibik muss nicht teuer sein!

Jamaika! Überall dudelt *Buffalo Soldier* oder *No Woman No Cry* aus dem Ghettoblaster. Es ist die Reggaeinsel von Bob Marley, der mit 36 Jahren an Hautkrebs starb; da half ihm auch der Wunderheiler am Tegernsee nichts mehr, der seine letzte Hoffnung war. Jamaika ist auch Harry Belafontes *Island in the Sun* und das Piratennest von Henry Morgan. Wir denken an billigen Rum und teuren Kaffee aus den Blue Mountains, an Rastafaris mit wilden Locken und einer Tüte *Ganja* zwischen den Lippen. Wir kennen Jamaika aus alten Filmen mit James Bond und Dr. No, aber selber mal auf der Insel waren eher wenige Deutsche. Jamaika steht für die Karibik wie kaum eine andere Insel. Es ist kein Charterziel wie Kuba oder die Dominikanische Republik. Ein Hotelurlaub ist nicht billig. Jamaika ist keine Ferieninsel für Deutsche, hat aber Tradition als Ziel deutscher Auswanderer. Sie haben heute noch ein eigenes Dorf auf Jamaika ...

Weihnachten 1831: Bei einem Sklavenaufstand starben 14 weiße Grundbesitzer. Es wurde allmählich gefährlich, auf Jamaika Sklaven zu halten, und drei Jahre später wurde die Sklaverei verboten. Weiße Plantagenbesitzer waren eine winzige Minderheit. Zum Schutz gegen die schwarze Übermacht kam einer auf die Idee, mehr Weiße nach Jamaika zu locken. Sie warben in Deutschland Auswanderer an, versprachen für den Anfang Unterkunft und Geld. Der Großgrundbesitzer Lord Seaford verkaufte der Regierung die am schwersten zu bebauenden 200 Hektar seiner Plantage Montpelier für die Einwanderer. Auf dem Land entstand im Jahr 1835 Seaford Town.

Mehr als tausend Deutsche aus Bayern, dem Weserbergland und Nordhessen zogen nach Jamaika. Die ersten 532 gingen 1934 in Montego Bay an Land – und merkten schnell, dass die Versprechen wenig wert waren. Es gab keine Häuser, die Arbeit war hart und statt Geld gab's etwas Essen. Aber Auswandern war damals etwas Endgültiges. Viele starben an Unterernährung oder Tropenkrankheiten. Andere verließen Seaford Town und zogen in die USA und nach Kanada weiter. 200 hielten durch. Sie bauten Kartoffeln, Kaffee, Kakao und Maniok an. Sie überlebten, aber reich wurde keiner von ihnen. Seaford Town wurde zum Ort geplatzter Träume.

Das deutsche Dorf von Jamaika liegt in den Bergen von Westmoreland, 40 Kilometer südlich von Montego Bay. Die imposante katholische Kirche *Sacred Heart* entstand erst 150 Jahre nach der Ortsgründung. Besucher verirren sich selten nach Seaford Town, dessen Bewohner bei Jamaikanern als ziemlich verschlossen gelten, so als habe sich die Verzweiflung der ersten Siedler über Generationen vererbt. Ein Drittel der heute 300 Einwohner haben deutsche Vorfahren. Ein häufiger Name ist Hacker, aber mehr als ein paar Worte Deutsch spricht schon lange keiner mehr. Schweinebraten und Sauerkraut dürfen Sie hier auch nicht erwarten.

Einige Nachkommen der in die USA weitergezogenen Siedler sind nach Seaford Town zurückgekommen. Sie wollen, dass die deutsche Vergangenheit nicht vergessen wird. In der Schule wurde ein kleines Museum eingerichtet. Eine Dokumentation auf DVD finden Sie auf *germantownjamaica.com* – aber kommen wir lieber zu den sonnigeren Seiten des lebensfrohen Jamaika ...

— Europäer können mit dem Reisepass und einem Ticket für den Rück- oder Weiterflug drei Monate lang auf der Insel bleiben. Die Verlängerung auf sechs Monate klappt meistens problemlos.

— Wer eine Aufenthaltserlaubnis will, muss nachweisen, wovon er leben kann, in einem Brief seine Absicht begründen und zwei

Empfehlungsschreiben gebürtiger Jamaikaner vorlegen. Immobilien- oder Grundbesitz sind von Vorteil, aber keine Voraussetzung.

— Nach fünf Jahren offiziellem Aufenthalt können Sie den Pass beantragen. Sie müssen Ihre Absicht in zwei Zeitungsanzeigen bekunden und brauchen vier Empfehlungsschreiben von Jamaikanern, wobei Angestellte, Verwandte und Anwälte nicht zählen. Wenn Sie dann noch 170 Euro Bearbeitungsgebühr zahlen, dürfen Sie damit rechnen, dass Sie nach zwei Jahren Bearbeitungszeit Jamaikaner werden – aber warum sollten Sie das wollen? Wegen der Steuer nicht, denn die liegt bei mindestens 25 Prozent. Nicht alle britischen Inseln in der Karibik sind Steuerparadiese. Es gibt aber ähnlich wie in Großbritannien den Unterschied zwischen Residenz und Domizil. Wenn es Ihnen mithilfe eines pfiffigen Anwalts gelingt, trotz Daueraufenthalt glaubhaft zu versichern, dass Ihr Domizil woanders ist, werden Sie wie ein Langzeiturlauber behandelt und müssen nur Einkommen versteuern, die Sie auf Jamaika selbst erzielen. Das ist freilich alles ziemlich unsicher. Wenn Sie Jamaikas Lebensart fasziniert, ist es einfacher, Sie kümmern sich erst gar nicht um eine *Residency* und bleiben immer nur sechs Monate als Besucher.

Haben wir nicht alle irgendwann mal von der Karibik geträumt? Vom coolen Leben an der Sonne? Weil davon niemand leben kann, stellt sich die Frage, was tun auf Jamaika oder einer anderen dieser coolen Inseln, auf denen das Leben gar nicht so billig ist? In jedem Karibik-Ratgeber steht, Sie sollen sich gefälligst der coolen Lebensart anpassen, sonst würden Sie nie glücklich in dem Teil der Welt. Das klingt gut, ist aber in der Praxis gar nicht so einfach. Nehmen wir an, Sie folgen dem Rat, tun gar nichts und fühlen sich gut dabei. Sie sind entspannt vom Nichtstun, aber irgendwann merken Sie, dass es alle anderen genauso machen. Das gefällt Ihnen weniger.

Sie beantragen einen Internetanschluss. Ein Monat vergeht und nichts passiert. Sie fragen beim Anbieter nach und hören *cool man, don't worry* und es vergehen noch zwei Monate. Sie merken, dass die coole Lebensart ganz schön nerven kann, wenn Sie was erledigt haben wollen, und der Handwerker geht seinen Job auch sehr cool an. Sie ahnen es: Da liegt die Chance eines Europäers, der in der Karibik ein Geschäft aufbauen will. Wer da eine ähnliche Einstellung an den Tag legt, wie er es von zu Hause gewohnt ist, ist den Konkurrenten auf den coolen Inseln schnell einen Schritt voraus.

Wohin in der Karibik? Die Auswahl ist groß. Wenn Geld keine Rolle spielt, ist vielleicht St-Barth Ihr Ziel, wie Insider die kleine französische Insel Saint-Barthélemy nennen. Wer es Französisch liebt, hat außerdem Guadeloupe, Martinique und Saint Martin zur Auswahl, das sich die Franzosen allerdings mit den Niederlanden teilen müssen; der holländische Teil heißt Sint Maarten. Zwei Länder auf einer Insel, das gibt es hier noch einmal auf der Insel Hispaniola, die sich Haiti und die Dominikanische Republik teilen. Wer alte Kolonialstädte liebt, muss sich San Juan auf Puerto Rico ansehen, das inzwischen fast so was wie ein Bundesstaat der USA ist.

Wer bei Karibik eher an Steuersparen denkt, interessiert sich für die britischen Cayman Islands oder Virgin Islands, für St. Kitts and Nevis, die Turks and Caicos oder gleich für die Bahamas, die nicht mehr zur Karibik zählen – wobei Sie am besten gar nicht auf die Inseln ziehen, mit denen Sie Steuern sparen wollen. Ganz im Süden liegen die holländischen ABC-Inseln Aruba, Bonaire und Curaçao sowie die venezolanische Isla Margarita. Ein völlig eigener Staat ist Trinidad und Tobago nur elf Kilometer vor der Küste von Venezuela. Das etwas nördlichere Grenada, dessen Königin wieder Elizabeth II. ist, wurde durch vier Jahre Kommunismus unter Maurice Bishop bekannt, bis dieser 1983 von Parteifreunden erschossen wurde. Die Unruhen nutzte Ronald Reagan, um mit seiner Invasion durch US-Truppen dem kommunistischen Spuk ein Ende zu machen.

Ist die Karibik wirklich so teuer wie ihr Ruf? Wie man's nimmt. Ich denke, wie viel Geld einer dort ausgibt, entscheidet er selber. Mit das teuerste, was die Bahamas zu bieten haben, ist Paradise Island, das durch eine Brücke mit Nassau verbunden ist; dort habe ich mal im Protzhotel Atlantis über 30 Dollar für einen Teller sehr einfache

Spaghetti gezahlt, und kein Bauplatz am Meer war unter einer Million Dollar zu haben. Das war am 31. August 1997 – ich erinnere mich so genau, weil in der Nacht Lady Di in Paris starb – und es ist seitdem kaum billiger geworden. Mir war das alles ein Rätsel, denn ich fand Nassau sterbenslangweilig, und dann auch noch Linksverkehr.

Wer solche Preise zahlte, wurde mir klar, als ich Ludwig Meister in seinem Haus am Meer besuchte. Der Unternehmer aus der Oberpfalz hatte seine Meisterkauf-Supermärkte an die Metro verkauft, und weil er 150 Millionen Mark nicht mit dem deutschen Finanzminister teilen wollte, zog er lieber auf die Bahamas. Dort wurde ihm vermutlich auch bald langweilig – und was tut einer mit 150 Millionen gegen Langeweile? Meister baute billige Häuser und verkaufte sie teuer. Meister baute Delphinparks, in die er uns sehr zur Freude meiner Tochter einlud. Und Meister kaufte Inseln, durchzog sie mit Kanälen und verkaufte Parzellen mit Bootssteg. Sie sehen, auch einer, der es sich leisten konnte, hielt nichts vom Nichtstun.

Wenn Sie in der Karibik richtig billig leben wollen, sehen Sie sich Kuba an. Ich habe in Havanna eine Handvoll Deutsche kennengelernt, die dort lebten und es sich für ganz wenig Geld und unter Verzicht auf alle Menschenrechte sehr gut gehen ließen. Bei 30 Grad im offenen Cadillac-Oldie von 1960 oder auf dem Rücksitz einer genauso alten Harley durch die Straßen von La Habana, der Metropole ohne Verkehr, die Quinta Avenida stadtauswärts zur *Marina Hemingway* – es war eine Woche wie im Traum. Einer dieser Deutschen, die damals in Havanna lebten, war übrigens Harry König, der König der Autodiebe, dessen Coup verfilmt wurde, wie er aus einem Autohaus in Paris in einer Nacht 60 Porsche gestohlen hatte.

Harry ließ es krachen in Havanna, denn so viele schöne Frauen für so wenig Geld hatte er sonst nicht. Aber dann brachte die *Bild am Sonntag* eine große Story über ihn mit der wenig hilfreichen Schlagzeile *Harry, König von Kuba*. So was musste Fidel Castro nicht haben. Der brauchte keinen König neben sich und schon gar keinen deutschen. Am Tag drauf saß Harry mit Handgepäck im Condor-Flieger nach Deutschland. Es gibt eben Dinge, die gehen sehr schnell auf der eher langsamen Insel Kuba.

Aktuell hat das Regime ein Problem. Viel zu kaufen gab es nie nach 1960. Aber seit wegen Corona der Tourismus als Geldquelle ausfällt, gibt es so gut wie gar nichts mehr. Dabei hatte es nach dem Tod von Fidel viele private Initiativen gegeben. Überall öffneten Bars, Restaurants und Maklerbüros. Die vielen verfallenen Wohnungen und Häuser, die Sie sich früher nur mittels Heirat per Tausch und ohne jede Rechtssicherheit besorgen konnten, in der Hoffnung, dass alles gut geht, können Kubaner jetzt ganz normal kaufen, vorausgesetzt, ein Verwandter in Miami oder Madrid schickt ihnen das Geld. Seit Corona ist sogar der Zucker rationiert auf der Zuckerinsel – was zum ersten Mal seit 60 Jahren massive Demonstrationen und Krawalle gegen die Regierung auslöste. Wie es weitergeht, ist ungewiss.

Zum Glück finden Sie billige Karibik-Erlebnisse nicht nur in Kuba. Da ist die Auswahl so groß, dass Sie ein paar Jahre brauchen werden, wenn Sie sich das alles ansehen wollen: Strände und Inseln wie Ambergris Caye in Belize, die Islas de la Bahía Roatán, Útila und Guanaja in Honduras, Bocas del Toro in Panama, San Andrés in Kolumbien, die schöne Isla Margarita im heruntergewirtschafteten Venezuela, die Karibikküste von Costa Rica um Puerto Viejo. Sehen Sie sich unbedingt Puerto Viejo an, wenn Sie Costa Rica reizt. Von der Entwicklung hinkt es meilenweit hinter Orten wie Flamingo, Tamarindo oder Jacó am Pazifik her, aber nach meinem Geschmack liegt das interessantere Costa Rica in der Karibik.

Nach Puerto Viejo ist jetzt einer meiner ältesten Freunde aus Mallorca ausgewandert. 28 Jahre hatte er da gewohnt, obwohl er nur einen Sommer bleiben wollte. Wir haben zusammen an seinem Magazin *Mallorca Immobilien* gearbeitet, wir haben seine Hochzeit gefeiert, seine Kinder sind auf Mallorca aufgewachsen, und jetzt ging es nicht mehr. Es ist nicht mehr das Mallorca, das er so mochte. Jeden Tag neue Verbote und Vorschriften, Brüssel habe Spanien geschluckt, bedauert er, Mallorca sei von Deutschland eingemeindet. Deutsche

Steuerbeamte schulen Mallorquiner, wie sie das Volk schröpfen. Autolawinen überfluten die Insel, kleine Strandbuden, die schon seit 20 Jahren dastehen, sind auf einmal illegal und werden abgerissen. Jeden Tag lassen sie sich neue Gesetze, Regeln, Vorschriften und Zwänge einfallen – und das war vor Corona! Alles wie in Deutschland eben, und genau das wollte er nicht mehr haben, als er damals aus München wegzog.

Seine neue Lösung liegt in Mittelamerika. Von Palma ging's nach Madrid und dann neun Stunden Direktflug nach San José, mit Ehefrau Ariane, Sohn Tomas, Tochter Janica, Schwiegersohn Marco, Enkelin Mia, den Hunden Sunny, Hanni und Kimba, 15 Koffern, mehreren Spezialkisten für iMacs und Gitarren und zehn großen Stücken Handgepäck. Was da nicht reinpasste, blieb in Mallorca. Ein Container kam nicht infrage, denn den in Costa Rica aus dem Zoll zu holen sei Ärger ohne Ende, wurde er gewarnt. Er hatte Business Class gebucht, das war kaum teurer als Übergepäck zu bezahlen. Bequemer sowieso. Jürgen schildert seine Eindrücke aus der Karibik Costa Ricas, der stabilsten Demokratie in Mittelamerika, wo es nie einen Krieg gab und wo es seit 1948 kein Militär mehr gibt ...

Costa Rica: Zurück zur Natur in Puerto Viejo

Seit 2015 hatten Jürgen und Ariane jedes Jahr drei Monate in Costa Rica verbracht. Er kennt die Pazifikküste von Puntarenas bis Drake Bay auf der Osa-Halbinsel. Es waren schöne Reisen, sagt er. Was ihnen nicht so gut gefiel, waren der starke Verkehr auf der Panamericana und das Wetter am Pazifik. Sechs Monate Bruthitze bis 40 Grad, kein Regen, keine Abkühlung. Auch nachts über 30 Grad, die Luft tropisch feucht mit vielen Moskitos. Eher zufällig kam er mal an die Playa Chiquita in der Karibik. Viel ist da nicht. Puerto Limón mit großem Hafen und kleinem Flugplatz und 55 Kilometer südlich Puerto Viejo, was für ein Gegensatz zum Pazifik. Regenwald oft bis ans Meer, viel unberührte Natur und diese multikulturelle Oase Puerto Viejo, das frühere Old Harbor, bis die Regierung von Costa Rica Spanisch zur einzigen Landessprache erklärte. Weltenbummler, Rentner, Ruhesuchende und sonstige Individualisten haben sich in Puerto Viejo niedergelassen und fühlen sich wohl. Unter den 2.000 Einwohnern sollen Menschen aus 42 Ländern leben, außer den *Ticos*, wie die Menschen aus Costa Rica genannt werden. In den Bergen hinter dem Ort leben viele Bribri-Indianer noch in Hütten mit Schilfdächern und ernähren sich von dem, was um sie herum wächst. Das Klima ist tropisch, es ist ganzjährig warm, die Sonne geht jeden Tag im Jahr um 6 Uhr morgens auf und um 6 Uhr abends unter.

Den Menschen in Puerto Viejo ist die Liebe zu einem natürlichen Leben gemeinsam. Respekt, Freundlichkeit, Toleranz und die Wertschätzung der Erde heißen hier *Pura Vida*, das reine, wahre Leben. Den Begriff hören Sie oft in Costa Rica. Sogar wenn Sie einen Tico *Wie geht's?* fragen, kann es sein, dass er Ihnen mit *Pura Vida* antwortet – am liebsten bestens.

Costa Rica ist ein beliebtes Ziel deutscher Auswanderer, die dort nur versteuern, was sie im Land verdienen. Lästig ist allerdings die Bürokratie. Die Papiere für den Daueraufenthalt sind umständlich und teuer. Wer länger als 90 Tage bleiben will, kann aber von Puerto Viejo einfach über die nahe Grenze nach Panama fahren und ein paar Tage bleiben, dann kriegt er bei der Rückreise ein neues Visum für 90 Tage, wenn er ein paar Tricks befolgt, die jeder im Ort kennt.

Die ideale Lösung für Jürgen Kronen fand eine Anwältin in Puerto Viejo: Ein Tourismus-Projekt! Ein Grundstück hatte er schon gekauft, da baute er ein *Retreat*-Center mit sechs kleinen Holzhäuschen. Fehlte nur noch eine Firma, über die er die Bungalows vermietet. Der Sohn macht Musik im Ort, der Schwiegersohn kocht, Ehefrau Ariane und Tochter Janica geben Yogakurse online oder für Besucher. Wenn Sie Yoga interessiert, schauen Sie mal auf *www.yoga-ziera.de* – und wenn Sie Fragen zu Puerto Viejo haben, können Sie Jürgen Kronen gerne unter *jk1993@icloud.com* anschreiben. Inzwischen ist das Leben der ganzen Familie längst *Pura Vida*. Wenn es regnet, chillen sie, machen Yoga oder Qi Gong. Bei Sonnenschein steht Surfen oder Schnorcheln auf dem Programm oder Ausflüge in den Regenwald zu Wasserfällen und den Dörfern der Indianer. Sie arbeiten, was ihnen Spaß macht und sind glücklich, dass sie im *slow-down*-Modus leben dürfen.

Corn Island: Ihre preiswerte Hummer-Krabben-Rum-Diät

Wenn Sie Interesse an eher ungewöhnlichen Inseln haben, außerhalb der üblichen Reiserouten, ohne Pauschalreisen und mit wenigen Europäern unter den Besuchern, habe ich hier noch einen speziellen Tipp, obwohl ich Ihnen nicht versprechen kann, dass Sie dort so was Ähnliches erleben, wie es mir da passiert ist ...

Der Spaß begann schon im Flughafen von Managua. In einem der Säle, wo Passagiere sonst gelangweilt auf das Boarding warten, war Party. In einer Ecke war eine Bar eingerichtet und der gute *Flor de Caña*, für mich der beste Rum der Welt, floss in Strömen – gratis! Aus dem CD-Player dröhnte lauter Reggae des Musikers Owen Gray aus Jamaica. Zwei Paare tanzten. Dann die Überraschung: Owen Gray war selber unter den zwölf Passagieren, die hier auf die einmotorige Propellermaschine warteten, die uns nach Bluefields bringen sollte, an die Karibikküste von Nicaragua. Von dort wollte ich am nächsten Morgen 70 Kilometer weiter auf die Insel Corn Island fliegen oder Isla de Maíz, wie sie im spanischen Teil von Nicaragua heißt. Die Menschen an der Küste sprechen alle dieses seltsame Englisch der Karibik und kaum Spanisch; wenn Sie da aus Managua kommen, glauben Sie gar nicht, dass Sie noch in Nicaragua sind.

Die wichtigsten Städte in Nicaragua liegen alle am Pazifik oder in der Nähe. Die Küste der Karibik ist eine ganz andere Welt, mit Orten wie Puerto Cabezas, Prinzapolka, Laguna de Perlas, Bluefields und San Juan del Norte, die vom restlichen Nicaragua durch den Regenwald abgetrennt sind, zu denen keine Straßen führen und die auch untereinander nicht durch Straßen oder Wege verbunden sind. Nur nach Puerto Cabezas geht vom Hochland aus eine Piste durch den Urwald, auf der Sie mit einem Allradauto je nach Wetter zwei oder drei Tage unterwegs sind. Nach Bluefields kommen Sie auch, wenn Sie mit dem Bus von Managua aus sechs Stunden nach El Rama am Rio Escondido fahren. Dort endet die Straße und Sie müssen für die restlichen 60 Kilometer auf ein Boot umsteigen, Fahrdauer bis Bluefields je nach Boot fünf bis acht Stunden. Eigentlich wollte ich das mal ausprobieren, aber am Schluss wurden meine Tage in Nicaragua knapp, sodass ich den kleinen Flieger nahm.

An Bord ging der Spaß weiter. Owen Gray schenkte allen Passagieren eine CD und lud uns zu seinem Konzert ein. Ich verschob meinen Flug nach Corn Island einen Tag, und es hat sich wirklich gelohnt. Mit einem Tag Verspätung kam ich nach Corn Island, einen Tag vor Silvester. Ich hatte Glück und bekam noch einen Bungalow 50 Meter vom Strand. Ich lief den Strand entlang in den kleinen Ort. Es gab ein Restaurant und eine Diskothek. Das Essen war etwas eintönig: vier Tage lang immer nur Hummer oder Gambas, dazu leckeren Reis mit allerlei tropischen Früchten vom Grill und zum Trinken den guten *Flor de Caña*, wobei eine Flasche gerade für zwei Mahlzeiten reichte. Das Cola gab es gratis dazu.

Was tun in der Silvesternacht? Na klar, die Diskothek. Schon wieder Reggae, warum auch nicht. Ich kam spät und ich dachte, ich träume: In der Disco tanzten zehn Männer – und über 100 Frauen unterschiedlicher Brauntöne, von denen viele ausgesprochen attraktiv waren. Ihre Männer, erfuhr ich, waren mit ihren Fischerbooten auf dem Meer, und aus irgendeinem unvorhergesehenen Grund kamen sie an dem Abend nicht mehr zurück. Na wenn das nicht der Jackpot war. Okay, die Geschichte endet hier, denn es ist ja ein Sachbuch. Ich stellte mich auf drei weitere abwechslungsreiche Abende ein, aber die Enttäuschung folgte schon am Neujahrstag. Da war die Disco fast leer, dafür war der kleine Hafen voller Fischerboote.

Sehen Sie sich Corn Island an, wenn Sie in die Gegend kommen. Hier erleben Sie Karibik pur für ganz wenig Geld, auch wenn inzwischen einige Hotels mehr gebaut wurden und alles etwas teurer geworden ist. Ihren Hummer kriegen Sie dort immer noch billiger als an jedem anderen Ort der Welt. Früher ging es noch einsamer als Corn Island. Da fuhren Sie mit dem Boot zehn Seemeilen nach Little Corn Island, wo gerade mal 300 Menschen lebten und alle Besucher in der Casa Iguana wohnten. Aber seit das teure Hotel Yemaya dazukam, wohnen tausend Menschen mehr auf der Insel von eineinhalb Kilometern Durchmesser. Ständig kamen mehr Besucher und mit ihnen allerlei weitere Hotels. Jetzt ist es aus mit der Einsamkeit.

Barbados: Steuerfrei unter Palmen kostet 2.000 Dollar Eintritt

Wem es wegen Corona im Homeoffice zu langweilig wurde oder wer keine Lust hatte, am Stammtisch zwei Meter von seinen Kumpels entfernt zu sitzen, der hat womöglich ein Angebot aus Barbados angenommen: Der kleine Inselstaat, ein exklusives Ziel in der südlichen Karibik, bietet allen digitalen Nomaden, Steuermuffeln und sonstigen Beziehern ortsunabhängiger Einkommen, die ihren Job mit dem Laptop am Strand machen, ein Jahresvisum mit Steuerfreiheit auf Einkommen, die nicht auf der Insel erzielt werden. Steuerfrei arbeiten am Meer unter Palmen: so einfach geht's ...

Barbados, die östlichste Insel in der Karibik, ist eine der schönsten, bekannt für Luxushotels, Nachtleben, Rum und Strände. Seit auf Druck der OECD das Offshore-Geschäft komplizierter und Banklizenzen zu teuer geworden sind, als dass sich jeder schnell mal eine kauft, der eigentlich gar keine braucht, lebt Barbados vor allem von Urlaubern. Die kamen seit Corona leider nicht, woran nicht Barbados schuld ist, sondern die Regierungen der Herkunftsländer. Unter den 300.000 Bewohnern der Insel soll es gerade mal 97 Fälle gegeben haben, und sieben alte Menschen sollen gestorben sein. Inzwischen gibt es keine Ansteckungen und keine Verbote mehr. Barbados wird wieder regelmäßig angeflogen. Damit wieder Besucher aus aller Welt auf die Insel kommen, hat sich Mia Mottley – eine Regierungschefin, um die Deutschland den kleinen Inselstaat von der halben Größe Berlins beneiden darf – ein Jahresvisum einfallen lassen, genial für jeden, der finanziell frei ist oder ortsunabhängig Geld verdient und mal ein Jahr unter Palmen leben will.

Gibt es einen Haken an der Sache? Wie man's nimmt. Das Visum kostet 2.000 Dollar oder für die ganze Familie 3.000 Dollar. Das ist vertretbar in einem Land, in dem die Aufenthaltserlaubnis sonst mit viel Papierkram verbunden ist – und es ist geradezu ein Schnäppchen, wenn Sie bedenken, dass Sie sich damit von der Steuerpflicht und allen bürokratischen Formalitäten freikaufen, die so ein Umzug sonst mit sich bringt. Was ist zu tun?

Sie müssen nur auf der Webseite *www.barbadoswelcomestamp.bb* ein Online-Formular ausfüllen und eine Passkopie, ein Passfoto sowie Ihre Geburtsurkunde hochladen. Außer den persönlichen Daten wird nach dem Datum der voraussichtlichen Einreise, dem Beruf, der aktuellen Tätigkeit und dem Arbeitgeber gefragt, bei dem Sie während Ihres Jahres auf Barbados 50.000 US-Dollar verdienen sollten. Dazu müssen Sie sich verpflichten, in Ihrer Zeit auf Barbados keine Arbeit auf der Insel anzunehmen. Ihr Antrag wird innerhalb von 48 Stunden bearbeitet und nach fünf Tagen haben Sie Ihr Visum in der Hand – oder die Absage.

Bevor Sie nach Barbados fliegen, müssen Sie noch das Eintrittsgeld 2.000 bzw. 3.000 US-Dollar überweisen. Der Umzug nach Barbados ist nicht so eilig. Die Einreise ist ein Jahr lang möglich und der einjährige Aufenthalt beginnt mit dem Tag der ersten Einreise. Natürlich müssen Sie nicht das ganze Jahr auf Barbados verbringen; mit diesem Visum dürfen Sie innerhalb des Jahres so oft ein- und ausreisen, wie Sie wollen. Wenn Ihnen in diesem Jahr klar wird, dass Sie aus Barbados eigentlich gar nicht mehr weg wollen, so ist das kein Problem: In dem Fall verlängern Sie Ihr Visum zu gleichen Konditionen Jahr für Jahr. Und was erwartet Sie auf der schönen Insel?

Bei Barbados denkt jeder an Exklusivurlaub, teure Hotels für Golfer und noble Villen für Edelaussteiger. Das alles gibt es, aber nicht nur. Nicht jeder auf Barbados ist Millionär, und wenn es kein Penthouse mit eigenem Strand sein muss, finden Sie Wohnungen zu ganz normalen Mieten, denn kaufen werden Sie sich ja erst mal nichts. Zwar ist die Wohnungssuche in Bridgetown etwas kompliziert, aber das sollte kein Hindernis sein auf einer Insel, die 34 Kilometer hoch und 23 Kilometer breit ist. Einen Weg ins Büro gibt es ja nicht für Sie als Heimarbeiter. Internet gibt es überall per Glasfaser.

Die Temperaturen liegen immer um 26 Grad. Wer sparsam leben will, zieht in ein Guesthouse. Sie liegen allein am Strand oder genießen den Luxus teurer Resorts. Sie trinken Ihren Rum in einer Bretterbude mit Einheimischen oder mischen im Nachtleben der Hauptstadt mit. Sie dinieren im Restaurant oder lassen es sich in der Grillküche eines Nachtmarkts schmecken. Der schönste ist freitags im Fischerort Oistins ganz im Süden in der Gemeinde Christ Church, eine halbe Autostunde von Bridgetown. In zwei Dutzend Grillbuden schmort auf dem Rost der Fang des Tages: Die besten Langusten soll es im Mo's Grill geben, in Fred's Bar oder bei Gino & Tammy, wo Sie überall ab 10 Euro eine Portion frischen Fisch kriegen.

Dominikanische Republik: Warum eigentlich immer nur Sosúa?

Eins der größten Länder der Karibik ist das Ziel vieler Auswanderer: Die Dominikanische Republik zieht Ausländer magisch an. Deutsche lassen sich aber weniger in der aufregenden Metropole Santo Domingo nieder, sondern lieber an der Nordküste in Puerto Plata, Sosúa oder Cabarete, eigentlich schon mehr Atlantik als Karibik. 20.000 Deutsche sollen da leben; genau weiß das keiner. Viele träumen von der guten alten Zeit, als sie ihr Geld auf die Bank legten und 18 Prozent Zinsen kassierten, womit für viele bei den niedrigen Kosten der Lebensunterhalt gesichert war. Sahnestück des Landes ist die Halbinsel Samaná, und speziell die Gegend um Las Terrenas ist für alle, die sich dort niedergelassen haben, ein kleines Stück vom Paradies. Samaná hatte Glück, dass die touristische Entwicklung spät begann, wodurch viele unschöne Dinge vermieden wurden. Seit 2011 führt eine gute Straße hierher, auf der Sie aus Santo Domingo in zwei Stunden anreisen.

Sollten Sie das Land bisher gemieden haben, weil Sie All-inclusive-Urlaub nicht mögen, dann dürfen Sie sich von der Vorstellung verabschieden: Las Terrenas hat damit nichts zu tun. Kein künstlicher Strand, statt Hotelburgen kleine Boutique-Hotels, schicke Cafés und Bars und französische, italienische und spanische Restaurants unter Palmen, wo es Hummer-Ravioli, Pizza, Eis und guten Kaffee gibt. Die Besitzer sind meistens europäische Auswanderer oder Kubaner aus Miami, wie die der *Bar Mojitos*, in der Sie zum gleichnamigen Drink leckere kubanische Tapas kriegen.

Warum hat es Deutschen gerade die Nordküste so angetan? Der Grund ist vermutlich der Herdentrieb. Viele Deutsche zieht es im Ausland dahin, wo schon viele andere leben. Die Orte mit den meisten Deutschen sind Sosúa, Puerto Plata und die Küste dazwischen, wo 1998 vor der Straßenkneipe *Turist Disco* der Wiener Hansi Hölzel starb, besser bekannt als Falco. Nur falls Sie abergläubisch sind: Der 6. Februar, an dem der Musiker mit seinem Mitsubishi Pajero in einen Autobus raste, ist kein guter Tag hier. Auf den Tag genau zwei Jahre vor Falcos Tod stürzte eine Maschine der türkischen *Birgenair* auf dem Weg nach Berlin und Frankfurt nach dem Start in Puerto Plata ab und alle 189 Insassen starben.

Puerto Plata hat sogar einen deutschen Ehrenbürger: Kurt Luis Hess aus Erfurt, der 2010 im Alter von 101 Jahren starb, war einer von 100.000 deutschen Juden, die Diktator Trujillo vor den Nationalsozialisten rettete, indem er sie aufnahm und ihnen im Norden Land überließ. Don Luis brachte Dominikanern Englisch und jüdischen Flüchtlingen Spanisch bei und baute die Schule Cristóbal Colón auf, die er jahrelang leitete.

Wie Sosúa Deutsche magisch anzieht, obwohl die Welt dort alles andere als in Ordnung sei, hat der Kölner Auswanderer Christian Vogt aufgeschrieben. In seinem Büchlein *Sosua Storys* warnt er vor Immobiliengaunern, Betrügern, Beamten und der Justiz – vor allem aber vor suspekten Elementen unter den eigenen Landsleuten, die – wie er sagt – in und um Sosúa auf andere Deutsche, Österreicher oder Schweizer warten, um sie über den Tisch zu ziehen. Selten lägen Sein und Schein so weit auseinander wie in Sosúa. Dass eine deutsche Zahnärztin im Ort in ihrem früheren Leben nur Zahnarzthelferin gewesen sei, ist laut Vogt eine eher unwichtige Anekdote.

Der Norden und speziell Sosúa seien reich an Geschichten über Betrug, Entführung, Mord und Totschlag – und auch über Auslieferungen ohne Abkommen. Das passiere immer, wenn das Geld des Justizflüchtlings alle ist und er nichts mehr hat, um jemanden zu bestechen. Hier sei es leicht, internationale Haftbefehle zu vollstrecken, weil mangels Abkommen der Papierkrieg entfalle. Anreiz sei dabei die Tatsache, dass die Polizei den Besitz eines Verhafteten konfiszieren dürfe. Der Toyota Landcruiser des früheren Polizeichefs soll einem Autodieb aus Rostock gehört haben, bevor dieser verhaftet und abgeschoben worden sei. »Alle paar Monate kommt Interpol vorbei und sammelt die Gesuchten ein. Sosúa ist als Versteck so gut wie der Vorraum einer Polizeiwache«, so Christian Vogt.

In ihrer Freizeit tauschen Deutsche hier Neuigkeiten aus. Wer wurde überfallen, umgebracht, eingesperrt, wer hat wen beschissen und so weiter. Ein beliebtes Thema sei es auch, wer sein Geld am schnellsten durchbringt. Den Rekord soll ein Deutscher halten, der 280.000 Euro in eineinhalb Jahren verprasste. Und einem frühpensionierten Lokführer aus Nürnberg soll es in 17 Monaten gelungen sein, sich totzusaufen. Naja, es ist ja nur ein Buch, oder? Aber kann sich einer so was wirklich ausdenken? Wenn ich in Gedanken durchgehe, wen ich in der Gegend in wenigen Tagen kennengelernt habe, würde ich einen gewissen Wahrheitsgehalt nicht ausschließen. Immerhin vermeiden Sie den regelmäßigen Ärger von Vogts bei der

Verlängerung seiner *Residencia*, wenn Sie meinem Rat folgen und niemals eine beantragen.

Mein Tipp: Sehen Sie sich Santo Domingo an, bevor Sie in den Norden ziehen. Für mich wäre die lebendige Metropole erste Wahl, wenn ich mir dieses Land aussuchen würde. Gegen Santo Domingo mit seinen kontaktfreudigen Menschen, dem Leben in den Bars und Restaurants am Malecón und dem spektakulären Kolonialviertel mit der *Casa de Colón*, den Pflasterstraßen aus dem Jahr 1502 und der Kathedrale, in der angeblich die Gebeine von Kolumbus liegen, kann der Norden nicht mithalten, aber so was ist natürlich immer Geschmacksache. Zum Baden fahren Sie 30 Kilometer an den beliebten Strand von Boca Chica raus, und ein beliebter Ausflug von Santo Domingo führt 125 Kilometer östlich nach La Romana mit dem berühmten Nobelhotel *Casa de Campo* mit drei Golfplätzen und eigener Landebahn für private Jets.

Die Attraktion von La Romana ist Altos de Chavón, das wie die *Casa de Campo* ein Projekt des Österreichers Karl Georg Blühdorn ist. Der verrückte Österreicher der Wall Street ließ das Dorf in den 80er-Jahren in die Berge über dem Rio Chavón bauen, mit alten Kolonialhäusern, einer Hochzeitskapelle und einem Amphitheater für 5.000 Menschen, das 1982 mit einem Konzert von Frank Sinatra eröffnet wurde. Blühdorn ist ein Beispiel für Auswanderer-Karrieren: Mit 16 Jahren von Wien nach New York ausgewandert, war er Hausierer für Schreibmaschinen, bevor er zwölf Jahre später *Gulf and Western* gründete, den Konzern, zu dem Paramount Pictures, der Madison Square Garden und der Verlag Simon & Schuster gehörten. Bluhdorn, wie er jetzt hieß, war ein großer Fan der Dominikanischen Republik. Mehrere Paramount-Filme ließ er dort produzieren; unter anderem entstanden viele Szenen aus dem Klassiker *Apocalypse Now* auf dem Rio Chavón. Charles Bluhdorn starb mit nur 56 Jahren an Bord seines Jets auf dem Flug von der *Casa de Campo* nach New York an einem Herzschlag. Seine Tochter Dominique leitet heute das Kulturzentrum von Altos de Chavón.

Die besten Länder für Ihr preiswertes Leben in Asien

Thailand oder Philippinen? Die Wahl ist etwas komplizierter

So um 2010 herum wollte ich mit meinem Kumpel Harald aus Berlin, der in Mallorca bei mir um die Ecke wohnte, nach Paraguay fliegen. Vorher musste er nochmal nach Berlin, einige Dinge erledigen. Dann war er verschwunden. Am Handy war er nicht erreichbar. Einige Wochen später dann sein Anruf: »Du, das mit Paraguay wird nichts. Ich bin gerade in Thailand. Ich gehe hier nie mehr weg!«

Das hat er bis heute durchgehalten, aber in Thailand ist er öfter umgezogen. Von Bangkok nach Pattaya. Von Pattaya nach Ko Samui, da lebte er einige Jahre in einem Bungalow für 400 Euro direkt am Strand. Natürlich wäre es auch billiger gegangen, aber wer will schon 200 Meter weg vom Meer? Seine wichtigste Erkenntnis: »Mieten Sie ein Haus am Meer. Wenn es das ganze Jahr 30 Grad heiß ist, brauchen Sie nur 50 Quadratmeter und eine große, luftige Terrasse!«

Dann ist er einige Monate auf eine noch kleinere Insel gezogen. Ko Tao ist fünf Kilometer im Durchmesser und nur in zwei Stunden Fahrt mit dem Schnellboot von Ko Samui zu erreichen. Als er irgendwann der Meinung war, er habe am Meer alles gesehen, machte er was ganz anderes: Er zog in den Nordosten Thailands, den Isan. Er wollte nach den Inseln mal wieder in eine richtige Stadt, und mit dem Internet hatte es auf *Ko Tao* auch oft Probleme gegeben. Er entschied sich für Khon Kaen, eine Universitätsstadt mit 140.000 Einwohnern und 40.000 Studenten, 360 Kilometer von Bangkok an einem Stausee, und wie es der Zufall will, die Heimat seiner thailändischen Freundin. Es muss nicht immer Chiang Mai sein im Norden.

Schnell entschlossen kaufte er ein Haus am See aus einer Zeitungsanzeige: 110 Quadratmeter plus überdachte Terrasse gleicher Größe und 2.000 Quadratmeter Land am Ufer für 30.000 Euro. Ein Fehler, wie er sagt, denn mit etwas Geduld hätte er so was für die Hälfte gefunden. Kleine Häuschen am See mit Terrasse und Außenküche, was völlig reicht, gibt es schon für 6.000 Euro. Er ist zufrieden im Norden. Das Stadtleben hat er vermisst, und es gibt so was wie Jahreszeiten, mit Temperaturen von 8 bis 45 Grad, statt das ganze Jahr immer 25 bis 30 Grad. Deutlich billiger ist es auch. Viele heimische Familien leben von 750 Euro im Monat. Alle paar Wochen fährt er nach Bangkok, da schaut er immer beim deutschen Metzger vorbei und deckt sich mit Wurst ein, wenn er mal Abwechslung von der leckeren Thaiküche seiner Frau will. Dieser Metzger, den alle *Schweine-Dieter* nennen, sei eine bekannte Figur in Pattaya gewesen, bevor er in den Norden nach Udon Thani zog: *schweine-dieter.com*.

Inzwischen ist Harald schon wieder umgezogen, in eine große Villa direkt am Ufer des Mekong, nicht weit von der Friedensbrücke, die nach Vientiane in Laos führt. Da war er früher öfter, um seinen Aufenthalt per *Visa-run* zu verlängern. Jetzt kauft er sich immer ein Jahresvisum für rund 500 Euro. Das geht ab 50 Jahren, und dafür müssen 1.500 Euro Einkommen oder ein Kontostand von 20.000 Euro nachgewiesen werden. Wenn einer noch nicht 50 ist, lasse sich das auch regeln in Thailand, wo es für jeden eine Lösung gebe, solange er nicht gesucht wird. Nachteile seines neuen Lebens fallen Harald nicht ein: »Sonst wäre ich nicht hier, mich zwingt ja keiner.«

Um in *Spanien* und später in Thailand zu leben, musste sich Harald etwas Neues einfallen lassen. Sein Geschäft als Kleinverleger aus dem Ausland weiterzuführen, erschien ihm auf lange Sicht nicht realistisch. Der geborene Verkäufer, aus dem neue Ideen nur so heraussprudeln, tat das Naheliegende: Er baute sich ein Unternehmen im Internet auf, mit dem er bald ein fünfstelliges Einkommen erzielte.

Das darf er sich steuerfrei einstecken, und ernsthafte Kosten hat er nicht im Isan in Thailand – da bin ich zuversichtlich, dass ich mir um die Zukunft meines Kumpels Harald keine Sorgen machen muss. Viel Geld ortsunabhängig in einer harten Währung verdienen und gleichzeitig in einem billigen Land leben ist der beste Weg, um so schnell wie möglich finanziell unabhängig zu werden.

Ich denke, über Thailand muss ich Ihnen nicht mehr erzählen. Thailand, die Philippinen und Bali in Indonesien sind die Klassiker für Deutsche, die es nach Südostasien zieht. Vietnam, Malaysia mit seiner beliebten Insel Langkawi, Kambodscha und Laos sind stark im Kommen. Die Philippinen habe ich seit Jahren auf meinem Reiseplan stehen, aber ich schaffe es einfach nicht. Es ist halt auch ein verdammt langer Flug, und Fliegen nervt mich immer mehr in letzter Zeit – oder um genau zu sein, nicht so sehr der Flug selbst, als vielmehr diese nervigen und völlig unsinnigen Kontrollen davor, mit denen sie uns Sicherheit vorgaukeln wollen – als ob nicht jede Regierung und jeder Geheimdienst alle Möglichkeiten der Welt hätten, eine Bombe in einem Flugzeug zu platzieren, wenn sie meinen, dass es ihre kranken Pläne irgendwie voranbringt.

Auf den Philippinen würde ich meinen Kollegen Roland Benn besuchen, der irgendwo im Norden von Manila wohnt, und einige andere Bekannte. Natürlich würde ich auch bei Oliver Janich und seinem *Project Escape* auf der Insel Tablas vorbeischauen und ihm die eine oder andere Frage über das Leben in einer Gesellschaft nach privatem Recht stellen, ohne Regierung und Politiker, die er mir nie beantwortet, wenn ich sie ihm per E-Mail schicke. Mal sehen, wann ich es einrichten kann, aber ich kann mich ja nicht zerteilen …

Mein bevorzugter Erdteil ist Asien eher nicht. Wenn ich aber aus irgendeinem Grund dort wohnen müsste, würde ich mich vermutlich für die Philippinen entscheiden. Ich denke, es ist alles eine Frage der Mentalität, und da kommen uns die Filipinos am nächsten, was mit ihrer spanischen Geschichte zu tun hat, und vielleicht auch mit ihrem katholischen Glauben, obwohl ich darauf nicht so viel gebe. Was sicher sehr viel wichtiger ist: Wenn wir Undergroundautor Hill glauben dürfen, kommen von den Philippinen die besten Ehefrauen der Welt. Wir sollten ihm glauben, denn mit Ehefrauen kennt er sich aus.

Kambodscha: Erste Wahl, wenn Sie Asien lieben und sparen wollen

Kambodscha sei ein Billigland mit Preisen wie in Thailand vor 40 Jahren, lesen wir oft. Tatsache ist, im *Königreich der Wunder* hat sich viel verändert in wenigen Jahren. Preislich hat Kambodscha aufgeholt, aber etwas billiger als Thailand ist es noch. Sihanoukville, das Seebad aus der Zeit der Franzosen mit seinen Traumstränden und Villen, die Sie mit etwas Glück preiswert kaufen, war jahrelang Geheimtipp der Hippies und Backpacker. Hier fanden sie weiße Strände, billiges Essen und Zimmer unter 20 Dollar und jeden Abend war Party am *Serendipity Beach*. Damit ist Schluss.

Jetzt graben Bagger die Küsten um. Es entstehen luxuriöse Apartmentanlagen, Hotels und Spielcasinos; die Reisebranche spricht von *Khmer Vegas*. Die neuen Besucher kommen aus China. Sihanoukville hat kein Chinatown, es ist längst selbst Chinatown, sagen Kritiker. China bestimmt, was in Kambodscha passiert. China baut Straßen, Autobahnen, Eisenbahnen und Wasserkraftwerke, vergrößert den Flughafen Siem Reap, Tor zur gigantischen Tempelanlage von Angkor Wat. Peking liefert Waffen, kauft riesige Reisplantagen auf und bewirtschaftet sie mit eigenen Leuten. Kambodscha sei dabei, zur Kolonie Chinas zu werden, sagen westliche Kritiker.

Älteren Lesern fallen zu Kambodscha die Roten Khmer ein, mit dem Ungeheuer Pol Pot an der Spitze, der zwei Millionen Menschen umbringen ließ, weil sie nicht auf seine kommunistischen Lügen hereinfallen wollten, und der dafür nie zur Verantwortung gezogen wurde. Das ist über 40 Jahre her. Weniger bekannt ist, dass Hun Sen, der Kambodscha seit 37 Jahren regiert, auch ein Kommandant der

Roten Khmer war, der nach Vietnam überlief und mit den Vietnamesen zurückkam, um die Kommunisten zu bekämpfen. Dass der Mann im Westen nicht viele Freunde hat, ist schwer zu übersehen. Politischen Widerstand hat er im Lauf der Jahre ausgeschaltet, Wahlen in Kambodscha verdienen den Namen offenbar so wenig wie die letzten US-Wahlen. Wie weit das Land von einer Diktatur entfernt ist, ist schwer zu sagen – immerhin scheint es den Menschen dort gar nicht schlecht zu gehen, und den Ausländern schon gleich gar nicht.

Einreise und Aufenthalt waren immer sehr problemlos. Wer aktuell nach Phnom Penh fliegt, braucht wegen Corona ein Business-Visum der Botschaft in Berlin. Das gilt 30 Tage und kann immer wieder verlängert werden, für den Fall, dass Sie länger bleiben wollen. Zur Verlängerung gehen Sie in ein Reisebüro, legen Ihren Pass vor und suchen das Visum aus, das Sie in drei Tagen im Pass stehen haben: ein Monat 45 Dollar, drei Monate 75 Dollar, sechs Monate 150 Dollar, 12 Monate 285 Dollar. Bei sechs und 12 Monaten ist mehrfache Einreise möglich. Kaufen Sie lieber den längeren Zeitraum, denn jede Verlängerung füllt eine ganze Seite in Ihrem Pass. Mit der Verlängerung für 12 Monate können Sie im Land leben, wo Sie wollen und ohne Formalitäten aus- und einreisen. Danach verlängern Sie ein weiteres Jahr, wenn Sie Lust haben: Kambodscha ist von der Bürokratie her das beste Land in Südostasien.

Warum Kambodscha, wo Arbeitnehmer im Schnitt 140 Dollar im Monat verdienen? Warum bleiben so viele Besucher am liebsten gleich da, obwohl sie ursprünglich nur Angkor Wat sehen wollten? Ich denke, zwei Dinge wirken zusammen: die freundlichen Menschen und ihr Interesse westlichen Ausländern gegenüber sowie die niedrigen Kosten des täglichen Lebens. Dazu kommen die üblichen Gründe Sonne und Meer, die unkomplizierte Verständigung auf Englisch und für Amis die Tatsache, dass der Dollar übliches Zahlungsmittel ist. Die unkomplizierte Bürokratie und preiswerte Immobilien spielen sicher auch eine Rolle.

Kambodscha ist ein gutes Land für westliche Fachleute, Unternehmer und Investoren. Für alleinstehende Männer kommt das Argument dazu, dass sie hier preiswerter als in Thailand Anschluss finden. In der Street 139, die vom Mekong-Zufluss Tonle Sap bis ins Zentrum von Phnom Penh führt, gibt es 200 Bars, in denen heimische Frauen Geld mit Ausländern verdienen, berichtete mir mein Freund und Kollege Peter »Pauli« Neumann, der vor vielen Jahren mit mir nach Spanien zog und kürzlich in Phnom Penh und Sihanoukville seinen dritten Frühling erlebte. Westliche Ausländer heißen bei den Damen *Papa Visa*, weil die Kreditkarte immer recht locker sitzt, wenn's soweit ist. Apropos Visa: Aus den Geldautomaten kommen hier nicht heimische Riel heraus, sondern gleich US-Dollar. Da erübrigt sich lange Planung, wie viel Geld Sie mitnehmen. Für den Anfang reichen ein paar hundert Dollar in kleinen Scheinen.

Wohin in Kambodscha? Sie haben die Wahl. Da ist die schöne Kolonialstadt Battambang aus der Zeit der Franzosen. Wer lieber ans Meer will, muss sich zwischen Sihanoukville, Kampot, Kep und den Inseln Koh Rong oder Koh Rong Samloem entscheiden, zu denen Boote von Sihanoukville aus fahren. Die Metropole Phnom Penh, wo nur 20.000 Menschen die Massaker des Kommunisten Pol Pot überlebten, ist wieder auf zwei Millionen angewachsen, weil immer mehr Kambodschaner vom Land in die Stadt ziehen. Die Innenstadt sehen Sie am besten zu Fuß: eine kuriose Mischung aus Kolonialbauten, Palästen, buddhistischen Pagoden, Markthallen und immer mehr Hochhäusern. Siem Reap mit seinen 250.000 Einwohnern ist oft nur ein *Stopover* auf dem Weg nach Angkor Wat. Dabei lohnt es sich, einige Tage zu bleiben und sich die Stadt anzusehen.

Wer ans Meer will, kommt nicht an Sihanoukville vorbei, auch wenn er nach Kampot und Kep weiterfährt. Kep liegt an der Grenze zu Vietnam, wurde 1908 von den Franzosen gegründet und hieß Kep-sur-Mer. Es ist so was wie ein Stück Côte d'Azur in den Tropen. Mit 40.000 Einwohnern halb so groß wie Sihanoukville, hat es alles, was Sie zum Leben brauchen. Unterkünfte gibt es von der Bambushütte für ein paar Dollar bis zum Fünf-Sterne-Hotel mit privatem Strand. Sehen Sie sich auch die Küstenstadt Kampot an. Auf dem Weg von Sihanoukville nach Kep fahren Sie sowieso durch.

Die zentrale Lage des Landes und seine Flughäfen Phnom Penh, Siem Reap und Sihanoukville machen Kambodscha zu einem guten Stützpunkt, wenn Sie viel in Südostasien unterwegs sind. 100.000 Einwanderer aus aller Welt genießen hier die gemächliche Lebensart der Tropen. Andere verdienen ihr Geld bei internationalen Konzernen, und immer mehr eröffnen eigene Geschäfte.

Sie wollen einen Anzug? Der Schneider nimmt Maß, Sie wählen Stoff und Schnitt aus, und eine Woche später holen Sie das gute Stück ab, mit einem Hemd dazu für 100 Dollar. Schuster machen Ihnen für 35 Dollar elegante Lederschuhe. Durch niedrige Zölle und Steuern sind viele Marken billiger als zu Hause und ebenso Wein aus Frankreich, Fleisch aus Australien und westliche Lebensmittel. Im Restaurant in Phnom Penh oder Siem Reap finden Sie französische, italienische, amerikanische, deutsche und asiatische Gerichte ab fünf Dollar. Essen in Straßenküchen kostet einen Bruchteil davon.

Rechnen Sie für ein Apartment oder ein Stadthaus im Khmer-Stil mit 300 bis 400 Euro, plus 120 Dollar Strom bei ständig laufender Klimaanlage. Wasser fünf bis zehn Dollar, Müll zwei Dollar, Kabel-TV fünf Dollar. Einmal in der Woche eine Putzfrau kostet im Monat 30 bis 40 Euro. Die Kosten für Handy und Internet sind die niedrigsten in Südostasien. Es ist realistisch, in Phnom Penh mit 1.000 bis 1.100 Dollar im Monat zu leben, und damit bewegen Sie sich noch lange nicht an der Untergrenze. Es gibt freilich auch Mietwohnungen ab 1.000 Dollar aufwärts; die werden von Mietern bewohnt, deren Kosten internationale Organisationen übernehmen, also der Steuerzahler, oder von leitenden Angestellten großer Konzerne. An der Küste ist es billiger. In Sihanoukville geben Sie für ein westliches Apartment oder ein Häuschen mit Garten mit Nebenkosten selten mehr als 300 Dollar aus. Eine Rente, die in Deutschland nicht mal drei Wochen reicht, erlaubt hier ein komfortables Leben.

Müssen Sie Kambodscha künftig meiden, weil es eine Diktatur wird? Ich glaube nicht. Wenn Sie in Sihanoukville den Eindruck haben, es werde zu viel gebaut, oder wenn es Ihnen zu teuer wird, weichen Sie halt auf die Inseln Koh Rong oder Koh Rong Samloem aus. Ich denke, das problemlose Kambodscha ist eine Alternative, wenn Sie die Lebensart in Asien schätzen und nicht so viel Geld ausgeben wollen oder können, wie in Thailand oder in Vietnam.

Laos: Ruhig und billig leben, wo die Uhren stillstehen

Warum lassen die meisten Ausländer eigentlich Laos links liegen, ziehen lieber nach Thailand, Vietnam, Kambodscha und sogar ins islamische Malaysia? Kann es damit zu tun haben, dass Laos nicht am Meer liegt? Keine Frage: 777 Kilometer Mekong-Ufer sind kein Ersatz für einen Strand. Ebenso klar ist aber: Wer mit möglichst wenig Geld gut leben will, darf Laos nicht übersehen.

Woran liegt's, dass hier alles einen Gang langsamer geht als bei den Nachbarn? Am kommunistischen Regime? Daran, dass trotz aller Verbote jede Menge Opium geraucht wird? Oder einfach an der Mentalität? Das deutschsprachige *Thailand Aktuell* sieht in Vientiane den idealen Platz für Rentner und beschreibt Laos mit einem Sprichwort: »Die Vietnamesen säen den Reis, die Kambodschaner ernten ihn, die Thais verkaufen ihn und die Laoten hören zu, wie er wächst.«

Kein Wunder, dass die meisten der wenigen Besucher Laos und die Laoten sofort mögen. Wer aus Bangkok, Saigon oder Hanoi nach Laos kommt, denkt, es ist Feiertag. Später merkt er, dass ein Tag wie der andere so ruhig ist, sogar in Vientiane, wo fast eine Million Menschen leben und das höchste Haus des Landes steht, das Don Chan Palace mit 14 Etagen. Davon abgesehen ist kein Bauwerk höher als der Triumphbogen Patou Xai mit 49 Metern, der übrigens nicht fertig ist und es womöglich auch nie wird, weil angeblich immer wieder Baumaterial für private Häuser und Villen abgezweigt wird.

Laos wirkt auf Fremde, als seien alle Uhren stehen geblieben. Wenn Besucher merken, dass die Ruhe Dauerzustand ist, reisen sie entsetzt weiter nach Thailand oder sie lassen sich anstecken. Vientiane sei lebhafter geworden, sagen Landeskenner. Aber viele Läden schließen mittags immer noch, was das Leben drei Stunden zum Erliegen bringt. Wochenenden werden gern bis Montag verlängert. Einkaufszentren suchen Sie vergeblich, dafür sehen Sie viele Tempel, große Märkte, jede Menge Restaurants – und überall Spuren der Franzosen, die 1893 kamen und 1954 gingen.

Laos ist ein armes Land. Aus aller Welt fließen Hilfsgelder, aber die Straßen sind schlecht. Orte am Mekong und seinen Nebenflüssen erreichen Sie leichter mit dem Boot. Städte gibt es kaum; das Leben spielt sich in Dörfern mit Lehmhütten ab. Bauern arbeiten mit primitiven Mitteln, Industrie beschränkt sich auf Textilien. Um einen Fluss zu überqueren, müssen Sie oft weit fahren, denn es gibt nur wenige Brücken. All das hat die Laoten geprägt, und das Regime tut alles, damit es so bleibt. Laoten sind nicht faul, darauf legen sie Wert. Freundlichkeit ist ihnen wichtiger als Konkurrenzkampf, Vergnügen steht über Geldverdienen, Harmonie über Durchsetzungsvermögen. Es gibt keinen Streit zwischen ethnischen Gruppen. Laoten sind höflich, hilfsbereit, unaufdringlich, gastfreundlich. Sie leben nach Tagesablauf und Jahreszeiten, weniger nach beruflichen Vorgaben.

Für Rentner aus Europa, die ein ruhiges Leben suchen, hat Vientiane seinen Reiz. Wer sich im Land umsieht, entdeckt Berge mit üppiger Vegetation, exotische Tiere und Pflanzen und viele Dörfer. Für wen das gut klingt, der sollte bald in die Gänge kommen, bevor die Hektik der Nachbarn nach Laos kommt und es aus ist mit der Ruhe.

Es war nicht immer so entspannt in Vientiane. Nach dem Abzug der Franzosen musste Laos allerlei politische Wirren überstehen. Während des Vietnamkriegs regierte die Korruption. Geheimdienste aus aller Welt richteten ihre Zentralen ein. Soldaten machten Urlaub in Vientiane und zogen 60.000 Prostituierte an. Später kamen Hippies und Junkies aus aller Welt. Drogen waren legal und leicht zu haben.

Das ging bis 1975, als die Kommunisten der *Pathet Lao* die Macht übernahmen, Geschäfte schlossen und Drogentouristen rauswarfen. Dafür kamen Vietnamesen und Russen. Laos isolierte sich von den Nachbarn, bis es die Kommunisten 1986 vorsichtig öffneten. Seitdem nickt ein Parlament die Befehle des Regimes ab. Wie in Berlin.

Der Deutsche Markus Neuer kennt alle Länder der Region, und er hat sich 2004 für Laos entschieden. Heute hat er 45 Mitarbeiter in seiner Firma *Tiger Trail*, die Touren durch Laos anbietet. Zu Fuß, mit dem Motorrad, per Boot auf dem Mekong oder auf Elefanten durch den Urwald. Seine Webseite *laos-adventures.com* vermittelt einen Eindruck vom Land. Neuer lebt in der früheren Hauptstadt Luang Prabang: 50.000 Einwohner, Weltkulturerbe, viele Besucher, Internetshops, Cafés, Copyshops, Hotels und Pubs. Sogar der Strom funktioniert oft. Was kostet es eigentlich, in Laos zu leben?

»2004 bin ich ohne Familie mit 250 Euro im Monat ausgekommen, das geht heute noch, wenn einer nicht anspruchsvoll ist«, sagt Neuer, »natürlich sieht es heute in Luang Prabang anders aus. Hier sind die Mieten hoch und Lebensmittel teuer.« Dazu komme, dass Europäer immer etwas mehr brauchen, als ein Laote. Fast jeden hole irgendwann die Lust auf Brot oder Käse ein, und das sei teuer.

Europäer in Laos sind so selten, dass die FAZ eine Reportage über vier Deutsche brachte, einfach weil sie da leben. Metzgermeister Thomas Wilms in Luang Prabang begeistert viele Laoten mit seinen Bratwürsten, denn allein mit deutschen Kunden käme er nicht weit: *sw-butchershop.com*. Postbote Markus Peschke eröffnete 1998 das Restaurant *Indochina Spirit* und gründete 2001 das *Elephant Village*, wo alte Arbeitselefanten ihr Gnadenbrot bekommen. Baggerfahrer Jens Rühlemann aus Sachsen-Anhalt kam mit dem Fahrrad nach Luang Prabang. Da kippte er vom Rad und der Laotin Lae vor die Füße, die ihn pflegte und seine Frau wurde. Sie hat einen kleinen Laden in Ban Hoay Hia an der Straße nach Vientiane, wo die beiden wohnen. Rühlemann züchtet Schweine und verkauft sie an Metzger

Wilms. Dem Reporter der FAZ ist zugute zu halten, dass er sich Menschen mit Erfolg aussuchte, und nicht wie im Fernsehen die Verlierer, die froh sind, wenn sie abends wieder heim finden.

Laos ist ruhig, ungefährlich, arm, unterentwickelt. Da merken Sie, wie viele Dinge nicht selbstverständlich sind, die wir nicht anders kennen. Sogar in den Städten geht nicht immer das Licht an, wenn Sie den Schalter betätigen. In den Dörfern gibt es gar keine Schalter, und auch kein Leitungswasser – weshalb die ganze Familie abends an den Fluss geht, um sich zu waschen. Wer selten im Ausland war, sollte vielleicht nicht gleich in ein Land wie Laos ziehen.

Wenige Auswanderer mögen kommunistische Regime – aber seit Corona merken wir, dass die Grenzen unserer Unterdrückung fließend sind. Laos wird seit 1975 von der *Revolutionären Volkspartei* regiert, deren Vorsitzender Präsident des Landes ist. Bürgerrechte oder Rechtssicherheit gibt es nicht, aber die Laoten sind nicht eingesperrt, wie früher die Menschen in der DDR. Wer ins Ausland will, stellt einen Antrag mit allerlei Papieren, dann klappt es recht unkompliziert. Bei ärztlichen Notfällen lassen die Grenzer Patienten auch ohne Reiseantrag über die Brücke nach Thailand, denn mit der Krankenversorgung ist es in Vientiane nicht weit her. Viele Dinge entscheidet nicht die Regierung, sondern örtliche Verwaltungen. Privaten Streit regeln Schlichter. Dass Planwirtschaft nicht klappt, merkten die Kommunisten schon 1986 und erlaubten so was wie Marktwirtschaft. Privatbesitz und bescheidene Firmen sind heute unumstritten.

Je mehr Ausländer nach Laos kommen, desto klarer wird den Menschen dort, dass bei ihnen irgendwas schiefläuft. Trotzdem scheinen sie mit ihrem Leben zufrieden. Sie jammern nicht und werden Ihnen gegenüber keine Kritik an ihrem Land äußern. Für Sie als Ausländer ist das Regime nicht sichtbar. Es mischt sich kaum in Dinge des täglichen Lebens ein; der Überwachungsstaat ist weniger präsent als in Deutschland. Politischen Widerstand gibt es nicht. Zeitungen kontrolliert die Regierung, aber das ist ja heute nicht nur im Kommunismus so. Die meisten Laoten haben keine Lust, sich das Leben durch Widerstand zu erschweren. Wer sich von Drogen und Politik fernhält, muss die Obrigkeit nicht fürchten. Die Polizei zeigt wenig Präsenz. Wenn Sie mit ihr zu tun haben, geht es meistens um die Zahlung einer kleinen Strafe bei einem Verkehrsunfall, an dem immer Sie schuld sind. So ist es fast überall in Asien. Die Lösung ist lächeln, etwas handeln und zahlen. Kontrollen sind selten, und kein Polizist erwartet, dass Sie ihm in paar Scheine in die Hand drücken.

Offizielle Papiere für Laos sind kompliziert. Einwanderer brauchen laotische Bürgen, Geld und Arbeit, oder sie müssen im Land investieren. Alles sehr umständlich, und dann bräuchten Sie bei jeder Ausreise ein Visum wie die Laoten. Deswegen verlängern die meisten Ausländer ihr Besuchervisum von 30 auf 90 Tage und fahren dann einen Tag nach Thailand. Wer in Vientiane wohnt, muss nur kurz die Brücke über den Mekong passieren. Es gibt kein Limit, wie oft das möglich ist, weshalb Tausende Ausländer auf die Art ständig aber nicht offiziell in Laos wohnen. Für sie gibt es *Visa-run*-Pakete mit Bus und Hotel – wobei ein Pass schnell randvoll mit Stempeln ist und Sie lange vor Ablauf seiner Gültigkeit einen neuen brauchen.

Für wen ist Laos geeignet? Für jeden mit Geld aus dem Ausland, der wenig ausgeben will. Wer sein Geld im Internet verdient, den nerven die unsicheren Verbindungen. Ausländer können Laoten heiraten oder legal mit Partnern gleichen Geschlechts zusammenleben. So fortschrittlich, auf Homosexualität stolz zu sein, ist Laos noch nicht. Toleranz, viel Geduld und die Bereitschaft, am Status Quo nicht zu rütteln, sind der Schlüssel zu einem guten Leben. Ideal ist Laos für Menschen mit einer Rente oder Pension, die am liebsten ihre Ruhe haben wollen. Wenn sie gute Gesundheit mitbringen und nicht dauernd zum Arzt müssen, umso besser. Kein Stress, keine Aufregung, niedrige Kosten in einem exotischen Land ohne viel Kriminalität und statt Smog gute Luft, vom Staub auf den Straßen in der Trockenzeit mal abgesehen: Wenn das Ihre Vorstellung von einem guten Leben ist, kaufen Sie jetzt Ihr Ticket ...

*Corona macht erfinderisch: Denken Sie
ruhig auch mal über Afrika nach*

Südafrika, Deutsch-Südwest oder ein Nobeldorf am Roten Meer?

Es ist unser Nachbarkontinent, aber die meisten Europäer wissen eher wenig über Afrika – außer dass in letzter Zeit immer mehr Afrikaner zu uns kommen, und es ist, ums mal höflich auszudrücken, nicht die *Crème de la Crème*, die sich da auf den Weg macht. Deutlicher wurde Serge Boret Bokwango, UN-Diplomat des Kongo in Genf, der die Afrikaner, die er in Italien sah, in einem offenen Brief wenig diplomatisch als Abschaum und Müll Afrikas bezeichnete, die wie Ratten die europäischen Städte befallen, weshalb er ein starkes Gefühl von Wut und Scham empfinde. Das würde ein europäischer Diplomat anders formulieren.

Für uns heißt das, wir sollten Afrika nicht danach beurteilen, was von dort zu uns kommt – zumal wir seit Corona sowieso die meisten Länder ganz neu bewerten müssen. Tansania zum Beispiel, dessen sozialistischer Präsident John Magufuli einen ziemlich coolen Umgang mit dem Virus pflegte. Er besiegte Corona, indem er die Pandemie für beendet erklärte, und obendrein machte er sich einen Spaß daraus, Brüssel und Berlin zu ärgern. Magufuli, von Beruf Doktor der Chemie, wurde durch ein virales Video einem breiten Publikum bekannt, wo er sich über PCR-Tests lustig machte, indem er über positive Tests an Ziegen und Papayas berichtete.

Die EU überwies 27 Millionen Euro nach Tansania, um das Land mit Verboten zu überziehen, Impfstoff, Schutzanzüge und Covid-

Tests zu kaufen. Magufuli, der der WHO nicht traute und die Pandemie als inszenierten Plan einstufte, nahm das Geld dankend an und erklärte Tansania gleich danach als coronafrei und die Pandemie als beendet. Andere Länder, andere Sitten, andere Viren? Eher nicht. Nur ein anderer Umgang damit. In Tansania war das freie Leben zurück, berichteten Urlauber und luden Videos über das gute Leben im Land auf Youtube hoch.

Wie der eine oder andere von Ihnen sicher weiß, ist Sansibar nicht nur eine Kultkneipe auf Sylt, sondern auch eine sehr interessante Insel, die zu Tansania gehört und nur 30 Kilometer vor der Hauptstadt Daressalam im Indischen Ozean liegt. Wer für sein Leben im Ausland auch exotischere Aufenthaltsorte in Betracht zieht, sollte Sansibar unbedingt auf seinem Radar haben. Weltreisende schwärmten während Corona von Hotelübernachtungen am Meer für schlappe 11,50 Euro mit gutem Frühstück inklusive.

Magufulis Einstellung war gut für die Menschen in Tansania, aber für den Präsidenten selbst ist es dumm gelaufen: Nicht mal zwei Monate später war er nämlich tot – das Herz angeblich. Dieses Schicksal teilt er übrigens mit Präsident Pierre Nkurunziza aus Burundi, der auch überraschend an Herzversagen starb – und mit Jovenel Moïse, dem Präsidenten von Haiti, der am 7. Juli 2021 in seinem Haus in Port-au-Prince von Auftragskillern erschossen wurde. Alle drei toten Präsidenten hatten eins gemeinsam: Sie machten bei der Corona-Panik nicht mit, sie trauten der WHO nicht und sie wollten in ihren Ländern keine Corona-Impfungen zulassen – aber das ist sicher ein dummer Zufall. Denn wenn es keiner wäre, müsste ja schon längst *Black Lives Matter* aktiv geworden sein, oder?

Tatsache ist dagegen, dass in Tansania nach Magufulis unerwartetem Ableben die bisherige Vizepräsidentin Samia Suluhu Hassan zur Präsidentin aufgestiegen ist. *Mama Samia*, wie sie ihre Anhänger nennen, ist Mitglied im Davos-Forum von Dr. Mabuse-Imitator Klaus Schwab. Als sie Magufulis Tod im Fernsehen verkündete, gab sie sich als seine treue Freundin und Anhängerin aus – aber von seiner Corona-Politik hat sie offensichtlich nicht sehr viel gehalten.

Wenn sich Deutsche für Afrika interessieren, geht es meistens um den Norden. Tunesien und Ägyptens Riviera am Roten Meer waren viele Jahre beliebte Charterziele, bevor die Unruhen dort die meisten Urlauber verschreckten. Während Tunesien vor allem durch billige Preise punktete und nie wirklich zu einem Ziel deutscher Auswanderer wurde, löste das Interesse vieler Urlauber am Roten Meer einen ziemlich großen Bauboom aus, der vor etwa 15 Jahren noch mal Fahrt aufnahm und aus dem Fischerdorf Hurghada einen multikulturellen Urlaubertreff machte, wo Sie im Straßencafé, beim Golf oder im Restaurant Engländer, Holländer, Spanier, Italiener und Kuwaitis treffen. Viele haben sich eine Wohnung hier gekauft, angelockt von 365 Tagen Sonne im Jahr, niedrigen Preisen und unkompliziertem Leben. »Ein Bankkonto eröffnen Sie in 15 Minuten ohne unnötige Fragen. Die Aufenthaltserlaubnis kostet ein paar Euro, ohne großen Papierkram. Und wenn mal was klemmt, wird es mit zehn Euro Bakschisch geregelt«, schwärmte mir vor einigen Jahren ein Bekannter über Hurghada vor.

Die kleine aber feine Alternative zu Hurghada und seinen 200.000 Einwohnern liegt 25 Kilometer weiter nördlich: El Gouna mit nur 15.000 Menschen, die nie alle gleichzeitig anwesend sind, ist eher ein Dorf, aber ein sehr schönes – kein Wunder, denn El Gouna ist ein künstlicher Ort. Vor 32 Jahren war hier nichts als Sand. Jeder Stein und jede Palma sind geplant – vom ägyptischen Milliardär Samih Onsi Sawiris, der in Kairo aufwuchs, eine deutsche Schule besuchte und an der TU Berlin Diplom-Ingenieur wurde. Er hatte viele Hindernisse zu überwinden vom Arabischen Frühling bis Corona, aber all das änderte nichts am Erfolg von El Gouna, wo viele Deutsche in einem der vornehmen Hotels oder in der eigenen Wohnung oder Villa ihr entspanntes Leben genießen und zum Essen mehr als 100 Bars, Cafés und Restaurants zur Auswahl haben.

Fast 85 Prozent der Urlauber und viele Eigentümer der Häuser und Wohnungen sind Deutsche, und der ganze Ort steht unter der Leitung des Bayern Robert Fellermeier: Es ist eine noble, kleine deutsche Exklave in der Wüste am Roten Meer, in der sich auch viele reiche Ägypter wohlfühlen und wo Frauen mit Kopftuch so selten sind wie Menschen mit Corona-Masken. Busse, Taxis und Boote machen das eigene Auto überflüssig, und der eigene Sicherheitsdienst garantiert angeblich, dass El Gouna der sicherste Ort in ganz Ägypten sein soll. Das Krankenhaus des Ortes wirbt mit europäischem Standard. Frisches Wasser liefern Aufbereitungsanlagen, und mit den gefilterten Abwässern der Hotels werden die Gärten und der 18-Loch-Golfplatz gegossen. Es gibt mehrere Schulen, eine Kirche und eine Moschee, eine deutsche Hotelfachschule und seit 2012 den ersten Auslandcampus der TU Berlin. Zwei Sporthäfen bieten Platz für 177 Yachten. Sogar ein Weingut gibt es am Ortsrand: Da stellt eine Frau aus dem Libanon in einem muslimischen Land 30.000 Hektoliter roten und weißen *Beausoleil D'Egypte* her.

Wer sich in El Gouna für eine Designer-Villa entscheidet, ist ab etwa 650.000 Euro dabei. Kleine Wohnungen beginnen bei 160.000 Euro. Mieten sind eher für Urlauber gedacht, mit Wochenpreisen ab 480 Euro. Das sind hohe Preise für Ägyptens Riviera, aber El Gouna ist nicht typisch für das Land und die Region. Es ist eher ein besseres Stück Deutschland am Roten Meer.

Marokko: Ausländer übernehmen die Medina von Marrakesch

Szenenwechsel von Ägypten ans andere Ende des Mittelmeeres: Marokko ist immer eine Reise wert und ganz besonders Marrakesch. Davon bin ich überzeugt, seit ich 1976 das erste Mal dort war, mit dem Auto damals. Seitdem war ich immer wieder mal in Marrakesch. Ich habe die Entwicklung über die Jahre miterlebt – und ich habe nichts kapiert. Ich habe zugesehen, wie Ausländer die Medina von Marrakesch übernahmen – und ich bin nicht auf die Idee gekommen, mir auch so ein Haus im Gewirr der Altstadtgassen zu kaufen, mit Zitronenbäumen und Springbrunnen im Patio, vielen kleinen Zimmern und einem großen, gekachelten Salon mit fünf Meter hohen Wänden und schmalen Fenstern zum Innenhof und zur Gasse, durch die abends das Licht der Gaslaternen schimmerte. 1999 schrieb ich eine Reportage darüber, dass Ausländer Marrakesch aufkaufen, und ich habe es wieder nicht geschnallt. Für 50.000 Mark hätte ich so ein Haus damals haben können, wenn ich etwas besser gefeilscht hätte als bei den Lederschlappen. Vielleicht auch für 90.000, wenn es ein besonders schönes gewesen wäre. Egal wie viel, heute wäre es das Zehnfache wert. Und was habe ich gemacht? Darüber geschrieben...

Jeder verkauft in Marrakesch alles. Wenn Sie in den Souks eine Lederjacke kaufen und beiläufig einen Teppich erwähnen, sperrt der Verkäufer den Laden zu und geht mit Ihnen Teppiche ansehen. Stellen Sie sich vor, was Sie auslösen, wenn Sie Interesse an einem Haus erkennen lassen. Jeder hat hier Häuser. Oder er kennt Leute, die Häuser haben. Am liebsten würde jeder mit Ihnen losziehen und Häuser ansehen. Geduld hätte ich mitbringen müssen, viel Geduld. Wer die nicht hat, macht in Marrakesch nie einen guten Kauf.

Der Marrakesch-Boom begann, als Hollywood die Wüste entdeckte. Filme wie *Der englische Patient*, *Gladiator* und *Troja* wurden in der Nähe gedreht, und nach den Dreharbeiten sahen sich die Stars eben Marrakesch an. Die Wunderwelt der Medina war für sie geiler als jeder Film. Das hätte Spielberg nicht besser hingekriegt, sagten die Leute aus Hollywood, und weil sie Geld im Überfluss haben, schacherten sie nicht lange. Madonna hat ein Haus in der Stadt, Alain Delon, Richard Branson und Mick Jagger, das sind nur vier von 500, die die Preise in Marrakesch kaputtgemacht haben, für Menschen wie mich. Aber beschweren darf ich mich nicht. Ich war vorher da als sie alle, und ich habe es verschnarcht.

In der Medina von Marrakesch gibt es ungefähr 750 Stadthäuser oder Riads, wie der Insider sagt. Die meisten sind längst im Besitz von Ausländern. So einer Riad sehen Sie von außen nicht an, ob sich hinter meterdicken Mauern eine armselige Hütte verbirgt oder ein Palast. Den Käufern ist es egal, sie bauen sowieso alles um. Kein

Wunder, dass in den Cafés an der *Djemaa el Fna* unter Ausländern der Umbau der eigenen Riad Thema Nummer eins ist. Viele haben kleine Hotels eingerichtet und leben von der Vermietung. Wenn Sie heute nach Marrakesch kommen, müssen Sie entweder sehr viel Geld mitbringen oder mit einer Wohnung in den moderneren Stadtteilen vorlieb nehmen. Wenn Sie das Geld haben, ist eine Riad in Marrakesch vielleicht auch heute noch ein guter Kauf. Wenn Sie es nicht tun, ärgern Sie sich vielleicht in zehn Jahren schwarz. Denn der Boom ist intakt. An der Costa del Sol war es so, in Mallorca war es so, in der Altstadt von Ibiza war es so: Jahr für Jahr stiegen die Preise der begehrten Objekte. Immer, wenn alle dachten, jetzt sei die Spitze erreicht, dauerte es nicht lange und die Preise hatten sich schon wieder verdoppelt. Es gibt keinen Grund, warum es in Marrakesch anders sein sollte.

Marokko ist anders. Auch eins dieser Königreiche zwar, die eigentlich Diktaturen sind, aber Mohammed VI. macht seinen Job recht ordentlich. Ein Flug von Deutschland nach Marrakesch dauert knapp eine Stunde länger als nach Mallorca, das macht Marokko zu einem Nahziel. Fliegen Sie hin und bleiben Sie ein paar Wochen. Entdecken Sie, dass die Küche mehr ist als Couscous. Marrakesch ist *die* Einkaufsstadt: Händler verkaufen auf Französisch, Englisch, Spanisch, Russisch, Deutsch. Leder, Silber, Kleidung, Kunsthandwerk: Sie erschrecken, wenn Sie den Preis hören. Bieten Sie ein Zehntel davon und treffen Sie sich irgendwo in der Mitte. Bringen Sie Zeit mit. Lassen Sie sich Tee servieren. Keine Angst, wenn der Verkäufer ein Gesicht macht wie kurz vor der Pleite: Sie zahlen locker das Dreifache wie ein Einheimischer. Es gibt aber auch Adressen, wo ein Preis ein Preis ist. Wenn Sie im ausgebuchten Hotel Mamounia, das mit Fotos seiner Stammgäste Churchill, Nixon oder Alfred Hitchcock wirbt, den Zimmerpreis von 450 Euro runterhandeln wollen, kann es passieren, dass Sie auf der Straße landen.

Der *Djemaa el Fna*, Platz der Gehenkten, ist der größte Freiluftzirkus der Welt. Früher wurden hier Todesurteile vollstreckt, daher der Name. Am späten Nachmittag füllt sich der Platz mit malerischen Gestalten. Akrobaten, Schlangenbeschwörer, Tänzer, Berberfrauen malen Henna auf die Gesichter der Besucher, und dazwischen immer mehr Urlauber. Wenn sie ihre Kamera auf einen Marokkaner richten, hält er die Hand auf. Später werden die Grills heiß gemacht. Auf einfachen Holzbänken schmeckt der Couscous direkt aus dem Topf lecker. Gleich neben dem Platz beginnt das Gewirr der *Souks*. Alle Läden sind bis spät in die Nacht geöffnet. Mit sicherem Blick erkennt ein Verkäufer, woher Sie kommen und spricht Sie in Ihrer Sprache an. Wenn Sie dem Menschengewirr entkommen wollen, genießen Sie das Spektakel von der Dachterrasse des *Café du France* aus bei süßem Pfefferminztee, während aus dem Lautsprecher der Moschee der heisere Singsang des Muezzin herübertönt.

Südafrika: Apartheid jetzt andersrum, und die Medien schweigen

Es muss so um 2010 herum gewesen sein, da hat eine Freundin aus Spanien ein kleines Strandhotel im Süden von Kapstadt gekauft. Jetzt ist sie glücklich, dachte ich, denn das war es, was sie immer wollte. Aber als wir uns zwei Jahre später in Spanien trafen, klang alles ganz anders. Ja, die Landschaft am Kap der guten Hoffnung ist so spektakulär wie immer. Aber diesmal erzählte sie mir von den Schikanen, die sich Behörden für Weiße ausdenken, und von den Analphabeten auf den Ämtern, die nur einen Job haben, weil sie Schwarze sind. Sie lassen jeden spüren, wer die Macht hat, vor allem jeden Weißen. Wer für den Staat arbeitet, müsse nicht lesen oder schreiben können, er ist ja schwarz. Sie sei auf der Suche nach einem Käufer, sagte sie mir, denn sie wolle nur noch weg aus Südafrika.

Ich meine mich zu erinnern, in der Presse gelesen zu haben, die Apartheid sei Geschichte in Südafrika, als unser allseits geschätzter Nelson Mandela 1994 die Macht übernahm. Das ist leider nicht ganz richtig. Apartheid gibt es immer noch. Sie geht jetzt genau andersherum, aber das dürfen unsere Medien offenbar nicht berichten. Und sonst? Schwarzen, denen es früher schlecht ging, geht es immer noch schlecht, von den Analphabeten in den Ämtern mal abgesehen. Vielen Weißen geht es schlechter. Ihr Leben ist bedroht. Vom Genozid an weißen Farmern ist die Rede, so wie in Simbabwe. Die internationale Presse schweigt dazu, weil die Opfer die falsche Hautfarbe haben – oder womöglich auch deshalb, weil wir in Südafrika unsere eigene Zukunft in Europa sehen, wenn die Afrikanisierung so weitergeht? »Wer halb Kalkutta aufnimmt, rettet nicht Kalkutta, sondern er wird selbst zu Kalkutta«, wusste schon Peter Scholl-Latour.

Meine Freundin hatte Glück. Sie hat ihr kleines Hotel verkauft und ist rechtzeitig weggezogen, zum Glück, denn ihre Erlebnisse sind harmlos im Vergleich zur weiteren Entwicklung. Andere Weiße hatten nicht so viel Glück; sie wurden auf ihren Farmen tagelang gefoltert, vergewaltigt und am Ende umgebracht. Es sind keine Raubüberfälle mit Todesfolge, sondern Hassverbrechen mit der Absicht, zu foltern und zu töten. Weißen Opfern werden Glieder abgehackt oder Augen ausgestochen, Babys in heißes Wasser geworfen. Farmmorde nennen Bauernverbände die Gewalt gegen Weiße. 15.000 Überfälle habe es seit 1994 gegeben. Oft wurden ganze Familien mit Frauen und Kindern abgeschlachtet; Täter werden selten gefasst oder gar verurteilt. Weiße Farmer ohne Entschädigung zu enteignen ist legal, aber das reicht vielen Schwarzen nicht. Wieder andere Deutsche, wie mein langjähriger Bekannter Gerhard Bauer, ziehen trotz allem nach Südafrika und fühlen sich dort nicht bedroht, sondern ausgesprochen wohl. Das hat auch damit zu tun, dass das Land groß und die bei Ausländern beliebte Südküste friedlich ist.

Sollten Sie irgendwo auf der Welt von Ihrer eigenen Farm träumen, dann suchen Sie sich lieber ein anderes Land. Farmer in Südafrika sei einer der gefährlichsten Berufe der Welt, berichtete 2018 der *Stern* und pfiff dabei auf den unausgesprochenen Pakt aller politisch korrekten Journalisten, Verbrechen von Schwarzen in Südafrika unter den Teppich zu kehren. Ein Viertel aller Weißen lebe unter dem Existenzminimum in den Slums der Metropolen, weil sie wegen ihrer

Hautfarbe keine Anstellung finden. 400 000 Weiße sollen in Armen-Ghettos und Notunterkünften leben, aber Bilder blonder Kinder in südafrikanischen Slums ohne Schule oder Arzt, weil ihre weißen Eltern keine Arbeit finden, schaffen es nicht auf die Titelseiten großer linker Zeitungen in Deutschland und der westlichen Welt.

Ist das das Land, von dem der international heiliggesprochene Nelson Mandela träumte? Oder war er selber gar nicht dieser gute Mensch, als der er uns verkauft wurde? Immerhin blickte er auf eine Geschichte von Sabotage, Terror und Tod zurück, sodass sich selbst Amnesty International seinerzeit weigerte, ihm zu helfen. Dass sogar auf Youtube Videos zu finden sind, auf denen Nelson und Winnie Mandela die Hymne radikaler schwarzer Kommunisten in Südafrika singen – *Kill the Boer*, töte den Buren bzw. Bauern – hinderte die Schweden nicht, dem Mann den Friedensnobelpreis zu geben, was ja früher durchaus eine Ehre war, bevor das Ding auch Al Gore oder Barack Hussein Obama umgehängt wurde.

Die nie um deutliche Worte verlegene *ExpressZeitung* aus der Schweiz widmete dem Thema eine ganze Ausgabe, mit der Erkenntnis, dass die Story von Südafrika, die uns Politik und Medien seit Jahrzehnten auftischen, eine riesengroße Lügengeschichte ist. Seit das Land von Mandelas *African National Congress* übernommen wurde, habe es ein extremes Gewaltproblem, von dem in westlichen Medien kaum die Rede sei, stellt der investigative Journalist Gerhard Wisnewski fest. Seit dem Machtwechsel der Hautfarbe herrsche in Südafrika Krieg zwischen Schwarz und Weiß, und der gleiche Machtwechsel könne in fast allen Ländern Europas bevorstehen. Eine Art Pogromstimmung gegen sogenannte Rechte, die diese Entwicklung anmahnen, werde ja schon in deutschen Medien erzeugt.

Wisnewski: »Viele fragen sich, wie die Migrationskrise in Europa weitergeht. Vielleicht gibt es darauf die schreckliche Antwort: Wie in Südafrika.« Was da passiert, ist für den Autoren nicht einfach die Rache für die Apartheid, sondern Lynchjustiz oder gar Völkermord. Gipfel der Grausamkeit sei die Halskrause, bei der dem Opfer ein mit Diesel gefüllter Autoreifen um den Hals gehängt und angezündet wird. Mandelas Terrortruppe habe damit gern Mitglieder rivalisierender Schwarzen-Organisationen getötet, schreibt Ernst Roets in seinem aufrüttelnden Buch *Kill the Boer*. Der heiße Gummi brennt sich ins Fleisch, die Hände sind mit Stacheldraht auf dem Rücken gefesselt oder wurden vorher abgehackt. »Mit unseren Halskrausen und Streichhölzern werden wir dieses Land befreien!«, habe Winnie Mandela 1986 angekündigt, zwei Tage bevor Willy Brandt der honorigen Dame in der Residenz des deutschen Botschafters in Pretoria beim Dinner seine Unterstützung zusagte. Heute sagt Julius Malema von den *Economic Freedom Fighters*, der drittstärksten Partei im Land: »Die Weißen sollen froh sein, wenn wir nicht zum Genozid aufrufen!« Viele sind überzeugt, dass der Aufruf längst erfolgt ist, nur erfahren wir in unseren Medien nichts davon.

Ich hoffe, ich habe Sie nicht erschreckt, falls Sie schon lange von einem Leben in Südafrika träumen. Das Land ist dreimal so groß wie Deutschland und viel dünner besiedelt, da wird nicht überall neben Ihnen ein Farmer gefoltert und ermordet. Wie angenehm und überaus preiswert so ein Leben an der Sonne heute noch sein kann, hat mir Gerhard Bauer erzählt, der vor fünf Jahren mit der Familie nach Durban umgezogen – und heute mehr denn je überzeugt ist, dass es die richtige Entscheidung war. Warum in Südafrika leben?

Für Auswanderer ist Südafrika reizvoll, weil das Wetter deutlich besser ist als in Mitteleuropa. An der Südküste baden Sie ganzjährig im Meer. Städte und Infrastruktur sind von europäischem Standard. Es gibt keine Naturkatastrophen. Sie kommen überall mit Englisch zurecht. Und es ist preiswert: Immobilien sind sehr viel billiger als in Europa, und in jedem der vielen ausgezeichneten Restaurants speisen Sie zu zweit für 50 Euro inklusive einer guten Flasche Wein. Damit, so Bauer, sei Südafrika für jeden interessant, der ein festes Einkommen in harter Währung hat. Wer als Unternehmer tätig sein oder seine Fähigkeiten zu Geld machen will, werde andere Länder mit besserem Geschäftsklima sicher interessanter finden.

Wo sollte sich ein Ausländer niederlassen? Bauers Wahlheimat Durban ist der wichtigste Hafen Südafrikas mit 3,5 Millionen Einwohnern. Das Leben in Durban ist viel preiswerter als in Kapstadt. Wer sich wirtschaftlich betätigen will, für den führt kein Weg an Johannesburg oder Kapstadt vorbei. Wer nicht täglich für Geld arbeiten muss, orientiert sich vielleicht an seinen Hobbys. Sie können sich in den Bergen niederlassen, wenn Sie die mögen. Segler zieht es nach Kapstadt oder Knysna. Golf und Reiten sind überall möglich. Fans guter Gastronomie schätzen die Weingegenden in der Umgebung von Kapstadt mit vielen exquisiten Restaurants.

Namibia: Wollen Sie wirklich 5 Jahre auf Ihre Aufenthaltserlaubnis warten?

Die Angst geht um unter Weißen im Süden Afrikas. Nein, so weit wie Südafrika ist Namibia noch lange nicht, aber was beim Nachbarn abgeht, spricht sich natürlich herum und sorgt für Unruhe. Namibia ist so was wie der kleine, gemäßigte Bruder Südafrikas, zu dem es bis 1990 gehörte. Die Beziehungen sind immer noch eng. Die meisten Waren, die in Namibia verkauft werden, kommen aus Südafrika, und der Namibia-Dollar ist an den Rand gekoppelt. In Windhoek kommen alle Trends aus Johannesburg und Pretoria mit Verspätung an, nur Morde an weißen Farmern sind bisher kein Thema.

Rund 70 Prozent Farmland sind im Besitz von Weißen, aber immer mehr Deutsche verlassen das Land wegen seiner ungewissen Zukunft. Präsident Hage Gottfried Geingob will mehr Land in der Hand von Schwarzen sehen. Er sprach auch schon von Enteignungen, wofür es im Gegensatz zu Südafrika kleine Entschädigungen geben soll. Die Vertreibung weißer Farmer mit Gewalt wie in Simbabwe, dem früheren Rhodesien, lehnt er ab.

Namibia ist das frühere Deutsch-Südwestafrika, von 1884 bis 1915 die einzige Kolonie, in der sich deutsche Siedler niederließen. Wenn Sie heute in Windhoek Namen wie Vogts oder Wöhrmann hören, haben Sie Namibia-Deutsche vor sich, die von den ersten Siedlern abstammen, kurz nachdem der Bremer Tabakhändler Adolf Lüderitz die Bucht kaufte, die heute seinen Namen trägt.

Wenn Deutsche von Afrika träumen, von einer Farm meistens, kommt das Gespräch ziemlich schnell auf Deutsch-Südwest. Warum eigentlich? Das Land soll gut für Afrika-Einsteiger geeignet sein, der Kulturschock wegen der deutschen Geschichte nicht so groß. Bei über 300 Sonnentagen und trockenem Klima sei Rheuma unbekannt, und auch manche andere Krankheit soll wie von selber verschwinden. Dazu kommen fantastische Landschaften und eine großartige Tier- und Pflanzenwelt. Deutsche schwärmen von endloser Weite, guten Hotels und Lodges und den guten Straßen, die Namibia zu einem idealen Land für einen Roadtrip für Selbstfahrer machen, als Einstieg sozusagen. Auch wenn die Entwicklung in die andere Richtung geht, gilt Namibia immer noch politisch stabil und relativ sicher. Es ist ein friedliches Land ohne ernsthafte interne Spannungen, in dem viele Dinge nicht nur für afrikanische Verhältnisse gut funktionieren. Die Bürokratie gehört leider nicht dazu, denn wenn Sie offizielle Aufenthaltspapiere wollen, müssen Sie erst mal eine ganze Menge Unterlagen beschaffen, und wenn Sie die alle eingereicht haben, dürfen Sie sich auf fünf Jahre Wartezeit einstellen – was eine sinnvolle Planung unmöglich macht.

Ich selbst habe es leider nie nach Namibia geschafft, dabei wollte ich immer zwei Freunde aus meiner Jugend dort besuchen, die mir oft erzählten, wie schön es dort sei. Der eine war Addi Bauer, der den Fußballclub *African Stars* in Windhoek trainierte, bis ihm die Hitze zu viel wurde. Der andere, Hans Schneider, war 1987 mit 200.000 Mark in der Tasche ausgewandert. Dafür hat er ein Haus in Windhoek und die Farmen Koireb und Sparwater mit 20.000 Hektar Land bekommen, während heute allein ein Haus in der Hauptstadt mindestens 200.000 Euro kostet. 2010 wollte ich Namibia endlich kennenlernen und mir bei der Gelegenheit auch Kapstadt ansehen. Ich hatte mein Ticket schon reserviert, da erfuhr ich, dass Hans

Schneider bei einem Autounfall ums Leben gekommen war. Ich stornierte meinen Flug und vergaß Namibia. Verkehrstote gibt es übrigens ziemlich viele dort, trotz oder wegen der guten Straßen. Wie es heute in Namibia zugeht, hat mir sein Sohn Matthias Schneider berichtet. Er war mit 17 Jahren zu seinem Vater gezogen, hatte an der Deutschen Höheren Privatschule Windhoek sein Abitur gemacht und dann in Kapstadt Betriebswirtschaft studiert. Er lebte sechs Jahre in Südafrika und zehn Jahre in Namibia, das er regelmäßig besucht, zumal er für ein Unternehmen tätig ist, das in Namibia eine Tochterfirma hat. Von seinen früheren Schulfreunden sind zwei Drittel weggezogen, sagt er. Die noch dort wohnen, stammen aus alteingesessenen Familien, die seit Generationen zur reichen Oberschicht gehören.

Deutsche in Namibia spielen laut Matthias Schneider immer noch führende Rollen in der Wirtschaft. Für die Regierung – der in Namibia neun von zehn Menschen nicht über den Weg trauen – stelle das ein Problem dar, was aber nicht heiße, dass hier einer gefährlich lebe. Die Menschen in Namibia seien überwiegend friedlich und freundlich. Allerdings gebe es in den Chefetagen großer Firmen eine Schwarzenquote, und Ausländer dürfen seit einigen Jahren keine Farmen und kein Land mehr kaufen, um den Ausverkauf von Farmland zu bremsen. Jetzt hat der Staat immer ein Vorkaufsrecht, und das Ministerium für Landreform regle das Problem auf seine Art, indem es Kaufanfragen jahrelang unbearbeitet liegen lasse, schreibt die *Allgemeine Zeitung* in Windhoek.

Viel Industrie gibt es nicht in Namibia. Wer eine Idee und das nötige Geld hat, um etwas herzustellen, das dann nicht mehr importiert werden muss, der werde mit offenen Armen empfangen, sagt er. Es sei nicht schwer, gut ausgebildete Mitarbeiter zu finden, die Englisch, Deutsch und Afrikaans sprechen. Auch die Infrastruktur sei in Ordnung. Überall wo Menschen wohnen, gebe es verlässliches Internet. Gute Möglichkeiten sieht Schneider auch für Handwerker am Bau, auch wenn diese Branche nicht mehr so stark boomt wie bis vor acht Jahren, als Immobilien jedes Jahr 20 Prozent teurer wurden.

Wichtig sind laut Schneider zwei Dinge: gutes Englisch und die Bereitschaft, Schwarze wie gleichberechtigte Menschen zu behandeln. Die hätten nämlich die Nase voll von Ausländern, die neu in Namibia sind und ihnen sagen, wie sie dies und jenes zu tun hätten.

Namibia hat viel Natur und kaum Einwohner. Auf der doppelten Größe Deutschlands leben gerade mal 2,2 Millionen Menschen zwischen den Wüsten Namib und Kalahari. Das Leben ist teuer geworden und Immobilien auch, aber billiger als in Europa sei es allemal. Essen in einem Restaurant wie *Joe's Beerhouse*, wo sich viele Deutsche in Windhoek treffen, sei viel billiger als in Deutschland. Trotzdem sollte niemand in Namibia auf Jobsuche gehen und eine Arbeit als Angestellter annehmen, warnt Matthias Schneider, denn die Relation zwischen Verdienst und Lebenskosten sei nicht so gut.

Schneider gab mir einige Telefonnummern von Deutschen in Windhoek, und wie sich herausstellte, saßen alle auf gepackten Koffern. Kein Wunder, die deutsche Kolonie ist in den letzten Jahren von 30.000 auf 15.000 geschrumpft. Ein Automechaniker zog Bilanz: »Die Arbeit wird immer weniger. Alle Preise steigen, nur die Einkommen nicht. Und das Leben wird unsicher. Jeden Tag stehen zwei oder drei Fälle in der Zeitung, wo Weiße Opfer von Verbrechen wurden, so was gab es hier früher nicht.«

Wenn Sie Namibia reizt, können Sie als Besucher 90 Tage bleiben, wenn es bei der Einreise korrekt eingetragen wird. Auch wenn Sie Ihr Besuch begeistert, sprechen gute Gründe gegen ein berufliches oder geschäftliches Engagement in Namibia. Ob es sich lohnt, viel Geld in so ein Abenteuer zu stecken, bei dem Sie nicht wissen, ob Sie Ihre Papiere in sechs Monaten oder in fünf Jahren kriegen, müssen Sie wissen. Planen Sie Namibia lieber als Langzeiturlaub ein, das rate ich fast überall und hier erst recht. Da ärgern Sie sich weniger. 90 Tage und dann kurz nach Südafrika, wieder rein und nochmal drei Monate, das soll möglich sein. So haben Sie keine Scherereien und müssen sich nicht über Beamte ärgern, die womöglich dem Weißen zeigen wollen, wer hier der Herr im Haus ist.

Sind wir wirklich alle Schafe?

Vielleicht sind Sie ja ein schwarzes Schaf, dann besteht Hoffnung

Haben Sie das Buch bis hierher aufmerksam gelesen? Dann müssen Sie sich jetzt die entscheidende Frage stellen: Fanden Sie es nur interessant – wenn nicht, hätten Sie es ja längst weggelegt – oder wollen Sie den einen oder anderen Rat in die Tat umsetzen?

Ich meine, jeder Mensch sollte seine persönliche Sicherheit, die seiner Familie und seines Eigentums ganz oben auf die Liste seiner Prioritäten setzen. Dazu gehört nun mal die legale Gegenwehr gegen Enteignung in Form von Steuern und zunehmender Inflation, wie wir es aktuell in Deutschland erleben. Eigentlich in ganz Europa und der westlichen Welt, aber in Deutschland ganz besonders. Dass der Schutz vor Enteignung durch die Regierung so was wie Selbstverteidigung ist, hat ja sogar schon mal ein Politiker der FDP erkannt.

Tatsache ist leider, dass wir alle im Glauben erzogen werden, persönlicher und finanzieller Selbstschutz sei unmoralisch, egoistisch und unpatriotisch. Unsere Marionetten-Regierungen, egal ob Rechte oder Linke, lassen sich immer mehr Belastungen für die Menschen im Land einfallen, von neuen oder höheren Steuern über Krisen aller Art bis hin zur aktuellen Finanzpolitik der Minuszinsen zur Rettung von Banken und Staaten, des Euro oder des ganzen Schuldengeldsystems. Nicht einmal vor Kriegen schreckt die mächtige Elite hinter unseren Politikdarstellern zurück, wenn es ihren Interessen dient, und erst recht nicht vor einer sogenannten Pandemie, wie wir jetzt alle wissen.

Ein großer Teil der Menschen in aller Welt, und vor allem in Deutschland, nimmt diese Art moderner Sklaverei als notwendiges Übel hin, als ob es nun mal nicht zu ändern sei. Zur Ablenkung gibt's ja Fußball im Fernsehen, und dazu passend gemachte Nachrichten und jede Menge anderen Schwachsinn, wofür sie uns Zwangsgebühren abknöpfen, auch wenn wir das alles gar nicht sehen wollen.

Als Leser dieses Buches gehören Sie womöglich zu den Ausnahmen, die sich ab und zu Gedanken machen, wie lange wir uns das eigentlich noch gefallen lassen sollen. Vielleicht erwägen Sie ja sogar, wirklich aktiv zu werden und für die schlimmsten Auswüchse vorzusorgen. Die Bedrohung durch die Politik ist vielfältig. Ihre Ersparnisse sowie Ihr sonstiger Besitz oder Ihr Vermögen sind leider längst nicht alles, was auf dem Spiel steht. Öfter als wir glauben sind inzwischen auch unsere körperliche Freiheit und Unversehrtheit in Gefahr. Im Verlauf dieser sogenannten Pandemie – für die extra die Regeln der WHO geändert wurden, was als Pandemie gelten darf – haben wir gesehen, was mit Menschen passiert, die die Lügen der Politik nicht einfach schlucken wollen. Zwei Präsidenten in Afrika, die das Spiel nicht mitspielten, sind überraschend verstorben, ein weiterer wurde erschossen. In Deutschland wurden die Wohnungen von Richtern von der Polizei durchsucht, weil ihre Urteile der Politik nicht passten. Ein kritischer Wissenschaftler, Fachmann zum Thema Viren, hat sich aus Deutschland in Sicherheit gebracht, nachdem Menschen, die sich nicht auswiesen, mithilfe der Polizei seine Wohnung stürmten und die Justiz seine Konten sperrte. Inzwischen hat der Mann Angst um sein Leben.

Nehmen wir an, Sie haben das Pech, irgendwie in die Mühlen von Behörden oder Justiz zu geraten, aus welchen Gründen auch immer. »Aber ich doch nicht«, denken Sie vielleicht. Das dachte seinerzeit sicher auch der Nürnberger Gustl Mollath, der die falschen Leute auffliegen lassen wollte und dafür »im Namen des Volkes« von einem Richter fast zehn Jahre in einem Irrenhaus weggesperrt wurde, bis die bayerische CSU den Skandal nicht länger vertuschen konnte. Nachteilige Folgen hatte das nicht für die schuldigen Politiker und ihre Büttel in der Ärzteschaft und der Justiz. Womöglich säße Mollath heute noch in der Klapsmühle, wäre die Gesundheitsindustrie ein paar Jahre früher auf die Idee gekommen, oppositionelles Verhalten gegenüber der sogenannten Obrigkeit zur Krankheit zu erklären. Sie haben vielleicht schon gelesen, dass es in den USA diese Organisation gibt, deren Aufgabe es ist, neue mentale Störungen zu erfinden, um auf die Weise den Verkauf von Psychopillen anzukurbeln. Genau die haben 2014 oppositionelles Trotzverhalten und kritisches Hinterfragen der Obrigkeit zur Geisteskrankheit erklärt. Seitdem ist es amtlich: Wir sind alle verrückt. Ich sowieso, und mancher von Ihnen vermutlich auch.

Sicher wissen Sie auch, dass Sie seit einigen Jahren laut EU-Recht von Ihrem eigenen Land an andere EU-Länder ausgeliefert werden können. Was Ihnen zur Last gelegt wird, muss in dem Land, das Sie ausliefert, gar nicht strafbar sein. Was Sie angestellt haben sollen, steht nämlich gar nicht zur Debatte. Theoretisch reicht es schon, wenn bei der deutschen Justiz ein formell korrekt ausgefülltes Formular eingeht, mit dem ein anderes EU-Land Ihre Auslieferung fordert.

In der Praxis kann es natürlich auch Ausnahmen geben, wenn politisch etwas dagegen spricht, wie im Fall des katalanischen Separatisten Puigdemont, dessen durch Spanien beantragte Auslieferung wegen Aufrührertums durch einen deutschen Richter abgelehnt wurde, weil dieser Straftatbestand in Deutschland nicht bekannt sei – wozu die damalige Justizministerin Katarina Barley mit der peinlichen Bemerkung applaudierte, Deutschland sei eben zum Glück ein Rechtsstaat. Im Gegensatz zu Spanien, meinte sie damit. Die Ironie liegt darin, dass der EU-Gerichtshof wenig später ein Urteil sprach, in dem Deutschland genau das abgesprochen wurde: rechtsstaatliche Qualität. Frau Barley ist längst nach Brüssel wegbefördert.

Gut, das nur nebenbei. Worum es mir hier geht, ist die traurige Wahrscheinlichkeit, dass Sie oder ich als politische Nobodys uns lieber nicht auf derartige richterliche Gefälligkeiten verlassen, sollte das Justiz-Roulette aus irgendeinem Grund einmal auf uns zeigen. Wohl dem, der da rechtzeitig und wirkungsvoll vorgesorgt hat, um sich und seinen Besitz dem staatlichen Zugriff zu entziehen. Und zwar so, dass er nicht auf seinen gewohnten Komfort verzichten muss.

»*Save your ass and your assets*«, empfehlen amerikanische Berater, die in ihrer Sprache für alles so kurze und treffende Aussagen parat haben: »Rette deinen Arsch und dein Vermögen!

Wozu Gesetze gemacht sind, erklärt Ayn Rand in einer Passage ihres Klassikers *Atlas Shrugged*, auf Deutsch *Der Streik*. Damit wir uns daran halten und es auf der Welt sicher und gerecht zugeht? Das ist eher sekundär. Nach Ayn Rands Sicht auf die Welt dient diese Flut meist unsinniger und fast immer dehnbarer Gesetze dazu, dass wir gar nicht anders können, als gegen irgendwas zu verstoßen – damit die Politik bei Bedarf gegen jeden von uns etwas in der Hand hat. Na gut, glauben Sie es oder nicht; *Atlas Shrugged* ist ja nur ein Roman, auch wenn seine Autorin darin bereits 1957 unsere heutige Welt voraussah.

Sie wissen auch, dass die meisten Steuern und Vorschriften nur dazu dienen, Ihr Geld zum Wohl gewisser Gruppen und Organisationen zu verschwenden, von denen Sie den meisten freiwillig keinen Cent geben würden. Geld, für das Sie arbeiten, wird für Zwecke verschleudert, auf die Sie keinen Einfluss haben. Wer was und wie viel von Ihren Steuern abkriegt, wird vor allem durch wahltaktische Überlegungen bestimmt. Für Dinge, die Sie von Ihrer Regierung erwarten dürfen, ist dagegen immer weniger Geld da. Die Infrastruktur verlottert immer mehr, und beim Thema Internet ist Deutschland Dritte Welt. Mit der Bildung ist es auch nicht mehr weit her, und die Polizei ist schon lange nicht mehr annähernd in der Lage, Bürger überall in Deutschland zu schützen. Aus der Sicht heutiger Regierungen ist das vermutlich auch gar nicht ihre Aufgabe.

Kaum ein Politiker handelt heute in dem Bewusstsein, dass er fremdes Geld ausgibt, das von anderen Menschen nicht selten durch ehrliche und anstrengende Arbeit verdient wurde. Statt Steuereinnahmen sinnvoll für die eigene Bevölkerung einzusetzen, werden sie verschwendet und veruntreut, oft zum späteren eigenen Nutzen. Solange es nicht den Straftatbestand der Steuerverschwendung gibt, die einfachere Abschaffung der Immunität von Politikern und die persönliche Haftung von Mitgliedern der Regierung für ihre Fehler, sollte sich kein Politiker erdreisten, jemals noch einmal etwas gegen Steuerhinterziehung zu sagen.

Weil jeder Staat, jede Regierung und jede Verwaltung wuchert wie ein bösartiges Krebsgeschwür, brauchen sie immer mehr Geld, auch wenn gar keine besonderen Ausgaben zur angeblichen Bewältigung irgendwelcher Krisen anfallen. Wenn dann wirklich einmal ein Notfall eintritt, wie etwa die Flutkatastrophe, ruft Frau Merkel zu Spenden auf.

So wie einem Bankräuber nichts anderes einfällt als Banken zu überfallen, fällt unseren Politikern nichts Besseres ein, als sich immer neue Steuern auszudenken. Mit dem kleinen Unterschied, dass sie die Gesetze nach ihrem eigenen Bedarf selbst machen dürfen. Damit können sie diese Art Enteignung zwar formell legalisieren, aber moralisch zu rechtfertigen ist ein Steueranteil um die 70 Prozent nicht.

Unsere Regierungen handeln wie Junkies, die jeden Tag mehr Stoff brauchen. Sie sind nicht besser als die Diktatoren einer Bananenrepublik, die zuerst an ihre eigene Überversorgung denken – mit dem Unterschied, dass in einem modernen, politisch korrekten, angeblichen Rechtsstaat sehr viel mehr Parasiten zu versorgen sind. Demokratie heißt heute, dass es eine Reihe etablierter Parteien gibt, deren Politiker und Pensionäre finanziell zufriedengestellt werden wollen. In der Hinsicht haben unsere Politikdarsteller freie Hand durch ihre Chefs aus den höheren Etagen. Schließlich steigt deren Macht und Einkommen immer mehr, je höher sich Länder in aller Welt verschulden.

Nein, die meisten Steuerzahler finden das nicht gut. Aber den meisten fällt nichts Besseres ein, als hier und da etwas zu schummeln. Die Folge ist eine immer schärfere Kontrolle durch die Regierung über unser Vermögen, unsere Geschäfte, unsere Privatsphäre und unser Leben. Die Vorgaben für unser gesamtes Dasein werden von Elementen festgelegt, die längst jeden Bezug zum richtigen Leben verloren haben, falls sie einen solchen jemals hatten. Geld ist für die immer da. Sie dürfen einfach in die Kasse greifen, die der Steuerzahler füllt. Ein kleiner oder mittlerer Unternehmer dagegen, der die Zeche zahlt, kann nichts dagegen tun, dass seine Leistungsfähigkeit immer mehr mit unsinnigen Vorschriften und Auflagen gebunden und verschwendet wird, von den Kosten für so viel Unsinn gar nicht zu reden.

Jeder Staat, und heute vor allem Brüssel, produziert vollautomatisch immer mehr gierige Politiker und machtversessene Bürokraten, die das natürliche Gleichgewicht von Angebot und Nachfrage stören. Als Beweis, dass wir sie brauchen, und zu ihrer eigenen finanziellen Sanierung werden immer wieder Bedrohungen inszeniert und Kriege angezettelt, oder neuerdings Pandemien.

Ich weiß zum Glück nicht aus eigener Erfahrung, wie sich ein Leben zu Kriegszeiten anfühlt. Sie werden es vermutlich auch nicht wissen, und ich hoffe, dass es so bleibt. Eine Garantie dafür haben wir leider nicht. Wenn Ihnen der Gedanke daran Sorgen macht, gibt es nur einen Ausweg: Sorgen Sie rechtzeitig vor, indem Sie sich einen Wohnsitz in einem friedlichen, weit abgelegenen Land besorgen und den Großteil Ihres Vermögens weltweit sicher anlegen. Das sollten Sie übrigens auch tun, wenn Sie Ihr Land aus dem einen oder anderen Grund jetzt noch nicht verlassen wollen. Wenn Sie erst mal auf so ein *worst-case*-Szenario vorbereitet sind, können Sie Ihren Ausweg auch bei Problemen kleinerer Art nutzen, etwa bei juristischer Verfolgung wegen falscher Vorwürfe und Beschuldigungen.

Vielleicht stimmen Sie mir zu, dass die beste Regierung die ist, die sich am wenigsten ins Leben und in die Geschäfte ihrer Bürger einmischt. Dazu müssten in Deutschland 80 Prozent aller Politiker und Beamten entlassen und gezwungen werden, sich eine sinnvolle Arbeit zu suchen. Dass Internet-, Immobilien- und sonstige Blasen platzen, dafür sorgen Börsen und Gesetze des Marktes. Das alles ist in Deutschland Kleinkram, verglichen mit unserer Parasiten-Blase. Damit die einmal platzt, müssten die Menschen im Land schon etwas mehr dazu tun, was so schnell nicht passieren wird.

Straßen, Brücken, Tunnels, Energie, Feuerwehr, Post, Fernsehen, Büchereien, Film und Theater, Transportsysteme, Altersvorsorge, Sozialversicherung, Sicherheit, Gesundheit und Erziehung könnten privatisiert werden, ohne öffentliche Zuschüsse. Das hieße zwar, dass Sie für jeden Service zahlen müssten, den sie in Anspruch nehmen – aber eben nur dafür. Was sie wollen und brauchen, entscheiden sie selbst. Vielleicht würden viele Dienstleistungen teurer. Dafür könnten aber die Steuern drastisch gesenkt werden, es würde ja der Großteil der Staatsausgaben für Personal und Subventionen wegfallen.

Es ist alles Theorie, ich weiß. Und wie sieht es in der Praxis aus? Pervers ist, viele dieser Dinge sind bereits geschehen. Denken Sie nur daran, wie teuer Pakete geworden sind, seit die Post teilweise privatisiert wurde. Der Staat kümmert sich heute um wesentlich weniger als vor 20 oder 30 Jahren. Leider hat die Politik die Gegenleistung vergessen. Von niedrigeren Steuern haben wir nichts gemerkt. Während Regierungen dreist das Tafelsilber verscherbeln, um ihre eigenen Bilanzen zu frisieren, tun sich immer neue schwarze Löcher auf, in denen unser Steuergeld verschwindet.

Eigentlich wäre es Aufgabe einer Regierung, die persönliche Freiheit ihrer Bürger zu schützen. Tatsächlich passiert genau das Gegenteil, nicht nur bei uns. Während für kleine Anbieter und Privatleute die Nutzung des Internets unter dem Deckmantel von Datenschutz immer komplizierter wird, müssen die großen Datenkraken wie Google, Facebook oder Twitter weder die Privatsphäre der Menschen achten, die im Internet unterwegs sind, noch zahlen sie überhaupt Steuern in ernsthafter Höhe, aller Androhungen zum Trotz, denn irgendwie stecken sie ja mit der Politik unter einer Decke, und zur Finanzelite gehören sie längst selbst.

Ein Problem liegt darin, dass Menschen über uns entscheiden, die von den Auswirkungen ihrer Entscheidungen nie persönlich betroffen sind. Dass sie uns zum Tragen von Masken verdonnern, die sie selbst höchstens in Anwesenheit einer Kamera aufsetzen, ist nur eine Anekdote am Rande und trotzdem typisch. Sie müssen für keine einzige ihrer Entscheidungen die Konsequenzen ausbaden.»Die Renten sind sicher«, sagte schon Norbert Blüm. Recht hatte er, aber nur was seine eigene Pension betrifft und die seiner privilegierten Kollegen. Die einzige echte Sorge eines Karrierepolitikers ist seine Wiederwahl. Sein ganzes Tun ist danach ausgerichtet, was für die nächste Wahl gut oder schädlich sein könnte. Erste Voraussetzung ist vorauseilender Gehorsam allen gegenüber, die mithilfe der Medien über die Zukunft eines Politikers entscheiden. Die Wünsche dieser kleinen Elite kennt jeder erfolgreiche Politiker auswendig.

Die großen Verlierer in jedem Land sind kleine und mittlere Unternehmer. Sie arbeiten meistens mehr als Angestellte, und jeder darf sich bei ihnen bedienen. Ihr Geld fließt nach oben und nach unten ab: in Form von Arbeitslosengeld bzw. Steuern an jene, die nichts haben oder verdienen, und in Form von Zinsen an die reichen Arbeitslosen, die über Vermögen von vielen Milliarden verfügen und von den Erträgen leben. Es ist ein weit verbreiteter Irrtum, dass einer keine Zinsen zahlt, wenn er keine Schulden hat. Bei allem, was wir kaufen oder in Auftrag geben, ist heute eine Zinsbelastung einkalkuliert.

Ob wir von linken oder rechten Politikern ausgesaugt werden, ist kaum noch ein Unterschied. Alle haben den gleichen Plan. Sie holen sich Geld bei relativ wenigen und verteilen es an die breite Masse, wo Stimmen zu holen sind. Seit es den Euro gibt, laut Kritikern eine Fehlkonstruktion mit Zeitzünderfunktion, kommt erschwerend dazu, dass halb Europa auf die Weise finanziert wird, als Folge einer kranken Währungsunion auf Druck der Betreiber einer neuen Weltordnung, die inzwischen in *Great Reset* umgetauft wurde.

Auch wenn unsere Politiker die wichtigen Entscheidungen gar nicht treffen, wie Innenminister Seehofer ganz offen zugab (*»Diejenigen, die entscheiden, sind nicht gewählt, und diejenigen, die gewählt werden, haben nichts zu entscheiden.«*), sind sie doch der für uns sichtbare Feind, deren wichtigste Aktivitäten darin bestehen, uns zu überwachen, zu gängeln, zu bevormunden und sich unser oft hart verdientes Geld anzueignen. Vor allem die zunehmend absurde Politik in Brüssel führt dazu, dass nur noch sechs Prozent der Menschen in Deutschland unseren Politikern vertrauen, laut Umfrage einer nicht von der Regierung finanzierten Zeitung. Über unser Schicksal bestimmen folglich Gestalten, die weniger Ansehen und Vertrauen genießen als Gebrauchtwagenhändler (11 Prozent).

Politiker reden gern von Politikverdrossenheit, aber die gibt es gar nicht. Was wir wirklich haben ist Politiker-Verdrossenheit. Und warum tut keine Regierung und keine Partei etwas dagegen? Sie könnten es ändern, wenn sie wollten. Etwas weniger Gier würde helfen, weniger durchsichtige Lügen, Schluss mit dem Unsinn des politisch Korrekten, der Gendersprache, der Unart, hinter einer persönlichen Beschimpfung immer Rassismus zu vermuten. Schluss mit allen Luxusproblemen, die von den echten Problemen nur ablenken.

Sie könnten Steuerverschwendung kriminalisieren. Sie könnten die Größe der Parlamente von der Wahlbeteiligung abhängig machen. Sie könnten den Einzug in Parlamente über Listen abschaffen, damit Wähler untaugliche Abgeordnete abstrafen. Sie könnten wie in anderen Ländern Ämter auf zwei Mandate beschränken, die zur Rente nur beitragen, wie jede andere Tätigkeit auch. Hinterher müssten hohe Politiker dann in einen ehrbaren Beruf zurück, wo sie die Konsequenzen ihrer Entscheidungen in der richtigen Welt ausbaden. Es sollte selbstverständlich sein, dass Bürger bei wichtigen Entscheidungen gefragt werden, wo wir doch angeblich in einer Demokratie leben. In einigen Ländern durfte der Wähler über den Euro und die EU entscheiden. In Deutschland wurde keiner gefragt, ob er das will oder nicht.

Na gut, lassen wir den Unsinn. Wir alle wissen, das so was leider Wunschdenken ist und keine Chance hat, jemals Realität zu werden. Gewöhnen wir uns an die Tatsache, dass die Zeit persönlicher Freiheit Geschichte ist. In den USA ist der Spruch vom freien Land so alt wie das Land. Kritikern zufolge war damit spätestens Schluss, als große Privatbanken mit der Gründung der *Federal Reserve* das Geldmonopol an sich rissen, und damit die Macht im Staat. Wenn sich ein Amerikaner heute dem Zugriff seiner Regierung entziehen will, muss er auswandern und seine Staatsbürgerschaft ablegen. Washington kassiert seine Staatsbürger in aller Welt ab; da haben es Europäer leichter. Sie müssen nur ihren Wohnsitz im eigenen Land aufgeben und darauf achten, dass Sie dort keine wirtschaftlichen Interessen mehr haben.

Wenn Sie sich steuermindernd korrekt verabschieden und in besserer Umgebung auftauchen wollen, müssen Sie Ihr Leben und Ihre Geschäfte globalisieren. Wie Sie so eine Art multinationale Ich-AG aufbauen, haben Sie hier gelesen. Meinen Sie, diese Lebensart ist das Richtige für Sie? Dann war diese Lektüre vielleicht der Anfang einer Reihe unterhaltsamer Unternehmungen und Erlebnisse auf Ihrem Weg zur persönlichen und geschäftlichen Freiheit und Unabhängigkeit. Es ist ja keine harte Arbeit, die Sie da erwartet. Sie müssen nur etwas recherchieren, einige Entscheidungen treffen und diese dann in die Tat umsetzen. Das kann eine unglaublich interessante Beschäftigung sein, die mit abwechslungsreichen Reisen und Gesprächen verbunden ist.

Tatsache ist aber auch, dass dieses Unternehmen nie zu Ende ist. Stellen Sie sich das nicht so vor, als wenn Sie einem Club beitreten, und dann sind Sie drin. Oder wie die Teilnahme an einem Seminar, wo Sie sich hinterher ein Diplom an die Wand hängen. Natürlich gibt es immer Etappenziele. Eins davon ist der Moment, wo Sie die wichtigsten Dinge wie Wohnsitz, Geld und Firma so geregelt haben, dass Sie erst mal wieder frei atmen können. Aber Dinge ändern sich. Gesetze, Vorschriften, Ausländerbestimmungen und Vorgaben zur Geldanlage sind nicht für die Ewigkeit gemacht. Da müssen Sie auf Änderungen gefasst sein – aber zum Glück kommen diese selten über Nacht. Solche Dinge kündigen sich meistens an. Dann bildet sich eine Opposition, Reformen werden gefordert und dann diskutiert. Vor- und Nachteile werden zu bedenken gegeben. Das alles geht durch die Medien, oder mindestens durch die alternativen Medien, und irgendwann wird so eine Reform dann durchgezogen, oder auch nicht.

Für Sie heißt das, Sie müssen über alle für Sie relevanten Themen auf dem Laufenden sein. In den Ländern, mit denen Sie etwas zu tun haben, sowieso. Aber auch in anderen, in denen vielleicht Ihre Kunden sitzen, oder die für Sie vielleicht in Zukunft einmal interessant sein könnten. Natürlich sollten Sie immer Alternativen haben. Zum Glück ist das auch kein Knochenjob. Verglichen mit den ständigen Besprechungen mit Ihrem Steuerberater zur Ausarbeitung neuer Strategien ist es eher ein Vergnügen. Wenn Sie örtliche Zeitungen lesen, sich im Internet informieren und dazu vielleicht noch einen fachbezogenen Infobrief wie *Leben im Ausland* lesen, dürften Sie von keiner wichtigen Veränderung Ihrer Lage überrascht werden.

Sie haben dieses Buch gelesen, also dürften Sie solche Themen interessieren. Die Beschäftigung damit ist für Sie keine lästige Pflicht. Freuen Sie sich darauf, eine ganz neue Welt voller Chancen kennenzulernen und neue Erfahrungen zu machen. Freuen Sie sich auf neue Länder und Städte, auf Ihre Zeit an angenehmen Orten mit neuen Bekannten, statt in ermüdenden und teuren Sitzungen mit Ihrem Anwalt, Ihrem Steuerberater, einem Wirtschaftsprüfer oder womöglich sogar, was ich Ihnen nicht wünsche, einem Steuerprüfer.

Sie werden neue geschäftliche Kontakte knüpfen und viele neue Ideen generieren, wenn Sie erst mal den Kopf frei haben von all den lästigen Pflichten, mit denen Sie bisher einen großen Teil Ihrer Zeit, Ihrer Kreativität und Ihres Einkommens vergeuden mussten. Ich denke, da geben Sie mir im Großen und Ganzen recht, denn ein Buch wie dieses kauft sich ja keiner, der mit seiner aktuellen Situation 100-prozentig zufrieden ist. Damit gehören Sie zu der schnell steigenden Zahl von Menschen in Deutschland und Europa, die darüber nachdenken, ihr Land zu verlassen, denn ändern werden Sie es ganz sicher nicht.

Die große Masse der Menschen im Land – in jedem Land und in Deutschland ganz besonders – sind leider Schafe. Für Schafe gibt es keine Lösung. Sie brauchen auch keine. Sie sind zufrieden, hinter einem Leithammel herzutrotten. Sie haben sich damit abgefunden, von 18 bis 65 – oder jetzt 67 – im gleichen Büro früher den Deckel Ihrer Schreibmaschine auf- und zuzuklappen und heute den Rechner ein- und auszuschalten. Sie erwarten, dass ihnen alle wichtigen Entscheidungen von einer übergeordneten Autorität abgenommen werden. Ihre einzige Sorge ist es, dass sie von ihrem Arbeitgeber wegrationalisiert werden. Dann würde ihre kleine Welt für sie zusammenbrechen.

Etwa 90 bis 95 Prozent aller Menschen in Deutschland, schätze ich mal, gehören zu dieser Welt der Schafe. Dieses Buch richtet sich an die Ausnahmen: den kleinen Rest mit Tendenz zum schwarzen Schaf. Aufgrund der Tatsache, dass Sie dieses Buch bis hierher gelesen haben, denke ich, dass Sie nicht alles wie das Wort Gottes akzeptieren, was Ihnen Obrigkeit und Medien einreden wollen. Ich denke, Sie wollen nicht länger zur großen Masse der Schafe gehören. Wenn Sie in Ihrer Familie und Ihrem Freundeskreis als schwarzes Schaf gelten, besteht vermutlich Hoffnung. Sehen Sie es als Auszeichnung.

Ich weiß, es gehört einige Überwindung dazu, bis einer an dem Punkt ankommt, wo er nicht mehr mitmachen will, was alle von ihm erwarten. Schließlich wurden wir fast alle in Familien von Schafen hineingeboren. Die Eltern Schafe, die Geschwister Schafe, die Freunde überwiegend Schafe. Kluge Schafe zeichnen sich dadurch aus, dass sie innerhalb ihrer Schafshierarchie zum Leithammel aufsteigen.

Lange bevor einige von uns auf die Idee kamen, auch mal selber zu denken und unser Umfeld mit eigenen Entscheidungen zu überraschen, wurden wir als Schaf aufgezogen. Tag für Tag vollgedröhnt vom Fernsehen für Schafe. Über unsere Pflichten als brave Bürger informieren uns Zeitungen für Schafe. In so einem Umfeld ist es gar nicht so einfach, sich eigene Gedanken zu machen und aus der Herde auszubrechen. Wenn es doch einer versucht, kommen wie bei einer Schafherde die Schäferhunde, um ihn zurück in die Herde zu treiben, je nach Alter in Gestalt der Kindergärtnerin, des Lehrers, Ausbilders, Unteroffiziers und später womöglich der Polizei und der Justiz.

Wussten Sie, dass ein Gesetz in Deutschland verbietet, für Auswanderung zu werben? Das wurde mir vor Jahren unter Androhung von 40.000 Mark Bußgeld mitgeteilt. Zum Glück erscheint mein Infobrief über das Thema in einem Land, wo es solche Gesetze nicht gibt. Und zum Glück werbe ich ja auch nicht fürs Auswandern. Ich informiere nur darüber, wie es in Deutschland zugeht – und welches angenehme Kontrastprogramm Sie in anderen Ländern erwartet.

Eine Gruppe gleichgesinnter schwarzer Schafe zu finden, ist gar nicht einfach. Oder haben Sie viele Freunde, die so denken wie Sie? Da wären Sie eine Ausnahme. Selbst wenn wir jeder Art Obrigkeit kritisch gegenüberstehen, akzeptieren wir alle unbewusst viel zu viele unsinnige Vorgaben und Zwänge. Und Kritik von Leuten, die eigentlich auf unserer Seite stehen müssten. Denen es auch nicht besser geht, die sich aber damit abgefunden haben, dass die Dinge eben so sind, wie sie sind. Die ab und zu am Stammtisch schimpfen und am Ende genau das tun, was von Ihnen erwartet wird. Schafe eben.

Das ist übrigens auch der Grund, warum Zeitungen sind, wie sie sind. Zensur ist in Deutschland gar nicht nötig. Journalisten zensieren sich längst selbst. Ein politischer Redakteur weiß seit vielen Jahren ganz genau, was von ihm erwartet wird, was er schreiben darf und was er lieber nicht mal denkt. Das führt dazu, dass ein Politiker, wenn er lügt, laut Zeitung im schlimmsten Fall »die Unwahrheit sagt«. Wenn er betrügt, »schummelt« er höchstens. Als »Diktator« darf nur ein Despot bezeichnet werden, der als Rechter gilt. Oder haben Sie schon mal, wenn's um China ging, von einem Diktator gelesen? Linke Diktatoren wie die Castros heißen in der Presse Staatschef, *Comandante* oder Revolutionsführer. Und wenn eine Einwandererbande um ihre Anführer Ali und Mohammed eine heimische Frau vergewaltigt, dann heißen die Täter im Polizeibericht oder spätestens in der Zeitung heute Franz und Kevin (Name geändert)...

Wollen Sie wirklich mit all diesen Bevormundungen, Belastungen und horrenden Kosten leben, denen Sie in Deutschland unterworfen sind? Wenn nicht, haben Sie zwei Alternativen: Sie können versuchen, die Situation im Land zu ändern – oder Sie können dieser Situation entkommen, wie hier beschrieben. Aus eigener Erfahrung rate ich Ihnen dringend zu Option zwei – weil ich weiß, dass der Weg funktioniert und nicht etwa, weil ich versucht hätte, in Deutschland etwas zu verändern. Wir alle kennen Menschen, die das versucht haben. Wer es ehrlich meint und standhaft bleibt, scheitert bei dem Versuch. Die meisten werden freilich früher oder später genauso wie jene, die sie früher kritisiert haben. Oder in Abwandlung eines alten Spruches: Die schlimmsten Kritiker der Elche werden später selber welche.

Wie soll sich denn etwas ändern? Die meisten Menschen wären überfordert, wenn sie auf einmal eigene Entscheidungen treffen müssten, die sie selber angehen. Sie haben aufgegeben. Sie akzeptieren Ihre Situation freiwilliger Unterwerfung wie in dem lesenswerten Buch von Michel Houellebecq mit genau diesem Titel, das uns nebenbei noch was zeigt: Frankreich ist auch nicht besser dran.

Ältere Jahrgänge, die sich dunkel erinnern, dass ein anderes Leben möglich war, sterben nach und nach aus. Wer nachkommt, hält die kranke Situation in Deutschland für normal. Nur wenige können sich ein selbstbestimmtes Leben vorstellen. Freiheit heißt für sie, sich zwischen *Mac* und *Windows* entscheiden zu dürfen, oder zwischen *iPhone* und *Android*. Was sollten Sie also tun, wenn Sie was ändern wollten? Leserbriefe schreiben? Reden schwingen? Demonstrieren? In eine Partei eintreten? Eine neue Partei gründen? Egal, was Sie ausprobieren, Sie vergeuden Ihre Zeit. Lassen Sie also den Unsinn lieber gleich bleiben. Versuchen Sie es gar nicht erst, dann sparen Sie sich viel Ärger. Nehmen Sie Ihr Geld, Ihre Zeit, Ihre Intelligenz, Ihr Wissen, Ihr Organisationstalent dafür her, um sich Ihre persönlichen Freiräume in einer immer unfreieren Welt zu schaffen.

Allein indem Sie sich und Ihr Vermögen dem Zugriff Ihres Regimes entziehen, indem Sie es auf andere Länder verteilen, zeigen Sie Ihrem gierigen Staat seine Grenzen. Wenn Sie keine offenen Rechnungen hinterlassen, genügen ein paar einfache Schritte und schon ist Schluss mit dem Griff in Ihre Taschen und mit der Einmischung in Ihr Leben. Wenn Sie also gerne Ihren Beitrag zu einer freieren, glücklicheren, gerechteren und besseren Welt leisten würden, dann ist dagegen überhaupt nichts zu sagen. Vorausgesetzt, Sie fangen damit bei der für Sie wichtigsten Person an: bei sich selbst ...

Info-Teil

Nützliche Kontakte und Links auf einen Blick

Da ich nicht mit allen der hier genannten Adressen persönliche Erfahrungen gemacht habe, verstehen Sie bitte die unten aufgeführten Adressen nur als Information und nicht als Empfehlung. Adressen, über die ich Beschwerden gehört habe, sind hier nicht genannt. Ich beschränke mich weitgehend auf im Buch genannte Länder.

Wohnsitz, Pass & Staatsangehörigkeit, Firmengründung

Diverse Länder
Henley & Partners: *www.henleyglobal.com*

Andorra
Gestoría Sicoris: *www.gestoriasicoris.com*
Information: *www.andorra-intern.com*

Antigua & Barbuda
Pass: *immigration.gov.ag/general-services/passports, cip.gov.ag*

Australien
Advantage Migration Australia: *www.advantagemigration.com*
Information: *immi.homeaffairs.gov.au*

Barbados:
Steuerfrei-Visum: *www.barbadoswelcomestamp.bb*

Bolivien
Enrique Rosenthal: *enrique_rosenthal@yahoo.de*
Information, Einwanderung

Dominica
Citizenship: *www.dominicacitizenshipbyinvestment.com*

Dominikanische Republik
Morillo Suriel: *morillosurielabogados.com/residencia-y-nacionalidad-dominicana-obtenida-por-matrimonio*
Guido Luis Perdomo: *guidoperdomo.com* (Anwalt Sosúa)

Georgien
Giorgi Bezhuashvili: *bejuashvili1@yahoo.com*

Großbritannien
Heiko Schröter: *www.straitons.com, heiko@straitons.com*
Einwandern, Pass, Firmengründung, Namensänderung
Information: *www.gov.uk/change-name-deed-poll*
Information: *www.gov.uk/types-of-british-nationality*

Kanada
David Cohen: *www.canadavisa.com, info@canadavisa.com*

Luxemburg
René Cillien: *cillien@pt.lu*
Steuern und Firmen

Montenegro
Henley & Partners: *www.henleyglobal.com/citizenship-investment/montenegro*

Neuseeland
A1 Immigration: *www.a1immigration.co.nz*
Information: *www.immigration.govt.nz/knowledgebase/kb-question/kb-question-1108*

Nordmazedonien
Pass: *www.citizenship-macedonia.com*

Österreich
Pass: *www.henleyglobal.com/citizenship-investment/austria*

Panama
López & López: *lopezlex.com, lopezguevara@lopezlex.com*

Paraguay
Robert Schulze: *www.paraguay-cedula.com, robbcn@hotmail.com*
Alle Papiere rund um Einwanderung und Einbürgerung

Horst D. Deckert: *www.zeitplaner.tv*
Terminabsprache Gratis-Rückruf für Unternehmer-Beratung und steuerfreie Firmenstrukturen in Europa, Südamerika und den USA

Portugal
Dr. Alexander Rathenau: *www.anwalt-portugal.de*

Sark
Swen Lorenz: *swen-lorenz.com/move-to-sark, sl@swen-lorenz.com*
Einwandern und Leben auf Sark

Schweiz
Globogate: *info@globogate.org*
Relocation-Service

Seychellen
Karl Schnürch: *offshore.sc, seychellen.com, karl@offshore.sc*
Gründung von Offshore-Firmen

St. Kitts & Nevis
Einbürgerung: *www.stkittsnevispassport.com*

Geld und Banken

Andorra
Vall Banc: *vallbanc.ad/en*

Georgien
TBC: *www.tbcbank.ge/web/en/web/guest/personal-banking*
Kontoeröffnung: Giorgi Bezhuashvili *bejuashvili1@yahoo.com*

Gibraltar
Trusted Novus Bank: *trustednovusbank.gi* (früher Jyske Bank)

Schweiz
Migros Bank: *www.migrosbank.ch*

Fintechs
Wise: *wise.com* (GB, EU-Sitz Belgien, früher Transferwise)
Paysera: *www.paysera.lt* (Litauen)
Revolut: *revolut.com* (GB)
Skrill: *skrill.com* (GB, früher Moneybookers)
Bunq: *bunq.com* (Niederlande)
Payeer: *payeer.com* (Estland, Fiatgeld und Kryptowährungen)
Mister Tango: *www.mistertango.com*

Kryptowährungs-Konten

Blockchain: *blockchain.com*
Bitpanda: *bitpanda.com*
Coinbase: *coinbase.com*
Bitcoin-Marktplatz: *bitcoin.de*
Bitcoin-Wallet: *bitcoin.org*
Hardware-Wallet: *trezor.io, www.ledger.com*

Online-Broker

Ameritrade: *www.tdameritrade.com* (US-Markt)
Flatex: *www.flatex.de* (Europa, USA, Kanada)
Broker-Vergleich: *www.stockbrokers.com*

Anlage-Strategien

Der Geldbrief: *www.geldbrief.com* (konservativ)
Rohstoffraketen: *rohstoffraketen.de* (spekulativ)
Thorsten Wittmann, Finanzautor, Speaker, Investor:
www.thorstenwittmann.com, *klartext@thorstenwittmann.com*

Immobilien

Ägypten
El Gouna: *www.elgouna.com*, *info@elgouna.com*

Bolivien
Zufluchtsort: *www.zufluchtsort.com*

Costa Rica
Jürgen Kronen: *jk1993@icloud.com*
Für alle Fragen über Aufenthalt, Wohnen, Papiere, Yoga

Georgien
Future Invest: *future-invest.ge*, *info@future-invest.ge*,
bejuashvili1@yahoo.com
Apartments ohne Anzahlung

Kroatien
Johannes Hoffrohne: *www.kroatien-immo.de*

Nordzypern
Sandra Kilic: *zypernimmobilien.eu*, *info@landmark-estate.com*

Paraguay
Horst D. Deckert: *www.zeitplaner.tv*
Apartments, Bungalows

Haustausch
Homelink Holiday: *www.homelink.de, service@homelink.de*

Wohnen auf See
The World: *aboardtheworld.com*
Freedom Ship
Freedom Cruise Line: *freedomship.com, info@FreedomShip.com*

Sprachen

Berlitz: *www.berlitz.com*
Pimsleur: *www.pimsleur.com*
Gymglish: *coin-sl.com/englisch*

Krankenversicherung

ExpaCare: *www.expacare.net*
William Russell: *www.william-russell.co.uk*
MediCare International: *www.medicare.co.uk*
Aetna: *www.aetnainternational.com*
Bupa Global: *www.bupaglobal.com*
Care Conzept: *www.care-concept.de*

Botschaften und Konsulate

Argentinien
Kleiststraße 23-26, D-10787 Berlin
ealem.cancilleria.gob.ar, ealem@mrecic.gov.ar

Australien
Wallstraße 76-79, D-10179 Berlin
www.germany.embassy.gov.au, info.berlin@dfat.gov.au

Barbados
Avenue Franklin Roosevelt 166
www.foreign.gov.bb, brussels@foreign.gov.bb

Belize
Belize High Commission, 45 Crawford Place, London W1H 4LP
belizehighcommission.co.uk, info@belizehighcommission.co.uk

Brasilien
Wallstraße 57, D-10179 Berlin
berlim.itamaraty.gov.br/de, brasemb.berlim@itamaraty.gov.br

Chile
Mohrenstraße 42, D-10117 Berlin
www.echile.de, berlin@consulado.gob.cl

Costa Rica
Reinhardtstraße 47A, D-10117 Berlin
www.botschaft-costarica.de, concr-de@rree.go.cr

Dominikanische Republik
Neuer Wall 39, D-20354 Hamburg
dominikanischeskonsulathamburg.de, info@consuldom.de

Kambodscha
Benjamin-Vogelsdorff-Straße 2, D-13187 Berlin
www.kambodscha-botschaft.de, rec-berlin@t-online.de

Kanada
Leipziger Platz 17, D-10117 Berlin
www.kanada-info.de, brlin@international.gc.ca

Laos
Bismarckallee 2A, D-14193 Berlin
www.laos-botschaft.de, konsulat@laos-botschaft.de

Namibia
Reichsstraße 17, D-14052 Berlin
www.namibia-botschaft.de

Neuseeland
Friedrichstraße 60, D-10117 Berlin
www.mfat.govt.nz/germany, nzembber@infoem.org

Panama
Wichmannstraße 6, D-10787 Berlin
botschaft-panama.de, info@botschaft-panama.de

Paraguay
Hardenbergstraße 12, D-10623 Berlin
embapar.de, embapar@embapar.de

Südafrika
Tiergartenstraße 18, D-10785 Berlin
www.suedafrika.org/de, berlin.consular@dirco.gov.za

Uruguay
Budapester Straße 39, D-10787 Berlin
www.embajada-uruguay.de, urualemania@mrree.gub.uy

USA
Clayallee 170, D-14191 Berlin
www.us-botschaft.de, BerlinPCO@state.gov

Information

Leben im Ausland: *www.coin-sl.com/ausland*